독일의 개혁주의적·성령론적 신학자인 헬무트 틸리케의 『성 윤리학』(*Ethik der Geschlechtlichkeit*)이 우리말로 번역된 것을 축하한다. 한국보다는 미국 복음주의권에 탁월한 설교자로 더 잘 알려진 틸리케의 저서가 출간된 것에 대하여 틸리케의 신학과 윤리에 큰 가르침을 받은 많은 사람 중 하나로서 매우 기쁘게 생각한다. 번역자는 독일 마인츠 대학교에서 하이데거와 딜타이를 연구하고 박사학위를 취득한 경북대 철학과 김재철 교수다. 독일어 원문을 직접 번역한 이 책의 문장은 읽기에 매끄럽고 용어 선정도 적합해 전문서적으로도 아주 적합하다. 번역자의 노고에 찬사를 보낸다.

틸리케는 『신학적 윤리학』(*Theologische Ethik*)이라는 네 권의 방대한 저서를 저술했는데, 그중 제3권 성 윤리학 부분을 발췌하여 낸 것이 이 책 『성 윤리학』이다. 그는 두 가지 기본적 관점에서 『성 윤리학』을 서술한다. 첫째, 성이란 인간의 존재방식으로 고립적인 것이 아니라 기능적인 것이다. 둘째, 그는 시대적인 변화 속에서 사회적·의학적·심리학적 구조와 연결하여 성에 대한 기독교적 관점을 끌어내고자 한다. 틸리케의 윤리는 인간이 당면한 한계상황 속에서 어떤 윤리적 결단을 내려야 하는가와 관련한 한계상황의 윤리다. 그는 갈등을 매듭짓기 위해서 서로 다른 의견을 절충해야 하는 타협(절충)의 윤리를 제창한다. 그 자신이 1960년대부터 70년대까지 일어난 성혁명과 광란한 학생운동을 경험했고, 그러면서 시대가 당면한 성 윤리 이슈에 관하여 종교개혁 신학에 기초한 윤리적 처방을 제시하게 된 것이다.

이 책은 성 현상을 다루는 신학적 서적이 제대로 없는 1964년에 독일에서 출판되었고, 1966년에 영어권 독자를 위해 미국과 영국에서 번역, 출간되었다. 틸리케는 성에 관한 한계상황들(산아제한, 임신중절, 인공수정, 동성애)을 금기시하지 않고 있는 그대로(현상학적으로) 기술하면서 이에 대한 신학적 처방을 내린다.

이 책은 성을 하나님의 형상인 인간 본성에 대한 현상학적 차원에서 해명하는 가장 성경적이고 신학적인 저술이다. 틸리케는 성경적인 인간론에서 성을 해명하고자 한다. 하나님의 형상으로서 인간 존재가 거룩한 것처럼 인간의 성도 성스러운 것이며, 남자의 성이나 여자의 성은 하나님이 주신 창조 질서로서 동등하고 신성하다. 성이란 종말적(궁극적) 차원에 속하는 것이 아니라 종말(궁극) 이전에 속하는 인간 존재의 가장 구체적인 것이다. 창조 목적에서 성은 남녀가 일체(한 몸)를 이루는 것이었는데, 타락으로 인해 남녀의 대립으로 변질했다. 따라서 오늘날 결혼의 파탄은 창조 질서가 파괴된 데서 비롯된 것이다.

2015년 2월 말에 한국 사회에서도 간통제 폐지 법안이 통과되었고, 미연방대법원은 동성애 합헌을 선언했다. 게다가 서울 시청 광장에서 퀴어 퍼레이드가 열리는 등 성 윤리에 대한 관심과 논란이 그 어느 때보다 큰 요즘, 이 책은 탁월한 성 윤리의 지침서가 될 것이다. 올바른 성 윤리에 대해 배우기 원하는 젊은 지성인과 목회자와 신학자들에게 이 책은 성 윤리에 대한 기독교적인 탁월한 관점을 제시해준다.

김영한 기독교학술원장, 숭실대학교 명예 교수

이 책은 지난 반세기 동안 기독교 성 윤리 분야의 고전으로 자리매김해왔다. 틸리케는 인간의 성을 하나님과 인간, 그리고 이웃과 자신의 관계성 속에 존재하는 인간 본질에 속하는 존재 방식으로 이해하고 설명한다. 루터교회 신학자답게 그는 창조, 타락, 그리고 종말론적 회복의 신학적 주지를 강조하며, 성을 하나님의 창조 질서의 하나로 결혼 제도와 연계해서 이해하고 풀어나간다. 그렇지만 죄로 타락한 세상의 현실을 심각하게 인식하면서, 이 현실의 보편성을 적극적으로 고려하여 성에 대한 윤리적 논의를 전개한다. 동성애 문제에 대해서도 이것이 타락한 세상에 던져진 엄연한 현실임을 인식하고 논의해야 한다고 주장한다. 그는 동성애가 비록 원 창조의 질서에 어긋난 뒤틀려진 성이지만, 타락한 세상에서 동성애자로 타고난 두 사람이 사랑과 헌신을 성취하는 관계를 유지한다면 동성애가 윤리적일 수도 있다고 본다. 이는 그가 타락한 세상에서 원 창조 질서의 절대성을 주장하기보다는 죄의 보편성을 인정하고 타락의 현실이라는 기초 위에 윤리를 세우는 것이 옳다고 생각하기 때문이다. 하지만 그의 현실주의적 숙고는 이해할 수 있으나 이 현실을 보편적으로 받아들여 이것 위에 윤리의 기초를 세우려는 입장은 비판적으로 바라볼 필요가 있다. 그러므로 그의 입장이 무비판적으로 읽히지만 않는다면, 기독교 성 윤리의 고전이라 불리는 이 책은 한국 신학계에 큰 재산이 될 것이다.

신원하 고려신학대학원 기독교윤리학 교수

이 책은 헬무트 틸리케의 『신학적 윤리학』 제3권 『사회, 법, 성 그리고 예술의 윤리』 가운데서 제3부 "성 윤리"를 발췌한 것을 우리말로 번역한 것이다. 원서는 분량이 3천 페이지에 달하고 내용도 매우 광범위해서 일반 독자들이 읽고 이해하기에는 너무 벅차다. 이런 안타까운 상황 속에서 새물결플러스를 통해 출판되는 틸리케의 『성 윤리학』은 가뭄 끝에 내리는 단비, 한여름 타작마당의 얼음물 같은 책이다.

이 책을 읽는 순간 독자들은 왜 틸리케를 두고 "칼 바르트와 함께 20세기 가장 뛰어난 개신교 신학자"라고 하는지, 왜 "20세기의 스펄전"이라고 하는지 알게 될 것이다.

이 책은 크게 4부로 구성되어 있다. 제1부는 서론으로서 성의 문제는 인간론의 전체적인 기초와 조망 속에서 판단되어야 한다고 역설한다. 인간이 남자와 여자로 창조되었다는 것은 인간 존재의 근본 구조를 나타낸다.

제2부는 "인간의 성관계에 대한 신학적 현상학"이다. 여기서 가장 흥미로운 것은 틸리케가 임마누엘 칸트(Immanuel Kant)로 대표되는 "관념론적인 성 개념"을 비판하는 대목이다. 칸트는 일차적으로 충동과 의지 사이에는 서로 양립할 수 없는 대립이 존재한다고 주장한다. 그리고 그 대립은 생명과 인격으로 통합된 단위를 분해하는 적대감과 함께 작용한다. 이런 가정을 건물에 비유해 인간을 이해하자면 "감각과 본능은 낮은 층에 있고 정신과 도덕은 높은 층에 있는 것"이다.

그러나 틸리케는 기독교가 인간을 이런 구분과 구조로 이해하는 것을 거부한다고 강조한다. 인간은 정신과 육체라는 하나의 통일체로 존재한다는 것이 성경적 인간론의 토대다. 그러므로 몸의 피조성(Geschöpflichkeit des Leibes)은 몸의 자연성(Natürlichkeit)과 다른 그 이상의 어떤 것이다. 틸리케에 의하면 피조성은 인간이 매 순간 자신의 육체적 순간(physical moment)을 포함해서 자연을 초월하도록 도전을 받고 있다는 뜻을 내포한다. 이렇게 리비도(libido)와 함께 몸은 인간 자신을 대표한다.

제3부에서는 결혼의 질서(Ordnung der Ehe)가 다루어진다. 결혼을 태초에 부여된 창조 질서(Schöpfungsordnung)의 하나로 파악한다는 점에서 틸리케는 매우 전통적이며 혹자는 이를 두고 그가 지나치게 보수적이라고 불평하기도 한다. 그러나 우리가 기독교 신앙을 포기하지 않는 한 결혼은 태초에 창조주가 인간에게 부여한 창조 질서라는 원리를 포기할 수 없다.

성경적 결혼제도는 일부일처제다. 신학적으로 보자면 일부일처제의 성경적 결혼제도는 기독교적 아가페 위에 기초하고 있다. 아가페는 "타인을 위해 존재"하는 것이다. 따라서 틸리케는 복음이 분명히 일부일처제를 선호한다고 강조한다.

이러한 틸리케의 주장을 읽으며 "역시 예상대로 꽉 막힌 보수주의자의 주장"이라고 불평하지 말기를 바란다. 윤리는 본질적으로 복잡한 현실 가운데서 당위의 문제를 고민하는 것이다. 존재와 당위의 불일치, 현실과 가치의 불일치는 인간 현존의 본질적 현상학이다. 우리의 현실을 보자. 대한민국에서 합법적인 결혼제도는 일부일처제다. 그러나 현실에서는 결혼제도를 위협하는 잘못된 성관계를 맺는 사람들이 있다. 그래서 러브호텔이 성행하고, 배우자의 뒤를 캐는 심부름센터가 호황을 누린다. 불륜을 미화하는 드라마도 많다. 이를 보고 "역시 일부일처제는 전혀 현실적이지 않은 구닥다리 유물"이라고 생각해야 하는가?

현실에서는 불륜과 러브호텔과 심부름센터가 압도적이라고 해도 그것이 바른 것, 곧 선이 아니다. 이는 호모 사피엔스에게만 있는 아주 생득적인 선의 개념이다. 국민의 대다수가 바람을 피우고 있으니 일부일처제를 철폐하고 일부다처제 혹은 일처다부제를 헌법에 명기하라고 데모하는 사람은 없다. 또 그렇게 법 개정을 추진하는 정치인도 없다. 이것이 윤리, 당위, 가치가 갖는 실제적 힘이다.

제4부에서 틸리케는 현실에서 쟁점이 되는 여러 구체적 문제를 세심하게 다룬다. 대표적으로 산아제한, 낙태, 인공수정, 동성애 등이 다뤄진다. 특히 동성애는 지금 우리 사회에서도 매우 첨예한 문제가 되고 있다. 여기서 동성애를 박살 내기 위한 거룩한 전쟁에 가장 앞장서는 것은 교회다. 독일의 대표적인 신학자이며 윤리학자인 틸리케는 동성애에 대해 어떻게 말하는가?

틸리케는 동성애를 "전쟁"이 아닌 "목회상담" 차원에서 접근한다. 기독교 목회상담은 일차적으로 동성애자가 자신의 동성애적 충동을 승화시킬 수 있도록 도움을 주는 일에 관심을 가져야 한다. 그런데 이것은 동성애자의 성충동을 깎아내려서 이루어질 수 없다. 반대로 우리는 동성애자의 "일반적이지 않은" 실존에 내재한 가능성과 임무를 동성애자가 볼 수 있도록 도움을 주어야 한다. 틸리케는 이렇게 말한다. "그럴 가능성과 임무는 교육적인 에로스와 그들 대부분이 가지고 있는 섬세한 감정이입의 능력에서 곧 잘 발휘된다. 승화의 목적은 본래의 위험지대를 넘어서게 하는 것이다." 약한 자들의 고통을 무시한 채 율법적인 잣대만 들이미는 것이 아니라 복음의 아가페적 사랑에 기초한 틸리케의 성윤리가 한국교회의 많은 성도와 목회자, 그리고 신학자들에게 읽혀지기를 바란다.

안계정 평택나눔교회 담임목사

헬무트 틸리케는 설교와 삶이 분리되어 설교가 생명력을 잃어버렸다고 주장한다. 그가 신앙인으로서 독일 나치즘에 행동으로 저항한 이유가 여기에 있다. 그런 점에서 그에게 윤리학은 그의 신학을 살리는 역할을 한다. 틸리케의 『성 윤리학』은 인간의 정체성과 존재 방식을 이해하는 데 큰 역할을 하는 성 문제를 신학적 관점에서 잘 다룬다. 인간은 하나님과의 관계에서만 참된 의미를 얻기 때문에 신학적 관점에서 성 문제를 다루어야 한다는 것이 틸리케의 통찰이다. 동시에 그는 기독교 밖에서 이루어진 성 윤리학의 논의들도 염두에 두고 있다. 그는 신학적 관점에서, 특히 신학적 인간론의 관점에서 그 논의들을 재해석하고 재평가한다. 이를 통해 그는 "기독교적 관점을 시대 상황에 너무 맞추는 사람들"과 "삶의 현실과 무관하게 기독교적 주장만을 하는 사람들" 사이에서 균형을 찾고자 한다.

　틸리케의 『성 윤리학』은 신학적 인간론에 대한 통찰을 줄 뿐 아니라 그리스도인이 삶의 현장에서 만나는 구체적 문제들도 다룬다. 틸리케는 여성목사 문제를 다루면서 "여성은 잠잠하라"는 명령이 "여성 하위의 지위를 사회적으로 인정하지 않는 시대에 적용"될 수 없다고 주장한다. 목사의 이혼 문제에 대해서는 만인제사장주의에 비추어볼 때 목사와 성도들 사이에 다른 기준을 적용할 수 없다고 주장한다. 하지만 그에 따르면 목회자의 삶이 복음의 메시지이기 때문에, 특히 이혼한 목회자가 결혼식 주례에서 하는 축복이 힘을 잃어버리기 때문에 목회자의 이혼은 일반 성도의 이혼과는 다른 무게를 지닌다. 그렇다고 해서 목회자가 외적으로만 정상적인 결혼생활을 보여주는 것은 율법적 외식이 된다. 그 경우 틸리케는 목회자가 자신의 과거 생활을 잘 알지 못하는 새로운 목회지에서 새롭게 목회를 시작할 것을 권유한다. 독자들이 틸리케의 구체적 제안에 대해 모두 동의하지는 않더라도 구체적인 사안을 다루고자 하는 그의 태도는 많은 윤리적 문제로 시달리고 있는 한국교회에 유익한 영향을 줄 수 있을 것이다. 틸리케의 『성 윤리학』이 한국 그리스도인이 복음의 메시지로서 살아가는 데 크게 이바지하기를 기대한다. **이경직** 백석대학교 신학대학원 조직신학 교수

이 책은 틸리케가 성 윤리만을 위해 따로 쓴 책이 아니라 자신의 주저인 『신학적 윤리학』 중에서 성 윤리와 관련된 부분만을 따로 떼어내 출판한 책이다. 틸리케는 한 세대 전의 독일 신학자들 가운데서 미국적 의미의 복음주의권과 가장 가까운 신학적 입장을 드러내어 성경과 전통을 매우 중요시하는 인물이었다. 따라서 그의 접근이 오늘날의 복음주의권에 좋은 가르침을 줄 수 있을 것이라 생각한다. 또한 그는 전통적 입장을 철저하게 따르지는 않는 현대적인 경향을 나타낸다. 특히 이 책 마지막에 있는 동성애에 대한 논의에서 그는 한편으로는 동성애가 타락으로 인한 죄의 한 부분임을 인정하면서도 그것을 우리가 드러내는 여러 성적인 범죄와 같이 취급하는 것은 너무 지나치다는 식의 논의를 진행한다. 더 나아가 동성애도 주어진 것으로 받아들여야 하는 측면이 있다는 논의도 한다. 그러므로 틸리케와의 대화는 우리에게 도전을 준다. 독자들은 그의 입장을 그대로 따라가기보다는 그와 대화를 하면서 좀 더 성경에 충실한 입장이 무엇인지를 찾아야 할 것이다. 그러나 그도 미성년자들에 대한 동성애는 형법적으로 처벌해야 한다는 것을 분명히 한다. 우리는 오늘날 우리 사회 일부에서 나타나는 동성애를 용인하는 교육에 대한 시도가 얼마나 잘못된 것인지를 심각하게 고려해야 할 것이다. 이 책은 기독교적 성 윤리에 대해 깊이 생각하기 위해 틸리케와 대화하길 원하고, 틸리케가 제시한 것과 더불어 좀 더 성경에 충실해지려는 사람에게 큰 유익을 줄 것이다.

이승구 합동신학대학원대학교 조직신학 교수

포스트모더니즘과 소비문화로 어우러진 21세기 문화 상황 속에서 성 현상에 대한 이해와 그에 대한 윤리는 그 어느 때보다 주요한 과제가 되고 있다. 간통법 폐지, 미국의 동성애 합법화 같은 거대한 변화들은 교회와 그리스도인들이 감당하기 버거운 큰 도전

이 아닐 수 없다. 이러한 상황 속에서 틸리케의 『성 윤리학』은 오늘날 교회가 견지해야 할 중요한 관점을 제공한다. 틸리케는 성에 대한 보수주의와 자유주의라는 양극적 사고의 틀을 뛰어넘어 성 현상에 대한 정치한 분석과 함께, 성경과 교회의 전통, 사회학, 의학, 심리학과의 광범위한 대화를 통해 성에 대한 설득력 있는 해법을 제안한다. 이러한 의미에서 틸리케의 『성 윤리학』은 성의 문제를 신학적 인간론의 지평으로 끌어올린 탁월한 결과물임이 틀림없다. 성, 남성과 여성, 결혼, 임신중절, 동성애 같은 근본적이면서 첨예한 이슈들의 해법을 모색하는 그리스도인들이라면, 이 책을 반드시 읽어야 할 것이다. 성 윤리에 대한 그의 전방위적 접근과 시대를 뛰어넘는 통찰에 대한 경탄이 오늘날 성에 대한 신학적 이해와 윤리를 모색하는 신앙의 동료들에게 틸리케와의 만남을 적극적으로 추천하도록 이끈다.　　　임성빈 장로회신학대학교 대학원 기독교와 문화 교수

SEX
Ethik der Geschlechtlichkeit

Helmut Thielicke

성 윤리학

신학적 현상학으로 본 기독교적 성 이해

헬무트 틸리케 지음 | 김재철 옮김

Holy
WavePlus

이 책은 내가 저술한 『신학적 윤리학』(*Theologische Ethik*)의 한 장(章)인 성 윤리학 부분을 발췌한 것이다. 이 책과 『신학적 윤리학』은 파울지벡출판사(Paul Siebeck)에서 함께 출간되었고, 영국 포트리스출판사(Fortress Press)는 올해(1966)부터 『신학적 윤리학』의 영어판을 출간하기 시작했다. 『신학적 윤리학』[1]은 다양한 차원에 놓인 현존재를 체계적으로 분석하려 시도한다. 그 차원들 중 하나는 성(Geschlechtlichkeit)의 영역이다.

"성"이라는 주제는 이 시대에 대단히 중요하고 현실적인 문제다. 저자와 출판사는 오래 전부터 『신학적 윤리학』에서 이 문제에 대한 논의를 발췌하여 별도로 출간하려고 계획했었는데, 그 계획이 이 책으로 열매를 맺었다. 사실 오늘날의 신학자들이 성이라는 주제를 어떻게 다루는지 알고 싶어 하는 독자들 중에는 3천 쪽이 넘는 『신학적 윤리학』의 분량이 부담이 되는 분도 있을 것이다. 같은 이유에서 미국 하퍼앤로우출판사(Harper & Row)도 독자들이 성에 관한 주제를 쉽게 읽을 수 있도록 『신학적 윤리

---

1) 나는 "*ThE*"라는 약자로 이 전집을 표시하여, 독자들이 보다 더 많은 내용을 참고할 수 있도록 할 것이다.

학』특별판을 1964년에 출간한 적이 있다.

독자들은 이 책을 흔히 말하는 "계몽서적"과 같은 것으로 기대하고 읽어서는 안 된다. 물론 나는 성의 현상을 있는 그대로 보면서, 그동안 금기시되어 제대로 보지 못한 것을 드러내려고 노력했다. 어떤 전통적인 기독교 서적도 성의 한계상황들(산아제한, 임신중절, 인공수정, 동성애)을 이 책과 같이 상세하게, 그리고 판에 박힌 많은 전통적 상상들을 벗어나서 서술하지는 못했다. 그러나 이 책은 이 주제와 관련된 의학자, 사회학자, 법학자들의 저서들과 대립하기보다는, 오히려 많은 부분에서 그것들의 도움을 받았다. 나는 다음과 같은 두 가지 사항을 중요하게 생각한다.

첫째, 나는 인간의 성을 고립된 것으로 생각하지 않고 오히려 인간 실존의 존재 방식 중 한 가지로, 그리고 그 실존의 기능적 외화로 이해한다. 여기서 나는 성 문제를 인간적 현존재의 의미에 부속시키고, 바로 그 의미로부터 그 문제를 이해해야 할 과제를 발견한다. 그리스도인은 인간의 본질에 대해 진술할 때, 반드시 "하나님-인간-관계"를 함께 말하지 않을 수 없다. 그렇기 때문에 성 문제도 신학적 해석을 필요로 하게 된다.

사실 나는 모든 사람이 관계를 맺고 생각하며 살아가는 삶의 영역을 해석하는 일에 신학적 범주가 어느 정도까지 적용될 수 있을지에 관심이 많다. 이 적용에서 신학은 교리적인 규정을 들고 등장하는 것이 아니라, 오히려—교리를 배경으로 하면서—다양한 견해가 자유롭게 경쟁하는 토론에 참여하게 된다. 여기서 신학이 현실적이지 못할 경우, 사람들에게 웃음거리가 될 수도 있다. 바로 이 자리에서 신학이 구원의 복음을 말할 때, 그와 함께 구체적인 삶의 진리와 이 세상의 현실에 대해서도 함께 말할 수 있는지의 시험대 위에 서게 된다. 여기서 선한 의도를 가진 독자라면 누구라도, 내가 지금 복음을 실제 삶의 사실들과 결의론적 삶의 규정들을 모두 담은 일종의 백과사전으로 제시하려 한다고 오해하지는 않을 것이다. 당연히 이 책도 우리를 둘러싼 현대적인 성 문제의 상당 부분을 명시적으로 취급하지는 못했다(그 외에도 우리는 복음을 정치적·사회적 규범을 찾아 참고할 수 있는 백과사전으로 사용할 수 없다는 사실을 좋은 의미든 나쁜 의미든 이미 충분히 격렬하게 경험했다!). 그럼에도 복음이 모든 인간적 존재와 행위를 실존의 중심 그리고 만물의 영혼(Herz)에 관계시키는 특성과 방식은 철두철미 모범적이며, 인간적 삶의 모든 영역을 해석하는 안내자의 의미를 갖는다.

둘째, 나는 다음과 같은 방법론적인 과제를 생각한다. 성경뿐만 아니라 기독교 전통이 말하는 성에 관한 진술과 그에 따른 행동 규범은 각각의 시대에 역사적으로 제약된 사상들과 연결되어 있다. 예로부터 신학자들은, 예를 들어 성경과 기독교 전통에 나오는, 창조 질서에 따른 남녀의 양성을 고대의 사회구조(예를 들어 바울)나 중세의 사회구조(예를 들어 루터) 등의 다른 좌표계 안으로 각각 옮겨 놓았다. 그리고 사람들은 각각 자신이 처한 현존재의 그물망 구조로부터 인간의 양성을 해석하였다. 여기서 만일 우리가 복음이 말해진 시대와 각각 자신의 시대라는, 남녀 양성에 대한 진술의 배경을 이루는 두 요소를 간과한다면, 그래서 그 진술을 복합적인 배경에서 떼어내어 절대화하거나 "교리화"한다면, 그 이상의 큰 실수는 없을 것이다. 그렇게 만들어진 교리는 보수적인 화석으로 굳어질 수도 있다. 기독교는 얼마나 자주 그런 악평을 들었으며, 또 실제로 그런 실수를 얼마나 많이 행하였는가! 이와 반대로 우리가 메시지의 핵심과 그것을 덮는 시대적 제약이라는 껍질을 두 요소로 구분한다면, 우리는 현상의 이해에서 고도의 탄력성과 현실주의적 개방성을 획득할 수 있으며, 더욱이 그 현상을 체험하는 방식의 변화에도 적응할 준비를 갖추게 된다(고대 이스라엘, 고대 그리스, 현재 서구 유럽 등은 각각 에로스를 근본적으로 다르게 체험했다. 신학적 해석은 이런 상이한 체험에 관련해서 꼭 필요하다). 그때 우리는 시대적 제약이라는 껍질 속에서 성에 대한 (존경받아야 할 사도 바울의 관점을 포함해서) 기독교적 관점을 이끌어내고, 그것을 현재 우리의 사회적·의학적·심리학적 사고의 도식 위로 옮겨 놓을 수 있는 가능성과 권리를 얻는다.

우리 시대의 사고 안으로 옮겨진 성에 대한 모든 성서적 진술이 갑자기 대단히 "현대적"으로 그리고 "삶과 밀접한 관계" 안에서 들려올 때, 많은 사람들은 그 진술이 아직도 여전히 기독교적인 것으로 수용되어야 하는지 의아해 한다. 여기서 이러한 인상은 어떤 조작, 인위적인 비교, 또는 강제적인 현대화의 작업이 취해져야 한다는 방향이 아니라, 오히려 기독교적인 것 자체가 적절하게 해석되고 탐구되어야 한다는 방향으로 인도되어야 한다. 다시 말해 원래의 의미를 해석함에 있어 해석의 기준과 방법이 분명하게 제시되어야 한다. 육체에 대한 기독교의 악명 높은 적대감, 그리고 성에 대한 긴장된 관계가 헬레니즘의 영향과 관계가 있다는 사실은 이미 오래 전부터 말해져왔다. 더 정확하게 말하자면, 기독교의 메시지는 헬레니즘 문화권 안에서 다르게 이해되었으며, 그 안에서 다르게 "정착"되었다. 이것은 예를 들어 그 메시지가 유대교 문화권이나 오늘날 일본 또는 아프리카 문화권 안에서 다르게 이해되고 다르게 정착되는 것과 마찬가지다. 이제 우리가 메시지의 핵심을 그러한 문화적 포장으로부터 분리시킨다면, 그래서 그 메시지를 포장과 함께 싸잡아 하나로 취급하는 단순화의 오류를 범하지 않는다면, 그것은 적절한 일이 아니겠으며, 곡해가 아니라 오히려 이 문제에 꼭 필요한 일이 아니겠는가? 오늘 우리도 우리 자신의 고유한 "포장"을 갖고 있지 않으며, 또한 우리의 후손들도 마찬가지로 그들만의 다른 포장을 갖게 되지 않겠는가?

모든 새로운 시대마다 새로운 요청으로서 마주 서고, 각각의 다른 수신자에게 각각 다른 효력을 행사할 수 있는 복음의 능력은, 말하자면 영원히 시들지 않는 젊음을 나타낸다. 오래된 다이아몬드는 언제나 새로운 빛의 굴절을 일으키며 빛난다. 그래서 그것은 언제나 마치 다른 것인 양 보인다. 그러나 그것은 여전히 동일한 것으로 남아 있다. 이 책의 배경이 되는 큰 테두리 작업은 근본적으로는 바로 그러한 변하지 않는 하나의 핵심을 제시하려는 시도에 불과하다.

사람들은 신약성서를 해석하기 위해—다행이라기보다는 불행하다고 할 수 있는 표현인—"비신화화"(Entmythologisierung)라는 단어를 만들었다. "비신화화"는 케리그마의 핵심을 덮고 있는 세계상과 시대적으로 제약된 진술 방식을 벗긴 다음, 그 핵심을 밖으로 끌어내야 한다고 주장한다. 그러나 그러한 시도로 얻어진 결과물은 여기서는 다 논의할 수 없는 여러 가지 이유에서 미심쩍은 것으로 보인다. 그리고 그런 의심은 충분한 근거를 가지고 있다. 동일한 물음이 윤리학 안에서도, 곧 유감스럽게도 그 물음이 명시적으로 제시되지 않거나 전혀 등장하지도 않는 윤리학 안에서도, 제기된다. 여기서도 중요한 것은 하나의 동일한 메시지를 현존재에 대한 하나의 특정한 이해(그리고 그에 상응하는 말하자면 "분위기")로부터 어떤 다른 이해(그리고 그에 상응하는 다른 "분위기") 안으로 옮기는 작업이다. 그렇게 할 때 우리는 곡해의 실수를 피하면서도 충분히 현대적일 수 있다. 나는 이 문제를 특별히 한 장에 할애하여 독자들이 직접 손끝으로 확인할 수 있게 했다. 이것은 내가 탁발승의 간교함으로 현대성을 낚아 올리고 있다는 의혹을 미리 방지하기 위한 것이기도 하다. 이에 관련하여 나는 제4부 제3장 "남녀관계의 이해에 대한 인간학적인 변천"을 먼저 제시한다.[2]

앞의 다소 이론적이고 기초적인 장을 건너뛰고, 예를 들어 제2부 제2

---

2) 이 장은 Derrik Sherwin Bailey의 책의 후기에도 들어 있다. 『기독교적 사유에서 남녀관계』 (*The Man-Woman Relation in Christian Thought*, London, 1959), 독일어판(Ernst-Klett-Verlag: Stuttgart, 1963), p. 279 이하.

장 "동물적·인간적 성격을 가진 리비도"와 같은 단원에서 학습을 시작할 것인지 여부는 독자들에게 달려 있다. 비전문가 독자는 그렇게 한다면 좀 더 쉽게 본론에 접근할 수 있을 것이다. 그러나 나는 앞의 이론적인 부분을 나중에라도 읽기를 권한다. 그렇지 않으면 현상의 서술을 규정하는 앞선 표징들이 예견될 수 없기 때문이다. 인용문 중 라틴어와 그리스어는 읽지 않고 그냥 넘어가도 별 문제가 없다. 이 외래어는 대부분 작은 글자로 인쇄되어 있어서, 모르는 독자들은 미리 경고를 받고 우회하여 나아갈 수 있다. 그러나 학문적 훈련을 받은 독자들에게 그 인용문은 매우 중요하다. 따라서 그것은 이 책 안에 그대로 실려 있다.

이 책이 이 시대의 성숙하고 개방적인 태도를 가진 사람들에게 도움을 주어, 일반적으로 방향을 상실한 성 문제를 재발견하고 자신의 성적 본질을 통찰하는 새로운 자기이해에 도달하도록 할 수 있다면, 저자로서는 더 바랄 것이 없다. 그때 기독교적인 앎이 인간들에게 얼마나 큰 도움을 선사할 수 있는지에 대해 많은 사람들이 놀라게 될 것이다. 그러한 놀람은 언제나 앎을 향한, 곧 지성적 향유를 향한 첫 걸음이 된다.

1966년 3월

헬무트 틸리케

제1부 서론 | 인간의 양성: 성(sex)에 관한 성경적 인간론   23

제2부 인간의 성관계에 대한 신학적 현상학   41

제1장 문제: 에로스의 영역에서 육체적 삶과 인격의 결합 45

1. 인간론의 위기 45

2. 에로스와 아가페 개념 54

제2장 동물적·인간적 성격을 가진 리비도 69

1. 리비도의 본성(매춘에 관하여) 69

2. 리비도의 인간적인 완성 82

  1) 리비도와 헌신적인 섬김 82

  2) 발정주기와 에로스의 편재성 94

  3) 승화의 가능성 99

   a. 부연설명: 인간의 성적 역할의 유연성 103

   b. 부연설명: 문학적 표현들(야콥센과 생텍쥐페리) 106

  4) 수치심과 성에 대한 지식 112

   a. 성에 대한 지식 112

   b. 성교육 119

   c. 성의 은폐 129

제3장 성 본능의 실현 135

　1. 자기실현 135

　2. 일부일처제 – 일부다처제 143

제3부 결혼의 질서　　　　　　　　　　　　　　　　　163

제1장 결혼의 성경적 이해 165

　1. 결혼의 신학적 의미 165

　2. 구약성경의 결혼 169

　3. 신약성경의 결혼과 이혼, 그리고 재혼 175

제2장 결혼에 관한 성례적 이해와 "세속적" 이해 – 비교 신학적 견해 197

　1. 가톨릭 신학에서 성례적 결혼에 대한 이해 197

　2. 결혼에 대한 성례적 이해에 대한 루터의 반박 204

　　1) 성례적인 근거에 대한 부정 205

　　2) "세속적으로" 이해된 결혼과 관련된 신학적 해석 212

　3. 시민 결혼과 교회의 혼례 222

　　1) 역사적 이해 222

　　2) 역사적 상황의 변화 230

제3장 남녀관계 이해에 관한 인간학적 변천 239

　1. 에로스에 관한 이해의 변화 239

　2. 가족과 사회에서 여성의 지위 변화(양성평등의 문제) 262

　3. 미혼 여성 284

　4. 부연설명: 여성 목사 304

제4장 이혼과 재혼 313

　1. 이혼 313

  　　1) 부연설명: 목사의 이혼 330

  　　2) 부연설명: 일부다처제에서의 이혼 332

  　2. 재혼 339

  　3. 특별한 경우: 신앙이 다른 사람들 간의 결혼 350

제4부 한계상황들　　　357

제1장 산아제한과 임신중절 361

  1. 산아제한(불임의 문제) 361

  　　1) 혼전 성관계 및 혼외 성관계 362

  　　2) 피임에 대한 사회적·의학적 지침 363

  　　3) 인구 "폭발" 379

  　　　후기 388

  2. 임신중절(인위적인 낙태의 문제) 391

제2장 인공수정 421

  1. 인공수정의 문제 421

  2. 배우자 인공수정 427

  　　1) 배우자 인공수정을 심각하게 반대하는 견해들 428

  　　2) 배우자 인공수정을 약하게 반대하는 견해들 431

  3. 비배우자 인공수정 435

제3장 동성애 문제(형법상의 문제) 447

  1. 개신교 신학의 문헌을 통해 본 동성애 447

  2. 동성애에 대한 신학적·윤리적인 측면 458

  3. 동성애에 대한 신학적·법적 측면 470

참고문헌 477

제1부

서론

인간의 양성: 성(sex)에 관한 성경적 인간론

인간의 성별이 다르다는 언급은 성경적 인간론이 항상 강조하는 공리 중 하나다. 성별을 생각하지 않고, 인간 존재를 둘러싼 세계와 관계하는 인간을 생각한다는 것은 불가능하다. 우리가 지금 확인할 수 있는 모든 인종적 차이는 "하나의 동일한 구조의 변주"이며,[1] 그렇기 때문에 인종은 서로 섞일 수 있고 변할 수 있지만, 성별은 불변한다는 특징이 있다.[2] 마태복음 19:4-6에는 다음과 같이 기록되어 있다. "예수께서 대답하여 가라사대 사람을 지으신 이가 본래 저희를 남자와 여자로 지으시고 말씀하시기를 그러므로 사람이 그 부모를 떠나서 아내에게 합하여 그 둘이 한 몸이 될지니라 하신 것을 읽지 못하였느냐? 그런즉 이제 둘이 아니요 한 몸이니 그러므로 하나님이 짝지어주신 것을 사람이 나누지 못할지니라 하시니." 여기서 우리는 창조 질서와 구원 질서가 서로 연결되어 있다는 분명한 가르침을 읽을 수 있다.

성별은 다음과 같이 인간 존재를 이루는 조건이다. 첫째, 성별은 근원적인 질서를 나타내며(창 1:27), 비록 인간의 본성이 하나님께 죄를 짓고

---

1) 이런 점에서 Karl Barth의 말은 옳다. 『교회교의학』(*Kirchliche Dogmatik*) III, 2, 344를 참조하라.

2) 동성애의 사실은 인간론적으로 말하자면 한 개인 안에 잠재적으로-대부분 육체적으로는 확인되지 않지만-혼합된 양성이 있다는 것에 근거한다. 그러나 동성애의 사실도 위의 주장에 대한 반증이 되지 못한다(참조, O. Weininger, 『성과 성격』[*Geschlecht u. Charakter*], 1922). 왜냐하면 첫째, 여기에 전제되고 있는 내재적 양성 자체가 남녀의 양극성을 무시하기는커녕 오히려 증언하고 있고, (양성 불변의) 현상의 이해에 인용되기 때문이다. 둘째, 동성애자는 "정상적인" 남녀의 양극성에 거리를 두는 것에 의해 자신을 이해하기 때문이며, 그 점에서 동성애자도 성의 양극성에 예속된다(뒤에 나오는 동성애에 관한 장을 참조하라).

타락하여 부패했지만(창 3:16) 인간의 성별은 일정하게 유지된다. 둘째, 그 것은 모든 인간 존재의 근본 구조를 나타내는 상징적 가치를 지닌다. 달 리 말해 성별은 인간 존재가 항상 다른 인간과 공존한다는 것과, 너와의 관계 속에서 자기 존재를 한 명의 너로 정의하는 상징을 부여한다.[3] 바르 트는 이를 다음과 같이 정확히 말한다. "인간에게는 공존하면서 살 것인 지, 아니면 그와 다르게 존재할 것인지에 대한 선택권이 없다. 인간은 이 렇게…양성으로 **실존한다**. 이 양성은 인간이 실존하는 독특한 구조적 구 별이다."[4]

아담의 갈비뼈에서 여자를 창조했다(창 2:31 이하)는 것은 남자와 여 자가 구조적으로 서로 친밀하다는 것을 비유적으로 보여준다. 동시 에 창조의 이유와 목적은 인간이 동료 인간과 공존해야 한다는 공존성 (Mitmenschlichkeit)을 알려주며, 공존은 남녀가 서로에게 속한다는 것을 표현한다.

하나님이 인간 이외의 다른 것을 창조하실 때, 그분은 "**좋다**"라는 말씀을 하 셨다. 그리고 인간 창조에 대해서만 "좋지 않다"라는 부정적인 술어를 사용 하셨다. 곧 그분은 "사람이 혼자 사는 것이 좋지 아니하니"(창 2:18)라고 말씀 하셨다. 홀로 있는 아담은 아직 "진정한" 인간이 아니다. 그는 인간의 창조에 서 아직 완성된 인간 존재가 아니다. 그래서 여자가 "돕는 자"로 창조되었다. 돕는 자는 한 명의 배우자를 의미한다. 예를 들어 고린도후서 2:24에 나오 는 "돕는 자"라는 개념(synergos-Begriff)처럼 말이다. 왜냐하면 너-성격(Du-Charakter)을 가진 "상대"(Gegenüber)란—"나는 그에게 그의 상대로서 도움 을 주는 자를 만들어줄 것이다"라는 히브리어 원문의 번역처럼—"인간에게

---

3) 뒤에 나오는 "사회"에 관한 장에서 Gogarten, Litt, Sartre, Jaspers의 인용을 참조하라.
4) KD III, 2, 344.

대상이 되는 자"를 말하고 있기 때문이다.[5] 이것을 다르게 말하면, "그에게 어울리는 조력자"[6] 또는 그 자신을 스스로 인식하게 하는 자기 자신의 반영(反影)이라고 표현할 수 있다.[7]

이것은 남녀관계가 보여주는 동료 인간의 공존이 모든 '나와 그것의 관계'(Ich-Es Beziehungen)보다 높은 차원의 관계이며 특권을 지녔다는 것을 의미한다. 동물 창조에서는 "그를 돕는"(창 2:20) 배우자로서의 상대가 전혀 없었다. 하지만 아담은 자신을 위해 창조된 여자라는 너를 마주한다. 그는 "이는 내 뼈 중의 뼈요 살 중의 살이라"라고 그녀를 부른다(문자적 표현에 주목하라! 창 2:23). 그 결과 아담은 자신의 이름에서 여자(Männin)[8]라는 이름을 만들어 그녀에게 주었고, 그러한 방식으로 동물들을 부르는 것과 그녀를 차별화했다.

성별의 이원론은 하나의 성별이 다른 성별에게 의존해 있음을 매우 명료하고 상징적인 표현으로 말하고 있다. 창세기 2:23은 (돕는 자가) 함께 일하는 영역에서 서로에 대한 자신들의 의존성뿐만 아니라 심지어 생물학적 영역과 육체적 영역에 이르기까지 양자의 상호 의존성을 강조한다. 우리는 창조와 연관된 성별의 신학적 의미와 함께 인간의 공존에 대한 상징적 가치를 등한시해서는 안 된다.

성별은 "인간의 공존"에서 파생되어나온 하위 개념이라고 할 수 없고, 오히려 그 개념의 재현이며, 동시에 그것의 원형을 보여준다. 인간은 너라는 이웃과의 관계를 말하지 않고서는 창조 안에서 하나님과 자신의 관계를 이해할 수 없다. 이 이중적 관계가 인간성을 구성한다. 그 점에서 예수님이 강

---

5) H. Greeven, 『남자와 여자의 올바른 관계에 관한 성경의 잠언들』(*Die Weisungen der Bibel über das rechte Verhältnis v. Mann u. Frau*), in *Kirche u. Volk*, XII, 4.

6) G. v. Rad, 『독일어판 구약성경』(*AT dtsch*), 2:66

7) Delitzsch, 『창세기 주석』(*Gen. Komm*), 1887, z. St.

8) 독일어에서 남자를 뜻하는 "Mann"을 여성 명사화한 것. - 역자 주

조하신 하나님 사랑과 이웃 사랑이라는 상호 관계가 드러난다(눅 10:27). 따라서 에밀 브루너(Emil Brunner, 1889-1966)가 "하나님은 두 종류의 인간, 곧 남자와 여자를 창조하셨다"[9]라고 표현했을 때, 우리는 그가 인간을 적절히 표현하지 못했다고 말해야만 한다. 본문은 두 "종류"의 인간이 공존함을 의미하는 것이 아니라, 인간 그 자체를 구성하는 양극성을 말한다.[10] 그러므로 남자와 여자는 나중에 서로 결합하는 것이 아니라, 오히려 서로에게서 유래한다.

물론 이런 성별의 차이와 관련해 신학적 타당성이 항상 확실한 것은 아니다. 달리 말해 신학이 종말론적인(eschatologisch) 신학이 아니라 종말 그 자체(eschatologistisch)이려고 한다면, 그리고 디트리히 본회퍼(Dietrich Bonhoeffer, 1906-1945)의 용어를 따르자면, 신학이 "궁극적인 것"에 몰두한 나머지 "궁극이전의 것"(etwas Vorletztes)을 간과해서 비현실적인 (schwärmerisch) 유토피아론이 된다면, 신학은 구체적이고 실제적인 모든 것의 수준을 낮추는 결과를 초래한다.

하나님 나라에서 사람들은 장가도 가지 않고 시집도 가지 않는다(마 22:30)는 약속에 호소하는 종류의 신학은 성의 구별을 상대화하는 잘못을 저지른다. 예를 들어 일부 금욕적인 사상을 가진 학파는 성적인 것을 노골적으로 비방했다.[11] 이것은 우리가 세상에서 살아가는 존재(Sein-in-der-Welt)라는 사실을 비현실적인 방식으로 회피하는 것이다. 무엇보다 세상에서 살아가는 존재라는 것은 다음과 같은 것을 우리에게 분명히 보

9) Emil Brunner, *Das Gebot und die Ordnungen. Entwurf einer protestantisch-theologischen Ethik* (Tübingen: J.C.B. Mohr, 1932), p. 359.
10) 이에 대해서는 M. C. van Asch van Wijk의 비판을 참조할 것. Olve Wyon이 독일어판을 *The Divine Imperative* (Philadelphia: Westminster Press, 1947)로 번역했다. p. 374.
11) F. Hauck, *Das Evangelium des Markus* (Leipzig: Scholl, 1931), p. 146; Strack-Billerbeck IV, p. 891.

여준다. 곧 이 세상이라는 **구체적인 매개물**을 마주했을 때 우리는 사랑하고, 신뢰하고, 미워하며, 또 우리의 믿음을 비난하는 상황이 벌어지는 것을 볼 수 있다. 달리 말해 내 믿음은 내가 어떤 분명하고 구체적인 사건과 환경을 마주했을 때 생긴다. 그리고 나는 그것들에 직면해 그런 것들을 해결하면서 믿는다. 믿음은 세상이라는 매개(Welt-Medien)와 절대 끊을 수 없는 관계를 맺고 있다. 믿음은 세상이라는 매개물 안에서, 그리고 그 것을 통해 수행된다. 보다 구체적으로 말한다면, 믿음의 싸움은 바로 이러한 매개물을 **넘어서** 나를 이끌어간다. 사랑도 마찬가지다.

사랑도 내가 사랑하는 실제적인 틀에 영향을 받음으로써 결정된다. 그 사랑이 에로스적인 사랑이든지 부모와 자식 간의 사랑이든지, 벗 사랑 또는 원수 사랑이든지 간에, 실제적인 틀 안에서 이루어진다. 또한 사랑은─부드러운 마음이나 정열적인 마음의 영향으로 일어나는─자연스러운 감정의 일이거나, 내가 사랑해야 할 "의무"가 있는 사람을 사랑하기 위해 실제 노력해야 하는 일일 수도 있다. 누군가 인간 존재를 부당하게 "종말적(eschatologistisch)으로 논의"한다면, 그는 그때마다 영적인 활동을 실현하는 매개물을 무시하는 셈이 된다. 그리고 인간의 성별조차 무시하는 성향을 가지게 되고, 결국 이것은 모든 현실적인 것이 제거된, "인간"에 대한 추상적 개념을 초래한다. 이와 같은 이유로 인해 아담과 하와가 함께 진정한 인간의 모습을 형성하는 것으로 그려지기보다는, 아담 혼자만 인간의 대표자로 표현된다.

다른 한편 인간 실존을 다루는 신학적 존재론은 단지 인간의 성별의 차이만을 사용해서 하나님의 형상(imago Dei)이라는 개념을 표현하는 데까지 나아가서는 안 된다.[12] 우리가 하나님 그리고 동료 인간들과 관계를

---

12) 이것에 대해서는 van Asch van Wijk, 앞의 책 p. 13을 보라.

맺을 때, 우리가 성별을 하나의 매개물로 사용한다는 사실은 매우 중요하다. 그리고 그 관계는 성별이라는 매개물 안에서, 그 매개물을 통해, 그 매개물과 관련해서 실현된다. 그러나 하나님의 형상은 창조 질서적으로도, 또 기독론적 의미[13]에서도 우리와 하나님의 **직접적인** 관계를 표현한다.

우리가 하나님과 맺는 직접적인 관계와 종말론적 차원을 다룰 때, 성별이 자신의 힘과 정당성을 잃어버리는 이유는 다음과 같이 설명된다. 첫째, 그것은 앞에서 언급했던 "하나님 나라에서는 장가도 가지 않고 시집도 가지 않는다"는 성경 말씀 때문이다. 둘째, "세대의 전환의 어렴풋한 여명에서" 모든 성적인 문제와 거리를 두는 바울의 모습(고전 7:1 이하)도 그 이유다. 마지막으로 그것은 우리가 하나님 앞에 서 있는 위치에 대한 물음과 관계가 있다. 곧 우리는 (어떤 성적인 차이도 없이) 율법 아래에서 "모두" **죄인**이다(롬 3:23). 또한 우리는 복음으로 인해 (어떤 조건을 만족시킬 필요가 없으며, 어떤 차이에 따라 은혜에 가깝게 또는 멀리 있지 않고) "그저" **의롭다** 여김을 받는다. **이런** 종말론적 차원에서 우리는 성별에 관계없이 "똑같이 은혜를 입고 있다."[14] 하나님과 직접 관계 맺는 형식과 함께 인간의 종말론적 차원을 중요하게 여길 때, 모든 성적 구별이 극복되는 어떤 궁극적 차원이 주장될 수 있다.

그러나 "궁극"의 차원에서 나타난 양성통합의 관계는 "궁극 이전"의 차원에서 나타나는 상하관계와 철저히 연결된다.[15] 하나님 앞에서의 "궁극적" 통합은 "궁극 이전"의 영역에서도 나타날 수 있다. 기존의 나와 너의 관계는 종속관계라는 신분을 넘어 하나님 앞에서 동등해지면서 상호

---

13) *ThE* I, p. 690 이하, p. 829 이하를 참조하라.

14) Ch. von Kirschbaum. 위의 책.

15) 바울은 빌레몬서에서 이런 가능성을 매우 극단적으로 보여준다. 거기서 그는 주인과 종의 신분 관계를 인정한다. 비록 그리스도 안에서 두 사람이 서로 형제라고 말하지만 말이다. *ThE* II, 1, §2060 이하를 참조하라.

간의 인격적 책임을 통해 완성될 수 있기 때문이다.

이와 관련해서 성경적 인간론이 주장하는 "하나님 안에서의 동반자 관계"라는 언급이 성경에 얼마나 많이 기록되어 있는지를 단순히 양적인 관점에서 살펴보는 것도 가치가 있다. 성경은 지상 영역, 곧 궁극 이전의 영역에서 배우자 간의 우월성이나 종속관계의 차이가 가능하다는 것보다 오히려 "하나님 안에서의 동반자 관계"를 더 많이 언급한다.

창조에 대한 첫 번째 설명은 남자와 여자 사이에 어떤 지위상의 차이가 있음을 언급하지 않는다(창 1:26-28). 창세기 1:27에서 하나님께서 "창조"를 세 번 언급하실 때, 그분은 가치의 차이를 단 한 번도 말씀하지 않으셨다. 남자와 여자, 이 두 사람은 창조자와 창조자의 행위에 동시적으로 직접 관계를 맺고 있다. 그 외에도 그들은 똑같이 축복을 받고 있으며(창 1:28), 함께 땅을 정복하라(창 1:28 이하)는 소명을 부여받는다.

인간의 창조에 관한 두 번째 보고(창 2:7 이하)는 앞서 언급했던 것처럼 배우자로서의 동반자라는 기본 요소가 남녀관계에 있음을 보여준다.

그러나 앞에서 살펴보았던 창조에 관한 설명과는 다르게, 죄에 의한 타락으로 "남편은 너를 다스릴 것이니라"(창 3:16)라는 구절이 나온다. 이것은 남자가 여자보다 우위에 있다는 사실을 말하는 것처럼 보인다. 그러나 이 구절은 명령이 아닌 저주의 예고를 의미한다. 저주의 의미는 그 후에 나오는 "잉태하는 고통을 크게 더하리니 네가 수고하고 자식을 낳을 것이며", "땅이 네게 가시덤불과 엉겅퀴를 낼 것이라", "네가 얼굴에 땀이 흘러야 식물을 먹고"(3:16-19)라는 말씀에서 분명하게 드러난다. 이 맥락에서 볼 때, 두 사람 중 한 사람이 "다스리는 자"가 되어야 한다는 것은 당위적인 창조 질서가 아니라, 창조의 평화를 깨뜨리는 무질서의 요소를 표현한다. **여기서 언급된 남자의 주권은 여자의 욕망**(*libido*)에서 나온 것이기 때문이다. 이것은 성이 그 원형을 상실했다는 사실을 보여준다.

원래 성의 목적은 하나님의 창조 계획과 일치하여 남자와 여자가 일체감을 이루어 "한 몸"을 유지하는 것이었지만(창 1:24), 지금은 타락으로 서로 "대립"할 것이라는 약속이 그들에게 주어졌다. 이제는 서로가 대립하는 상황에서 누가 승리자고, 누가 지배를 받는 사람인가가 문제다. 한 사람은 리비도의 노예이고, 또 한 사람은 "독재자"라는 끔찍한 대응이 이루어진다. 이러한 성의 대결은 한편이 다른 편을 비난하는 사실에서도 분명하게 드러난다(창 3:12). 이 모든 것은 원래의 창조 질서가 아니라 그것의 파괴에서 비롯된 것이다.

공관복음서에 따르면 예수님은 여자를 인간 존재로, 한 명의 누이로 대하셨다. 그분이 그렇게 행동하셨을 때, 말하자면, 그분은 하나님의 창조 안에서 본래 의도되었던 존재로 그녀에게 이야기하셨다. 그리고 그분은 타락의 사건에서 야기된 혼란스러운 관계를 벗어나서 사물을 보신다. 여기서 우리는 여인들을 대하시고, 그녀들에 대해 말씀하시고, 그녀들에게 말씀하시는 예수님에 대해 적절하게 평가할 수 있다. 만일 우리가 예수님이 사셨던 시대 상황을 배경으로 하여 그분의 말씀과 행동을 이해한다면 말이다. 당시 그리스 세계에서뿐만 아니라 랍비 유대교에서 경멸받는 여인의 지위는 남자와 여자의 성과 관련된 창조 질서가 **파괴된** 전형적인 모습을 보여준다. 예수님의 태도는 그런 파괴된 모습에 저항하신 것이다. 비록 후기 유대교가 여러 곳에서 산발적으로 덕 있는 여인을 칭찬하는 표현들을 보여주고,[16] 여자가 하나님 앞에서 남자보다 우월하지는 않다고 해도 똑같은 권리를 가진다고 말하지만,[17] 여성에 대한 **일반적인** 태도는 이와는 완전히 다른 모습이다. 남자는 결혼한 부인과 이야기를 나누어서는 안 되며, 심지어 자기 부인과 대화

---

16) *ThW* I, pp. 782, 21 이하.
17) 같은 곳.

를 나누어서도 안 된다. 여자는 먹는 것에 탐욕스러우며, 호기심으로 남의 말을 엿듣고, 남을 속이고, 질투하며, 경솔하다. 많은 여자가 쓸데없는 짓을 많이 한다. "열 개의 수다가 세계로 내려왔는데, 그중 아홉은 여자가 가졌고, 하나는 나머지 세계에 속하게 되었다." "남자아이를 자녀로 둔 자에게는 복이 있을 것이고, 여자아이를 자녀로 둔 자에게는 화가 미칠 것이다"라는 벤 키두쉰(ben Qidduschin)의 말은 방금 전에 인용한 말에서 평가될 수 있다.[18] 여성들이 장례식 행렬 가장 앞쪽에서 걷는 이유는 여자가 인간의 타락을 시작했다는 사실에 있다. 여자는 남자보다 불행한 죽음의 파멸에 더 가깝게 서 있다. 마찬가지로 남자는 이성(νοῦς)을 대표하고 여자는 감성(αἴσθησις)을 대표한다는 유대인 철학자 필론(Philon, 기원전 25-기원후 50)의 인간론은 인간 타락의 이야기와 하나님의 심판에까지 소급된다.[19]

얼핏 보면 복음서가 전혀 논쟁 없이 마치 부차적인 내용을 다루는 것처럼 여성에 대한 예수님의 입장을 보여주지만, 우리가 그 시대적 배경을 살펴볼 때, 예수님의 태도는 당대에 물의를 일으키는 저항의 의미를 담고 있다는 사실을 분명히 알 수 있다.

예수님이 무엇보다 여인들과 대화하셨다는 분명한 사실은 다음을 의미한다. 그분은 자신이 사셨던 공동체의 율법과 관습법을 무시하셨다. 예수님은 가나안 여인의 딸(마 15:21 이하, 막 7:24), 베드로의 장모(마 8:14 이하), 막달라 마리아(눅 8:2 이하)를 치료하셨다. 그리고 그분은 나인성에서 한 청년의 어머니를 측은히 여기고 그녀의 아들을 살리셨고(눅 7:11 이하), 야이로의 딸도 살리셨다(마 9:18 이하). 우리가 당시 종교 생활에서 여인들이 배제되었다는 사실을 주목한다면(예루살렘 탈무드는 "토라가 여자들에게 전수되기보다

---

18) 위의 책, pp. 781, 41
19) 위의 책, pp. 782, 17. 역사적 배경 설명은 A. Oepke, ThW I, p. 781 이하; J. Leipoldt, 「고대 세계와 초대 기독교에서 여성」(Die Frau I. d. antik. Welt u. I. Urchristent), in AG für Forschg. d. Landes Nordrh.-Wetf., Geistesw. 12, 1954, p. 77 이하를 참조하라.

는 차라리 불에 던져지는 것이 낫다"고 말한다. 그리고 여자들은 회당의 장막 뒤에 앉았다),[20] 예수님이 십자가 처형을 당하셨을 때 끝까지 처형 장소에 남아 있던 사람들이 여자들이었고(마 27:55 이하; 막 15:40 이하; 눅 23:49; 요 19:25), 마지막으로 부활의 증인 중에 여자가 있었다는 설명이 그 당시에 얼마나 충격적이었을지 짐작해볼 수 있다(마 28:1 이하; 막 16:1 이하; 눅 24:10; 요 20:1 이하). 비록 예수님이 분명하게 이혼을 거부하셨고(마 19:4 이하), (인간 마음의 완악함[ακληροκαρδία] 때문에 마 19:8)이혼이 "긴급한 상황의 처방"이라고 말씀하셨지만, 그분은 이혼한 여자를 자비와 연민의 마음으로 대하셨다(요 7:53-8:11). 심지어 그분은 아주 비천한 창녀조차도 그런 마음을 가지고 대하셨다(눅 7:36 이하). 예수님은 실제로 여인을 업신여기던 당대의 종교적·사회적 상황에 반대하시고, 하나님 앞에서 남자와 여자의 동등성과 둘의 연합을 매우 진지하게 다루셨다.

의심의 여지없이 남자와 여자의 성의 관계를 결정하는 또 다른 미묘한 느낌은 **바울**의 글에서도 발견된다. "남자는 여자의 머리"라는 반복되는 진술이 그것을 보여준다(고전 11:3; 엡 5:23). 그런데 좀 더 자세한 설명은 바울이 하나님 앞에서(*coram Deo*) 성별의 연합을 지지하고 있다는 것을 보여준다.

이와 관련해서 가장 어려운 것은 고린도전서 11장을 주석하는 일이다. 바울이 자신의 논의에서 두 개의 이질적 요소를 섞어 놓았기 때문이다.

1. 첫 번째 요소는 영지주의적인 유출설(Emanationen-Lehre)이다. 유출설에 따르면 여자가 남자보다 나중에 창조되었다(고전 11:8 이하)는 사실은 다음과 같이 해석된다. 곧 남자는 유출의 단계에서 여자보다 우월하다. 따라서 남자가 하나님의 형상이 직접 모사된 것(형상[εἰκών]과 모사[δόξα])이라고 한다면, 여자는 기껏해야 그 영광을 간접적으로 반영한다. 왜냐하면 여자는

---

20) *ThW*, p. 782.

남자의 영광이기 때문이다(고전 11:7).

물론 창조 이야기를 유출설에 적용해서 해석하는 것은 해석학적 한계에 직면한다. 바울이 이야기하지 않은 것을 그의 논의에서 본질적인 사실이라고 도출하기 때문이다. 다시 말해 여성이 하나님의 형상을 완전히 갖지 않았다고 말하는 한계에 도달한다.[21]

더욱이 남녀관계에 대한 바울의 진술은 다음과 같은 사실에 의해 더 어려워진다. 곧 그는 남녀관계를 직접 논의하려는 목적으로 "남자는 여자의 머리"라는 진술을 한 것이 아니라, 남자는 하나님의 사역을 할 때 자신의 머리를 머리덮개로 가려서는 안 되고, 여자는 머리를 머리덮개로 가려야 한다는 논의를 지지하고자 그렇게 진술한다(고전 11:4 이하). 그 논의로부터 어떤 불확실성과 비약(그런 논의는 더 이상 논의라고 할 수 없다. 그리고 지금 이것은 "케리그마적" 진술이 아니다)이 다음과 같이 발생한다. 곧 창조 이야기와 유출설의 논의와 함께, 바울은 또한 천사론이라는 영지주의적·신화적으로 모호한 언급을 한다(고전 11:10).

2. 이런 영지주의적 요소 외에, 고린도전서 11:8은 **두 번째** 특별한 요소를 가지고 있다. 이 요소에서 바울은 남자와 여자의 지위가 "본성"적으로 다르다는 것을 언급하면서, 예배를 드릴 때 그들의 머리를 다르게 치장할 것을 명령한다(11:14). 여기서 바울이 본성(*physis*)이라고 말한 것은 의심할 바 없이 사회적 관습이다(그래서 그것은 하나의 명제가 된다!). 하지만 엄밀하게 그 본성과 사회적 관습의 동일시(이런 동일시는 사건이 발생한 후[*post festum*]에 일어난 것이고, 그래서 시간상으로 어떤 시간적 공백의 문제가 있을 수 있다)는 지금 바울이 주장하는 논의의 실제 목표를 보여준다. 곧 그것은 남자와 여자가 하나님 앞에서 연합하는 존재라는 사실에 호소한다고 해서, 남자와 여자의 역

---

21) Greeven, 위의 책, p. 8을 참조하라.

할의 사회적 차이와 그 차이(바울뿐만 아니라 그의 동시대 사람들이 동일하게 "본성으로" 이해한 것이다)에 관련된 모든 관습이 바뀌지 않는다는 사실이다. 바울 역시 그 연합을 강조하기 때문이다(고전 11:11 이하). 그가 지금 이 구절에서 취하는 단호한 강조는 다음과 같은 잘못된 결론, 곧 여성에 대한 사회적 (자연적!) 입장에서의 그런 차별이 하나님 앞에서도 어떤 정당성을 가질 수 있다는 잘못된 결론을 도출하지 못하게 한다. 물론 우리는 고린도전서 11장의 본문에서 바울이 반대하는 정반대 방향의 잘못된 결론, 곧 사람들이 하나님 앞에서 남자와 여자의 연합에 호소하면서 이제 남녀의 사회적 지위의 동일시나 평균화를 가정할 수 있다는 잘못된 결론과도 투쟁해야 한다. 이렇게 말하면서 바울은, 군주들을 향해 봉기한 농민들에게 루터가 사용했던 종류의 논쟁을 반복한다. 곧 루터는, 농민들이 복음 아래서 주인과 종의 단결에 호소하면서 자신들의 사회적 자유를 요구했던 것에 반대했다.

요약하면 우리는 바울이 사회적으로는 매우 보수적인 판단을 내리면서도, 신학적으로는 매우 혁명적인 판단을 한다고 말할 수 있다. 왜냐하면 하나님 앞에서 남녀가 동일한 지위를 가진다는 것은 당시의 사회적 관습과는 확실히 반대되기 때문이다. 지금 바울이 취하는 이중적 태도는 정통 유대교에서의 남녀의 성의 차이점뿐만 아니라, 남녀의 성의 광신적인 종말론적 평균화도 반대한다. 그 구절의 케리그마적 내용은 **논쟁** 안에 있지 않고, 바울의 **의도**에 놓여 있다. 따라서 우리는 바울의 신학적 진술의 목적을 그의 랍비적 주석의 형식으로부터 분리한 것처럼(예, 갈 4:21 이하), 바울의 비판을 그의 해석으로부터 분리해야 한다.

그러므로 에베소서 5:23에 기록된 "남자는 여자의 머리다"라는 주장도 신학적 맥락을 고려하지 않은 채, 하나의 **독립된** 주장으로 이해하면 안 된다. 신학적 맥락을 고려하면, 하나님 앞에서 남녀의 동등한 축복과 동등한 의무가 등장하며, 이것의 의미는 구체적이고 "세속적인" 남녀 관계에 영향을 준다.

남자가 여자의 머리라는 주장은—이 주장은 **결혼한** 여자에 대한 것이며, 여성의 지위에 대한 사회학적 언급이 아니다—보다 일반적인 큰 틀, 곧 "그리스도를 경외하는 가운데" "피차 서로 복종하라"는 명령 안에 삽입되어 있다 (ὑποτασσόμενοι ἀλλήλοις, 엡 5:21). 따라서 그것은 남자의 일방적인 지배방식이 아니라, 오히려 위에 계시는 경외받으실 주님과 연합하기 위해 서로 봉사하며 관계를 맺는 남자와 여자의 연합을 가리킨다. 그리고 인간은 봉사하면서 서로 연합해야 한다는 사실을 보편적으로 표현한다(갈 5:13; 벧전 4:10 이하). 그리스도 자신도 섬기는 자(διακονῶν, 눅 22:27)의 모범이셨기 때문이다.

에베소서 5:21 이후의 본문에서 그리스도가 그분의 교회의 머리(엡 5:22 이하)이신 것처럼 남자도 자기 아내의 머리(엡 5:23)라는 비유가 말해질 때, 우리는 그리스도가 섬기는 자라는 사실을 염두에 두어야 한다. 지금 이 비유에서는 단순히 한쪽이 우월한 관계 그 이상, 곧 혼인관계 안에서의 "주도권의 원리"(Führprinzip)와는 완전히 다른 것이 말해지고 있다. 다시 말해 이 비유는 그리스도가 머리 되시는 방식을 볼 수 있을 때만 이해될 수 있다. 이것이 이해되자마자, 그 비유의 한계와 타당성이 분명해진다.

그 비유의 한계는 무엇보다도 그리스도가 몸의 머리가 되어서 몸(σῶμα)을 구원하는 의미를 가진다는 사실에 있다. 이것은 구원하는 의미가 없는 남자의 머리 됨과 그리스도의 머리 되심을 구분한다. 오히려 남자는 여자와 더불어 구원 **아래** 함께 속해 있다. 바로 이 사실이 여자와의 관계를 확정 짓는다. 에베소서 5장은 물론 베드로전서도 아주 분명하게 여자는 "더 연약한 그릇"(ἀσθενεστέρῳ σκεύει)이며, 나아가 "생명의 은혜를 유업으로 함께 받을 자"(συγκληρονόμοι χάριτος ζωῆς)라고 말하며, 남자는 여자에게 존경을 표해야 한다고 권고한다(벧전 3:7). 여자를 연약한 자로 여긴다는 것은 현대의 기사도 정신과 같은 의미가 아니다. 오히려 그 표현은 양보의 의미로 이해되어야 한다. 곧 "여자가 남자보다 더 연약한 사람임에도 불구하고" 그녀를 존중하라는 것이다. 비록 여자는 자연적 의미에서 남자와 동등한 연합을 이룬다는 이유로 남자에게 존중을 요구할 수는 없지만, 그럼에도 그녀는 "다른 권위"(dignitas aliena)에 의해 그런 존중을 요구할 수 있다. 여자는 남자와 똑같이 축복받은 사람이다. 여기서 우리는 기독교 인간론이 여성에 대한 그 시대의 지위와 평가에 얼마나 깊이 파고들어 영향을 주었는지를 알 수 있다.[22]

이것은 우리가 에베소서 5장에서 설명하는 남자의 머리 됨을 어떻게 이해해야 하는지에 대한 방향을 알려준다. 그리고 이 이해를 위해 에베소서 5:25 이하의 구절이 남편에게 말하고 있다는 사실에 주목하는 것이 중요하다. 그 구절들은 성별에 대한 객관적인 이론이 아니라, 오히려 남자에 대한 호소다. 곧 머리가 된 남자의 지위는 단순히 사회학적인 의미에서 우월한 존재가 아니라, 구원론적인 의미에서 그리스도의 모상을 뜻한다. 이 구원론적 의미는 여성을 무시하는 지배적 분위기 속에서 남자의 바른 삶을 지시한다. 마찬가지로 베드로전서도 유대교와 이교도 지역에서 남편과 아내를 갈라놓는 위계 구조를 분명히 반대한다. 예를 들어, 유대인 역사학자 플라비우스 요세푸스(Flavius Josephus, 기원후 37년경-100년경)는 남자의 머리 됨을 순전히 아내를 "구속하고" "지배하는" 의미로 이해했다.[23]

하지만 지금 남편의 머리 됨은 그리스도와 비교해서 이해되고 있다. 이것은 새롭고 전혀 유례가 없는 어조로 이해된다. 곧 남편은 그리스도가 우리 모두(남자와 여자)를 사랑한 것처럼 그들의 아내를 사랑해야만 한다(5:25). 그리고 지금 이야기하는 "사랑"은 에로스가 아니라 아가페의 의미에서 이해되는 사랑이다. 이것은 고대 후기 사회의 그 어디에서도 볼 수 없는 새로운 특징이었다. 지금 아가페가 의미하는 것은 그리스도가 그분의 교회를 섬기는 것을 보여주는 구절에서 자세히 드러난다. 아내가 남편에게 보여줘야 하는 존중은

---

22) *ThE* II, 1, §2057 이하.
23) Greeven, 위의 책, p. 10.

남편이 아내에게 주는 지속적인 사랑과 조화를 이룬다. 그것은 우리가 "황금률"(마 7:12)이라고 표현하는 살아 있는 인격적 관계다.

우리는 신약성경 전통에서 벗어나 있는 디모데전서 2:11을 고려하지는 않을 것이다. 여성의 종속을 타락으로 시작된 결과로 설명하는 인과적 설명은 바울이 타락에 대한 문제와 관련해서 말한 것과 모순된다(롬 5:14). 그밖에 죄와 관련된 여성의 종속을 가르치는 랍비적 교리도 성경에는 낯설다.[24]

우리는 남자와 여자라는 인간의 양성이 구속사(Heilsgeschichte) 안에서 계속해서 유지되고 있다고 요약할 수 있다. 양성은 창조 질서에 따른 것이며, 죄로 인한 타락의 위기에서도 지속되고 있다. 하지만 그것은 **훼손된** 관계로 변질됐다(물론 둘은 여전히 함께 있지만 말이다). 리비도와 권력 의지에 의해 왜곡된 상태에서조차 남녀양성의 파괴될 수 없는 상호 소통(Korrespondenz)은 지속된다. 말하자면 남녀양성의 파괴도 상호 소통의 "내부에서" 발생한다. 구원의 질서 안에서 사람들은 원래의 창조 계획을 따르라는 부름을 받는다. 창조 계획에 따른 남녀관계는 기독론적인 비유를 지향한다. 곧 남편과 아내는 동일하게 하나님의 은총 아래 서 있는 인격들로서 서로 다시 관계를 맺는다. "머리"로서 남자의 위치는 어떤 지배적인 권한을 함축하지 않는다(지배와 복종이 부합하는 것은 타락으로 발생한 훼손의 분명한 표시이기 때문이다). 오히려 그것은 사랑과 섬기려는 마음에 의해 결정되는 이웃-인간 관계의 정점을 의미한다. 이와 함께 우리는 남녀의 성적 질서에 대한 신학적 규범을 그 질서가 각각의 시대에 구분할 수 있는 자유를 획득하며, 또 그 실현된 것이 역사적인—또한 현대적인—수정을 거치도록 허용하는 자유를 획득한다. 모든 시대는 그 시대만의 방식

---

24) 위의 책, p. 11.

으로서 신학적 규범을 직접 따라야 한다.

제2부

인간의 성관계에 대한
신학적 현상학

남녀 성의 이중성에 대한 성경적 구조를 살펴본 후에, 우리는 그 구조 안에서 인간의 성이라는 현상을 살펴보려고 한다(이것은 결혼을 설명하는 제3부에서 더욱 자세한 윤곽을 드러낼 것이다). 성은, 좁은 의미에서 성관계는, 결혼을 이루는 요소 중 하나일 뿐이다. 반대로 성관계를 중심으로 결혼을 살펴보면, 결혼은 성관계를 실천할 수 있는 영역 중 하나다. 그러나 젊은이들은 결혼 전에 성관계에 이끌리기 마련이고, 결혼하지 않은 사람들도 역시 성관계를 할 수 있는 존재들이다. 따라서 신학적 윤리학에서 성의 문제는 결혼이라는 제도 안에서만 다루어질 수 있는 문제가 아니다. 반대로 그것은 일반적인 신학적 인간론의 기초 영역에 속한다.

성 문제를 다룰 때 두 가지 중요한 사항을 분석할 것이다.

첫째, 우리는 인간의 성을 어떤 영원한 유형론(Typologie)과 같은 것으로 묘사하는 데는 관심이 없다. 곧 인간의 성적인 본질을 "플라톤의 이데아"로 묘사하려고 하지 않을 것이다. 오히려 우리는 오늘날의 상황에서 성의 현상, 즉 기회, 위기, 과제 등의 문제를 안고 살아가는 특별한 형태의 인간의 성에 대해 설명하려고 한다. 다시 말해 우리는 성에 대한 안정적인, 내 의견으로는 "영원한" 관계, 원초적 관계와 같은 어떤 성관계가 있었다는 것을 전제하면서, 그런 원초적 관계의 다양한 역사적 변화에 주목할 것이다. 그리고 그러한 원초적인 고유한 관계의 변화과정 안에 있는 우리의 자리, 곧 오늘날 세대의 성을 발견하기를 시도할 것이다.

이 작업은 이후에 우리가 결혼, 남녀관계(상하관계든지 또는 종속관계이든지), 부모와 자식의 관계 등에 대해 성경의 가르침이 어떤 구속력을 갖는지, 그리고 오늘날 우리의 상황에서 성경의 가르침이 어떻게 현실화될 수 있는지를 다루는 문제와 관련해서 중요하다. 우선 우리가 성경의 인물들이 살았던 것과는 본질적으로 다른 역사 구조와 사회 구조 안에서 살고 있고, 삶에 대해 그들과 다른 감정을 가지고 있다는 것을 이해할 때, 위의 해석학적 문제는 해결될 수 있다.

따라서 우리는 성경의 타당한 지시들, 예를 들어 사도 바울의 지시들을 위반할 수도 있다. 만일 누군가 사도 바울의 지시를 우리의 상황에 맞게 해석하지 않고, 단순히 "율법적으로"만 사람들에게 전달하려고 한다면 말이다. 성경의 지시들을 율법적으로 전달하는 것은 우리 자신을 억압하는 일이다. 우리는 기독교세계에서 이러한 일들이 얼마나 빈번하게 일어났었는지 잘 알고 있다. 우리가 성경의 가르침을 우리의 상황에 맞추어 적절하게 옮겨놓을 수 있으려면, 먼저 현재 우리의 상황이 어떤지를 파악해야 한다. 실제적인 신학적 과제를 적합하게 수행하기 위해서는 오늘날의 상황과 연관된 성의 현상학과 성의 해석이 필요하다.

둘째, 우리의 분석은 성의 현상학 **자체**가 이미 "신학적" 원리에 속한다는 사실을 강조한다. 성경적 인간론의 공리 중 하나는, 인간은 자신이 실존하는 모든 차원에서 하나님과의 관계를 통해서만 이해될 수 있다는 사실이다. 인간의 성도 예외일 수 없다. 이것은 성의 생물학적 측면이 그 자체로 고립되어 자율적일 수 없음을 의미한다. 인간의 성은 분리되어 생각될 수 없고, 오히려 전체 인간의 모습에서 드러나는 인간의 존재 방식이자 기능이다. 인간은 그 자체로 하나님과 분리될 수 없는 존재다. 그는 하나님에게서 나왔고, 하나님을 향하고, 하나님 아래서 살아가는 존재다. 이것이 단순히 교조적이고 일반화된 주장으로 제시된 것이 아니라면, 우리는 이런 분리될 수 없는 통합적 인간이 어떻게 출현하고, 인간 존재를 이루는 생물학적 측면과 인격적 측면이 어떻게 서로 깊은 관계를 맺고 서로를 향하는지를, 그리고 그러한 상호 관련 없이는 인간을 이해할 수 없다는 것을 입증하고 설명해야만 한다.

우리는 그러한 입증과 설명 중에 생물학적·심리학적 현상을 상세히 다루고 거기에 추가로 경험적 자료도 다룰 것이다. 따라서 전체 현상을 포괄하는 악보를 읽기 전에, 우선 그 악보에 덧붙어 있는 조성(調性: Vorzeichen)이 무엇인지를 분명하게 주목하는 것이 중요하다. 음악의 조성은 "기본토대"로서 하나님과 인간의 관계를 의미한다. 하나님과 인간의 관계가 인간 실존의 모든 차원을 둘러싸고 있으며, 인간 실존은 그 관계로부터 분리될 수 없다. 그 결과 우리는 단순히 인간 본성을 구성하는 생물학적인 관점에서만 인간의 성(Geschlechtlichkeit des Menschen)을 설명할 수 없다. 반대로 인간의 본성을 세밀하게 구분해 설명할 때, 우리는 반드시 **인간**의 성도 설명해야 한다. 생물학적인 관점은 인간적인 것(humanum)에 완벽하게 통합된다. 그리고 인간적인 것은 신적인 것(divinum)을 지향하면서 살고 움직이고 자신의 실존을 향유한다. 이것이 바로 우리가 지금 발전시키려는 기본 논제들이다. 나는 이런 기본적인 개념을 전달하고자 의도적으로 제1장 제2단락의 제목을 인간적 사랑과 신적 사랑의 결합인 "에로스와 아가페"라고 붙였다.

I. 인간론의 위기

인간에 대해 알지 못하는 사람은 성적 존재인 인간의 고유함이 어디에서 기인하는지도 알지 못한다. 성이라는 **인간론**적 주제를 무시하는 사람은 성을 단순히 생물학적인 질문으로 제한한다(성도덕의 쇠퇴와 무수히 많은 결혼 생활의 파경은 성이라는 주제와 관련이 있다). 성 문제가 생물학적인 질문과 본질적으로 관련이 없는 것은 아니다. 이론적인 도덕주의자만이 이 연관성을 무시하거나 진지하게 받아들이려고 하지 않는다. 인간의 신비는 인격성과 육체적 삶이라는 상호 관련성으로 이루어진다. 이것은 단순히 육체적 삶이 인간에게 영향을 미치고, 인간의 인격성에 작용한다는 의미에서만이 아니라―물론 이렇게 이야기하는 것은 지금 거의 일반화된 것이다―또한 육체적 삶 그 자체가 인간의 인격성을 통해 드러나는 것도 의미한다. 그러나 우리는 육체적 삶을 인격과 같은 것으로 여겨서는 안 된다. 간단하게 말해 인간의 생명이 동물의 생명과 동일하지 않다는 것이 사실이라면, 인간의 성은 동물의 성과 동일하지 않다. 인간과 동물의 생리학적인 현상이 동일할지라도 말이다. 그래서 인간의 성과 관련한 특별하고 고유한 특성을 발견하기 위해서는 인격과 육체적 삶의 관계를 탐구하는 것이 중요하다.

먼저 우리가 확실하게 인간성의 전체 영역(Gesamtsphäre)과 인간의 사유, 감정, 의지뿐만 아니라, 이것이 만들어낸 인간 활동의 생산물을 함께 살펴본다면, 예를 들어 인간의 성생활(geschlechtlichen Dasein)에서 그러한 것들이 일어나는 것을 살펴본다면, 우리는 인간성의 전체 영역이 언제나 두 개의 본질적인 차원으로 구분된다는 것을 알 수 있다. 우리는 약간 추상적으로 인간성의 전체 영역을 규정하는 것에서 시작한다. 첫 번째는 인간을 **존재**(Sein)와 관련해서 논의하는 것이고, 두 번째는 **기능**(Funktion)과 관련해서 논의하는 것이다.

인간을 **존재**와 관련해서 이해한다면, 인간은 하나님과 관계하고 책임과 무한한 가치를 떠맡은 자이며, 임마누엘 칸트(Immanuel Kant, 1724-1804)에 따르면 "자기 목적"을 가진 자, 곧 목적을 위한 수단으로 결코 사용될 수 없는 존엄성을 가진 자[1]로 이해된다.

반면 인간을 **기능**과 관련해서 이해한다면, 인간은 자신의 내면에서 출발해 어떤 것을 행하고, 어떤 결과에 영향을 주는 존재, 소위 "생산적"인 존재로 이해된다. (그 생산적인 것이) 사물에 대한 것이든 인간에 대한 것이든 말이다.

인간들과 관계할 때, 우리는 존재와 기능으로 구분된 이 두 차원을 항상 마주한다. 이 두 차원 중 어느 것이 더 우위에 있는지는 중요한 것이 아니지만, 사회적 영역에서 이 두 차원의 조정(Zuordnung)이 시급하다.

예를 들어 칼 마르크스(Karl Marx, 1818-1883)는 노동하는 인간을 단순히 기능과 관련해서 이해하는 사회, 곧 노동력으로 인간의 능력을 가치

---

1) Kant는 인간의 목적에 봉사하는 수단의 격하된 인간의 예로서 창녀와 노예를 제시한다.

있다고 판단하는 자본주의 사회를 비난했다. 자본주의 사회는 생산 수단으로 (다시 말해 목적을 위한 수단으로) 인간을 다루며, 그를 하나의 인간 존재로서 존중하는 데 실패했다. 결국 자본주의 사회는 기능적인 측면을 중요하게 생각하면서 인간 존재를 비하한다. 인간을 단순히 기능을 가진 자, 곧 "기능인"으로 간주하는 것은 인간을 탈인간화하고 사물화하며, "노예"로 만들어버린다. 이와 반대로 사람들은 괴테의 『젊은 베르테르 슬픔』(*Die Leiden des jungen Werthers*, 민음사 역간, 1999)을 보면서 다음과 같이 물을 수도 있다. 인간이 자신의 존재를 아주 극단적으로 중요하게 생각한다면, 예를 들어 인간이 사랑하고 사랑받는 자로서 자기 자신을 아주 소중히 여기고, 그런 방식으로만 자기완성(Entelechie)을 목적으로 삼고 자기를 실현하려고 한다면, 인간 사회가 어떻게 기능할 수 있을까? 이 물음은 다음과 같이 더 날카롭게 제기될 수 있다. 베르테르가 사회적 기능을 전혀 하지 않았다고 말할 수 있을까? 예를 들어 그가 학생이나 시험을 준비하는 사람으로서 사회적 기능을 하지 않았을까? 그러면서 베르테르는—그런 사회적 기능을 담당하면서도—힘든 사랑으로 인해 고뇌하는 모습으로 존재하지 않았을까?

여기서 우리가 알 수 있는 것은 인간의 존재와 기능이 분명히 서로 관련이 있다는 사실이다. 그리고 이 두 가지가 서로 분리될 때, 그것에 대한 즉각적이고도 필연적인 결과로 심리적 또는 사회적 종류의 병리 현상이 발생한다(오늘날 인간의 존재와 기능이 서로 관련이 있다는 관점이 우리에게 영향을 주고 있으므로, 사람들은 이 관점으로부터 사회 전체의 물음에 새롭게 접근할 수 있다).

물론 지금 우리는 인간의 존재와 기능이 많은 다양한 방법으로 서로 밀접하게 관계될 수 있다는 것을 반드시 추가로 언급해야만 한다. 예를 들어, 자동화 기계의 조립공정이나 제어 장치 같은 순전히 기계적인 기능들은 인격적 기능과 완전히 분리된 것이다. 기계적인 기능은 "비인격적인" 형태로 작동한다. 그에 반해 시인이나 헌신적인 의사는 그의 기능에 인격적으로 참여하고 "자신의 마음"을 쏟아 부으면서 자기 기능을 올바르게 수행할 수 있다.

존재의 차원과 기능의 차원, 인격적 영역과—지금의 경우는—생물학적 기능의 영역 같은 두 차원이 서로 결합되어 있고, 두 극단이 서로 직접적인 관계를 맺고 있다는 것은 성의 영역에서도 분명히 나타난다. 우리는 이후의 논의에서 이 결합이 어떤 형태로 드러나는지 상세하게 다룰 것이다. 단지 지금은 그러한 결합이 있다는 사실을 인식하는 것이 중요하다. 현재 우리의 목적과 관련해 이 결합이 의미하는 것을 단순하게 설명하기 위해, 우리는 성 파트너(erotischen Partner)를 선택하면서 그 결합이 나타난다는 것을 지적할 수 있다. 여기서 인격적 원리는 다른 경우들에서 의미하는 것과는 극단적으로 다르다. 이에 대해 플라톤의 『향연』(Symposion, 이제이북스 역간, 2010)에서 본래 인간은 서로 다른 양성이 한 몸으로 이루어졌다고 이야기하는 신화를 생각해볼 필요가 있다. 이 신화는 상징을 통해 두 인격적 존재가 어떻게 서로를 마주하는지, 어떻게 두 인격이 다른 존재에 참여하는지 설명한다. 성이 단순히 생리적인 기능(호르몬 문제)이나 번식의 문제(기능의 문제)라고 한다면, 우리는 다른 어떤 생물학적 기능이나 기계적인 기능을 가진 것, 예를 들어 짐을 나르는 동물이나 기계를 교환해 사용할 수 있는 것처럼, 왜 우리의 성 파트너를 교환해서 사용할 수 없는지 그 이유를 이해하기 어렵다.

많은 사람이 에로스의 이상적 대표자로서 돈 후안(Don Juan)과 카사노바(Casanova)를 생각할 때, 위의 맥락에서는 왜 우리가 그들을 그렇게 생각하면 안 되는지 이유를 제시하기가 매우 어렵다. 사실 이들은 자신들이 가진 성

기술에도 불구하고 에로스의 비밀을 이해하지 못했고, 결국 그 비밀에 의해 버림을 받았다. 카사노바는 나이 든 "카사노바"가 되었고, 은퇴한 "호색한"이 되었다. 달리 말해 그는 이제 카사노바의 "기능"을 더는 행사하지 못한다. 그는 자신이 발산할 수 있는 성적 매력을 다 써버린 후 "존재 상실의 노년기"에 빠져 퇴물이 되었고, 섬뜩한 인물이 되었다. 우리는 그가 정말로 에로스와의 연합 속에 있었다고 이해할 수 있을까? 죽음이 그를 찾아오기 전까지 그가 고독 속에 방치되었다면 말이다.

다시 말해 우리가 성을 단지 하나의 기능으로 여긴다면, 배우자를 제멋대로 성적으로 교환해서는 안 된다든지, 난잡한 성교가 합법화되거나 사회적으로 제도화되어서는 안 된다는 이유를 이해하기 힘들다. 어떤 경우에도 "그와 같은 일이 발생해서는 안 된다"는 것을 느끼는 사실과, 이와 반대로 우리가 일부일처제의 유지를 선호하고, 배우자는 오직 한 명만 선택하며, 다른 사람의 배우자도 유일하다는 것을 존중하는 것은 다음의 사실을 분명히 하는 것이다. 곧 우리는 인간의 성에 기능적 영역 이상의 것 그리고 그와 다른 것이 있음을 깨달으며, 나아가 그 사람의 인격이 인간의 성에 포함되어 참여하고 있음을 인정해야 한다.

우리가 위에서 말했던 것과 관련해 배우자를 한 사람만 선택한다는 특성은, 제도적으로는 아니라고 해도, 사실상 근대 세계에서 대체로 약화되었고, 난잡한 혼인이라는 의미와 관련해 배우자를 무차별적으로 선택하는 성향에게 자리를 내주었다. 이 사실은 단순한 도덕적 방종이나 억제되지 않은 욕정보다 더 심각한 결점을 드러낸다. 나아가 그것은 인격과 육체적 삶, 인격적 존재와 생물학적 기능의 결합이 더는 현실화되지 못하고 있음을 보여준다. 그러나 우리가 생물학적 기능을 그 자체로 독립적인 것, 독점될 수 있는 것으로 여긴다면, 생물학적 기능을 가진 자는 마음대로 교환이 가능하고, (에로틱한) 기능성이 교환의 유일한 기준이 될 것이다.

기능의 담지자를 교환할 수 있다는 규칙은 다른 삶의 영역에서도 확인될 수 있다. 어떤 사람은 다음과 같이 그 규칙을 진술한다. 곧 인격을 사물로 간주하는 성향이 증가하고, 실체적인 존재와 관련해서 인격이 의심을 받으면 받을수록, 인간은 임의로 교환될 수 있다는 고정관념에 더 많이 빠진다. **경제적** 유물론(ökonomischen Materialismus)에서 인간은 노동력을 가진 비인격적 사물로 전락한다. 그리고 어떤 사람의 노동력이 소진될 때, 그는 "제거"(해고)된다. 흰개미 왕국에서 활동하는 일개미는 생산 과정에서 언제든지 그 기능을 수행할 수 있는 다른 개미로 대체될 수 있다. **생물학적** 유물론(biologischen Materialismus)에서 인간은 번식 기능을 가진 비인격적 존재와 완전히 유사해진다. 더욱이 그는 단순히 인구 조절정책과 생물학적인 우량 품종의 선택을 위한 재료가 될 뿐이다. 이렇게 이데올로기적인 의미로 규정된 법률은, 결혼한 부부 가운데 한쪽에만 출산 능력이 있는 경우(다른 쪽은 불임) 인구 증가 정책과 관련된 소송에서 판결할 때, 그 부부의 이혼을 쉽게 만드는 경향이 있다. 단순히 도구적인 것으로만 고찰된 결혼은 존재의 측면에서 부부를 다시 하나로 결합시키지 못하고, 기능에 의존해 배우자를 지속적으로 교환하도록 만든다.[2] 그러나 인격을 지닌 "존재"만이 유일한 것이고, 대체될 수 없는 것이고, 반복될 수 없는 것이다.

성생활의 문란, 즉 배우자를 제멋대로 교환하는 일이 많아지면, 우리는 인격성의 위기, 곧 인격적 존재의 붕괴에 직면한다. 따라서 성적 타락 현상의 원인을 단지 도덕의 파괴에서만 찾으려는 것은 잘못된 것이다. 도덕의

---

2) H. Dölle, 『이혼권에 관한 법률』(*Grundsätzliches z. Ehescheidungsrecht*, 1946), p. 8 이하.

파괴 자체는 앞서 말한 더 심각한 위기를 일으킨다.

그밖에 인격적 존재의 위기는 부분적으로만 일어날 수도 있다. 다시 말해 육체적 삶과 인격의 상호 관계를 이해하는 능력에 매우 특이한 손실이 발생하는 일은 전체 인격의 한 부분에 그칠 수도 있다. 더욱이 성이라는 영역에서 자신의 배우자를 단순히 성기능의 담지자로만 평가절하하게끔 만들 수 있다. 우리의 경험은 이런 일이 종종 발생한다는 것을 보여준다. 자신의 배우자를 단순히 기능의 담지자로 평가절하하지 않으면서 "윤리적으로 온전하고", 우정을 쌓고, 동료와 인간애를 나누는 사람들도 성이라는 영역에서는 다른 인간 존재를 타락시키는 일을 저지를 수 있다. 이런 짓을 저질렀을 때, 그들은 일반적으로 자신들이 확실하게 이론적으로 받아들이지 않는 인간론을 (적어도 부분적으로) 지지하는 셈이 된다. 만일 그들이 자신들의 행동에 대한 다음과 같은 일관성 있는 해석을 마주한다면, 충격을 받을 것이다.

> 이러한 영역에 있는 목회상담의 임무는 다음과 같은 해석을 전달하는 것이다. 다시 말해 목회상담은 누군가 육체적 삶과 인격을 분리한다면, 그는 에로틱한 대상(다시 말해 이기적으로 남용된 기능의 담지자)을 이용하는 셈이 된다는 것을 알려주어야 한다. 거꾸로 목회상담은 인간이 성의 특정 형태들에게 지배당하면, 자신의 인격과 육체적 삶이 서로 분리된다는 것도 보여주어야 한다. 상담은 이런 사유를 다음 단계로 성장시키고, 또 긍정적 의미에서 해석해야 한다. 하지만 "너는 그것을 하면 안 돼!"라는 도덕적 요구를 부과하면서 강렬한 리비도와 다투려고 하면 안 된다. 왜냐하면 그러한 요구는 문제의 본질을 조금도 건드리지 못하며, 실제적인 효과를 거둘 수 없기 때문이다. 율법은 "잔과 그릇"(마 23:26 이하)의 표면만을 깨끗하게 할 뿐이다. 물론 항상 그렇지는 않겠지만 율법은 결국 "내면"의 깨끗함에는 이르지 못한다. 인간론적

문제를 의식하고, 어떤 특별한 종류의 성찰이나 자기 자신을 반성하도록 도전을 주는 친절한 목회상담만이 리비도를 공격할 수 있다. 그 특별한 성찰의 목적은 욕구하는 몸이 한 인간 존재에 속해 있는 동시에 다른 인간 존재에도 속해 있다는 확신에 도달하는 데 있다. 그 인간 존재는 값을 주고 산 존재이며(고전 6:20; 7:23), 일시적 운명과 또 영원한 운명을 가진 존재다. 그는 이 운명에서 다른 사람이 책임 있게 그의 전인성에 참여할 것을 주장한다.

우리는 이러한 성찰을 통해서만 성생활의 풍성함을 온전히 보여줄 수 있는 **전인**(全人)**적** 인간 존재를 보게 된다. 인간의 전인성 그리고 나눌 수 없는 통일성에 집중하는 우리의 목적은 단순히 성을 억제하는 것이 아니라, 오히려 그것을 자유롭게 하며, 완전함으로 이끌고자 한다. 이 목적을 실현하는 것이 이 연구의 결론이 될 것이다. 인간의 부분적인 면만 추구하는 사람, 곧 오직 육체나 기능이나 또는 이것들에 속하는 단 하나의 부분만을 추구하는 사람은 충족되지 못한 에로스의 차원에 머무른다. 왜냐하면 그는 다른 사람의 전인성을 상실하면서, 그 사람의 독특성도 상실하기 때문이다. 그는 기능들의 일반적인 부분을 다른 모든 사람과 함께 공유한다. 그래서 에로스적인 것에서도 공유재산(Kommunismus)과 같은 것이 생겨날 수 있다. 이것의 증거는 에로티시즘의 표현들이 말초 신경을 자극하면서 섹스 어필을 하는 형태로 대중의 모든 영역에서 공공 재산처럼 나타난다는 사실이다. 예를 들어 패션 스타일이나 일반적인 대중 광고의 표현이나 내용에서 볼 수 있는 것처럼 말이다.[3]

인격의 전인성 상실에서 나타나는 삶의 불안정성과 왜곡된 현상은 적어도 성과 부부관계를 다루며 대중에게 도움을 주는 "전문" 서적에서도 찾아볼 수 있다. 전문 서적이라고 말했을 때, 우리는 결혼 생활에 도움을 주는 것처럼

---

3) Cf. Friedrich Sieburg, "Vom Unfug der Entblössung," in *Constance* (1951), p. 9.

가장해 단순히 성적 판타지를 자극하도록 의도된 많은 양의 상품을 생각하는 것이 아니다(이러한 욕망을 자극하는 생산품으로 마그누스 히르쉬펠트 연구소[Magnus-Hirschfeld-Institut][4]의 설립도 포함될 수 있다). 오히려 우리는 이 영역에서 아주 중요한 몇 개의 작품을 생각하고 있다. 많은 작품 중 대표적인 것을 들자면, 잘 알려진 판 데 벨데(Th. van de Velde)[5]의 결혼 지침서를 언급하고 싶다. 이 책은 성생활의 생리학적 측면과 기술적 측면의 중요성을 폄하하지 않는다.

성생활도 사랑의 기술(ars amandi)이 필요하며 기교를 가지고 있어야 한다. 이런 관점은 성 위기를 대처하는 예방책과 치료책이 당연히 있어야 하며 또 필요한 것이라고 주장한다. 이 주장은 앞에서 주장하고 강조했던 인격의 전인성이라는 기본적인 출발점과 완전히 일치한다. 곧 영혼과 육체의 연결은 분리될 수 없는 전체이기 때문에, 어느 한 부분이 손상되면 필연적으로 다른 부분에 영향을 미친다. 단지 인격적 영역의 일차적 손상과 관련해서만 생각하고 어려움이 있는 반대의 측면, 곧 생명 관계, 생리학, 성관계의 기술이라는 원리에서 잘못될 수 있는 측면을 설명하지 않는 것은 가짜 신학일 수 있다. 이것은 마치 배우자의 인격을 무시하고 단순히 그의 육체적 기능만을 사용하는 것과 같다. 이 역시도 인간관계를 위협하고 훼손시킬 수 있다. 결혼 생활에서 위기를 겪는 부부가 많다. 그들에게는 목회상담보다는 산부인과나 신경과, 혹은 정신과 의사의 상담이 더 필요하다. 판 데 벨데가 다룬 주제는 전 인격을 강조하는 신학적 인간론의 관점에서도 중요하다. 그러나 판 데 벨데의 입장을 신중하게 살펴보면 기독교적 생명 창조의 영역에서 받아들일 수

---

4) Magnus Hirschfeld(1868-1935)는 독일의 의학자이자, 동성애자로서 성을 연구했다. 그는 1897년 동성애자를 중심으로 한 과학적 인간주의 위원회(Scientific Humanitarian Committee)를 설립하였다. 당시 성 연구자(sexologist)로서 세상의 주목을 끌었고 1919년 세계 최초로 베를린에 성 연구소를 설립했다. - 역자 주
5) Theodoor, Hendrik van de Velde, 『완전한 결혼』(Die vollkommene Ehe, 1926).

없는 부분도 있다.

판 데 벨데 책의 전체 의도는 성적 영역에는 대부분 기술적인 문제만 있으며, 부부관계는 에로틱한 기능을 잘 발휘할 수 있도록 훈련만 받으면 충분히 안정될 수 있다는 잘못된 인상을 준다. 이 생각의 이면에는 기능만을 강조하는 인간상이 숨어 있고, 결혼 생활 안의 관계라는 인격적 개념이 없다. 이러한 부적절한 관점과 관련해 우리는 우리 세대에서 작업하고 있는 신학적·의학적 작업을 칭찬하고 또 추천해야만 한다. 우리의 작업은 특별히 성의 영역에서 인간의 전체성, 생명, 인격의 관계를 중요시하고, 확장된 의학적 인간론이라는 틀 안에서도 마찬가지로 이 세 가지를 강조한다.[6]

2. 에로스와 아가페 개념

온전한 인격이 성관계(Geschlechtsgemeinschaft)에 참여할 때, 에로스를 (성관계자들 간의) 의사소통 확립의 유일한 수단으로 간주하는 것은 적절치 못하다. 드물지 않게 표현되는 에로스에 대한 모욕과는 반대로, 에로스는 성생활의 기능만 행하는 것이 아니다. 의심할 바 없이 그것은 인간 존재의 다른 기능들에도 관여한다. 적어도 우리가 에로스라는 용어를 플라톤적인 의미로 사용하고 있다면 말이다. 유일한 문제는 내가 하나님과의 관계에서, 그리고 "다른 가치"의 담지자로서 인간을 바라보지 않는다면, 인간의 온전한 모습을 제대로 볼 수 있겠는가 하는 점이다.[7] 이런 영역을 보지 못한다면 나는 인간에게 다만 부분적인 가치만 부여하게 된다. 그때나는 "하나님을 위해" 다른 사람이 중요하다는 것은 생각하지 않고, 단지

---

6) 성의 영역에서는 Piper, Bovet을 추천하고 의학적 인간론의 틀은 Siebeck, V. v. Weizsäcker, P. Christian, H. Gödan을 추천한다.

7) *ThE* I, Reg. "낯선 권위"(*dignitas aliena*).

"나를 위해" 그가 중요하다고 평가하는 한에서만, 그에게 가치를 부여하게 된다. 그가 나에게 단순히 **기능적인** 의미 이상을 가짐에도 말이다.

이런 차이는 인간의 의사소통 구조에도 반영된다. 인간관계에는 여러 차원이 있으며, 내게 중요했던 사람이 점차로 중요해지지 않을 수 있다. 하지만 그가 "하나님"에게 어떤 의미 있는 사람이라는 깨달음이 내 의식에 있는 한, 곧 (그는 하나님이) "값을 주고 산 사람이다"라는 깨달음이 내 의식에 있는 한, 그에 대한 나의 존경심은 지속할 것이다. 결론적으로 배우자 사이의 의사소통도 이런 깨달음이 나타나는 곳에서는 지속될 것이다. 하지만 이와 반대되는 의견 역시 사실이다. 다른 사람과의 의사소통이 "나를 위한" 그 사람의 중요성에만 기초한다면, 그 사람의 존재가 내게 유익이 되고 나를 보완하며 나를 격려하는 그의 기능이 사라지고, 더욱이 그가 가진 그런 기능들이 소멸된다면, 나도 실제로 그를 가치가 없다고 무시하는 경향이 항상 일어난다. 이 지점에서 아가페의 관계가 중요한 위치를 차지한다. 왜냐하면 그것은 다른 사람이 단지 "실존하는 존재"로서 자신을 보여주는 것이 아니라, "하나님 앞에 서 있는 존재"로서 그를 보여주기 때문이다. "사랑"(Liebe)이란 독일어에는 많은 의미가 있다. 예를 들어, 동창들 간의 사랑, 부부간의 사랑, 동정심, 나아가 아시시의 프란체스코(Sanctus Franciscus Assisiensis, 1181-1226)와 프리드리히 폰 보델슈빙(Friedrich von Bodelschwingh, 1831-1910)[8]의 사랑까지 다양한 의미가 있다. 그렇지만 그리스어는 사랑을 더욱더 정확하고 분명하게 분류한다.

두 권으로 저술된 『에로스와 아가페』(*Eros und Agape*, 크리스챤다이제스 역

---

8) Friedrich von Bodelschwingh은 목사로서 1872년 간질 환자들과 정신적·영적인 질병 및 장애를 가진 환자들을 치료, 수용하기 위해 복지단지를 설립했다. 그 시설이 오늘날 독일이 자랑하는 독일 최대의 사회복지단지인 빌레펠트의 베델이다. 이 복지단지는 특히 간질병 치료에 대한 전문적인 기술이 축적된 곳으로서 세계적으로도 유명하다. - 역자 주

간, 1998)에서 스웨덴 신학자 안더스 니그렌(Anders Nygren, 1890-1978)은 에로스와 아가페라는 개념을 분석하면서 엄청난 양의 자료를 정리했다. 그는 에로스가 위를 향해 나아가려는 영혼의 열망을 의미한다고 해석했다. 예를 들어 에로스는 아름다움이나 아름다움의 이데아를 향해 나아간다. 반면 아가페는 자기를 내어주고 희생하는 사랑으로, 아래를 향해 나아가는 사랑이다. 니그렌의 책은 이 두 형태의 사랑을 나타내는 **이상적인 유형**을 적절하게 묘사한다. 하지만 에로스와 아가페 관계의 문제는 실제로 그들이 어떻게 조화를 이루고, 변증법적으로 어떻게 서로 연결되어 있는지와 같은 물음에서 시작한다. 예를 들어 아가페는 어떤 추상적인 이웃의 개념에 결코 관심을 쏟지 않고, 항상 살아 있는 다른 사람에게 관심을 쏟는다. 그때 내가 그와 에로스 관계를 맺고 있는지, 넓은 의미에서 정신적·육체적 관계나 일반적으로 공감하는 종류의 관계를 맺는지, 아니면 그가 내게 무관심한지, 그가 나를 싫어하는지, 나를 증오하는지는 관계가 없다. 아가페는 이런 인간 상호 간의 매개라는 틀 안에서만 자신을 실현할 수 있고, **이런** 매개들에 의존해서만 나타날 수 있으며, 그때마다 다른 임무들을 획득하고 다른 색조를 띤다. 곧 "원수"(마 5:44), "친구"(마 5:46; 요 15:13), "낯선 사람"(눅 10:34), "아내"(엡 5:25)에게 실천이 되는지와 관련해 아가페는 자신의 형태를 바꾼다.

따라서 아가페는 자신이 관계를 맺는 구체적인 매개에 대한 설명이 없이는 조금도 정의될 수 없다. 아가페는 특정한 또는 특정하지 않은 종류의 에로스와 관계하지 않고서는 정의될 수 없다. 구체적인 인간 상호 간의 특별한 관계는 어떻든 에로스를 통해 결정된다. 그러나 이것은 이상적인 형태만을 정의하는 데 관심을 가진 견해의 한계를 보여준다. 그런 견해는 니그렌이 본질적으로 만족하는 견해이자 성에 관한 신학에 접근하는 우리가 벗어나고자 하는 견해다.

그렇다면 우선 논의의 방향을 확보하기 위해 두 가지 형태의 논제를 통해 에로스와 아가페의 다른 동기를 정의해보자. 첫째, 에로스에서는 다른 사람이 가진 **가치가 목적**이 된다. 반면 아가페에게는 다른 사람이 가진 **본래성**(Eigentlichkeit)이 목적이 된다. 둘째, 이와 관련해 성관계는 그것들이 추구하는 바에 따라 서로 분리된다. 이 두 논제를 다루기 위해 먼저 에로스에 대한 플라톤의 이해를 간단히 살펴볼 필요가 있다.

플라톤은 자신의 대화편 『향연』과 『파이드로스』(Phaidros, 이제이북스 역간, 2012)에서 에로스 신화를 소개한다. 『파이드로스』에서 그는 욕망하는 비이성적인 에로스와 이성에 의해 통제되는 에로스를 구별한다. 비이성적인 에로스는 맹목적이고 비이성적인 욕구가 오직 아름다운 **육체**만을 향할 때 생긴다. 그리고 이런 종류의 에로스는 일시적으로 육체를 소유하려는 행동의 단계에 머무른다. 다른 사람이 가진 아름다움은 욕정을 충동질하고 그것을 만족시키는 수단일 뿐이다. 게다가 다른 사람은 "인간 존재"로 조금도 고려되지 않는다. 달리 말해 그는 자신을 초월하고 있는 가치의 담지자로서 고려되지 않는다. 예를 들어 아름다움의 상징으로서 고려되지 않는다. 더욱이 그는 그와 같은 것(아름다운 것)이라고 말해지지도 않는다. 그와 반대로 우리의 사유를 따라서 그리고 플라톤의 생각과 일치해서, 그는 아주 단순하게 교환 가능한 수단으로 생각될 수 있다. 나는 나의 성적 감정을 자극하기 위해서 그런 수단이 필요하다.

지금 이성적인 에로스를 길들여져 있고, 무아지경에 빠지지도 않고, 예의 바른 에로스의 종류로—비이성적인 에로스의 변종으로—생각하는 것은 아주 잘못된 것일 수 있다. 왜냐하면 이성적인 에로스도 마찬가지로 무아지경에 빠지기 때문이다. 하지만 이런 무아지경은 "황홀경에 빠지는 것"(Außer-sich-Sein)과는 완전히 다른 상태다. 다시 말해 다른 사람을 사랑하는 것은 아름다운 생각이고, 그 다른 사람은 상징으로 간주되며, 사랑의 관계는 그를 초월하는 것과 관계 안에서 확립된다. 이 사실이 이성적 에로스를 자극한다. 하지만 이성도 마찬가지로 이데아를 향하고 있기 때문에, 예를 들어 아름다움의 이데아를 향하고 있기에, 그렇게 정의된 에로스의 운동 안에서 자신의 역할을 담당한다. 따라서 성적으로 흥분한 "신경"은 반드시 이성을 거역하는 것은 아니며, 자신들의 충동을 표현하기 위해 반드시 이성을 압도해야 하는 것은 아니다. 이성이 성행위에 참여한다는 사실로 인해, 더 잘 표현하자면 성행위에 참여할 수 있다는 사실로 인해, 성행위가 더 악해진다거나 또는 더 도덕적으로 되는 일은 없다. 오히려 이성이 그 안에 있을 때, 성행위는 충만해지고 어떤 중요성을 획득한다. 아마도 우리는 그것을 다음과 같이 표현할 수 있다. 인간은 본질적으로 이성을 가진 자이기에, 그의 실제 자아도 성행위에 나타난다. 반면에 에로스의 열등한 형태에서는 인간의 실제 자아가 배제된다. 왜냐하면 성행위에서 그는 오직 자신의 일부분만을, 곧 충동과 욕망의 영역만을 사용하기 때문이다. 말하자면 인간은 특정한 기관과 부분적인 자아만을 사용해서 자신의 성욕을 다룬다. 플라톤은 의심할 바 없이 이런 이성적인 에로스에 대한 생각을 가지고 성행위를 교육하기를 원했다. 그의 목표는 성행위에 인간적인 내용을 채우는 것이었다. 왜냐하면 그는 전인이 성행위에 참여하는 데 관심이 있었기 때문이다.

이런 이성적인 에로스는 실제로 상승하는 성향을 가지고 있다. 그래서 『향연』에서 디오티마와 소크라테스가 보여주는 대화처럼, 상승의 길은 세 단계를 거쳐야 한다.[9] 가장 아래 단계에 있는 사랑의 형태는 "모든 형태의 아름다움은 하나이고 동일하다는 것을 인식하도록" 사람을 이끈다. 한 형태는 다른 형태의 특성에 대해 상징적 의미를 획득한다. 두 번째 단계의 사랑은 다

---

9) 『향연』 210a 이하를 보라.

른 사람의 "영혼에 있는 아름다움"(τὸ ἐν ταῖς ψυχαῖς κάλλος)을 보여준다. 이것은 내가 그것과 관계를 맺었을 때 나를 "향상시킨다." 말하자면 그것은 인격적이고 윤리적인 소통을 낳는다. **세 번째** 단계의 사랑은 이성적 아름다움 (ἐπιστημῶν κάλλος)으로 사람을 이끈다. 그래서 아름다움은 점점 더 형태도 없고 물질도 없어지게 되며, 점점 더 직접성을 획득하며, 점점 더 자신이 구현했던 외적 형태들로부터 독립하게 된다. 이 마지막 단계를 향하면서 아름다움 자체가 갑자기(ἐξαίφνης) 인식되고, 황홀한 관조가 발생하게 된다. 아름다움의 이데아는 영원하고 사멸할 수 없고 불변한다(τὸ ἀεὶ ὄν). 모든 다른 아름다움, 곧 어떤 형태와 연결되고 어떤 젊은 사람의 몸과 연결된 아름다움, 그래서 "생성과 소멸"의 지배를 받는 아름다움은 그것이 아름다움 자체라는 이데아에 참여했기 때문에 아름다운 것이 된다.

이 세 단계에 함축된 에로스에 대한 많은 관계 중에서 우리는 두 가지 관계만 다룰 것이다. 왜냐하면 우리의 주제와 관련해 그 두 가지가 중요하기 때문이다. **첫째**, 에로스는 다른 사람의 가치와 관련이 있다. 다른 사람 안에서 구체화된 가치나 중요성이 아름다움이나 선 또는 탁월함으로 나타나는 것과 관계없이 그러하다. **둘째**, 에로스는 이 가치라는 수단에 의해 그 자신을 완전하게 하고자 노력한다. 플라톤의 『향연』에서 아리스토파네스는 네 개의 팔과 발, 원형을 이루는 등과 옆구리들, 두 개의 얼굴을 가진 둥근 구형으로 존재했던 인간의 신화를 전하면서 에로스를 설명한다. 소크라테스는 "제우스에게 명예를 얻은 여성"이라는 의미를 가진 디오티마(Diotima)에게 배운 것을 전하며 에로스를 다음과 같이 분명히 설명한다.[10] 에로스가 무엇인가를 욕구한

---

10) 플라톤의 『향연』에서 이야기되는 신화다. 이 신화는 본래 인간이 남성, 여성, 양성을 함께 갖춘 남녀추니(androgynous)라는 세 가지 성을 가졌다고 이야기한다. 남성은 태양의 자식이고, 여성은 지구의 자식이고, 그리고 남녀추니는 달의 자식이다. 남녀추니인 구형의 인간은 강한 힘과 능력, 그리고 방자함을 지녔기에 신들에게 대들었다. 신들은 인간들의 제사와 제물을 받았기 때문에 그들을 멸망시킬 수는 없었다. 최고의 신 제우스는 생각을 짜내어 인간

다면, 그것은 그에게 무엇인가가 결여되어 있음을 보여주는 것이다. "우리는 우리가 갖고 있지 않은 것과 우리가 결여하고 있는 것만을 사랑한다." "세상 사람 중에, 누가 자신이 이미 갖고 있는 것을 욕구하겠는가?"

이것이 소크라테스가 에로스를 약간 "탈신화"한 이유다. 곧 그는 에로스의 신적 성격을 부정하고, 에로스를 (인간과 신의) 중간적 존재인 다이몬 (Dämon)으로 이해한다. 신들은 완전하다. 신들은 완전하기에 이런 에로스적(성적) 결함을 가질 이유가 없다. 신들은 고대 그리스의 대표적 희극작가 아리스토파네스(Aristophanes, 기원전 446-385)가 정의했던 결핍 보충의 성향을 갖고 있지 않다. 아리스토파네스는 그의 원초적 인간의 신화 안에서 그 성향이 에로스에 본질적이라고 정의했었다. 그래서 에로스는 중간적 힘, 곧 중간에 있는(μεταξύ) 힘이다. 에로스는 지혜와 무지 사이에, 그리고 아름다움과 추함 사이의 영역에 존재한다. 인간은 이러한 "중간"에 거주하고 신들은 불사하는 완전함 속에 살고 있어서, 에로스는 특별히 "인간적인" 열정이다. 그것이 신적인 열정이라는 생각은 잘못된 것이다. 신들은 사랑할 수 없다. 왜냐하면 그들은 모든 것을 가지고 있기 때문이다. 독일의 극작가 크리스티안 프리드리히 헤벨(Christian Friedrich Hebbel, 1813-1863)이 말했던 것처럼, 신들은 "운명을 가지고 있지 않으며, 운명을 (인간에게) 보낼" 뿐이다.

에로스는 이런 중간 상태에 거주한다는 사실로 규정된 존재이기 때문에 언제나 **자기-사랑**이다. 그것은 결코 자기를 내어준다는 의미의 순전한 포기가 아니라, 항상 자기 안에 자신을 독점하고, 충족시키고, 소유하는 원리를 가지고 있다(괴테의 시 "오르페우스의 말"[Urworte, orphisch]에서 나온 에로스에 관한 시구를 참조하라). 우리가 에로스는 자기중심적 성향을 가졌다고 말할

들을 살아 있게 하면서도 방종을 멈추게 할 방도를 마련했다. 곧 그는 구형의 인간을 반으로 나누어, 그의 힘을 약하게 만들고 숫자를 증대해서 신들에게 더 쓸모 있게 했다. 구형의 인간은 두 부분이 나누어져 두 다리로 걷게 된다. 그 둘은 서로 다른 부분과 하나가 되는 것을 욕구한다. - 역자 주

때, 다음과 같은 이해에서 그렇게 말한다. 곧 에로스가 정화의 단계에 의존해서 깨끗해진다면, 그것은 매우 숭고한 형태의 자기 사랑(amor sui)에 도달할 수 있다. 왜냐하면 더욱더 높은 형태의 에로스는 무엇보다도 "더 훌륭한" 자아에 대한 사랑, 곧 최고의 가치를 통해 자신을 완성하고 마지막으로 이데아들을 직관하려고 열망하는 자아의 사랑이기 때문이다. 그러므로 우리가 그것을 일종의 영적인 자기-사랑이라고 말할 때, 그것이 도덕적 멸시를 뜻하지는 않는다. 반대로 이것은 단지 에로스 안에 나의 내면을 향하는 것(inversio in me ipsum)이 있다는 것, 곧 완전히 메타 윤리적인 것이나(마치 루소가 이기심[amour propre]에 대립하는 자기에 대한 사랑[amour de soi-même]을 이야기하는 것처럼 말이다), 열등한 자아를 넘어 더 높고 본래적인 자아, 곧 더 높은 윤리적 승화를 추구하는 "나의 자아로 향하는 것"(의심할 바 없이 아우구스티누스가 자아 사랑이라고 이야기했던 생각과 동일한)[11]과 같은 것을 말한다.

이제 **아가페** 개념을 다루기 시작할 때, 우리는 에로스와는 완전히 다른 영역에 들어서게 된다.

신약성경은 이데아, 규범, 가치, 게다가 "특정한"(dem) 선이나 아름다움에 대한 사랑을 의미하는 데에 아가페라는 용어를 결코 사용하지 않았다. 이런 사실은 불가피하게 우리를 다른 상황으로 데려간다. 만일 우리가 그리스 사유의 방식으로 아가페를 다룬다면 말이다. 하지만 이런 상황은 우리가 다음과 같은 것을 기억하는 한, 이해될 수 있다. 신약성경은 어떤 규범과 가치를 독립적 특성을 지닌 것으로 말하지 않는다. 혹 그런 특성을 지닌다면 그것은 그러한 규범과 가치가 하나님 안에서 인격화되는 중에만 그러하다. 왜냐하면 신약의 사고에 따르면 하나님이 "이데아들의 이데아"라는 정점으로서 편입될 수 있는, 현존하거나 알려진 어떤 가치 체계란 불가능하기 때문이다(비록 신

11) *ThE* I, §1713.

학의 역사에서 이단들이 이와 같은 시도를 계속해서 반복하고 있지만 말이다).

나아가 에로스 개념에 대조되는 아가페 개념은 인간과 다른 인간의 사랑 뿐만 아니라, 일차적으로 인간에 대한 하나님의 사랑(요 3:16)과 관련해서 사용된다. "하나님의 사랑"이라는 일반적 사고와, 하나님이 사랑의 **주체**가 되신다는 분명한 사고는 완전히 다른 사유의 토대 위에 있다. 앞에서 이미 우리는 플라톤의 신들이 사랑이라는 단어가 지닌 실제 의미의 사랑을 할 수 없는 이유를 살펴보았다.

긍정적인 면에서 아가페가 무엇인지를 말하기 위해서는 몇 가지 중요한 점들을 짚고 넘어가야 한다. 우리는 에로스와 아가페의 관계가 성적 관계에서 갖는 의미와 관련해 아가페를 정의하고자 한다.

1. 하나님의 사랑은 무엇보다도 그와 닮은 것을 사랑하는 사랑이다. 그것은 인간 안에 있는 하나님의 형상(*imago Dei*)을 사랑하는 것이다.[12] 하나님의 사랑이라는 이런 성향은 다음 사실에서 엄밀하게 그것의 실제 성격을 분명히 보여준다. 곧 그것은 타락한 인간에게, 소위 (에로스의 의미에서) 더 이상 가치가 없고 더는 사랑할 만한 가치가 없는 인간에게 집중한다. 하나님은 그러한 인간 안에 깊게 파묻혀버린 자신의 형상을 사랑하신다. 다시 말해 그분은 "그럼에도 불구하고" 인간을 사랑하신다. 하나님은 진주가 박혀 있는 더러운 갯벌을 사랑하는 것이 아니라, 그 갯벌 속에 있는 진주를 사랑하신다. 탕자의 비유는 아버지의 시선이 더러운 표면을 관통하여, 감추어져 있는 인간의 본래성(Eigentlichkeit)에 도달한다는 것을 보여준다. 이 본래성, 곧 하나님의 형상은 우리가 타자에게 "부여하는" 상이 아니라, 아버지가 우리에 대해 가지시는 상이다.[13]

2. 이 인간의 본래성은 인간의 이성처럼 존재론적 속성으로 제시할 수 있

---

12) *ThE* I, §837 이하를 참조하라.
13) *ThE* I, §817-820까지, 842를 참조하라.

는 것이 아니다.[14] 괴테가 말했던 것처럼 이성은 "어떤 짐승보다도 더 짐승 같은 것으로" 인간을 만들 수 있기 때문이다. 루터는 우리가 하나님의 형상을 존재론적 속성으로 이해한다면, 악마를 가장 완벽한 형상으로 묘사해야 한다고 말했다. 왜냐하면 악마는 그런 모든 존재적 속성을 최상의 형태로 가지고 있기 때문이다.[15] 그러므로 인간의 본래성은 인간이 가진 본래적 속성들을 종합한 것이 아니라, 오히려 **관계**(Relation)로 이루어진 것이다. 다시 말해 인간은 단순히 자신 안에 있는 가능성을 어떤 완전한 것(Entelechie)으로 자기 스스로 발전시키도록 창조된 것이 아니라, 자신의 아버지와 교제하는 삶을 살도록 창조되었다.

인간은 자신의 존재적 특성을 잃어버릴 때조차도, 블레즈 파스칼(Blaise Pascal, 1623-1662)이 인간은 "부러진 왕의 홀을 가지고 초라한 용포를 입은 임금"과 같이 되었다고 이야기할 때조차도, 그리고 그 누구도 돌아온 아들을 바라보면서 그가 아버지의 아들이라고 말할 수 없을 때조차도, 하나님과 교제하는 존엄성을 보존하고 있다.

3. 예수 그리스도 안에서 역사적 형태를 취한 하나님의 아가페와 하나님의 형상으로 인간들이 실천하는 아가페는 다른 사람 안에서 그 본래적인 것으로 나아가기 때문에 (다른 사람을) 자유케 하는 결과를 가져온다(우리는 죄인들, 곧 사랑할 만한 "가치"가 조금도 없는 사람들과 교제한 예수님에게서 그런 자유케 하는 결과를 확인할 수 있다). 아가페는 필름에 잠재된 이미지를 현상하는 사진 제작자와 같은 기능을 수행한다. 그것은 이미 존재하는 사랑받을 만한 가치가 있는 것에 대한 반응이 아니라, 그 사랑받을 만한 가치를 창조하는 원인이다. 아가페에 의해 양육된 신뢰도 이미 제시되는 신뢰받을 만한 가치에 대한 반응이 아니라, 오히려 아가페가 그 신뢰를 "이끌어낸다." 우리가

---

14) *ThE* I, §806 이하를 참조하라.
15) *ThE* I, §808 이하를 참조하라.

가치가 있어서 하나님이 우리를 사랑하시는 것이 아니다. 하나님이 우리를 사랑하셔서 우리가 가치가 있다. 이것이 아가페의 창조적 의미를 기술한다.

4. 이것과 관련해 우리는 아가페에 대한 논의를 시작하면서 주장했던 진술, 곧 아가페가 향하는 인간의 본래성은 내적인 존재가 아니라 (완전히) "이질적인 가치"이며, 이 가치는 하나님과의 교제에서 발견되며, 더욱이 하나님의 보호 아래 있다는 것을 반복해야만 한다. 그러므로 이런 "교제" 안에 있는 존재로 이해된 인간의 존재는, 내적 속성과 기능을 수행하는 외적 능력이 사라졌을 때에도 유효하게 남아 있다. 그렇게 이해된 한 사람의 가치는 그가 가진 이용 가치(Verwertbarkeit)와는 전적으로 다른 차원에 놓여 있다. 그래서 (이 개념이 가진 모든 결과를 고려할 때) "살 가치가 없는 삶"이란 있을 수 없다. 내게 배우자의 중요성(말하자면, 에로스의 의미로는 나 자신을 완성하는 그의 중요성)이 상실되거나 사라져버리고 그의 역할이 감소되어 그치게 된 때도, 결혼과 같은 공동체는 존재하는 것을 멈출 수 없다. 아가페는 다른 사람 안에서 불변하는 요소들을 인식한다.

5. 이 토대 위에서—오직 **이런** 토대 위에서만—우리는 어떻게 원수를 사랑할 수 있는지를 이해할 수 있다.[16] 아가페에서 나는 다시는 다른 사람을 나의 대적자로 생각하지 않는다. 그뿐만 아니라 나는 그 사람이 내게 대해 가진 기능과 그를 동일시하지도 않는다. 나는 하나님의 자녀(그가 가진 인간의 본래성을 이루는 교제)로서 그를 보고, 그리고 그가 가진 기능을 초월한 영역에 있는 자로서 그를 본다. 예수님이 산상수훈에서 잘 가르치신 것처럼, 내가 내 믿음을 원수에게 보여주고 그로 인해 고통을 당할 때, 죄 많은 자녀로 인한 하나님의 슬픔이 내 슬픔이 된다. 그리고 이것이 자신의 원수와 아가페를 연결한다. 탕자의 비유에서 집에 머물러 있던 큰아들의 죄는 그가 자신의 아버지

---

16) *ThE* I, §455를 참조하라.

와 함께 기뻐하지 않고 함께 슬퍼하지 않았다는 데 있다. 간단히 말해서 그는 아가페를 가지고 있지 않았다.[17]

6. 아가페는 인간이 마음대로 할 수 있는 어떤 것이 아니다. 그뿐만 아니라 에로스처럼 인간의 본성에 내재하지도 않는다. 그것은 오직 하나님께서 그에게 선물로 주실 수 있다. 또한 하나님께서 그것을 받도록 허락한 자만이 아가페를 소유할 수 있으며, 그 받은 것을 자신의 이웃에게 전할 수 있다. 그것을 받지 못한 자는 그것을 전할 수 없고, 그것을 이웃에게 전하지 않는 자는 자신이 받은 것을 잃어버린다.[18]

이 모든 중요한 점이 아가페와 에로스를 **구별하는** 특징을 분명하게 보여주지만, 우리는 그 특징들을 자세히 설명하지는 않을 것이다. 다만 우리는 어떻게 이 두 가지 방식－에로스 방식과 아가페 방식－이 실제 성관계에서 교차하는지를 보여주고자 한다. 여기서도 우리는 몇 가지 암시적인 설명에 만족하려고 한다. 왜냐하면 구체적인 사례에 기초해서 이런 관계를 반복함으로써, 그 내용을 정교하게 할 것이기 때문이다.

1. 성관계는 두 사람 사이의 결합이고 (우리는 성관계가 결혼한 사람들이 오랫동안 맺은 관계인지, 혹은 "자유롭고" 일시적으로 맺은 결합인지에 대해서는 고려하지 않을 것이다), 인격적인 특성을 갖고 있어서, 아가페 관계는 성관계에서도 항상 일정한 역할을 담당해야만 한다. 상대편은 인격을 가진 자이며, 그는 망해버릴 수도 있는 영원한 운명을 갖는다. 그의 운명이 망할 수 있기 때문에, 그리고 내가 망쳐진 그의 운명에 참여할 수 있기 때문에, 나는 그 안에 있는 "타자로서의 가치"를 존중해야 한다. 그의 본래적 존재가 나의 목적을 위한, 단순한 수단이 될 수 없다. 그러한 단순한 수단 관계에

---

17) 눅 15:25 이하를 참조하라. 『하나님의 그림책』(*Das Bilderbuch Gottes*), p. 33 이하.
18) 마 18:21 이하, 『하나님의 그림책』, p. 225 이하.

서 그는 내게 성적 황홀감을 주는 도구일 뿐이다. 이런 태도가 극단적으로 발전된 방식이 매춘이며, 매춘은 인간 존재를 도구화하는 것이다. 성관계에서 이러한 아가페 관계를 아주 간단하게 표현한다면, 상대편은 내게 "이웃"이 된다.[19]

2. 다른 한편 모든 이웃이 성관계에서 나의 파트너가 될 수는 없다. 파트너가 되기 위해 그는 "이웃"이라는 일반적인 분류에서 매우 특별한 방식으로 그를 고양하는 어떤 특정 조건들을 충족시켜야 한다. 그 특정 조건들 중 애매한 경우들과 달리 필요한 것을 몇 가지만 언급하자면 다음과 같다. 이웃은 나와 반대되는 성을 가지고 있어야 하고, 나이는 나와 적당히 비슷해야 하며, 외모, 성격, 마음이 내 취향에 맞아야 한다. 그리고 아주 특별한 방식으로 나를 보완해주어야 한다. 더욱이 그 파트너는 어떤 특정한 가치들을 지닌 존재여야 한다는 조건을 충족시켜야 한다. 이런 조건들 아래서 에로스 관계는 실행된다.

우리는 에로스와 아가페의 두 측면이 다음과 같이 서로 관련되어 있다고 간단하게 설명할 수 있다. 나와 성관계를 맺는 사람은 내 이웃이어야 하고, 또 내 아가페 사랑을 위한 대상이어야만 한다. 그렇지 않을 경우 나는 그 상대를 비인간화할 수 있다. 거꾸로 내 이웃이자 나와 아가페 관계를 맺는 모든 사람이 나의 성적(에로스) 대상일 수는 없다. 예를 들어, 나는 누군가에게 동정심을 느껴서 그 사람과 성관계를 맺거나 결혼을 할 수는 없다. 만일 누군가 이런 것을 꾀한다면, 그는 결혼에 참여하는 것이 아니라 제한적으로 결혼과 유사한 어떤 것에 참여하는 것이다. **성관계는 조건을 중시하는 인간의 의사소통 중에서도 매우 특별한 의사소통이다.**

위에서 우리는 아가페와 에로스가 어떻게 성관계에서 작용하며, 서로

---

19) 결혼 예식에서는 이것을 다음과 같은 말로 표현한다. 곧 "한 사람이 다른 사람과 함께 하늘로 간다."

연관되어 있는지 알아보았다. 이제 우리는 양자의 동기들의 정반대되는 구조가 어떻게 동일하게 진행되는지 보게 될 것이다. 우리는 에로스와 아가페 안에서 모든 인간 존재의 두 가지의 근본적인 추구가 표출된다고 말할 수 있지만, 마찬가지로 또한 성관계 안에서 인간 존재의 신비가 매우 직접적이고 집중된 형태로 나타나게 되는 것도 보게 될 것이다.

제2장
동물적·인간적 성격을 가진 리비도

I. 리비도의 본성(매춘에 관하여)

리비도(성충동, Geschlectstrieb)는 쾌락을 동반하고 쾌락의 완전한 충족을 위해 황홀경으로 돌진하려는 갈망이다. 그것은 다른 인간 존재와 함께 영혼과 육체 안에서 하나가 되기를 갈망한다.

우리는 "결합"(Vereinigung)에 대한 욕구를 말하면서 성 윤리학의 중심인 "유대관계"(Gemeinschaft)라는 개념을 이미 사용하고 있다. 이 시점에서는 결합이라는 용어를 계속 사용할 수 없다. 그 이유는 조금 뒤에 밝혀질 것이다. 그리고 우리는 결합이 두 사람의 "유대관계," 즉 인격적인 연합과 어떤 관련이 있는지 알아보기 위해 "결합"의 의미를 살펴보고자 한다.

우리의 정의에 따르면 결합하려는 충동은 다음과 같은 요인들에 의해 그 특징이 드러난다.

첫째, 쾌락과 황홀경(Ekstasis)이다. 유대관계를 만드는 힘과 관련해 이 두 가지 감정을 설명할 때, 우리에게 떠오르는 것은 그 두 가지 감정이 순간성(punktuell)을 특징으로 한다는 것이다. 그것들은 연속적이거나 지속적이지 않다. 쾌락과 황홀경을 도표로 나타내면, 그 곡선은 급속히 솟아오르다가 가파르게 떨어지는 흥분으로 표현될 수 있다. 어느 누구도 계속 흥분된 상태에 머물러 있을 수 없으며, 더욱이 병적인 흥분 상태(manisch Zustand)는 일반적으로 우울증(Depression)을 동반한다. 말하자면 황홀경은 휴지 상태(Ruhelage)에서 발생했다가 다시 원래 상태로 되돌아간다. 만족감은 정념이 없는 상태로 변했다가 다시 점증하는 욕망으로 이어진다. 이것은 괴테가 『파우스트』(Faust, 을유문화사 역간, 2015)에서 한 말과 비슷하다. "나는 욕망(Begierde)에서 향유(Genuß)로 비틀거리며 물러나고, 향유 속에서 욕망을 애타게 그리워한다."[1]

철학자 프리드리히 니체(Friedrich Nietzsche, 1844-1900)도 『차라투스트라는 이렇게 말했다』(Also sprach Zarathustra, 책세상, 2000)에서 모든 쾌락과 즐거움은 "영원을 바라고, 깊고 깊은 영원을 바란다"라고 말한다. 그러나 그것은 순간에 불과하므로 바로 그 "순간"의 요구는 멈추지 않는다. 괴테가 『파우스트』에서 이야기한 "잠시만이라도 머물러라. 너는 정말 아름답구나!"[2]와 같은 말은, 근본적으로는 공허하게 머문다. 법정의 증인석에 서 있는 증인보다 한여름 밤 공원 벤치에 앉아 있는 연인들이 (영원한 사랑의) 서약을 훨씬 많이 한다. 그러나 환히 빛나는 보름달과 은은히 퍼지는 장미 향기 속에서 이루어지는 맹세의 서약이 그저 일상적인 평범한 말로 끝나는 이유는 무엇일까? 무엇보다도 모든 사람이 알고 있는 것처럼, 일반적으로 그러한 맹세는 지켜지지 않을 것이기 때문이다. 이는 그 (영원한 사랑의) 맹세들이 정직한 간구나 탄원보다도 못하다는 것을 말해준다. 사람들은 자신들의 황홀한 만족이 너무 짧아 그것이 사라지는 것이 두려워 "그 순간"이 더 오래 지속하길 갈망하면서 "깊고 깊은 영원"을 바라며 맹

---

1) Goethe, 『파우스트』 I, p. 14.
2) Faust에 나오는 이 내용은 붙잡을 수 없는 이 "순간"을 언급한다. 비록 그 순간에 다른 내용이 채워지고 있다고 해도 말이다.

세한다.

이 전체적인 맥락과 연결하여 우리는 맹세가 일반적으로 에로스의 영역에서 행하여진다는 것에 주목할 것이다. 빅토리아 시대(1837년부터 1901년까지 빅토리아 여왕이 다스리던 시기)에 규정되었고 시민 사회에 잘 알려진 성 문제와 관련해, 우리 세대는 당시 상류사회가 성 문제에 대해 침묵한 것을 비웃는 경향이 있다. 성에 대한 어떤 "직접적인" 표현들이 없다는 것은 빅토리아 시대의 문학에서 분명하게 확인된다. 괴테의 장편소설 『빌헬름 마이스터』(Wilhelm Meister, 민음사 역간, 1999)나 스위스의 괴테라고 불리는 소설가 고트프리트 켈러(Gottfried Keller, 1819-1890)의 작품, 자연과학과 문학을 접목해 독특한 소설을 쓰고 오스트리아의 괴테로 불리는 아달베르트 슈티프터(Adalbert Stifter, 1805-1868)의 작품에서, 우리는 토마스 만(Thomas Mann, 1875-1955)과 같은 작가가 소설에서 사용하고 오늘날에도 당연하게 받아들이는 그런 중요한 소재를 발견하지 못한다. 우리는 이 작품들이 성과 관련해 혹여 내숭을 떠는 것은 아닌지 질문하고 싶다. 하지만 오늘날은 성충동이 있다는 것을 인정하고, 그것을 남몰래 마음속에 숨김으로써 성충동의 성장을 방해하거나, 절대로 입 밖에 내어서는 안 되는 금기로 생각하지 않는다.

성에 대해 내숭을 떤다는 표현이 잘못된 것은 아니다. 마음속으로 성을 생각하는 것과 실제 밖으로 성을 표현하는 것을 혼동하는 한에서는 말이다. 성 자체를 드러내는 것, 더 낮게 표현하자면, 그것을 내숭떨며 숨기는 것은 어느 정도는 요청되는 행동이다. 우리는 제어할 수 없는 것을 밖으로 언급해서는 안 된다. 왜냐하면 제어할 수 없는 것을 명시적으로 말할 때, 제어되지 않는 힘이 풀려날 수 있기 때문이다. 우리는 에로스가 가진 본래의 힘을 잘 알고 있기에, 침묵으로 에로스를 제거하려고 한다. 심지어 가장 승화된 암시적인 표현도 에로스가 들어있다는 것을 충분히 보여준다. 후기 정신분석학의 문헌들은 일반적으로 인간 본성의 지하실과 창고에 잡다한 것이 가득차 있다는 사실을 깨닫도록 해주는, 해박한 지식을 가진 길 안내인을 우리에게 소개해주었다. 예를 들어, 아달베르트 슈티프터는 『늦여름』(*Der Nachsommer*, 문학동네 역간, 2011)에서 건전하고 건강한 삶을 살도록 균형을 잡아주는 건축술을 제시한다. 슈티프터는 건물들이 평평한 지반에서 위로 얼마나 높이 세워졌는가를 묘사할 때, 땅속으로 얼마나 깊이 들어가고 지하실을 얼마나 많이 가졌는지에 대한 구체적인 사실은 독자들의 상상에 맡긴다. 어둠은 지하실에 있지만, 그것은 말로 표현되지 않았다. 어둠은 적합한 장소로 이관되었고, 우리는 어둠이 가진 힘으로부터 보호되었다. 특별히 슈티프터는 어둠의 힘이 우리에게 있다는 것을 의식했다. 슈티프터가 그러한 힘이 존재함을 알았고, 이 숨은 힘이 강력하게 그를 붙잡았으며, 그 절망적인 힘이 슈티프터의 영혼의 깊고 은밀한 곳에서 출현한 것이 삶의 비극이었다. 하지만 절망의 힘은 그의 작품들에 (분명하게) 반영되지 않았다. 이것은 그가 한 말로 입증된다. 우리는 그가 쓴 서신들에서 어둠의 힘, 곧 벽을 노크하는 어둠의 힘에 대해서만 들을 수 있다.

오늘날 우리는 가장 훌륭한 모임에서도 성의 힘뿐만 아니라 성과 관련된 상세한 것들을 이야기한다. 우리는 자신의 콤플렉스에 대해 자유롭고 쉽게 이야기할 수 있다. 과거에는 우리 자신에 관한 일들을 고해성사를 통해서만 이야기했는데 이제는 객관적인 내용을 담은 심리학의 전문용어로 표현한다. 하지만 이것은 온전한 에로스가 아니라, 길들여지고 남용되고 근본요소가 박탈된 에로스다. 이제 우리는 더 이상 에로스에게 마귀의 저주를 퍼부을 필요가 없다. 왜냐하면 에로스는 더 이상 좁고 깊은 강바닥에 한정되었던 거칠고 사나운 급류가 아니고, 온땅에 물을 공급하는 고정된 저수지와 같이 변했기 때문이다. 우리는 언제나 에로스에 의해 적셔지며 살고 있고, 어디서나 성을 소비할 수 있게 되었다. 성의 은밀함이 공공연히 드러나고 있고, 은밀하게 나체가 성행하며, 예를 들어 연극 무대, 극장, 잡지, 신문 등 모든 장소에서 성을 호소하며 착취하고 있다. 에로스는 황홀경의 유혹자이기를 그쳤다. 에로스는 과거에는 힘들게 유혹하여 황홀경에 빠뜨려야 했던 사람들을 이제는 언제든지 좌지우지할 수 있게 되었다는 사실은 일상적 진리가 되었다.[3] 우리가 사는 세계 안에는 이미 문명이 대단히 발전된 나라들이 있다. 이 나라들은 아주 어린 나이부터 영화와 강의를 통해 아이들에게 성교육을 한다. 이것은 본성의 황홀경의 욕구가 평범한 것이고 적당한 때가 되면 "제2의 본성"으로 환원될 수 있다고 가르친다. 본성상 신비로운 에로스도 때가 되면 일상적이고 사소하고 무해한 일거리가 된다는 것이다. 이제는 에로스의 본성적인 것이 지나치게 가까이 다가오지 못하도록 하기 위한 어떤 침묵도 필요하지 않다. 저수지로부터 흐르는 에로스의 물결이 곳곳에서 우리를 둘러싸고 있다. 에로스의 덧없는 순간이 연장된 평면과 같은 시간이 되어버렸다. 이런 현실이 우리를 에로스에 더욱 가까워지게 했는가?

리비도의 순간적인 특성은 쾌락과 무감정, 행복함과 우울함 사이의 변화에서뿐 아니라 **"호감과 혐오감"**(Anziehung und Abstoßung)이라는 법칙에서도 확인된다. 성적인 행동이 단순히 본능적 충동을 해소하는 문제일수록, 그것은 이런 호감과 혐오감이라는 법칙의 지배를 더욱 받는다. 또한 매춘과 같은 관계에서 한순간의 동물적 쾌락을 충족시키려고 맺는 성관계가 일반적으로 오르가슴을 느낀 이후 곧바로 혐오나 매스꺼움, 곧 혐오감으로 바뀐다는 것은 매우 잘 알려진 현상이다. 사실 단지 본능적인 것 이상의 기준이 있다. 그것은 성관계의 인격적 특성이다. 인격적 특성은 순간적인 성적 황홀경 이후에도 감사와 만족을 동반하며, 그 순간들을

---

3) F. Sieburg, 위의 책을 참조하라.

지속시킨다. 인격적으로 맺어지는 성관계는 모든 기분과 감정의 변화를 넘어 항구적인 관계를 표현하고, 동시에 최고점에 도달한다.

어떻든 간에 온전히 본능적인 반응의 가파른 곡선은 성욕에 있는 어떤 것이 공감, 사랑, 신뢰와는 질적으로 완전히 다르다는 것을 표현한다. 공감, 사랑, 신뢰와 같은 태도들에 내재한 것은 성욕이 소유하지 못한 어떤 영속성과 안정성을 갖고 있다. 하지만 성욕은 지속성과 안정성을 갖고 있지 않다. 왜냐하면 성욕으로 맺어진 사람과의 관계는 일정한 한계가 있는 기능과 관련되어 있기 때문이다. 이것을 좀 더 실제적으로 표현하면, 성욕은 호르몬 기능과 관련이 있다. 호르몬 기능은 계절의 변화와 시기, 사람의 나이, 특정한 환경에서 나타나는 외부 자극의 종류, 충동의 주기 안에서 갈망하거나 성취된 욕망의 단계 등에 따라 인간 영혼에게 완전히 다른 영향을 끼친다.

성 공동체에 대한 태도의 문제와 관련해서 성과 전혀 관련이 없는 영역으로부터 어떤 유비를 얻고자 한다면, 아마도 우리는 가장 먼저 동료의식을 떠올릴 수 있다. 동료의식은 특정한 실제 임무를 마주한 사람들 사이의 관계를 의미한다. 이것은 두 사람의 존재가 어떤 일치(communio)를 이루는 "우정"과는 구별된다. 동료 관계의 두 사람은 특별한 실천적 과제와 직면하며, 그래서 그 과제를 성취하기 위한 동일한 기능을 수행한다. 그래서 학교 친구들은 자신들이 공통으로 받는 교육과 자신들을 가르치는 몇몇 선생님과 시험 기간에 갖는 공동의 분투나 어려움으로 굳게 맺어져 있다. 동료의식은 종종 다음과 같은 특징, 곧 성욕의 변덕스러움과 비교할 만한 점이 있다는 특징을 보여준다. 동료의식은 특정한 기능에 분명히 제한되어 있으며, 그래서 동료 관계는 그 기능이 수행되는 동안만 지속된다. 이것이 학교를 졸업한 이후 동창회에 참석한 사람들이 그 모임을 지루하게 느끼는 이유다. 학창 시절의 즐거움이 사라진 이후, 이전에 공동체를 형성했던 대화들은 이제 낡은 것으로 변한다. 당신도 동창회에서 만난 예전 친구들에게 할 말이 많지 않다는 것을 경험했을 것이다.[4] 우리가 직장에서 동료 직원들과 나누는 동료의식도 이와 유사하다. 종종 전쟁에서 함께 죽음에 직면했던 군인들이 가지는 동료의식은 소통을 만들고 그것은 인격적인 것까지도 포함한다. 그러나 이런 관계는 완전히 다른 종류의 인간관계의 영역에 있다.

우리가 성충동을 "공동체"나 "유대관계"(Gemeinschaft)로 정의하지 않고 "결합"(Vereinigung)을 추구하는 것으로 정의한 데는 이유가 있다. 어원적으로 "~관계"(-schaft)라는 어미를 가진 단어는 지속적인 상태나 속성을 나타낸다. 반면에 "~함"(-ung)이라는 어미는 실행의 특성, 곧 어떤 것을 얻고자 노력하는 잠깐의 특성을 의미한다. 휴가를 즐기는 군인이나 "데이트"를 즐기는 여름 휴가객은 "유대관계"에는 관심이 없다(그는 정말로 혼인관계로 발전할까 봐 그런 "관계"를 두려워한다). 그가 관심 있어 하는 것은 잠깐의 (육체적) "결합"이다.

하지만 이런 단순한 충동의 변덕(Inkonstanz)은 두 파트너의 관계에도 적용된다. 그 결과 우리가 앞서 이야기했던 성충동의 극단적인 불안정성은 파트너 관계 안에 팽배해진다. 그것은 또한 동반자 관계 자체가 거의 제한 없이 상호 교환될 수 있는 효과를 가져온다. 더욱이 인격적인 영역에서 우리가 우리 자신을 제거하면 할수록, 그만큼 더 우리는 오직 육체적, 또는 오직 정신적 반응만을 일으키는 영역으로 나아갈 수 있게 된다. 그리고 우리가 "영원한" 차원에서 더 멀어질수록, 그만큼 더 우리는 일반적이고 상호 교환이 가능한 차원으로 나아가게 된다.

---

4) 독일 소설가 Erich Kästner(1899-1974)의 『서정적인 가족약국』(*Lyrische Hausapotheke*)에 포함된 『동창회』(*Klassenzusammenkunft*)를 참조하라.

따라서 혹자는 다음과 같은 비례관계를 주장할 수 있다. 어떤 개인의 삶이 성충동에 의해 결정될수록, 그는 그만큼 더 난잡한 성관계에 많이 빠질 수 있고, 자신의 파트너를 상호 교환할 수 있다고 생각하게 된다. 이제 필요한 모든 것은 상대방이 특별한 기능적 조건을 완성하는 것이다. 예를 들어, 상대방은 내가 이용할 수 있는 정상적인 상태와 건강 같은 가장 기본적 필요들로 나를 만족시켜야 한다. 강한 성충동이 이런 태도를 결정하는 것은 결코 아니다. 성충동의 힘 자체가 "일부다처제"와 배우자의 끊임없는 교환을 발생시키는 것은 아니다. 아주 강력한 성충동은 순종하고 이웃을 존경하는 사람들, 그리고 성을 굴복시켜 절제하는 사람들에게도 나타날 수 있다. 예를 들어 그리스도인들에게도 아주 강한 성충동이 나타날 수 있다. 중요한 것은 성충동 자체가 인격적 기능, 곧 인격적 연합의 표현 수단이 될 수 있는가 하는 것이 아니다. 인격적 연합은 성충동의 표현없이도 지속될 수 있다. 오히려 중요한 것은 내 실존이 본능과 충동을 통해 결정되는지의 여부, 결정된다면 어느 정도나 그렇게 되는지의 문제다(본능과 충동은 나를 어느 정도나 지배[exousia]할까, 고전 6:12; 10:23). 성적인 표현 없이도 인격적 관계는 가능하다. 그렇지 않다면 우리는 노년에 이른 부부가 어떻게 행복한 결혼 생활을 유지할 수 있는지 이해할 수 없을 것이다.

우리가 본능에 의해 더 많이 지배될수록 더욱더 "일부다처제" 성향으로 향할 것이다. 또한 이것은 다음과 같이 말할 수도 있다. 우리가 본능에 의해 더 많이 지배될수록, 우리는 다른 사람이 가진 "영원하고" 그 무엇과도 바꿀 수 없는 그 자신을 덜 추구하게 되고, 그를 그저 하나의 표본으로만 또는 나와 성이 다른 "대표자"로만 생각하게 된다. 그 타자는 그런 단순한 존재로 탈바꿈되어 나에게 도구적 의미의 중요성만 가진다.

이것은 제복 입은 남자들이 소녀들에게 어떤 낯선 매력을 불러일으키는지의 이유를 설명해준다. 그것은 제복이 멋있기 때문이 아니다(오늘날의 군대는 전쟁에서 얻은 훈장이라는 장식물을 점점 더 거부하고 있다). 오히려 제복은 활기찬 남성적 생동감을 잘 보여준다. 심지어 제복을 입고 있는 요리사나 회사원에게서도 그러한 매력이 생길 수 있다. 제복은 (개인이 아닌) 남성 일반을 대표하는 의미를 가진다. 이런 점은 여성에게서도 획일화된 유행, 표준화된 머리 스타일과 화장 기법들, 틀에 박힌 얼굴 모습 등을 통해 나타난다. 이러한 획일적 특성은 말하자면 영화에 나오는 영웅이나 주인공의 모습을 모방하는 것에서 더욱 강화된다. 영화 속 주인공들은 무의식의 가장 획일화된 이상적 모습을 재현하고, 자신들의 성공이 이런 상황에 달려 있다고 생각한다. 모방의 모방, 재현의 재현이 일어난다. 이것은 결국 개인적인 특성이 일반적인 남자의 성(*genus masculinum*) 또는 여자의 성(*genus femininum*)으로 흡수되는 극단적 모습이다.

앞에서 단순한 본능은 단지 다른 성(*genus*)의 대리자가 가진 도구적 가치만을 추구하며, 그 극단적인 예를 **매춘**이 보여준다고 말했다. 매춘부는 이런 도구적 가치만을 추구하는 방식으로 "사용되었다." 이 사실은 인간론에 관한 우리의 생각에 중요한 점을 부연해준다. 다음 두 가지는 매우 미묘한 차이점을 가진다. 곧 순전히 육체적인 목적을 만족하고자 매춘부와 성관계를 맺은 사람에게, 윤리적인 결함(곧 그는 단순히 기능만을 추구했고 인격은 추구하지 않았으며, 육체적 결합만을 욕망했고 인격적 관계는 원하지 않았다)은 그에게 부정적인 요소가 된다. 하지만 매춘부에게 윤리적 결함은 그녀의 "직업윤리"와 관련해서 긍정적인 요소가 된다. 매춘과 같은 영역에서조차도 발견되는 어떤 특별한 자기 존중은 다음과 같은 것을 요구한다. 곧 매춘부는 성관계를 할 때 "인격"을 제공하지 말아야 하고, 그녀의 직업적인 행위에서 인격을 공유하지 말아야 하며, 오직 도구적 기능만 사용해야 한다. 그녀는 자신의 직업 행위와 개인적인 사랑(그녀의 기둥서방과 나누는 사랑)을 아주 분명하게 구분한다. 그때 그녀는 개인적인 사랑에 참여하고 또한 거기에 자신의 인격을 쏟아 붓는다. 그래서 어떤 여인이 매춘의 단계로 내려갈 때, 윤리적 기준들에 낯선 반전이 발생한다(이런 단계에서도 **윤리적** 기준들이 있음을 인정하지 않는 것은 위선이다). "결합"에서 인격이 관여하지 않는 것은 자기를 존중하는 덕이며, 필요조건이 된다. 반면 동일한 이유에 근거한 매춘부의 파트너는 자기 자신을 도덕적으로 불의한 자로 여기고 경멸의 눈으로 바라보아야만 한다. 목회상담으로 매춘부를 돌보려는 사람은 이렇게 뒤바뀐 도덕적 구조를 염두에 두어야 한다. 상담할 때 매춘부의 인격을 존중하지 않는 사람은 기독교적인 방식으로 그녀를 대하는 것이 아니라, 도덕주의자로서 상담하는 것이고, 그녀와 일절 대화를 나누지 못하게 된다. 여기서 복음은 도덕주의와는 달리 동료 인간에게 접근하는 자유를 준다(요 8:7).

지그프리트 보렐리(Siegfried Borelli, 1924-)와 윌리 스타크(Willy Starck)는 『심리학적 문제로서의 매춘』[5]을 공동 저술했는데, 그 책은 우리가 윤리적 구조의 반전이라고 묘사했던 것에 대해 중요한 자료를 제공한다.

그 책은 매춘부의 "전문적인 직업 정신"과 관련해 다음과 같이 언급한다. "매춘부들은 일정한 보수를 받고 소정의 서비스를 제공한다.…그들은 정직이라는 덕을 주장한다. 다른 여인들(곧 자주 파트너를 바꾸어서 성관계를 맺지만, 자신들의 매춘을 경찰에게 허가받지 않은 여인들)은 매춘부들과 동일한 활동에 참여하지만, 정직이라는 덕을 허용하지 않을 뿐만 아니라 '공창'(öffentliche Dirne)이라고 불리는 것도 좋아하지 않는다. 왜냐하면 그들은 공공의 소녀들(*puellae publicae*)이란 단어에 함축된 차별을 의식하기 때문이다."[6] 매춘부들과의 면담은 순전히 직업적으로 접근해서 인격적 관계없이 매춘이 이루어

---

5) *Die Prostitution als psychologisches Problem* (Heidelberg: Springer, 1957).
6) Ibid., pp. 31, 249.

지고, 성충동(리비도)이 전혀 나타나지 않는 매춘이 이루어졌을 때만 그와 같은 "전문적인 직업 정신"이 가능하다는 것을 보여준다. 또한 그 직업 정신은, 그녀가 한 가족의 어머니일 수 있다는 사실과 함께, 매춘이 아니라면 존경받아야 마땅한 것이다.[7] 일반적으로 공창은 신체적 욕구 때문에 촉발된 것이 아니다. 그와 반대로 어떤 여인들은 분명한 윤리적 태도를 본성으로 가지고 있으면서도, 성적으로 민감해서 지속적으로 파트너를 바꾸면서 성관계를 맺는 정부(情婦)나 밀부(密婦)가 되어 완벽하게 비도덕적으로 변할 가능성이 좀 더 많다. 그러나 그녀들은 매춘부가 되는 것을 끊임없이 거부한다. 그래서 전적으로 궁지에 몰린 어떤 정부는 "내가 유일하게 잘못한 것은 (그를) 너무 많이 사랑한 것이고", "나는 매춘부가 되기보다는 차라리 '거지의 삶'을 살겠다"고 말했다. 비록 잘못된 "사랑"을 하기는 했지만, 그녀의 행동은 돈을 버는 수단과 같은 직업적인 것으로 취급되어서는 안 된다.[8]

우리는 매춘과 축첩(蓄妾)이라는 왜곡된 거울에서조차 다시 한 번 다음과 같은 기본적인 주장을 확인한다. 곧 에로스 안에는 인격적인 요소가 스며들고 있다. 에로스가 현실이라면, 매춘은 어떤 사람이 "자신의 자아"를 판매하는 것을 의미한다. 윤리적인 자아를 조금이라도 가진 사람은 자신의 자아를 판매하는 것을 피한다. 하지만 자기의 에로스를 가지고 성관계에 참여하지 않는 평범한 매춘부는 (여러 가지 이유에서 그렇게 하는척할 뿐이다) 단지 자신이 마주한 성 파트너가 원하는 대로 자기 생식기를 맡길 뿐이다. 반면 그 매춘부의 존재를 진정으로 구성하는 "그녀 자신"은 다른 곳에 있다.

우리는 인격과 리비도, 유대관계와 결합이 서로 어떤 관련을 맺고 있는지를 설명하기 위해 매춘을 예로 들었다. 그 이유는 크게 두 가지다. **첫째**, 인격과 리비도, 유대관계와 결합의 관계에서 두 가지의 경계선에 있는 매춘

---

7) Ibid., p. 199 이하.
8) Ibid., pp. 239-240.

은 매우 독특한 특징을 보여준다. **둘째,** 매춘은 윤리와 관련해 중요한 근본적인 사실을 보여준다. 다시 말해 인격과 리비도와 같은 관계에 대한 정의(Verhältnisbestimmungen)는 결코 일반적이거나 추상적인 용어로 이루어질 수 없고, 오직 구체적인 상황과 관련되어야 한다. 리비도의 기능과 인격을 구별해서 윤락업소를 방문하는 사람은 매춘부와는 다른 윤리적 의미를 지닌다. 윤리는 여러 사례들을 원칙 아래 포괄하면서 고안되는 것이 아니라—원칙들에 대한 지식을 가지고—실제 사례들을 "내부로부터" 확인하면서 고안될 수 있다. 그 경우 그 사례들은 완전히 다른 측면을 보여 준다. 그러나 "내부로부터" 각 사례를 본다는 것은, 다름 아니라 그런 경우에 관련되어 있는 사람들을 이해하는 것을 뜻한다.

복음은 우리에게 이런 의미로 "사건"(Fall)에 접근하라고 가르친다. 곧 우리가 그 사건 **속으로**(hinein) 들어가라고 가르치는 것이다. 바로 이 경우에 그것들은 단지 "사건"임을 멈추고 상황으로 바뀐다. 그 상황은 인간 존재들이 하나님과 유일한 관계를 맺고 각자의 책임을 지며, 개인적인 위기들을 안고 살아가는 상황을 뜻한다. 따라서 이런 상황은 오직 해당된 개인과 관련해서만 이해될 수 있다. 그래서 예수님은 간음한 "사건"을 다루지 않으셨고, 오히려 간음한 여인에게 말씀하셨다. 그분은 그 사건을 "내부로부터" 보셨고, 그것이 하나의 모델이 되도록 허락하셨다. 이 모델을 통해 다른 사람들 역시 그들 자신을 이해해야 한다(요 8:1 이하; 눅 7:36 이하).[9]

우리는 지금까지 리비도의 본성, 인격과 리비도의 관계에 대해 살펴보았다. 이를 다음과 같이 요약할 수 있다.

---

9) 매춘에 대해서는 Dostoyevsky의 『죄와 벌』에 나오는 창녀 소냐의 인물 분석을 참고하라. *ThE* II, 1, §1027 이하.

첫째, 리비도는 순간적인 "결합"을 목표로 한다. 반면 모든 인격적인 참여(Engagement)는 "유대관계"(Gemeinschaft)를 추구한다. 그러므로 인격적 관계는 파트너들 간의 관계가 더욱 깊어지는 만큼 깊어진다. 하지만 기능적인 쾌락 관계는 소멸한다. 종종 파트너와 맺은 관계가 악화되거나 소멸하는 것은 파트너들이 어떤 내적 동기를 가지고 관계를 맺었는지를 보여준다. 성관계를 맺으려는 순간에 파트너들은 종종 자신들의 욕망을 사랑이라고 생각하고, 성적 기능을 인격의 헌신이라 생각한다. 이렇게 생각하는 이유는 생명력(순전히 육체적인 생명력)이 창조하는 힘, 곧 일종의 표현주의적 예술의 시각(expressionistische Art des Sehens) 때문이다. 표현주의적 시각은 이상화된 인격적 특징을 파트너에게 투사하고, 물이 거의 흐르지 않는 시내를 거대한 물이 흐르는 강의 모습으로 그를 바꾸어놓는다. 그러나 욕망은 그러한 시각적이고 청각적인 환상을 만들어 자신의 심장 박동 소리만 빠르게 할 뿐이다.[10]

둘째, 비록 리비도가 다른 사람을 향한 것이긴 하지만, 그것도 자기실현 (Selbsterfüllung)을 추구한다. 이것은 두 가지를 의미한다. 먼저 부정적인 의미에서, 리비도의 자기실현은 쾌락(오르가슴)을 충족하면서 단순히 욕망의 고통을 없애고자 한다. 둘째로 긍정적인 의미에서, 리비도의 자기실현은 황홀감에 도달해 자신을 초월하고자 한다. 리비도와 리비도의 만족은 우리가 가진 삶의 중요한 기쁨(Lebensgefühl)과 고양이다. 예를 들어, 그것들은 우리가 삶에서 마주하는 창조적 경험, 생산 능력, 다른 사람을 즐겁게 해줌으로써 그들이 또한 나 자신을 욕망하는 실존의 즐거움, 그리고 내 젊음과 "무한한 잠재력"을 확인하게끔 해주는 것 등과 연결된다. 마지

---

10) 따라서 사랑에 빠졌거나 사랑을 하고 있다고 생각하는 사람들이 자신들의 관계가 리비도라는 환상에 기초해 있는 것은 아닌지 알기 위해 한동안 거리를 두고 지낼 필요가 있다는 조언은 종종 타당하게 받아들여진다.

막으로 리비도와 리비도의 만족은 인간이 그저 일하는 기계이거나 단지 뇌에 불과하거나 단조롭게 광합성만 하는 식물과는 다른 그 이상의 존재 라는 것, 곧 바쁘게 활동하고 자신을 초월해 "자아를 이해할 수 있는" 영 혼을 가진다는 것을 입증하는 정신적·육체적 고양과 연결된다.

> 카니발(Karneval)과 사육제(Fasching)가 가지는 인간론적 중요성도 아마 비 슷할 것이다. 그것들은 에로스가 발휘되는 중요한 영역일 뿐만 아니라, 무엇 보다도 에로스에 내재해 있는, 자신을 초월하는 힘이 작동하는 곳이기 때문 이다. 어떤 것을 모방하는 복장을 하고 그것으로 분장하는 것은 자아를 초 월하고 자아 밖으로 나가 경계를 벗어나려는 하나의 형태다. 이때 자기의 동 일성은 사라지고, 일상적인 삶에서는 인식할 수 없던 것들이 인식될 수 있 다. 사람들은 나이가 들면서 무엇이든지 할 수 있을 것 같았던 자신감을 잃 을 때, 그 상실감이 카니발에서 잠깐 멈추는 것을 경험한다. 카니발 축제는 준비된 리비도에게 항상 "기회"일 뿐 아니라, 최종적으로는 리비도와 공통된 구조를 갖는다. 그것은 황홀함이라는 존재 방식, 자기초월, 자신의 고유한 가 능성을 고양하고 능가하는 경험 등을 형성한다.

2. 리비도의 인간적인 완성

1) 리비도와 헌신적인 섬김

우리가 리비도에서 관찰했던 이기주의(Egoismus)는 인간의 성 기관들과 만 관련을 맺은 것이 결코 아니다. 오히려 그것은 인간의 전체 자아 및 자 기실현과 관련을 맺고 있다. 그러나 "이기주의"라는 용어를 오로지 자기 향상이나 자기실현을 원하는 성충동의 추진력에 대한 표현으로 이해하는 것은 적절하지 못하다. 지금 우리는 성 그 자체가 단순히 이기주의에 불과하다고 말하고 있지 않다. 이것은 분명하다. 왜냐하면 성은 (에로스의 관점에서 이야기한다고 할지라도) 기능적인 특징을 넘어 인격적인 특징을 보여주기 때문이다. 더욱이 아가페는 인격적 특성 안에 위치하고, 그 특성에 대해 모종의 임무를 가진다. 지금 우리는 다만 육체적인 성충동조차도─다시 말해 성에 속한 한 가지 요인만도─전적으로 이기적인 것이 아니라, 자기 포기와 자기 수여의 의미를 가지고 **파트너**에게 나아가며, 본질적으로 어떤 이타주의적인 특징들을 보여주는 것에 대해 말하고 있다. 이 사실은 어쨌든 건강한 성충동에 해당한다.

이 생각을 바로 이해하는 것이 결정적으로 중요하다. 그래서 우리는 더 엄밀하게 리비도를 정의해야 한다. 우선 우리는 다음을 인식해야 한다. 곧 우리는 성 파트너에 대한 한 사람의 이타주의적 성향을, **본성상** 오로지 이기적이고 그래서 오직 자기실현만을 목표로 하는 충동과 같은 것으로 생각하지 말아야 한다. 또 우리는 이와 다른 이른바 **"보다 고귀한 것"**, 곧 자아를 이루는 인격적인 구성 요소들(예를 들어 정신, 양심 등)이 이기적인 성충동의 성향에 오롯이 반대된다고 생각하지 말아야 한다. 우리는 아주 분명하게 다음을 보아야 한다. 우선 우리 자아의 상황에서 의지와 충동, 정신과 감각이 오롯이 서로 투쟁하고 있는 것으로 상상하지 말아야 한다. 오히려 우리는 자아를 이루는 "더욱 고귀한" 인격적 구성 요소들의 임무가 성충동에도 불구하고 깊은 "인간" 공동체를 출현시키고, 충동은 가능한 한 길들일 수 있으며, 더 고귀한 **인격적** 목적에 도움이 되는 것으로 결론을 내려야 한다.

엄밀하게 이야기하자면, 칸트가 감각세계(*mundus sensibilis*)와 지성세계(*mundus intelligibilis*)를 극단적으로 구분한 이후부터, 사람들은 성에 대한 이런 **관념론적**(idealistische) 해석을 널리 수용하기 시작했다. 그래서 우리는 매우 주의 깊게 관념론의 개념을 살펴보고 가능한 한 그것을 극복하려고 한다.[11] 관념론적인 성 개념은 다음과 같은 가정에 기초해 있다. 즉 일차적으로 충동과 의지 사이에는 서로 양립할 수 없는 대립이 존재하고, 그 대립은 육체와 인격의 통합된 단위를 분해하려는 적대감과 함께 작용한다는 것이다. 이 가정은, 건물에 비유하자면, 감각과 본능은 낮은 층에 있고 정신과 도덕은 높은 층에 있는 것으로 이해하는 인간론에 기초한다. 기독교는 인간을 이런 구분과 구조로 이해하는 것을 거부하고, 인간은 정신과 육체라는 하나의 통일체로 존재한다고 가르치는 성경적 인간론의 근본적인 토대를 확실하게 마련했다. 그 이해에 따르면 육체는 "성령의 전"(고전 6:19; 참조. 3:16 이하)이며, 육체를 열등한 것으로 이해하던 헬레니즘 전통의 사고는 포기된다.[12] 이제 사람들이 몸을 자아가 존재하는 방식—어떤 특별한 관계에서 "나 자신"으로 존재하는 방식—으로 간주하고, 더 이상 자아의 존재 방식의 열등한 부분으로 간주하지 않는다면, 그들은 육체적 리비도를 자아의 존재 방식 중 하나로 인정하고, 더 이상 자아를 대적하는 어떤 악마와 같은 것으로 생각하지 않을 것이다. 신약성경을 살펴보면 자아는 리비도의 반역에 의해 파괴될 수도 있다. 한마디로 자아는 육, 곧 사륵스(sarx)의 지배를 받을 수 있다(엡 5:5; 고전 6:9 이하).[13] 하지만 자아는 반역하는 **영**(aufständischen Geist)에 의해서도 파괴될 수 있다. 예를 들어 바울이 "세상의 지혜"(고전 1:18 이하)라고 말한 것은 이데올로기의 형태를 띠었고, 그 형태에서는 반역하고 억제되지 않은 인간의 정신이 스스로를 드러낸다. 따라서 이에 따르면 **육과 영** 모두는 악

---

11) Immanuel Kant와 Friedrich Schiller(1788-1805)에 대해서는 *ThE* I, §228 이하, 1612를 참조하라.
12) 이와 관련해 바울의 인간론, 특히 몸(*soma*), 영혼(*psyche*), 육(*sarx*) 등에 관해 연구한 Bultmann의 논문 "Paulus", in *Religion in Geschichte und Gegenwart* (RGG), 2판, IV, 1032 이하를 참고하라.
13) *ThE* I, §336 이하를 참고하라.

마적인 가능성을 가지고 있다. 하지만 그것들이 본성상 악마적인 것은 아니다. 오히려 그것들 각각은 자아 전체를 자신의 방식대로 재현한다. 그래서 육과 영은 자아의 소위 우월한 부분과 열등한 부분으로 나누어질 수 없다.

우리가 인간을 통일체(하나님 앞에서 육체와 영혼으로 이루어진 통일체)로 이해하는 견해를 유지한다면, 이는 우리가 (실제로는 전혀 존재하지 않는 어떤 "우월한 자아" 뿐만 아니라) 리비도 **자체**가 어느 정도까지 실제로 다른 사람과 의사소통을 원하고 또 다른 사람을 섬기려고 노력하는지 질문해야만 하며, 어느 정도까지 단순히 "자기" 만족이 아니라 그 이상의 것을 원하는지 질문해야만 한다는 것을 의미한다.

우리의 견해에 따르면 이것은 신학적 인간론을 이해하는 어떤 새로운 방식이다. 그리고 우리의 목적은 섹스에 대한 기독교적 개념이라고 종종 생각되는 엄격하고 포괄적인 태도를 완화하는 것이다. 하지만 무엇보다도 우리의 목적은 무익한 도덕주의적 사고의 틀을 제거하는 데 있다.

우리는 리비도가 인간 존재 안으로 통합되는 것을 이해하기 위해 다음을 관찰해야 한다.

먼저 아주 사소한 진술에서 시작하자면, 성충동은 욕구에 이끌린 사람에게만 한정된 것이 아니라, **파트너**를 추구하는 사람과도 관련이 있다. 하지만 그 추구는 성욕을 자극하고 그것을 만족시키는 대상으로 (파괴적인 조건을 제외하고는) 파트너를 단지 "이용하려는" 목적만을 추구하지는 않는다. 우리가 이미 앞서 언급했던 것처럼 오히려 리비도 자체의 구조 안에는 상호 간의 의사소통 내지는 어쨌든 그럴 가능성의 시작을 보여주는 어떤 것이 있다. 왜냐하면 쾌락의 성취를 위한 전제조건은 파트너가 쾌락을 성취하도록 자신을 희생해야 하는 것이기 때문이다. 이 자기희생은 파트너가 특정 기능을 수행하는 사물처럼 단순히 자신을 사용하도록 "맡겨두는" 것이 아니다. 오히려 그것은 파트너를 추구하는 사람이 "참여해야"(mitgenommen) 하고, 흥분한 상태로 있어야 하며, 다른 사람의 바람에도 반응해야 하고, 자발적으로, 달리 말해 **본인의** 흥분된 리비도에 기초해, 그런 것을 느껴야만 한다. 더욱이 섹스를 나누는 상대방도 자기 자신의 욕구가 단순히 "해소되는" 것처럼 수동적인 대상이 되면 안 된다. 만일 그의 욕구가 수동적이게 되면 성관계는 일종의 가장된 자위행위로 변질되어 실현되지 않은 것으로 남는다.[14] 이때 리비도는 가장 천박한 육체적 측면에서만 잠깐 해소될 수 있다. 그러나 그것은 진정한 "만족"이 아니라, 기껏해야 아주 잠깐동안 리비도와의 휴전상태에 이른 것이다. 이는 마치 갈증을 소금물로 달래려는 것과 같으며, 따라서 결코 갈증을 진정으로 해소하는 것일 수 없다. 리비도는 다른 사람의 리비도에 동참할 때만 진정한 만족에 이를 수 있다. 성관계는 자기 자신만의 욕구를 채우는 것으로 끝나서는 안 된다. 이것을 경구로 표현한다면, 다음과 같이 말할 수 있다. 곧 섹스하는 사람은 이기주의에서 벗어나 자신의 성 파트너의 참된 반응을 얻기 위해 이타적이어야 한다.

성과 관련된 이런 기초적인 사실에는 어떤 놀라운 징후들이 인간의 본능 구조에 놓여 있다는 것을 보여준다. 그런 징후 중 가장 중요한 것은 남녀의 성 반응의 **시간** 차와 관계가 있다. 남성의 성 반응과 관련한 쾌감의 상승 곡선이 가파르고 쾌감의 하강 곡선도 동일하게 가파르다는 것은 잘 알려진 사실이다. 하지만 여성의 성 반응과 관련한 쾌감의 상승과 하강은 완만하면서도 남성보다 더 오래간다. 실제로 "잠자리"에서 남성이 여성에게 성기를 삽입하기 전의 전희(前戱)와 남성이 사정한 이후의 후희(後戱) 시간을 조사해보면, 여

---

14) 이 때문에 매춘부는 그냥 단순하게 반응하는 수동적 객체로서 사용될 수 있기 때문에 적어도 스스로 자기가 참여하는 척한다. Borelli-Starck, 위의 책, 같은 곳.

성의 성 반응 곡선이 남성보다 더 긴 단계를 보인다. 성 파트너 각자가 성관계에서 단지 자신만을 생각한다면, 그는 반드시 상대방을 외롭게 하고, 그의 배우자는 자신이 외로운 정도와 비례해 상대에게 불만족스러움을 느끼게 된다. 불만족의 결과로 발생한 부조화는 그 결과를 초래한 사람에게 영향을 줄 수 있다. 왜냐하면 그는 자기의 리듬에 맞추었다고 하지만, 결국에는 배우자와 같이 나누어야 할 리듬을 놓친 것이기 때문이다.

남녀의 성충동의 구조에서 이런 불일치를 단지 생리적인 부분에 관련해서 취급하려는 사람은 다음과 같은 결론에 도달한다. 곧 이런 불일치의 원인은 본성의 불완전함, 궁극적인 부조화에 있다. 실제로 이런 방식에서 한 명의 배우자(일반적으로 여성일 경우가 많다)는 "보조를 맞추지" 못하고, 동시에 오르가슴에 도달하지 못하며, 열이 식어 다른 배우자에게 홀로 버려졌다고 느끼면서 외롭게 남아 있을 수 있기 때문이다. 불타오르는 것과 타고 남은 재, 곧 한 사람은 여전히 흥분해 있고 다른 사람은 잠드는 것은 고통스런 관계로 빠져들게 만들 수 있다.

성에 관한 신학적 과제는 다음과 같은 긍정적 결론을 도출한다. 곧 인간 존재들은 자신이 가진 남녀 간의 성 본능의 차이점으로 인해 동물이 행동하는 것처럼 단순히 맹목적으로 성충동에 이끌려서는 성욕을 충족할 수 없다(육체적인 영역의 한가운데서 우리는 인간의 성과 동물의 성에 있는 기본적인 차이점을 발견한다). 이런 남녀 간 성의 차이점은 우리를 자연적인 것을 초월해야 한다고 부르는 **임무**에 직면하도록 한다. 몸의 피조성(Geschöpflichkeit des Leibes)은 몸의 자연성(Natürlichkeit)과 다르며, 그 이상의 어떤 것이다. 피조성은 인간이 매 순간 자신의 육체적 계기를 (physical moment) 포함하는 자연성을 초월하도록 도전을 받고 있다. 몸은 리비도와 함께 인간 자신을 대표한다. 인간이 소통하도록 창조된 것처럼,

그가 다른 존재와 관계를 맺으며 존재하는 것처럼, 또 그가 다른 존재를 섬겨야만 하고 그 자신도 섬김을 받아야만 하는 것처럼, 그렇게 인간은 자신의 몸이 대표하는 영역에서 살고 있다. 그래서 ("더 높은 의무"를 위한 것이 아니라) 자기 자신을 위해, 성 본성이 가진 차이점은 단순히 "자기 멋대로 하도록 하는 것"을 인간 존재에게 허용하지 않는다. 이와 반대로 그것은 (영국 역사가 아놀드 토인비[Arnold Toynbee, 1889-1975]의 표현을 빌린다면) "도전과 응전"의 원리를 강요한다. 문자적으로 그 표현을 이해한다면, 그것은 자연법칙에 의해 결정된 인간적 본성을 "벗어나라"는 모종의 도발을 의미한다. 성 본성이 가진 차이점은 인간에게 실패와 성공을 부과하고, 이 모든 것과 관련해서 동물적 교미 대신에 인간적 소통이라는 주제에 직면하도록 한다.

지금까지 말한 모든 것은 더 높은 반성의 단계나 한층 더 높은 온전한 양심의 단계에 해당할 뿐만 아니라, 성충동 자체의 단계에서도 드러난다. 더 높은 단계들은 양심의 결정과 정언명령(kategorische Imperativ)을 뜻한다.

리비도가 인간 존재 안으로 통합된다는 사실이 의미하는 것은 다음과 같다. 인간이 "인간적"인 것은 이성과 양심의 가르침에 이끌리는 삶을 살기 때문만이 아니라, 자신 안에 이미 "자신을 [타자에게로] 지향하는 능력"(Selbststeuerung)을 가지고 있기 때문이다. 인간의 리비도가 욕망할 때, 그것은 그 자신만을 욕망할 수 없다. 그것은 다른 사람도 고려해야 한다. 그리고 그 사람을 욕망하는 데 그칠 수도 없고, 그를 반드시 긍정해야 한다. 리비도는 자신 안에 섬김의 원리(Diakonisches Element), 곧 섬기는 사랑의 원리를 가져야만 한다. 그렇지 않으면 그것은 자신의 목표로 인해 자기를 포기하게 되고 또 기만당한다. 남녀 간 성 구조의 불일치는 존재론적·자연적 의미에서 어떤 결점을 가질 수 있다. 그러나 바로 그 결점이 엄밀하게 인간에게—또한 육체적 영역에서도—인간이 될 기회를 준다. 육체적인 영역에서, 인간은 동물적 본능이 자동으로 움직이는 자동행동(Automatismus)을 초월한다.

우리는 육체적 영역에서 인간성의 **상징들**(Zeichens)이라는 특성을 관찰할 수 있다. 육체적 영역에서 특별히 인간적인 것으로 언급되는 특성은 인간 존재의 다른 영역에서도 나타난다. 이것은 다음을 의미한다. 곧 육체적 영역과 관련해 주로 본능적인 행위(기억해야 할 것은 특별히 "인간적" 본능의 행위라는 것이다)로 남아 있는 것은 소통의 영역 전체에서 어떤 **동기**(Motiv)가 된다. 이 동기는 이번에는 육체적 영역으로 다시 반영된다. 모든 인간의 성관계, 예를 들어 결혼(특별히 바로 결혼!)은 배우자에게 헌신하고, 자신만이 아닌 배우자에게 성적 기쁨을 주는 것을 욕망하고, 또 그를 섬기겠다고 욕망할 때 실현된다. 한 배우자가 먼저 자신의 배우자가 원하는 최상의 것(Optimum)을 완성하도록 돕는 것을 추구한다면, 그가 가진 최상의 것도 상대 배우자에게 부가될 것이다. 만족은—가장 좋은 것을 의미하는 경우—스스로 가질 수 있는 것이 아니라 "함께 헌신해서" 가질 수 있는 것이다.

여기서 우리는 어떻게 아가페가 성관계를 매개로 하여 등장하고, 어떤 방식으로 그 안에 현존하고 작용하는지를 알게 된다. 아가페는 "자기 자신의 유익을 추구하지 않으면서도", 바로 "그렇게 하여" 모든 것을 얻는다는 특징이 있다.[15] 아가페는 피조물인 인간의 성 본성 안에 표징과 같이 놓인 성향을 수용하며(이것은 도전이다), 그 성향을 하나의 동기로 변화시킨다. 그것은 본능이 무지로 행하는 것에 의미와 목적을 주고, 인간의 실존 전체와 인간이 창조된 이유인 공동체를 연결한다. 이런 방식으로 아가

---

15) 고전 13:5, "자기의 유익을 구하지 아니하며"(οὐ ζητεῖ τὰ ἑαυτῆς).

페에 의해 결정된 성 공동체는 그 관계의 육체적 요소에게 영향을 미치고 또 그 영향을 되돌려 받는다.

확실한 것은 인간 존재 안에서 작동하는 리비도조차도 자신만을 추구하지는 않는다는 사실이다. 이것은 본능이 교활하기 때문에 그러한 것이 아니다. 물론 이런 본능적 행동도 그와 같이 정교하게 개선될 수 있고, 전략적인 "이타주의"를 극단적인 범위까지 실행할 수 있을 정도의 사랑의 기술(ars amandi)이 고도로 발전할 수도 있다. 하지만 아가페가 성 공동체에 퍼지는 경우에는 배우자의 행복이 일반적인 실존의 전 영역에서 추구되고, 따라서 아가페는 육체적인 영역에서도 작동한다. 그리고 사랑의 기술은 새로운 의미의 맥락 안에 포함된다.

에로스와 아가페의 이런 밀접한 연관성을 신학적 인간론 안에서 살펴보는 것은 중요하다. 에로스와 아가페의 밀접한 연관성은 성생활의 육체적 측면이 그 자체의 법칙에 내맡겨지는 것을 막는다(그런 법칙은 존재하지도 않는다!). 또한 우리가 아가페와 모든 특별한 인간적 소통의 동기를 현존재의 소위 "고상한" 차원에만 보존하려고 시도하지 못하도록 막는다. 이렇게 고상함과 열등함으로 구분하는 태도는 기초적인 영역에 윤리적으로 무관심해지든지, 아니면 그 영역을 마귀화 하게 된다. 이런 두 가지 태도는 기독교 역사에서 자주 등장하였다. 사람들이 "이단"이라는 개념을 교리에서 벗어난 것에만 적용하고, 잘못된 윤리를 만들어내는 일에는 적용하지 않았던 것은 매우 애석한 일이다. 왜냐하면 육체적인 성의 영역과 관련해서, 어떤 신학적인 안내 없이 홀로 방치된 채, 거짓된 생각으로 머물도록 남겨진 인간론의 구조가 진짜 잘못된 이단이기 때문이다. 가장 중요한 것은 리비도의 영역이 인간적인 영역에 포함된다는 것 뿐만 아니라, 그것이 아가페와도 밀접하게 관계된다는 사실이다. 이 사실이 인정되어야 한다. 반대로 아가페도 리비도의 영역에 도움을 주고, 해방시키며, 그것을 완성시킨다는 사실도 인식되어야 한다.

다른 사람을 향하는 성향, 호혜적으로 자기를 내어주고 자극하는 원리는 두 가지 점에서 구체적이고 현실적으로 된다. 우리는 이 두 가지를 살펴볼 필요가 있다. 그것들은 일차적으로 이런 인간론적 이해를 목회적 돌봄에 적용하는 데 중요하다.

첫째, 많은 **부부의 위기**는 우리가 방금 논의했던 영역과 관련이 있다. 다시 말해 위기의 근원은 성 문제에 있고, 부부 가운데 한 명이 자신을 위해 다른 배우자가 "희생하지 않는다"고 생각하거나, 세심한 문제에서 "이해해주지 않는다"고 느낄 때 생겨난다(이런 문제는 넓은 범위에서 고려한 것이다). 부부 문제를 다루는 상담자는 그런 불평을 자주 듣는다. 적지 않은 경우 이러한 문제를 (판 데 벨데의 의미에서) 어떤 기술적인 상담을 통해 치료하기란 쉽지 않다. 그러한 기술적 상담 자체가 완벽하게 수행되어도 그 결과는 마찬가지일 수 있다. 오히려 문제의 해결점은 대부분 전혀 다른 방향에서 모색될 수 있다. 다시 말해 인간적인 의사소통, 곧 아가페의 도전이 부여될 때, 문제가 해결될 수 있다.

우리는 지금 이런 태도가 성에 낯설지 않다는 것과 왜 그것이 낯설지 않은지를 알았다. 그리고 육체적 자아를 "더 우월한" 자아나 "윤리적인" 자아에 의해 지배받는 것으로 생각한다면, 그것은 기초가 되는 육체적 자아를 부정하는 일임을 알았다. 반대로 리비도의 본성은 그러한 윤리의 도전에 반대하는 것이 아니라 오히려 그것과 조화된다. 인간은 윤리적인 존재이기에, 윤리는 인간이 가진 사랑의 기술에 이미 포함된 구성요소다. 윤리는 리비도와 결코 이질적인 관계 안에 있지 않다.

이것은 구체적으로 그리고 치료 상담이라는 관점에서 다음을 뜻한다. 자신을 희생하는 사람은 단순히 희생되는 것이 아니다. "누구든지 제 목숨을 구원코자 하면 잃을 것이요"(마 16:25; 10:39)라고 하신 예수님의 말씀을 이런 상황에서 이야기하는 것은 적절하다. 이것은 성생활에도 그대로 적용된다. 배우자를 배려하고, 그에게 성적 기쁨을 일깨워주려는 사람은 그 자신도 동일한 기쁨을 얻는다. 고통에 시달리는 부부관계는—특별히 육체적인 영역에서 고통을 당하는 부부관계는—육체적인 수단에 의해서 되살아날 수 없고, 오직 "헌신"이라는 인간적인 특성을 성취함으로써 회복될 수 있다. 따라서 이것은 완전히 **다른** 실존의 차원에서 일어나는 일이다. 그런데 그것은 정말로 완전히 다른 차원인가? 다른 차원이라고 말하는 즉시 육체적 영역과 헌신의 영역은 결합되지 않는가? "헌신"이라는 용어는 윤리적인 용어뿐 아니라 성에 관한 전문적인 용어로도 사용할 수 있기에, 이 용어는 이미 한 영역을 다른 영역과 통합시키지 않는가? 인간이 나누는 성관계는 매우 인간적이어서, 육체적 수준에서도 인간성은 사라지지 않는다. 하지만 부부 상담에서 중요한 것은 각각의 배우자에게 이 사실을 법적으로 설명하는 것이 아니라, 배우자들이 성적 만족을 전달해야 하는 윤리적 임무가 생물학적 영역 자체에서 요구되는 임무라는 사실을 깨닫도록 하는 것이다.

둘째, 에로스와 아가페의 관계가 실현되는 또 다른 지점은 성관계가 시작되는 곳이다. 지금 우리는 결혼의 완성을 생각하고 있다.

어느 정도 삶의 경륜이 있는 사람들은 많은 부부의 위기가 가장 먼저 성관계에서 발생한다는 것을 알고 있다. 비록 처음에 이런 위기들은 잠재적인 것으로 남아 있지만 말이다. 이러한 잘못된 출발과, 성이 즐거움보다는 공포로 다가오는 이유는 엄밀하게 우리가 앞서 관심을 가지고 다루었던 에로스와 아가페의 관계에 놓여 있다.

달리 말해 남녀가 각자의 성을 가졌음을 알게 되는 성 의식의 자각은 위에서 언급했던 남녀 간 성 본능을 보여주는 곡선처럼 동시적으로 일어나지 않는다. 남성은 여성보다 성에 대해 일찍 눈을 뜨지만, 반면 여성(성 경험이 없는 여성)은 성과 관련해 수면상태로 있어서 성에 대한 자각이 필요하다. 더욱 엄밀하게 말하자면, 여성은 자각하는 **과정**이 필요하다. 이런 과정은 길거나 짧은 단계적 과정으로 발생한다. 여성이 성을 자각하는 것은 남성이 가진 성급한 성적 활력을 단순히 따를 수는 없고, 오히려 자기 부정, 자기통제, 그리고 "이타적인" 참여자가 있어야 한다. 우리가 아가페라고 말한 것, 곧 자기희생, 섬기는 사랑은—이런 사랑은 다른 사람이 자각할 수 있도록 돕는다—성 공동체에서 통합하는 힘으로 다시 자신을 나타낸다. 아가페가 전혀 없을 때 성 공동체는 파괴된다. 이와 반대로 성 공동체는 자신을 포기할 준비가 되어 있고 배우자를 향해 자기를 희생하려는 헌신이 있는 곳에서 완성된다. 사랑은 사람들이 접근하기 어려운 곳에 있는 것이 아니라, 사람들이 아주 단순하게 저기는 정말로 사랑이 있는 곳이라고 말하는 데 있다.

이 모든 것에서 우리는 다음과 같은 인상을 좀처럼 벗어버릴 수 없다. 곧 복음에서 얻은 아가페에 대한 지식은 하나님께 "순종"하고 복종하는 지식일 뿐 아니라, 현실과도 일치하는 통찰력이다. 다른 모든 것을 별개로 하더라도, 복음은 현실에 대한 타당한 해석이다. 현실을 타당하게 해석한다는 점에서 복음은 지혜 문학과 관계된다. 이 관점은 우리에게 사물에 대한 "직접적인" 앎을 추구하는 모든 지식—이 경우에는 성에 관한 생리학적 법칙—이 맹목적이거나 왜곡되어 있으며, 더욱이 문제의 핵심을 놓치고 있음을 보여준다. 성의 신비는 오직 인간의 신비 그리고 그렇게 의미되는 것이 드러날 때, 그리고 오직 사랑(온전한 의미로 이해된 사랑)이 삶 자체의 핵심 주제로 인지될 때, 마찬가지로 드러나게 된다.

이것이 고려될 때 현실적인 성과 같은 어떤 것이 있을 수 있다. 현실적인 것은 어떤 사람 안에서 단순히 마주치는 것(그의 외모, 그의 지적·기술적 능력, 기능)과 같지 않다. 자기와 마주치는 것만 보는 사람은 자기 눈앞에 있는 사람의 실재를 결코 볼 수 없다. 실재, 특히 인간 존재의 실재는 그가 가진 자신의 운명, 곧 그것이 존재하도록 의도된 것을 보는 것과 같다. 따라서 자신이 마주한 것―말하자면 육체적인 변화의 과정―에만 기초해서 인간이 가진 성의 실재를 해석하려는 사람은, 엄밀하게 말하면 진짜 주제를 못 보고 그냥 지나치는 사람이다. 앞서 다루었던 독일의 의사이자 성 문제 전문가인 마그누스 히르쉬펠트(Magnus Hirschfeld, 1868-1935)도 자신이 성 이론에서 실재론자임을 자처하며 침실 문제에서 인간적인 것은 아무것도 없는 것처럼 말하는데, 정작 그는 정말로 인간적인 것에는 낯설다. 그가 아무리 사랑의 기술에 대한 정교한 이론을 가졌다고 할지라도 그의 이론은 비실재적이라고 할 수 있다. 진정한 실재와 거리가 먼 지식과 그에 기초한 능력은 현실적인 소통을 형성하는 과제에 대해서는 실패할 수밖에 없다(그래서 성적 만족에도 실패한다). 왜냐하면 그것은 부분을 전체처럼 여기는데, 그런 착각은 대가를 치러야 하기 때문이다.

2) 발정주기와 에로스의 편재성

나는 성충동의 영역에서 동물과 인간을 구별하는 더 많은 인간적 특성들을 찾아보고, 인격을 향하는 내적 열망이나 인격적 요소들이 그 영역 안으로 스며드는 것(Durchdringung)을 간단하게나마 언급하려고 한다.

동물에게서 나타나는 성적인 행동은 전적으로 자동적인 성격을 따른다.[16] 발정기에 수컷이 암컷을 만나는 것은 어떤 "결정"을 통해 일어나는 일이 아니다. 오히려 그것은 동물 안에 있는 어떤 강제성을 따르는 것이다. 동일한 방식으로 발정주기도 자동으로 이루어진다. 자동으로 일어나

---

16) 도둑이 어떤 집에 침입했을 때, 그는 소시지 하나로 그 집을 잘 지키는 개를 유혹할 수 없다. 하지만 그가 발정이 난 암캐 한 마리로 그 개를 유혹하면, 그가 그 집을 도둑질하기 쉽다는 사실은 이미 잘 알려졌다.

는 본능적 행동이 어떤 외부 개입 때문에 강제적으로 중단되면, 이것은 격노나 다른 어떤 장애를 일으킨다. 그러나 동물의 본능적인 힘을 승화시키거나 그것을 다른 영역으로 전환할 수 있는 어떤 보상적 행동이 발생하기란 절대 불가능하다.[17]

이런 동물의 자동적 특성이 인간 존재 안에는 분명히 없다. 정상적인 인간에게는 어떤 "강제적인" 본능적 행동이란 없다. 이것은 인간 존재에게 발정주기가 없다는 근본적인 사실에 근거한다. 물론 인간도 특정 계절, 예를 들어 성적 기쁨이나 슬픔을 가장 크게 느끼는 "청춘의 시기"가 되면 호르몬이 강력한 충동으로 표출되기도 하는데, 이런 것을 제외하면 인간은 동물과 같은 발정주기를 가지고 있지 않다. 실제적인 발정주기가 없기에, 인간은 본능의 영역에서 나타나는 시간의 순환에서 벗어나 있다.

> 그런데 우리는 날과 계절의 변화에 따른 순환적 시간 개념에 대한 흥미로운 언급이 신화에 포함되어 있음을 확인할 수 있다. 신화는 인간이 자연과 자연 주기에 편입된 것으로 보고 있다. 반면 신화 이후의 "역사적" 시대는 이제 인간을 자연에 의해 규정되는 것으로 보지 않고, 자연을 넘어 결정권을 떠맡는 "역사적" 존재로 이해한다.[18]

언뜻 보기에 자연주기에서 벗어난 이런 예외성, 곧 인간이 이렇게 발정주기에서 벗어난 것은 남녀가 성관계 가운데 흥분에 도달하는 곡선이 불일치했던 것처럼 하나의 **결여**(Verlust)로 보일 수 있다. 이것을 언어에 비유해서 표현한다면, 자연적인 존재로서 인간은 부정접두어(Alpha

---

17) Bovet, *Die Ganzheit der Person in der ärzlichen Praxis*, 1939, p. 17.
18) F. Gogarten, 「신학과 역사」(Theologie und Geschichte), in *Zeitschrift für Theologie und Kirche* (1953), 3, p. 339 이하를 참조하라.

privativum)가 있는 단어처럼 어떤 결여가 있는 존재로 보일 수 있다. 인간이 자연주기에 결정되어 있지 않다는 사실은, 인간이 자연을 **넘어섰음**을 의미하는 것은 아닐까? 아니 오히려 그것은 자연의 의도에 미치지 못한 것, 곧 본능 속에 어떤 불안정성이 출연한 것으로, 본능을 제어하던 자연의 확실성이 결여된 것으로 간주되어야 하는 것은 아닐까? 우리가 인간은 실패할 수 있고 타락할 수 있고 그러면서 자신을 파멸시킬 수 있는 존재라는 것을 알 때, 그런 질문은 절박감과 함께 더욱 많이 발생한다. 인간과 반대로 동물은 실패할 수 없고 타락할 수 없고 자신을 파멸시킬 수 **없다.** 물론 경험이 없고 자신을 에워싼 환경에 아직 순응하지 못한 어린 동물은 예외다.[19] 이런 경우를 제외하면 동물은 잘못된 행동을 하지 않는다. 반면 인간은 잘못한다. 인간이 자연을 넘어선다는 것은 본능의 제어를 상실했다는 것과 일치하고, 자신의 본능이 감소하고 무뎌진 정도에 일치한다.

하지만 이런 박탈과 결여의 요인은 **단지** 부정적인 특징만을 의미하지는 않는다. 오히려 그것은 위대함을 상징한다. 우리는 실수하는 것이 "인간"의 특징이라는 평범한 지혜에서 그것을 배울 수 있다. 이것은 두 가지를 의미한다. **첫째**, 인간은 용서하고 관용을 베풀어야 할 존재라는 것을 의미한다. 무엇보다도 우리는 인간적일 수밖에 없고, 본능이 우리를 확실하게 안내해주지도 않는다. **둘째**, 인간은 특별하고, 이 특별함이 인간을 위험과 실패의 가능성에 노출시킨다는 것을 의미한다. 신약성경의 비유에 나오는 탕자는 인간적인 모습을 보여준다. 그는 자신의 실수에도 불구하고 스스로 결단하는 자의 모습, 곧 "역사적인" 존재로 남아있기 때문이다.

---

19) 우리가 잘못된 행동을 하는 어떤 동물을 관찰할 때, 그 잘못된 행동의 원인이 동물이 태어날 때부터 있었던 몸의 상처나, 순간적으로 자신이 사는 환경에 기만당한 데 있음을 보게 된다. 예를 들어, 애완용 새는 새장을 벗어나서 날아가다가 투명한 창문에 반영된 하늘을 보고 거기에 부딪치기도 한다. S. Bally, 『자유의 근원과 한계』(*Vom Ursprung u. von den Grenzen der Freiheit*, 1945)를 참고하라.

반면 집에 남아 있던 형은 자연에 비유할 수 있는 환경의 통제 아래 있다. 일반인들은 탕자가 자신의 환경을 벗어난 것을 탓하고, 낯선 곳으로 떠나려고 결정한 잘못 곧 그의 모험을 옳지 못하다고 비난하며, 그의 순수한 용감함에 대해 흥미를 느끼려고 하지 않는다. 그러나 아버지 곧 하나님은 위험 속에 있는 인간, 무언가를 스스로 해보려고 시도하려다가 결국 좌절하는 인간을 사랑하신다. 인간은 그러한 좌절을 통해 자신이 은혜 속에 살고 있음을 깨닫기 때문이다.[20]

그러므로 성관계를 맺은 남녀가 흥분기에 도달하는 차이를 보여주는 그래프 곡선처럼, 인간이 본능이라는 자연 영역에서 추방된 것은 인간이 인간적인 존재가 되는 **기회**를 제공받기 위해서다. 인간이 자연적 존재로서 존재할 가능성의 감소는 인간이 인간적인 존재로서 존재할 가능성의 증가를 분명하게 보여준다. 인간의 삶은 단순하게 주어진 것이 아니라 오히려 위험의 지배를 받고 있기에, 질서 있는 삶은 인간의 임무이자 책임이다. 이를 위해 그는 삶의 의미를 찾고 가치를 발견하며 결정을 내려야만 한다. 인간이 실수할 수 있다는 사실은 인간이 여러 다양한 잠재적 가능성들 중 하나를 선택할 수 있는 위치에 있다는 것과 그 자신이 하나의 가능성으로 "존재한다"는 사실의 전제가 된다.

이 모든 것은 다음과 같은 것을 의미한다. 곧 본능의 영역이 인격적 영역으로 끊임없이 자신을 투사하고 있고, 그 결과 인간은 인격적 영역에 대해 책임이 있는 존재라고 말해진다. 여기서 책임 있는 존재란 인간이 자신을 결정하는 주체로 생각해야 함을 의미한다. 결정을 요구하는 상황을, 의도적이든 무관심으로든, 또는 강제적이든 경솔함으로든, 무시하는 것도 하나의 의사 결정이다. 예를 들어 여성에 대해 방탕한 남자, 곧

---

20) Blaise Pascal, *Pensées* p. 120 이하.

[서구식 표현으로] 자기 자신을 "잊어버린" 남자는—이것은 그 남자가 여성에 대한 결정을 회피했거나 결정 내리기를 생각하지 않았거나 수용하지 않았음을 의미한다—그 상황을 반대했고, 따라서 특별히 성에 대한 인간의 지위를 반대했다고 이해될 수 있다. 다른 말로 표현하면 그는 자신이 한 인간 존재를 상대하는 인간이라는 사실을 망각했다. 그래서 우리는 발정이 일어난 시기에 리비도의 영역에서 자연스럽게 작동하는 발정주기가 인간 존재에게 부재하다는 것이 실제로 "인간화하는" 요인임을 알게 된다.

인간의 성충동이 발정주기의 지배를 받지 않는다는 사실은 다음을 의미한다. 곧 에로스는 끊임없이 인간에게 나타나고, 나는 매 순간 성을 찾는 존재다. 다만 성충동을 일으키는 강도만 변화한다. 이것은 단순히 인간 존재가 발정주기보다 우월하다는 것을 의미하지 않는다. 오히려 앞에서 발정주기가 없는 인간의 위험에 대해 말했던 것처럼, 발정주기의 지배를 받지 않는 것은 인간의 성적 실존이 더 큰 위험에 노출되었다는 것을 의미한다. 바울은 다음과 같이 말할 정도로 많이 나아간다. 비록 부부가 잠깐 성관계를 절제하는 것은 정신적인 존재(말하자면, 금식[νηστεία]과 기도[προσευχή])에 일치하는 것일 수 있지만, 끊임없는 절제는 결국 성 본능을 극단적으로 억제하는 것으로 이어져 사탄의 유혹에 빠질 수 있다(고전 7:5). 이것을 심리학적인 용어로 표현한다면, 지나친 절제는 인간을, 발정주기에 있는 동물이 자신의 본능에 따라 자동으로 행동하는 것과 유사하게도, 피할 수 없는 표출(Explosion)과 해제반응(Abreaktion)이라는 충동을 격화시키는 "축적상태"(Staunnung)[21]에 빠트릴 수 있고, 결국 인간은 동물성(Tierheit)에 빠진다는 것을 의미한다.

동물성이 인간의 삶을 통제한다면, 인간의 삶은 "악마"와 같아지고, 그

---

21) 프로이트는 인간의 리비도가 충분히 방출되지 못한 상태를 축적상태라고 말했다. 그에 따르면 축적상태는 인간을 신경증적 증상에 이르게 할 수 있다. - 편집자 주

룻된 행동이 많아지며, 극악무도한 혼란(διαβάλλειν)으로 점철된다. 그런 문제는 사실은 인간이 완전히 "짐승과 같이" 될 수는 없다는 데에 있다. 인간이 완전히 동물과 같아진다면, 이것은 인간이 선과 악이 없는 영역으로 벗어나서 자신의 인간성을 탈피할 수 있다는 것을 의미한다. 그렇다면 인간은 실제로 죄성을 벗는 것이 가능하고, 우리는 실제로 "새벽 날개"를 가지고(시 139:9; 욘 1:3) 바다의 가장 먼 곳―이곳은 동물들의 이상향을 의미한다―으로 날아갈 수 있다. 이 이상향에서 하나님의 계명은 더 이상 우리를 속박하지 않고, 따라서 하나님의 율법도 우리를 비난하지 못한다(시 139:10-12). 바로 그곳에서 하나님의 "거룩한 손"이 "나를 붙드시며" 동물적 어둠의 밤은 빛으로 밝아온다(시 139:10-12). 그러나 이렇게 말해지는 것은 인간의 동물화가 아니라, 오히려―조금 보충해서 말하자면―인간의 비인간화(dehumanization)다.

3) 승화의 가능성

인간이 맺는 성관계는 세부적인 단계와 정도로 구분될 수 있다. 단순한 육체적 접촉 없이 다른 사람과 함께 있는 것만으로도 에로스 관계가 성립할 수 있다. 예를 들어 괴테와 샤를로테 폰 슈타인(Charlotte von Stein, 1742-1827)[22]의 관계가 그렇다. 이 관계는 희생과 육체적인 접촉을 포기하는 데서 인간적인 위대함―여기서는 "인간적"이라는 말에 강조점이 있다―을 발견하지만, 에로스를 가득 가지고 있다. 육체적인 성관계를 아직 맺지 않은 약혼 관계에도 에로스가 가득하다고 말할 수 있다. 이 모든 것

---

22) 샤를로테 폰 슈타인은 괴테가 10년 넘게 사모한 여성이다. 슈타인 부인은 슈타인 남작의 부인으로 일곱 아이의 어머니였으며, 괴테보다 7살이 많았다. 괴테가 1775년 1월에 슈타인 부인에게 먼저 서신을 보냈고 10년 넘게 그녀와 서신을 주고받았다. 그는 슈타인 부인에게 정신적인 위안을 얻었고 시를 써서 보냈다. - 편집자 주

은 다음의 경우에는 상상도 할 수 없다. 만일 인격적 관계, 곧 좁은 의미의 사랑이 본능의 영역에 자신을 투사하지 못하고 자기 자신을 성이라는 매개물에 표현하지 못한다면 말이다. 달리 말해 사랑이 이런 육체적 접촉을 스스로 움직이도록, 곧 그것 자체를 목적으로 삼는 것이 아니라 오히려 섬김의 표현으로 만들지 못한다면 말이다.

괴테와 슈타인 부인의 경우, 인격적인 요인은 그들이 서로에게 성적 매력을 느끼는 것을 단순히 방해하거나 부정적 억제의 힘으로만 작용하지 않았다는 것은 분명하다. 이와 반대로 정신적·육체적 이끌림은 에로스의 영역에서 그 자신을 표현할 수 있을 정도로 매우 강하지만, 이런 인격적 요소에서 정신적·육체적 이끌림은—적어도 이 단어가 의미하는 완전한 의미로—굳이 자신을 표현하지 않고도 지속할 수 있다. 지금 우리는 단순히 에로스의 현상학에서 자신을 드러내고 있는 에로스의 **인격적** 요인을 보고 있다. 우리가 이해하기 힘든 현상이 아주 많다. 예를 들어 멀리 떨어져서도 사랑을 나누는 연인들이 있다. 우리는 이런 사랑을 조금도 이해할 수 없고, 이와 같은 사랑의 형태들은 도저히 불가능하다고 생각한다. 만일 성관계가 인격을 **표현**하는 직접적인 수단이 아니고 그저 부차적인 요인이라고 한다면 말이다.

인간의 성행위가 동물이 본능적으로 짝짓기하는 것과 같지 않다는 사실과 성행위가 에로스의 중심이 아니라는 사실은 에로스가 (좁은 의미의) 성교 과정에서 떨어져 나올 수 있고 변화될 수 있다는 결과를 보여준다. 예를 들어, 에로스는 승화될 수 있고 에로스에 내재해 있는 잠재적 격정은 다른 분야로 옮겨져 거기서 창조적인 기능을 수행할 수도 있다. 따라서 우리는 다음과 같은 질문을 제기할 수 있다(물론 이 질문은 어떤 엄밀한 바탕에서 답변할 수 있는 것은 아니다). 슈타인 부인과 나눈 괴테의 사랑은 시를 창조하는 괴테의 창조적 힘에 어떤 영향을 미쳤는가? 또한 우리는 로마 가톨릭이 **사제들**에게 금욕을 실천하라고 요구하는 목적이 단순히 절제와 "억제"라는 부정적인 측면만을 의미하지 않으리라는 것을 생각해야 한다. 오히려 우리는 그것을 아주 주의 깊게 승화라는 교육과 관련지어야 한다. 말하자면 그것은 성 에너지를 종교적 에너지로 바꾸려는 노력이다. 로마 가톨릭의 관상 훈련, 예를 들어 신비적 사랑의 형태와 아마도 마리아 숭배 같은 훈련은 승화된 에로스라는 배경지식 없이는 좀처럼 이해될 수 없다. 우리는 여기서 인격적 요인이 순전히 본능이 결정하는 영역 안으로 스며들고 있다는 사실에 대한 증거를 확인할 수 있다. 그 스며듦은 두 가지 방식으로 발생한다.

첫째, 동물이 짝짓기로 나아가는 자동행동(Automatismus)은 동물 스스로 중단할 수 있는 것이 아니다. 그것은 외부에서 강제적으로 개입해서, 예를 들어 실험과 같은 강제적인 개입을 통해서만 중단될 수 있다. 반면 인간은 자신의 성을 형성할 수 있는 통제력을 가지고 있다. 그리고 인간이 성에 대한 통제력을 잃어버린다면, 그는 자기망각(Sich-selbst vergessen)이라고 불릴 수 있는 상태에 빠지게 된다. 우리가 이것을 언어철학의 관점에서 살펴본다면, "자아"(Selbst)는 성(Geschlechtlichkeit)으로 환원될 수 있는 것이 아니라 주체(Subjekt)로서 거리를 두고 그것과 관계를 맺는다는 사실을 알 수 있다. 내가 나의 성만을 생각할 때, 나는 "자아"를 잊게 된다. 그래서 자아는 나의 성적 존재 이상이고, 다른 존재다. 자신의 성을 생각하면서 자신의 "자아"를 망각한다는 것은 자아의 **부분** 안에서 자아의 **전체**를 망각하는 것과 마찬가지이고, 순간에 집착해서 지속적인 것을 망각하는 것이며, 시간에 집착해서 영원을 망각하는 것과 같다. 나의 자아는 오직 영원 아래 존재한다.

둘째, 자동행동으로 움직이는 동물의 짝짓기 과정이 방해를 받는다면, 이것은 욕구 불만에 기인한 공격성으로 이어진다. 이와 달리 인간 존재는 그것을 창조적으로 전환한다. 말하자면 인간은 인격적 유대 관계를 통한 성적 표현의 효과를 그 유대 관계 안으로 되돌아오게 만들 수 있다. 인간은 이런 승화된 에너지를 가지고 성관계가 아닌 다른 관계를 충분히 충족시킬 수 있다(예를 들어 교육과 봉사가 그러하다). 인간은 근본적으로는 에로스적인 색채의 관계들을 형성할 수 있다. 예를 들어, 앞에서 살펴보았던 괴테와 샤를로테 폰 슈타인의 관계처럼 말이다. 하지만 인간은 에로스적인 방향과는 다른 창조적인 방향의 관계들을 형성할 수도 있다.

이것은 스위스의 신경과 전문의이면서 기독교 결혼상담가(christlicher Eheberater)로 활동했던 테오도르 보베트(Bovet, 1900-1976)가 "에로스적인 분위기"라고 부른 것과 관련이 있다.[23] 다시 말해 동물은 일정 기간 전혀 짝짓기하지 않다가 순전히 본능이라는 목적에 반응해서 다시 짝짓기를 하고, 재차 그 상태로 돌아온다. 반면 인간은, 특히 여자들은, 지속적인 에로스를 분위기와 개인적인 친밀감 그리고 그런 분위기를 품위 있게 결속시키는 많은 소소한 증거를 동경하고, 단순히 어떤 순간적인 황홀감 같은 것이 휙 지나가는 것을 원하지 않는다. 이런 것은 성관계를 맺을 때만이 아니라, 성관계가 이루어지지 않고 그것을 추구하지 않을 때도 물론 적용된다. 그리고 동물과 다르게, 이것은 즉시 끝나는 것이 아니라 에로스적인 분위기 가운데서 지속된다.

이 분위기를 계속해서 보존하기 위해 제도적으로 고안된 형태가 **결혼**이다. 성이라는 한쪽으로 치우친 관점에서 보더라도, 결혼은 이런 지속성을 가지고 있다. 성은 성의 흥분기를 보여주는 그래프 곡선과 성충동의 자동적인 과정에서는 자신의 특색을 보여주지 못하지만, 그러나 더 이상 성관계를 맺을 수 없을 때 자신의 특색을 보여주기도 한다. 예를 들어, 성

---

23) Theodor Bovet, 위의 책, p. 20.

은 노년기에서도 이런 에로스적인 분위기로 남아서 자신의 특색을 분명하게 보여준다. 신혼 시절에 에로스적인 분위기는 종종 성관계에 집중된다. 그것은 폭풍우 구름을 형성했다가 흩어지곤 한다. 그러나 분위기 그 자체는 자신 안에서 일어나는 것 이상이다. 대기 자체는 폭풍우가 아니다. 오히려 대기 안에서 폭풍우가 형성될 뿐이다.

우리는 성충동과 관련된 논의를 다음과 같이 마칠 수 있다. 곧 위에서 살펴본 메타포는 인간의 형태 안에 있는 리비도가 어떻게 항상 인격적인 요소를 지시하는지 보여준다(리비도는 파트너에 대한 관여 그리고 관여된 파트너 자신을 필요로 한다). 그것은 리비도가 자동행동의 법칙에 지배받지 않고 오히려 인격적 구조 안에 심겨 있다는 것을 보여준다(리비도는 방탕의 위험에 노출되어 있다. 그러나 승화의 가능성도 가지고 있다. 또한 리비도는 상호 관계를 충족하고 심화시키는 에로틱한 분위기 안에서 확장된다).

a. 부연설명: 인간의 성적 역할의 유연성　유연성(Plastizität)이라는 개념은 독일의 철학자이자 사회학자인 아르놀트 겔렌(Arnold Gehlen, 1904-1976)과 사회학자 헬무트 셸스키(Helmut Schelsky, 1912-1984)가 자신들의 사회학적 분석에서 사용한 것이다. 우리가 앞서 논의한 것처럼 그것은 "역사적인" 존재가 된 인간이 자연을 극복했는지, 아니면 인간이 자연에 종속되었는지에 대한 물음과 관련이 있다. 다시 말해 유연성은 남녀 성의 주체적 행위, 즉 성의 정체성과 실천 가능성의 구조 자체가 어느 정도 인간 자신이 스스로 조종할 수 있도록 인간에게 맡겨져 있음을 뜻한다. 부정적으로 표현하자면, 유연성은 인간의 성이 본성에 의해 결정되지 않았음을 의미한다. 셸스키도 인간의 성이 가진 위험과 기회를 말한다.

생물학적 존재로서 인간의 **위험**은 인간이 가진 본능이 지배력을 상실했다는 사실에 놓여 있다. 이것을 더욱 정확히 말하면, 인간이 본능으로 성을

통제하지 못하면 인간은 범성애[24]와 난교에 빠지는 성향을 수반한다.[25]

그러나 셸스키에 따르면 여기에도 인간화의 기회, 곧 전체적인 문화 발전을 위한 **기회**가 있다. "인간은 자신이 사는 환경과 본능이 가진 엄격함의 속박이라는 강제에서 벗어나서, 의식적인 행동을 하면서 자신의 충동을 통제할 수 있다. 결과적으로 인간은 규범과 가치를 추구하려고 한다. 그는 규범과 가치를 통해 무질서한 자신의 본능적 행동을 지도하고 질서 있게 만든다. 자연 질서에서 벗어난 인간은 의식이라는 본성에 어떤 것을 구성해 문화 질서를 형성해야만 한다."

유연성은 또한 다음과 같이 표현될 수 있다. 남성성과 여성성, 곧 성별이 근본적으로 양성으로 구조화된 것 자체는 지속적인 것, 즉 생물학적으로 고정된 것이 아니라 기능에 따라 계속 다양화될 수 있음을 의미한다. 특히 그것은 성의 구분의 따른 **노동의 분업**에서 분명히 드러난다. 예일 대학교의 사회학자이자 경제학자였던 윌리엄 그래함 섬너(William Graham Sumner, 1840-1910)는 여자만 아이를 낳을 수 있고 남자는 그렇지 못하다는 매우 평범하고 진부하게 들리는 말을 했는데, 그의 표현은 유일하게 변하지 않는 상수다.[26] 그것만 빼고 다른 모든 것은 변화한다. 이것은 성 구분에 놓인 노동의 분업과 관련해서 더욱 놀라운 것이 된다. 왜냐하면 여기서 육체적인 구조가 어떤 부분적인 역할을 하고, 모성애와 여성의 생리가 여성의 능력을 제한하는 것이 분명하기 때문이다. 따라서 사람들은 여자에게는 집안일과 아이를 양육하는 일이 더 적합하고 남자에게는 적과 싸워야 하는 삶의 과제가 더 적합하다

---

24) 범성애(Pansexualität)는 성 정체성이 없고, 어떤 대상이든 상관없이 정서적·성적 끌림을 느끼는 것을 뜻한다. 범성애자는 이러한 끌림을 수용하여 자신을 범성애자로 이름 붙인 사람이다. 양성애자는 성 정체성을 가진다는 점에서 범성애자와 다르다. - 편집자 주

25) H. Schelsky, "Die sozialen Formen der sexuellen Beziehungen," in *Die Sexualität des Menschen. Handbuch der mnediz. Sexualforschung*, ed. H. Giese (1954), p. 242.

26) 아무리 추론하고 불평하거나 저항해도, 여자가 아이를 낳고, 남자가 그렇지 않다는 사실을 바꿀 수는 없다. Schelsky, 위의 책, p. 247.

는 결론을 내린다. 성의 생물학적 지속성은 양성 사이의 노동 분업을 위한 어떤 지속성을 유지하게 한다. 그러나 경험적인 관찰은 이것을 조금도 확증하지 않는다.

"원시 시대에는 여성이 일반적으로 농사를 담당하고,…반면 유럽과 아시아의 문화에서는 남성과 여성의 위치가 정반대로 뒤바뀐다. 일반적으로 남성의 고유한 일로 여겨지던 직업들, 예를 들어 사냥과 전쟁 같은 일이나, 이와 반대로 여자의 일로 생각되는 특정한 일들, 예를 들어 요리나 가사와 관련해서도 사회적인 조건에 따라 상당히 많은 예외적인 것이 있다. 오늘날 호주 지역에 살았던 태즈메이니아 부족(Tasmanians)에서는 남자가 아닌 여자가 고난도의 물개사냥을 했다. '여자들은 수영으로 물개가 있는 바위까지 접근해 몸에 지니고 있던 몽둥이로 물개를 때려잡는다. 태즈메이니아 여자들은 주머니쥐(Opossum)도 사냥한다. 그녀들은 주머니쥐를 잡기 위해서 하늘 높이 솟은 나무에 맨손으로 오른다.'[27] 민속학에서 널리 알려진 호전적이며 잔인한 다호메이(Dahomey) 왕의 경호원들은 여자들로 구성되어 있었다. 다른 한편으로 우리는 3세기의 그리스 작가인 아테나이오스(Athenaeos)에게서 다음과 같은 외침을 들을 수 있다. '누가 요리하는 것이 여자의 일이라고 했는가!'"[28, 29]

따라서 남자와 여자가 지닌 성의 역할은 절대적인 것이 아니다. 그것은 분명히 유연성을 가지고 있다. 유연성은 인간의 성에 구조를 부여하고, 그래서 인간의 성이 그 구조화에 따른 목적과 의도를 책임 있게 선택하게 되는 도전을 포함한다. 사람들은 역설적으로 다음과 같이 말할 수 있다. 곧 성과 남녀의 역할이 자연에 의해 완전히 결정되지 않았다는 사실은 인간화를 이루는

---

27) R. Linton, *The Study of Man* (1936), p. 117.
28) O. Klineberg, 『사회심리학』(*Social Psychology*), 1940.
29) Schelsky, 위의 책, p. 248

데 하나의 제약이라고 할 수 있다. 하지만 이러한 자연적인 제약을 의식적이 며 책임 있는 행동으로 전환하는 것이 우리의 능력이며 당위성이다.

b. 부연설명: 문학적 표현들(야콥센과 생텍쥐페리) 우리는 몇 개의 문학적 표현을 살펴보면서 동물과 인간이 가진 성의 특성에 대한 논의의 결론을 내리고자 한다. 우리의 이론적 분석이 다 보여줄 수는 없었던 아가페와 에로스의 상호 침투 그리고 인격적 인간성(*humanitas*)과 기초적 육체성의 상호 작용은 문학에서는 친밀하고 간결하게 표현된다. 이것이 왜 현대 철학이 문학 작품들에 의해 수행되는가 하는 이유다. 예를 들어, 철학자 마르틴 하이데거 (Martin Heidegger, 1889-1976)는 시를 해석하면서 철학을 한다.

우리는 우리의 목적을 위해 덴마크의 소설가 옌스 페테르 야콥센(Jens Peter Jacobsen, 1847-1885)의 작품 『닐스 리네』(*Niels Lyhne*, 범조사 역간, 2014)를 인용할 것이다. 오스트리아의 시인이자 작가 라이너 마리아 릴케 (Rainer Maria Rilke, 1875-1926)는 『닐스 리네』에 특별한 의미를 부여했다. 우리가 아래서 인용하는 야콥센에 따르면, 인간이 성 경험을 하고 성행위의 정점에 도달해 황홀경을 맛보는 순간에서조차도 성적 만남은 단순히 인간의 리비도가 경련을 일으킨 것에 집중하지 않고, 오히려 인격성의 신비에 대한 물음을 제기한다. 우리는 성적 만남의 이런 특징을 주목하고자 한다.

에릭은 자신이 사랑하는 여인 페니모레와 나눈 성관계를 경험하는 순간에도 그녀를 섹스의 대상 이상으로, 곧 그녀가 그녀 자신을 넘어 가장 크게 확장될 수 있는 존재로 생각했다. 페니모레는 그런 존재로서 에릭이 도달할 수 없는 완전히 다른 관계에 서 있었다. 우리가 이 관계를 종교적인 용어로 표현한다면, 그녀가 하나님께 속한다고 말할 수 있다. 그녀는 하나님으로부터 자신의 개인적인 운명, 자신이 가지는 궁극적 외로움, 책임을 부여받았다. 에릭은 이 궁극적인 영역에는 접근할 수 없다.

파트너가 갖는 "낯선 위엄", 곧 그것은 궁극적인 것이기에, 그 파트너는 항상 자기 자신 안에서 궁극적인 존재의 나머지 어떤 것을 갖는다. 그 존재는 가장 친밀하고 사랑스러운 만남에서조차 내게 나타나지 않고 숨어 있는 것이자, 황홀경의 극한에 도달해서도 내가 감히 잡을 수 없는 것으로 존중되어야만 하는 것이다. 달리 말해 파트너는 여전히 개인적인 만남에서 **하나님**을 마주하기 때문에, 그는 나와 맺는 관계 속으로 완전히 흡수될 수 없다. 그러므로 나는 결코 파트너를 완전히 "소유"할 수 없다. 그런데도 내가 파트너를 소유하려고 한다든지 그가 가진 주권을 무시한다면, 그 관계는 근본적으로 파멸에 이르게 된다. 야콥센은 바로 이런 것을 보여주고 싶어 했다. 그는 철저히 비기독교적인 방식으로, 풍성한 호기심을 가지고 종교적 해석이 해체되지 않고 적용될 수 있는 방식으로 그것을 보여주었다.

"그녀는 순수한 영혼을 가지고 열정적이면서도, 두려움에서 비롯된 전율하는 감정을 가지고 진심으로 그를 사랑했다. 그는 그녀에게 신 이상의 존재였고, 신보다 훨씬 더 가까운 존재였다. 그는 우상이었고, 그녀는 아무 이유 없이 그리고 조건 없이 그를 흠모했다.

그의 사랑은 그녀의 사랑만큼이나 강했지만 그녀에게 세련된 남성적 부드러움을 주지는 못했다. 그 부드러움이란 사랑하는 여자를 보호하고 그녀의 품위를 지켜주는 것이다. 그는 그런 부드러움이 보이지 않는 의무와 같은 것이며, 그녀에게 그런 부드러움을 주라는 조용한 음성을 내면에서 들었다. 하지만 그는 내면에서 울리는 소리에 귀를 기울이지 않았다. 왜냐하면 그녀가 그를 맹목적인 사랑으로 유혹했기 때문이다. 그녀의 풍만함과 여성 노예로서의 소박한 매력을 지닌 그녀의 아름다움은 한계가 없을 뿐 아니라 자비도 베풀지 않는 정열로 그를 유혹했다.

여러분은 로마 신화에 나오는 사랑의 신 아모르가 인간의 순수한 영혼을 드러낸 젊은 여인 프시케와 사랑과 정열이 가득한 열정적인 밤을 보내기 전에 프시케가 앞을 보지 못하도록 두 손으로 눈을 가렸다는 이야기를 듣지 못했는가?

불쌍한 페니모레! 그녀가 자신의 마음에 불타오르던 정열에 소진되어버렸다면, 그녀를 보호했던 에릭은 타오르는 불꽃에 부채질을 하고 있었다. 그는 불장난을 하려고 자신의 손에 든 횃불을 빙빙 돌리던 술 취한 황제와 같았다. 황제는 자신의 제국이 활활 불타는 것을 보면서 그것을 아름답다 생각하여 불길에 도취해 환호를 지르고, 더 이상 불꽃이 솟아오르지 않고 모든 것이 불타서 하얗게 남은 재를 보고서야 냉정함을 되찾았다.

불쌍한 페니모레!…그녀는 오늘 달아오른 사랑의 취기가 다음날 새벽 사라진다는 것을 몰랐을 뿐만 아니라, 이후 자신이 가졌던 맑은 정신으로 다시는 돌아가지 못한다는 것도 알지 못했다. 그녀는 에릭과 나눈 달콤한 사랑이 혐오감으로 변질될 수 있다는 것을 몰랐고, 날이 갈수록 약해져 결국 자신들이 마신 달콤한 사랑은 쓰디쓴 독주로 바뀐다는 것을 두려움 가운데 서서히 깨닫기 시작했다."[30]

사랑이라는 황홀감에 도취했다가 그것에서 깨어날 때 생기는 후유증, 곧 환멸감을 묘사한 이 글은 에로스가 자기 법칙을 따를 경우 사랑이 어떻게 변질되는지를 자세히 보여준다. 에로스는 사랑에 빠진 사람들을 순전히 육체적인 매력이 지닌 극단적인 긴장으로 몰아가고, "사랑하는 여인을 보호하고 그녀가 가진 위엄을 지키는 남자다운 부드러움", 다른 말로 하면 상호 관계에서 없어서는 안 되며 여자만이 인식할 수 있는 부드러움을 남자에게서 빼앗아 버릴 때, 자기 법칙적으로 움직인다. 지나친 열정은 제멋대로 두 극단이 화염에 불타도록 만든다. 그러나 그것은 자기 제국의 도시를 불태운 술 취한 황제와 같다. 지금 여기서는 자신을 설명하는 "극단"(Polarität)이라는 단어가 중

---

30) J. P. Jacobsen, *Niels Lyhne*, Hannsmann-Ausg., S 172 이하.

요하다. 물리학에서 사용되는 이 단어는 물리 과정에서 비인격화되는 위협에 주의를 환기시키기 때문이다. 일단 불꽃이 한 극에서 다른 극으로 옮겨붙어 폭발이 일어나기만 하면, 다른 모든 것은 소실되고 발화점(verkohlte Punkte)만이 남는다. 그래서 서로를 진정으로 사랑하는 사람들은 다른 사람이 나와 완전히 반대되는 극이라고 생각하면 안 된다. 인간이 나누는 의사소통은 물리학에서 말하는 극단과는 질적으로 다른 특성을 갖는다. 이것은 우리가 앞서 살펴보았던 아모르와 프시케의 신화에서도 분명하게 엿볼 수 있다. 사랑하는 자는 단순히 사랑의 불꽃을 피워 사랑받는 자의 마음을 쟁취하는 사람이 아니다. 또한 그는 사랑받는 자를 보호하는 보호자다. 물론 그는 "자신의 두 손으로 프시케의 눈을 가려" 프시케가 현실을 보지 못하고 참여하지 못하도록 방해하면 안 된다. 오히려 상징적으로 말해서 그는 자신이 사랑하는 여인이 매우 적합한 영역에서 활동할 수 있도록 그 영역을 제한해야 하고, 그녀가 자신을 포기하지 않는 곳에 참여할 수 있는 영역을 마련해줘야 한다. 그리스도인이 이런 불가침적인 보호 구역을 말하면서 "낯선 위엄"을 생각하지 않기란 대단히 어려운 일이다. 이 낯선 위엄은 하나님과의 관계를 맺도록 인간을 통합시키고, 모든 인간관계를 제한하며, 심지어 가장 친밀하고 신비적인 것조차도 제한한다. 궁극적인 종류의 것을 소유하라고 명령하면서 말이다. 곧 "가졌지만 가지지 않은 것처럼, 경험했지만 경험하지 않은 것처럼"(고전 7:29 이하) 행동하라고 명령한다. 이런 낯선 위엄이 없었기 때문에 로마에는 폭력, 악, 방화가 존재할 수 있었다. 이것은 페니모레를 향한 에릭의 태도에서 분명하게 드러난다. 그리스도인은 『닐스 리네』의 저자와는 완전히 다르게 극중 인물이 가진 신비를 본다. 이런 차이점은 야콥센이 깨달은 것보다 더 많은 것을 말한다. 저자가 이렇게 자신의 생각을 많이 말할 수 있다는 것과 관련해서, 그는 예언자와 같은 역할을 한다.

자신이 원하는 대상을 소유하려는 에로스는 결국 한계에 봉착한다. 왜냐하면 "정복자"(Erobernde)와 "피정복자"(Eroberte)의 관점에서 사랑으로 맺어진 동반자 관계(Partner-schaft)를 표현하는 것은 불가능하기 때문이다. 야콥센도 이보다 더 깊은 의미를 가진 "소유자"(Besitzergreifende)와 "소유된자"(Besessene)라는 세련된 관점에서 그 관계를 표현할 수 없었다. 우리가 페니모레를 "소유된 자"로 부른다면, 우리는 명징한 언어로 이야기하는 것이 아니라 이중적인 의미로 동반자 관계를 애매하게 표현하는 것이다. 이중 의미는 "소유되는 과정" 그리고 소유가 전부일 때 그 관계에서 발생하는 실체적 변화를 뜻한다. 사실상 이런 변화는 인간에 대한 낯선 것의 침입, 곧 지배와 굴종을 의미한다. 에릭의 관점에서는 강간이고 페니모레의 관점에서는 자기 포기를 의미한다. 열정의 불이 끝내 소멸할 때, 정신을 들게 하는 회한이 찾아온다.

앙투안 드 생텍쥐페리(Antoine de Saint-Exupéry, 1900-1944)가 죽고 4년이 지나서 미완성 작품으로 출간된 『성채』(Citadelle, 현대문화센터 역간, 2010)에는 성교를 초월해 있는 인간적인 특성이 더 직접적으로 언급되어 있다. 그리고 이 작품에서 생텍쥐페리는 우리가 지금 말한 "낯선 위엄"을 의식하는 듯한 표현을 한다.

"오, 주님, 제 옆에서 발가벗고 달콤하게 잠자는 아내를 바라볼 때, 제 두 눈은 그녀의 아름다움을 흠뻑 즐거워하면서 저를 즐겁게 만들고 있습니다.… 그런데 왜 제가 저의 이러한 즐거움을 거둬들여야만 하나요? 하지만 저는 주님의 진리를 깨달았습니다. 그 진리는 지금 제 옆에서 잠자고 있는 여인이… 내가 공격해야 할 성벽이 아니라, 다른 세상으로 나아가는 문이라는 사실을 보증하고 있습니다. 얻기 힘든 보석을 찾기 위해 그녀를 여러 조각으로 분해해서는 안 되며, 그녀를 사랑의 침묵 속에 있는 통일체로서 잘 감싸야 합니다. 제가 그녀의 몸 때문에 그녀를 생각한다면, 나는 그녀를 즉시 피곤하게 할 것이며, 계속 다른 곳으로 욕망을 추구하며 나아갈 것입니다. 왜냐하면 그녀는 다른 여자보다는 그렇게 아름답지 않기 때문입니다.…하지만 나의 불완전한 동반자여, 그대는 내가 접근할 수 없는 영역에서 편안히 잠들기 바라오. 나는 그대의 성벽을 공격하지 않으려 합니다. 그대는 내 목적도 수고의 대가도 아니며, 좋아했다가 다시 싫증을 내는 장신구도 아니오. 당신은 길이고 동반자며, 나를 격려해주는 사람이라오. 그래서 나는 결코 지칠 수 없다오."

여기서 상호 소통 관계에 들어가지 못하며 들어가서도 안 되는, "바깥에 놓여 있고" 근접할 수 없는 그 무엇이 직접 확인된다. 중요한 것은 사랑하는 여자를 "여러 조각으로 분해해서는 안 되며, 그녀를 사랑의 침묵 속에 놓인 통일체로서 잘 감싸야 한다"는 사실이다. 이것은 내가 마음이 없는 육체를 가질 수 없다는 것을 의미한다. 성관계와 인격은 분리될 수 없다. 나는 한 인간의 분리될 수 없는 전체성을 대면함으로써, 그 인간과 함께하는 관계에 참여하게 된다. 왜냐하면 그 인간은 필시 내가 부딪혀야 하는 벽과 같은 완전한 실체가 아니며, 나의 옆과 나의 외부에 놓일 수 있는 외형적인 육체적 물질이 아니기 때문이다. 오히려 그 인간은 관계 속의 인간이다. 이때의 관계는 서두에서 말한 "주님"과의 관계를 말한다. 그래서 그녀는 그 자신을 넘어 "길이고 동반자며, 나를 격려해주는 사람"이 된다.

나는 그 타자가 단지 "목적도 수고의 대가도 장신구"도 아니며, 단순히 가치(아름다움, 성격, 문화, 정신적 능력)—따라서 이차적인 것—를 담지하고 있는 자가 아닐 때, 비로소 그러한 타자의 전체성을 획득한다. 사람들이 단순히 누군가가 지닌 가치에 집착하면, 그들은 그 사람을 상대화시킬 수 있기 때문이다. 그 사람이 소유한 가치는 없어질 수 있고, 시간이 지나면 사라지고, 자극을 일으키지 못하며, 싫증이 날 수 있다. 그리고 나는 그 사람을 경쟁관계 속에서 다른 가치를 가진 사람과 비교하게 된다(생텍쥐페리는 "타자"에 대한 이러한 관점을 잘 드러내 보인다). 여기서는 미몽 상태에 있는 사람들에게 "낯선 위엄"을 잘 드러내 보여주고 있다. 이 낯선 위엄은 모든 상대화에서 벗어날 수 있는 더욱 고차적인 보호자의 역할을 부여한다. 그래서 생텍쥐페리는 "나는 당신의 진리를 깨달았다"고 말한다.

4) 수치심과 성에 대한 지식

a. *성에 대한 지식* 성은 인간 실존 자체의 한 측면이기 때문에, 인간 자체가 신비를 의미하는 것과 동일하게 성도 신비스런 의미를 가진다. 이것을 오늘날의 철학적 용어로 표현하면 다음과 같다. 곧 인간은 객관화될 수 없고, 존재하는 다른 것들 가운데 있는 어떤 사물이 아니라 "현존재"(Dasein)이기 때문에 신비로운 존재다. 신학적으로 이 신비를 표현한다면 다음과 같다. 신비(Geheimnis)는 "인간"이 믿음의 대상이라는 것을 의미한다. 왜냐하면 '인간'은 보이지 않기 때문이다. 인간의 볼 수 있는 부분, 경험적으로 인식될 수 있는 것은 인간의 실제 존재를 반영하지 못한다. 인간의 본래적 실존을 포괄하는 인간 실존의 토대와 목적, 의미는 하나님과 인간이 맺는 관계로 이루어져 있다. 이런 식으로 인간은 "존재"하고, 이것은 오직 믿거나 부정될 수만 있다. 이런 의미에서 인간은 "볼 수 없는" 신비다. 그리고 인간의 성이 그 신비에 참여한다. 인간의 몸(σῶμα)은 그 신비의 상징이다. 하지만 신비는 자신을 드러내길 거부한다.

우리는 이전 시대의 사람들이 성의 신비에 대해 말하지 않은 사실과 이유를 앞에서 설명했다. 또한 개인적인 문제를 정신분석학의 언어 방식으로 객관화하도록 허용하고 우리의 일상적인 대화 안으로 그것이 들어오도록 개인적인 문제의 금기를 타파했을 때, 비밀스럽고 개인적인 성의 영역도 서술될 수 있게 되었다고 말했다.

신비, 곧 "타부"(Tabu, 금기)는 상처받기 쉬운 어떤 것이 보호되어야 함을 보여주는 하나의 기호다. 이것은 성에 대한 이야기를 금기시하면서 성을 보호한 이래로 사람들이 성을 실존적으로 어떤 취약성이 있는 영역으로 간주하고 있음을 의미한다. 이 영역에서 인간은 아주 큰 위험 가운데 자신을 상실하고 있다. 또한 거기서 인간은 자신을 포기하고 "사로잡힐 수" 있다. 하지만 그는 자신의 "벌거벗음"(Blöe)—육체적인 의미의 벌거벗음보다는 형이상학적 의미에서의 벌거벗음을 의미한다—을 감추어야만 했다.[31]

비밀로 유지되어야 하는 인간의 취약성과 관련해서, 우리는 지역에 따라 타부가 다르게 이해되고 있음을 주목해야만 한다. 곧 취약성이나 "벌거벗음"은 상황에 따라 바뀐다. 오늘날 많은 사람이 자신들이 더 이상 성이라는 것에 대해 상처받을 수 있다고 생각하지 않는다. 그들은 자신들의 "실존"에 어떤 위협도 느끼지 못한다. 우리가 성을 비인격적이고 육체적인 과정에 불과하다고 이해하면, 달리 말해 물컵 이론(Glas-Wasser-Theorie)[32]처럼 성을 이해하면, 타부도 사라진다. 오늘날에는 아마도 타부가 성의 타부에서 죽음의 타부, 곧 우리 실존의 유한성을 이야기하는 것의 타부로 바뀌었다. 예전에 죽음은 타부가 아니었다. "자신도 언젠가 죽는 존재임을 잊지 말라"(memento mori)는 라틴어 경구는 죽음을 모든 사람이 볼 수 있는 곳에 올려놓고서 누구나 알 수 있는 주제로 만들었다. 하지만 오늘날 죽음은 타부가 되었다. 누구도 죽어가고 있는 사람에게 그가 죽게 될 것이라고 말하지 못한다.[33] 살아 있는 사람

---

31) 이것과 관련해 옷의 의미가 나온다. van der Leeuw, 『인간과 종교』(Der Mensch u. d. Religion), 1941, p. 23 이하를 참조하라.
32) 물컵 이론은 인간의 성을 인간이 느끼는 갈증과 식욕과 동일한 것으로 생각하고 다른 어떤 특징이 성에 있다고 생각하지 않는다. 그뿐만 아니라 어떤 신비롭고 성스러운 무엇이 있는 것으로도 성을 생각하지 않음을 의미한다. - 편집자 주
33) 진실을 이야기하는 의사라는 장, ThE II, 1, §567 이하를 참조하라.

들은 죽은 자의 얼굴을 치장하면서 죽은 사람에게 생명의 가면을 씌워준다.[34] 천 년 전에는 짝짓기와 출산이라는 자연 과정이 인간에게 충격을 주었던 만큼, 이제는 부패라는 자연 과정도 충격적인 것이 되었다. "우리의 조상들은 아기를 배추 잎에서 주웠거나 황새가 가져다주었다고 이야기했다. 아마도 우리의 자녀들은 '죽은 사람'이 꽃으로 변하거나 아주 사랑스러운 정원 어디에선가 잠자게 될 것이라고 이야기할 것이다."[35] 죽음의 타부에서 자신을 드러내는 취약성이라는 기호는 다음과 같은 표현으로 바뀔 수 있다. 곧 인간은 자신의 유한성을 더는 극복할 수 없다. 이제 그는 자신의 유한성을 의미로 채우는 방법을 알지 못한다. 그래서 그는 산송장이라는 유희, 곧 불멸이라는 허상으로 스스로를 위로한다. 그는 실현되지 않고 남아 있는 실존을 연장하지 않을 수 없다. 그는 죽음의 경계선을 립스틱으로 치장해서 없애려고 한다. (모든 치장품이 그런 것은 아니지만) 또한 특정한 형태의 치장품은 다음과 같은 방식으로 설명될 수 있다. 유한성을 받아들이는 것에 실패할 때, 우리는 시간을 거부할 수밖에 없다. 그래서 이것은 나이 먹는 것을 거부하고, 젊어 보이려고 주름진 얼굴에 화장을 덧칠한다. 이것은 영원한 현재(*praesens aeternum*)라는 속이는 상징 뒤로 숨는 것이다. 마치 나이 든 여배우가 화려한 치장을 하고 외설 영화에서 상투적으로 내연녀 연기를 하는 것과 같다.

하지만 죽음의 경계를 제거하고 자신을 드러내는 것보다 더 낮은 의미상실의 단계가 있다. 이런 낮은 차원은 사람들이 더 멀리 나아가서, 성의 타부가 포기되었던 것처럼 근대적인 죽음의 타부라는 것을 포기할 때 도달된다. 그것은 사람들이 더 이상 실존을 갖지 않는다고 해도, 이제는 그것을 취약한 것으로 생각하지 않음을 보여준다. 사람들이 더이상 소유하지 못하는 것은 더

---

34) Everlyn Waugh, 『할리우드의 죽음』(*Der Tod von Hollywood*); Geoffry Gorer, 「위선과 외설문학의 관계에 대해서」(Beziehungen von Prüderie und Pornographie), in 『죽음의 외설문학』(*Pornographie des Todes*, Welt, 1956년 5월 25일)를 참조하라.
35) Geoffrey Gorer, 위의 글.

이상 취약할 수 없다. 유한성에 대한 의미가 없으므로 사람들은 더 이상 고통을 당하지 않는다. 왜냐하면 의미의 물음이 이제는 전혀 제기되지 않기 때문이다. 죽음의 타부가 이렇게 약해진 것은 분명하다. 예를 들어, 우리가 죽음을 생물학적인 개인의 소멸로 이해할 때 그것은 분명해진다. 반복될 수 없는 우리의 감각이 소멸하고, 단 한 번 주어지는 삶의 특성이 사라지고, 개체성이라는 의미가 무의미해지는 순간에, 개인의 소멸은 신비가 되는 것을 멈춘다. 이런 형태의 태도는 인간을 다양한 방법을 통해 인간이 가진 기능으로 환원시키는 경제적·생물학적 유물론에서 알려진 것이다.[36]

신비의 해체와 의미 상실의 관계는 죽음과 관련해 분명하게 드러난 것처럼 영국 작가 브루스 마샬(Bruce Marshall, 1899-1987)의 『아름다운 신부』(*The Fair Bride*)에서도 잘 묘사되어 있다. 마샬은 스페인 내전에 관한 장면을 다음과 같이 묘사한다.

"시청에서 운영하는 운구차는 공동묘지를 향하는 길을 하루에도 수십 번씩 오가는데 한 번은 전조등을 번쩍이며 지나갔다. 높은 건물의 창문에서 땅 아래의 거리를 내려다보면, 뚜껑 없는 관에 놓인 시체는 마치 널빤지 상자 속의 인형처럼 보인다. 거기에는 조문객도 성직자도 없었다. 또한 어떤 희망도 절망도 신비도 없었다. 모든 것은 단순했고 분명했다. 삶은 그저 어떤 것을 의미했다. 왜냐하면 삶이 그 어떤 것도 의미하지 않았기 때문이다."[37]

인간의 신비를 탐구하는 우리의 물음에서 에로스와 유한성, 사랑과 죽음이 이렇게 마주해야만 한다는 것은 결코 우연이 아니다. 우리는 대중가요와 사랑의 노래가 이것들을 꽤 많이 연결해 언급하고 있다는 것을 떠올릴 수 있다.

우리가 지금 관심을 기울이는 성의 신비는 어떤 객관적인 방법으로

---

36) Helmut Thielicke, 『죽음과 삶』(*Tod und Leben*), 1946, p. 62 이하를 참조하라.
37) Bruce Marshall, *The Fair Bride*(Boston: Houghton Mifflin Company), 1953, p. 97.

설명할 수 있는 것이 아니다. 예를 들어 우리는 과학적 방법을 사용해서 성의 신비를 설명할 수는 없다. 그 신비는 사랑의 사원(Tempel)에서 드러나는 것이지, 실험실에서 드러나는 것이 아니다. 성 지식(Geschlechtliches Wissen)은 성에 관한 지식(Wissen um das Geschlechtliche)과 질적으로 다르다.

따라서 매우 특별한 종류의 앎이 성 지식 안에 포함되어 있다. 구약성경은 성관계 자체를 "앎"(ידע, 야다)의 과정으로 기술한다. 아담은 자신의 아내 하와를 "알았다"(창 4:1). 하지만 우리는 남자와 관련된 여자에 대해서도 이와 동일한 것을 이야기할 수 있다. 창세기 19:8에는 소돔에 있던 롯의 딸들이 "남자를 알지 못했다"라고 기록되어 있다. "남자를 알지 못했다"와 "남자에 의해 알려지지 않았다"라고 생각하는 두 경우의 의미는 순결이다(창 24:16). 우리는 완곡어법(Euphemismus)에 근거해서 단순히 "알다"라는 부드러운 용어가 실은 성관계의 의미로 사용되었다는 것을 받아들여야 한다(이사야 6:2에서 성기 부분을 "발"로 표현한 것처럼 말이다). 하지만 우리는 계속해서 왜 **이렇게** 부드러운 용어가 특별히 사용되었는지를 질문해야 한다. 성행위가 단순히 육체적인 과정으로만 이해된다면, 그것은 육체적인 것을 확실하게 나타내는 용어를 선택하는 것이 훨씬 더 자연스러웠을 것이다(우리는 여러 종류의 남근 숭배와 그것의 상징들을 살펴보기만 하면 된다). 분명히 성으로 하나가 되는 행위**와** 배우자를 알아가는 행위 사이에는 내적으로 어떤 밀접한 관계가 있어야 한다. 여기서 우리가 "앎"의 방식으로 성의 신비를 접하기 위해서는 어느 정도의 노력이 필요하다.

이것은 사물을 "외부에서" 보는 객관화된 지식과는 달리 "내면에서" 알아가는 종류의 지식이다. 이 지식은 알아가는 과정과도 통합된다. 그래서 이것은 오직 알아가는 과정을 통해서만 접근할 수 있다. 다시 말해 죽음은 에로스의 영역과 유사한 것으로서 자신을 나타낸다. 죽어가는 것과 죽음은 생리 법칙과 관련되어 있어, 외부에서도 알 수 있다는 것은 사실이다. 죽어 가고 있다는 것은 나 자신이 "죽음을 향해 가는 존재"(Sein zum Tode)라는 한에서는, 나만 아는 사실이다. 나는 다른 사람들이 죽는 것을 봤기 때문에 사람이 죽는다는 것을 말할 수 있고, 죽어가는 "단계"를 하나의 단순한 사건으로 말할 수 있다.[38] 하지만 나는 그것을 나 자신의 죽음과 연관시키지는 못한다.[39] 내 죽음과 관련된 적합한 지식은 나의 내면에서만 얻을 수 있다. 이와 동일한 것은 "삶의 경험"(Lebenserfahrung)[40]에도 적용될 수 있다. 삶의 경험은 죽음과 마찬가지로 외부에서 알 수 있는 것이 아니며, 우리가 삶의 학교를 통과하기 전에는 할 수 없다. 믿음의 대상도 믿는 존재가 "내면에서", 오직 실제 삶 속에서 경험할 수 있는 영역들 가운데 하나다. 진리에 속해 "있는" 자만이 그 소리를 들을 수 있다(요 18:37).[41] 이런 의미에서 덴마크 철학자 쇠렌 키에르케고르(Søren Kierkegaard, 1813-1855)는 자연과학에서 사용하는 객관적 진리와, 실존적으로 사유하는 사람이 대상과 자신을 관계시키는 "관계의 진리"(Wahrheit des Verhältnisses)를 구별했다. 실존적이고 오직 "내면에서" 접근할 수 있는 이런 종류의 진리는 단순하게 전달될 수 있는 것이 아니다. 관계의 진리는 내 자신이 경험한 개별적이고 고유한 조건(Jemeinigkeit)에 의해 결정된다. 그것은 그 진리가 표출되었던 장소와 관계에서만 나온다. 관계적 지식이 나오는 바로 그 상황 밖에서는 이런 종류의 지식은 고립되어 전달될 수 없다.

"내면에서 나온" 이런 객관화될 수 없는 지식은 또한 "야다"(יָדַע)라는

---

38) Heidegger, 『존재와 시간』(Sein und Zeit, 까치 역간, 1998), p. 253 이하.

39) 톨스토이의 소설 『이반 일리치의 죽음』(Der Tod des Iwan Iljitsch)에서 내적이며 외적인 죽음에 대한 경험의 방식이 언급되고 있다. ThE II, 1, §625를 참고하라.

40) Ed. Spranger가 지은 Lebenserfürjimg의 에세이를 참고하라.

41) 여기에서 언급한 실존적 인식의 개념에 대해서는 나의 글 『진리란 무엇인가?』(Was ist Wahrheit), 1954; 『죽음과 삶』(Tod und Leben); ThE II, 1, §342 이하, 571 이하를 참고하라.

히브리어로 전해지는 의미의 성 경험과 관련이 있다. 성관계에서 나는 다른 사람의 신비가 그의 몸을 통해 표현된다는 것을 알게 된다. 다른 사람의 신비는 일차적으로 그의 벗은 몸(단순한 "벗음"은 예술 작품처럼 성적인 감정을 불러일으키지 않을 수도 있다)과 관련을 맺지 않고, 오히려 인격과 자신의 감정을 표현하는 몸의 능력, 곧 상징화의 능력과 관련을 맺는다. 성관계가 인간적인 표현 형태의 전체, 즉 의도적인 금욕부터 의지의 완전한 통제를 벗어나 있는 황홀경의 순간, 곧 완전히 자기가 되는 것에 이르기까지 전체에 작용하는 것이 확실한 것처럼, 또한 그것은 다른 사람에 대한 특별한 경험과 특별한 앎을 가지고 있다. 이 앎은 다른 모든 앎의 형식과 구분되는 특성을 가지며, 의사가 성 문제를 가진 사람을 치료할 때 가진 지식과도 근본적으로 다르다.

그래서 "내면에서 나온", 곧 실존적 경험에서 나온 모든 앎은 항상 두 가지 측면을 가진다. 그것은 단지 다른 사람이나 문제가 되는 상황(예를 들어 사망이라는 위험한 상황)과만 관계를 맺는 것이 아니라, 나 자신과도 관계를 맺는다. **거기서 나는 내가 누구인지를 배운다.**

아슬아슬한 경험, 특별히 남성적인 기질(예를 들어 매우 위험한 산을 등반하는 모험에 참여하거나, 전쟁과 같은 극한의 위험을 인내하고 죽음의 경계선을 지나가는 것)을 느끼는 것을 열망하는 데는 다른 많은 동기가 있겠지만, 근본적인 동기는 "자신의 자아"를 경험하고 "자신이 누구인지"를 알려는 데 있다.[42] 사람들은 죽음 혹은 극단적인 고통에 직면하여 내가 어떤 태도를 보이는지, 곧 나의 의지를 수행할 수 있는지, 또는 그것을 잘 견디어내는지를 확인해보고 싶어 한다.

---

42) 잘 알려진 대로―문학에서 이와 같은 장르가 관심을 끌고 있다―작가 본인이 자기 자신에 대해 묻고 그것을 직접 체험한 것을 쓰는 작가는 Oberst T. E. Lawrence, Ernst Jünger, A. de Saint-Exupéry 그리고 W. Churchill이 있다.

이와 동일한 것이 성 지식에도 적용된다. 지금 나는 내 가능성의 최대치에서 나 자신을 경험하려고 한다. 나는 내 안에 있는 "완전히 다른 사람"의 어떤 것을 경험한다. 그런데도 그것은 "나"다. 그리고 나는 내 **자아**를 경험한다. 지금 여기서 우리는 다시 대중가요와 사랑의 노래들을 떠올린다. 사랑과 죽음은 나 자신에 대해 그리고 존재의 신비에 대해 많은 것을 이야기한다.

성 지식의 이런 측면을 잘 이해할 때, 우리는 성에 있는 특정한 요인을 이해할 수 있다. 사람들을 돕는 데 헌신하는 사람들(예를 들어 의사, 성직자, 교사, 청소년 지도자)은 이런 것을 잘 알아야만 한다. 이제부터 **청소년**의 성 문제를 가지고 성의 요인을 설명하려고 한다.

b. **성교육**　먼저 청소년의 성 문제는 생리적인 측면보다는 지식의 결함에서 발생한다. 우리가 이렇게 말한다고 해서 청소년들의 생리적인 측면에 내재한 위험과 그런 위험으로 인해 발생하는 문제를 의식하지 못하는 것은 아니다. 청소년들의 **생리적인 측면**의 문제는 그들이 성관계를 맺을 기회를 갖지 못한 채 성적으로 자각되는 몸을 해소해야 하는 것, 또는 성관계를 맺은 뒤 새로운 문제에 부딪치게 되는 것을 의미한다. 청소년 단계에서 발생하는 실제 위기는 **앎의 문제**에서 파생된 결과다. 더 정확하게 말하면, 그 위기는 앎이라는 방의 문 앞에서 대기해야 하기 때문에 온다. 성교육과 관련해서 어떤 특별히 어려운 문제(Aporie)가 모습을 드러낸다. 우리가 무엇을 이야기하고, 어디서 성교육을 시작하고, 어디서 마쳐야 하는지와 관련된 성교육에 대한 특별한 방법을 규정할 때, 당혹스러움이 일어난다. 달리 말해 생리적인 측면의 문제들은 쉽게 해결될 수 있다. 예를 들어 신체 단련이나 스포츠를 통해서, 또는 건강한 환경을 조성하고, 성욕을 바람직한 방향으로 승화시키는 가능성을 잘 활용해 청소년의 생리

적인 문제를 해결할 수 있다. 하지만 우리는 성에 대한 앎의 욕구 자체를 설명함으로써 청소년의 생리적인 문제를 해결하려고 한다. 우리가 성교육에서 가르치며 전하는 성적인 것들의 정보는 성에 대한 앎을 의미하는 "야다"라는 성경의 용어와 동일한 것은 아닌가? 우리가 쉽게 이해할 수 있는 이런 차이점을 논의하기 전에, 먼저 성의 앎에 관한 정보에 기초한 성 지식과 성에 대한 앎 자체의 **연관성**을 간략하게 살펴보려고 한다.

우리는 다음과 같은 질문에 익숙하다. "자녀에게 성에 대해 어떻게 말할 수 있을까?" 일반적으로 이 질문은 우리를 한숨 쉬게 한다. 한숨을 쉰다는 것은 성 지식의 정보가 부모들에게 고통과 당혹스러움을 가져다주고 있음을 보여 준다. 청소년들 역시 성 문제가 제기될 때마다 당황과 침묵으로 부모를 대한다. 물론 그들은 좋은 관계 속에서 부모를 신뢰하는 상황에서조차도 성 문제에 대해서는 당황과 침묵으로 일관한다. 따라서 "자녀에게 성에 대해 어떻게 말할 수 있을까?"라는 부모의 문제는 "어떻게 내 성을 부모님에게 비밀로 할수 있을까?"라는 자녀들의 문제와 대응된다. 부모들은 이런 상황을 모면할 수 있는 가장 손쉬운 방법으로 자녀들에게 성교육 소책자를 주거나, 학교에 성교육을 일임한다. 그리고 학교는 다시 성교육을 전문적으로 가르치는 강사나, 필요하다면 생물 선생님에게 청소년 성교육을 맡긴다.

신학적 윤리학은 이러한 태도에 동의하지 않고, 위의 방법을 비판하면서 교육적으로 적합한 대안을 제시한다. 신학적 윤리학은 **인간론적** 문제에 보다 많은 관심을 가지고 있다. 이 문제는 다음과 같은 질문 형태로 진술될 수 있다. 안전거리를 유지하면서 자녀들에게 성을 이해시키려는 부모들 성향의 이면에 있는 "실존적" 동기는 무엇일까? 이 문제를 좀 더 분명하게 말한다면, 성 지식에 관한 어떤 태도가 이런 성향 자체를 기만하는 것일까? 이 문제는 유사한 상황이 청소년 자신에게도 나타난다는 것을 떠올릴 때, 더욱 긴박해진다.

청소년인 아들은 백과사전에서, 또는 아버지가 책장에 진열된 고상해 보이는 두꺼운 책 표지 뒤에 숨긴 성인물에서 성에 대한 지식을 몰래 습득한다(물론 의심할 바 없이 그렇게 고상한 표지 뒤에 성인물을 숨기는 일은 성의 신비에 대한 흥미를 증가시킨다). 아들은 대개 음담패설이나 욕을 즐기는 친구들에게서 성에 대한 지식을 듣는다.

청소년들이 또래 그룹에서 다른 친구들을 조롱하면서 우월한 태도를 지니는 성향과 마찬가지로, 성과 관련해 객관성(의사나 백과사전을 통해 안전한 정보)을 가지려는 성향 안에도 성에 대해 거리를 두려는 욕구가 잠재해 있다. 이 요구는 부모들이 자녀들에게 직접 성교육을 하지 못하는 이유와, 황새 이야기에 의존해 성교육을 하고, 사춘기라는 결정적인 시기에 왜 침묵의 영역으로 물러나는지에 대한 이유를 설명한다. 부모들이 자녀들에게 성교육을 억제하는 이유는 다음과 같은 기억에 의존해 있다. 곧 부모들은 그들의 젊은 시절에는 성행위가 인간의 궁극적인 의사소통이라는 것을 이해할 수 없었고, 그 결과 처음 성을 접했을 때 성행위를 예의바르지 못한 것, 나아가 꺼림칙한 것으로 생각하게 되었으며, 자신의 부모들은 그것과 무관하리라고 생각했다. 성행위와 관련해 부모를 신뢰하지 못하고, 동시에 성행위가 실제로 외설적이지 않다는 사실을 확신하지 못한 청소년들은 정서적으로 심한 혼란이 일어나며, 일차적으로 성에 대한 공포증이 발생한다(성적인 문제와 관련해 시골에서 성장한 청소년들은 도시에서 성장한 청소년들보다 성적인 문제에 영향을 덜 받았고, 자연스러운 태도로 성장해서 그런 성 공포증과 관련이 적다). 부모와 자식 간의 서로에 대한 신뢰감에 위기가 발생하고 부모들은 자녀들이 자신을 신뢰하지 않는 것이 치욕스러워져 자녀들에게 성을 교육하려는 계획을 포기한다.

그래서 성을 이렇게 억제하는 이유를 보다 자세히 살펴보는 것이 필요하다. 성을 억제하는 것은 겉으로 점잖은 척, 고상한 척하는 데 원인이 있지 않고(만일 아버지들이 점잖은 척, 고상한 척하려고 한다면, 그럴 필요가 없는 남자들만의 모임에서 성 문제로 인해 노처녀들 같은 부끄러움으로 움츠러드는 일은 없을 것이다), 본질적으로 성 자체의 구조에 원인이 있다. 다른 말로 표현하면 이런 억제는 인간에게, 곧 인간의 인격적인 본성에 통합되어 있고, 이런 통합은 어린 시절과 초기 성장 단계에서는 이해되고 전달될 수 없는 특성을 가지고 있다. 그 결과 청소년들은 분명하게 이해되어야 할 성행위를 동물적인 것으로 이해하게 되며, 부모님들도 사랑하고 존경하는 인간 존재임에도 불구하고—수수께끼와도 같이—그런 동물적 행위를 한다고 생각하게 된다. 청소년들은 본능적인 통찰력으로 아주 정확하게 다음과 같은 결론을 내린다. 곧 성행위는 그들이 이미 집에서 기르는 동물들을 보면서 관찰했듯이, 동물적인 것이다. 성행위를 재미있고 신기한 것으로 생각한다면, 그것은 "대단히 큰 죄"가 될 것이다. 그들은 그 짐승 같은 욕망이—그들은 바로 이 욕망을 보는 중이다—인간 내면에 있는 야수성을 의미하고, 이것은 **죄성**을 의미해야만 한다고 알고 있는, 보호받지 못한 청소년들이다. 그리고 지금 이런 어둡고 비밀스러운 일에 부모들이 동참해야 한다!

이런 경우와 관점에서 우리는 성경이 말하는 "야다"(알다)라는 의미가 지니는 성 지식의 중요성에 아주 가까이 접근하고 있다. 청소년들이 성교육을 통해 성 문제에 관한 지식을 얻는 것은 분명하지만, 그들은 성이 가진 신비(Mysterium)를 알지는 못한다. 성 문제에 관한 지식과 성이 가진 신비는 전혀 다른 영역에 속해 있다. 바로 이것이 이런 과정(어떻게 아이가 생기고 어떻게 아이가 생기지 않는지)에 대한 보다 높은 차원의 "지식"이 청소년에게 기본적으로 아무런 도움을 주지 못하는 이유다. 청소년들이 성의 신비와 성, 인간성, 의사소통 사이의 관련성을 이해할 수 없다면, 성은 그들에게 하나의 불경스러운 영역으로 남는다. 그리고 처음부터 성을 그 자체로 금지된 것이자 자신의 세계에서 죄를 일으키는 것으로 간주해서 저항할 수 없고 항상 자신을 패배시키는 것으로 생각한다면, 성은 한층 더 불경스러운 영역으로 남는다. 따라서 자녀가 이미 받아들이고 있는 성적 판타지의 영역에서 어떤 주도적인 역할을 하기보다는 거기서 서둘러 벗어나려는 부모들의 행동은 이해할 만하다. 하지만 동시에 이것은 부모의 입장에서도 이런 금지를 극복해야 한다는 도전을 제시하고 있다. 부모가 자녀에게 신뢰를 잃을까 하는 두려움이 자녀들에게 신뢰를 잃는 **원인**이 되지 말아야 한다면 말이다.

히브리어 "야다"가 의미하는 성에 대한 앎은 지식을 나눠주는 방식으로 획득되지 않는다. 육체적인 측면과 인격적인 측면의 결합이 말로 설명될 수 있는 것이 아닌 것과 마찬가지다. 그러나 자녀들은 부모들과 함께 생활하면서 이런 육체적인 측면과 인격적인 측면의 결합이 있음을 이해한다. 그와 동시에 성 문제에 대한 부모들의 태도(이것은 청소년들이 자신의 친구들에게 전해 듣는 은밀함과는 전혀 다른 매우 좋은 도덕심을 가진다)를 주목할 때, 그들은 육체적인 측면과 인격적인 측면의 결합을 확실하게 "아는" 것이 아니라 다만 그것을 "믿는"다. 다시 말해 이것은 신뢰를 기대하면서 발생한다. 성에 접근하는 두 가지 형태, 곧 성 문제에 관해 지식을 배우는 것과 성에 대한 직접적 앎(야다라는 의미에서)외에 세 번째 형태가 있다. 바로 신뢰의 형태다. 이것은 아직 눈으로 볼 수 있는 것도 아니고 지적으로나 실존적인 것에 근거해서 확신할 수 있는 것도 아니지만, 그 자체로 확실성을 내포하고 있다.

신뢰가 어떤 특별한 형태의 가르침을 전제한다는 사실은 굳이 언급될 필요가 없다. 성교육의 형태가 적합했는지에 대해서는 부모들이 교육을 마친 이후에 확인할 수 있다. 곧 자녀들이 성교육을 받은 후에 부모에 대한 신뢰를 잃어버렸는지, 아니면 자신들이 부모를 신뢰한 것을 정당하게 여겼는지, 그들의 경험에서 확인할 수 있다. 부모들이 황새 이야기를 선택했다면, 자녀들은 부모에 대한 신뢰감을 분명히 잃어버릴 것이다. 성장기에 있는 자녀는 그 이야기와 자신의 성 경험을 조화시킬 수 없고, 결국 그 이야기가 속임수였음을 깨달을 것이기 때문이다. 다른 한편, 부모의 설명과 자녀 자신의 경험이 일치하는 것은 청소년이 "생물학적으로 정확한 사실"을 처음부터 올바르게 배웠다는 사실에 의존하지 않는다. 진리가 객관적 정확함과 항상 일치하는 것은 아니다. 때때로 어린 자녀들은 완전히 "전설과 같은" 고대의 이야기들을 듣는다. 그러나 그 이야기들은 인간이 어디서 왔고 다시 어디로 가고 있는지에 대한, 그리고 사랑과 출산에 대한 진리가 그 안에서 움직이고 성장한다는 느낌이 들게 한다.[43]

성이라는 영역에서 자녀들에게 도움을 주기 위해 개입하고 또 가르침을 줄 수 있는 부모의 친밀한 능력(innere Vermögen)은 이제 부모들의 편에서는 성의 본질적인 신비를 발견했는지, 또한 발견했다면 어느 정도 발견했는지에 의존한다. 결혼 생활에서 부모들이 실제로 인격적인 관계를 나누지 못하는 대신 오직 동물과 같은 관계만을 나누고, 성관계도 강제로 맺어져서 정서적·심리적 불안과 위축이 가득한 결혼 생활을 한다면, 그 부모는 좀처럼 자녀들에게 주도적인 성교육을 할 수 없다. 무엇보다도 성의 진리와 관계된 실존의 진리는 실존하는 당사자와 항상 관련이 있다. 실존의 진리는 그가 자신의 삶을 향해 취하는 태도, 곧 삶의 "고백"의 한 부분이다. 이 진리는 전달되기보다는 오직 "증언"될 수 있으며, 신뢰에만 호소할 수 있으므로, 진리의 전제조건은 증언하는 사람의 신뢰성에 의존한다. 이런 종류의 진리는 객관화시킬 수 있는 수학적 진리와는 달리 그

---

43) 진리가 어떤 시대로 소급될 수 있다는 무시간적인 지적 진리로 구별되는 "발전하는" 진리에 대한 역사성에 관해서는 *ThE* II, 1, §569 이하를 참조하라.

것을 말하는 사람과 분리될 수 없다. 진리가 드러날 수 있으려면 인격이 그 진리에 투영되어야만 한다.

그래서 이 진리가 드러나든지 혹은 드러나지 못하는 것은 전적으로 인격에 달려 있다. 자녀들에게 성교육을 가르칠 것인지 아니면 말 것인지의 실행 여부는 부부의 결혼 그 자체를 반영하는 것이고, 또 흔히 부부관계를 판단할 수 있는 충분한 기준이 된다. 우리는 이 말을 죽어가는 사람에게 그가 죽어가고 있다는 사실을 말하고 이해시켜야 하는 의사의 의무에 적용할 수 있다. "환자에게 어떻게 죽음을 알려야 할까?"라는 의사의 질문은, "지금 환자에게 죽음을 이야기하는 권한을 부여받은 나는 누구인가?"라는 반성의 형태로 자신에게 되돌아온다.[44]

우리는 성교육의 문제를 반성하는 동시에 성 지식이라는 개념을 더 자세히 살펴보았다. 성 문제가 교육에 의해, 다시 말해 정보적 의사소통에 의해 해결될 수 있는가라는 질문으로 우리를 인도한 것은 바로 "성의 앎"의 문제였다. 그 질문은 다급했다. 왜냐하면 우리는 청소년들의 성 문제가 앎의 문제라고 말해야 하기 때문이다. 한편으로 우리는 성이 "신비"이고 그래서 객관화되어 전달될 수 없다는 것을 이미 살펴보았다. 모든 참된 신비처럼 성의 신비도 독일 루터교 신학자이자 비교 종교학자 루돌프 오토(Rudolf Otto, 1869-1937)가 말한 것처럼 두렵고 떨리는 신비, 그리고 마음을 사로잡아 버리는 신비(*mysterium tremendum et fascinosum*)다.

성의 신비는 두렵고 떨리는(*tremendum*) 신비다. 왜냐하면 그것은 성의 영역에서 수치라고 말해지는 일종의 두려움에 둘러싸여 있기 때문이다. 어려운 공부를 하지 않은 사람들도 성에 대해서는 쉽게 표현하지 않고, 완곡하거나 모호한 표현으로 이야기한다. 사람들은 종종 자신의 문제

---

44) *ThE* II, 1, §602를 참조하라.

가 아닌 제삼자의 사례를 말하면서 어려움을 극복할 수 있는 조언을 구한다. 두렵고 떨림은 금기라는 은둔성으로 자신을 감싼다. 하지만 이 신비는 동시에 마음을 사로잡아버리는 신비(*fascinosum*)다. 모든 신비처럼 성의 신비는 자신을 드러내면서 사람들을 계속 유혹한다. 그리고 이런 신비의 드러냄은 성교육에 의해서는 일으켜지지 않는다. 성교육은 플라톤의 "동굴의 비유"에 비유할 수 있다. 동굴 안쪽에 기거하는 사람들은 동굴 벽면에 비친 그림자를 보면서 그림자를 만든 참된 형상 자체를 파악할 수 없고, 그림자는 사람들에게 형상 자체를 보여주지도 못한다. 이와 마찬가지로 사람들은 성의 신비에 대해 가르침을 받을 수 없다. 그들은 단지 그 신비를 경험할 수 있을 뿐이고, 오직 경험으로만 그것을 알 수 있다.

여기서 우리는 성충동에 있는 신비로운 요소와 다시 만난다. 이 요소는 생리적으로 결정되는 리비도와 **함께** 존재한다. 이 신비는 다른 사람과 함께 할 때, 드러날 수 있다. 그러나 생리적 리비도가 자기훈련이라는 수단으로 제어될 수 있는 반면에, **신비적인** 요소는 의지의 영역을 벗어난다. 이것이—일반적으로 생각되는 것과 반대로—성이 인간을 육체와 정신으로 구분하는 것이 아니라, 정신자체의 내부를 분할하는 이유다. 정신은 "육체적인" 충동에 오직 대립만 하는 것이 아니다. 그것은 적어도 부분적으로는 육체의 측면을 지지한다. 정신은 성의 신비에 의해 유혹받고 그 신비를 드러내는 욕구를 지녔기 때문이다. 이 의지는 단순히 충동을 반대하지 않는다. 의지 자체는 "육체"를 나타내는 상징이다(롬 7:7 이하).

그래서 의지에 도덕을 호소하는 것은 효과가 매우 제한되어 있다. "율법"은 효과가 없다고 중요한 방식으로 스스로 입증했다. 유용한 의지의 힘 조차도 결코 결정적인 힘을 가지고 있지 않다. 의지의 잠재력이 충동의 잠재력에서 나오는 것인지, 나오지 않는지는 중요한 문제가 아니다("자기가 원하기만 하면 자제할 수 있다"는 말은 분명 도덕적 환상에 불과하다). 문제는 오히려 의지가 그렇게 "의지하려고" 할 것인지, 곧 인간의 통제 아래 있으려고 할 것인지 하는 것이다. 무기력함을 인정하는 것은, 정확하게 말하자면, 내 의지가 너무 약하다고 표현될 수 있다. 오히려 내가 내 의지 자체에서 활동하도록 허락하기에는 너무 약하다는 표현이 맞다. 실제로 나는 (성의 신비로부터 일정한 거리를 유지하는 것을) "의지"하지 않는다. 이 사실은 내가 성의 신비로부터 일정한 거리를 유지하길 의지할 수 없다는 것이다. 내 문제는 내 의지가 성충동에 지배된다는 것이 아니라 성충동과 밀접하게 결합되어 있고, 내가 그 관계를 끊을 수 없다는 것이다. 내 의지가 이 관계를 쉽게 끊을 수 있다면, 나는 아마도 승리했을 것이다. 하지만 현재 상황에서 내 의지력은 전선에 도착하기도 전에 패배하고, 따라서 조금도 행동할 수가 없다.

우리가 방금 기술한 성에 대한 진술들을 심리학적 진술이라고 생각하는 것보다 더 큰 오해는 없을 것이다. 우리는 심리적 과정의 자율성을 기술하지 않고, 오히려 심리적 결과에 반영된, 성의 신비의 구조를 관찰했다. 성의 신비는 성충동의 자극으로 이루어진 것이 아니라(이럴 때 성의 신비는 전혀 신비일 수 없고, 단순하게 심리적·육체적 힘으로 계산될 수 있는 놀이에 지나지 않는다), 육체적·심리적·정신적·의지적인 전인(全人)에 관계된다. 그래서 성의 신비는 의지에 반대되는 열등한 충동 같은 것으로 생각될 수 없다. 오히려 의지는 성의 신비와 비밀스러운 관계를 맺고 있다. 그것은 신비의 변호인이고, 신비를 "의지"한다.

의지와 성의 신비가 관계 있다는 것을 알게 될 때 우리는 비로소 윤리적 문제에 도착한다. 윤리적 문제는 도덕적 차원과는 전혀 다른 차원에 놓여 있다. 그렇기 때문에 청소년들은 성의 영역이 아닌 삶의 다른 영역에서는 자기의지로 움직일 것이다. 그러나 그들은 성의 유혹 앞에서는 틀림없이 그렇게 할 수 없다. 오히려 청소년들은 알려는 의지의 유혹에 노출되어 있어서, 신뢰하는 어른들에게서 영향을 받을 수 있다. 어른들은 일정 기간 동안 청소년들이 성의 신비를 알지 못하도록 간접적으로 보호해준다. 그렇게 해서 청소년들은 성의 신비라는 것이 있다는 것을 알게 되고 간접적으로 그것을 소유한다.

이 확증은 신학적 사실에 드리우는 어두운 그림자를 뜻한다. 앞에서 보았던 것처럼, 나는 내 의지로 성의 신비의 유혹을 해결할 수 없다. 무엇보다도 내 의지는 분명 성의 신비와 관련을 맺고 있기 때문이다. 또한 우리는 육체와 정신이라는 용어도 더는 인간의 "부분"에 대한 지칭으로 사용될 수 없음을 확인했다. 반대로 그 용어들은 전인(全人)을 보여주고 있다. 전인은 인간 안에 있는 어떤 것과 대립하는, 마찬가지로 인간 안에 있는 어떤 것이 아니다. 오히려 전인은 육에 속하길 원하든지 아니면 영(pneuma)에 속하길 원하든지, 곧 하나님께 속하길 원하든지 아니면 세상에 속하길 원하든지의 싸움에 참여하고 있다. 바울은 인간의 이런 내적 갈등을 로마서 7:14 이하에서 자세히 설명한다. 내가 성의 신비라는 유혹에 대처할 수 있게 되는 것은 내 의지의 결단력에 의해서가 아니라, 오직 내 실존을 묶는 또 다른 "결합"에 의해서다. 이 결합은 단순한 욕구를 또 다른 사고방식, 곧 "실천적 지혜"(φρονεῖν)로 대체한다. 실천적 지혜는 존재(εἶναι), 곧 내 실존에 관계되는 실존적인 것에 의존하고 있다. 내 실존이 육에 의존하든지 영에 의존하든지 간에 말이다(롬 8:5 이하).[45] 나와 내 존재(εἶναι)를 결정하는 궁극적 관계는 또한 성과 관련한 나의 실천적 지혜를 결정한다. 내가 내 존재를 떠나 성이란 것과 관계를 맺는다면, 나는 육(σάρζ)의 관계에 빠져서 내 멋대로 할 수 있는 권세(ἐξουσία)에 좌우된다. 젊은 사람으로서 내가 내 부모(루터는 부모를 하나님 자신의 "얼굴"이라고 말했

---

45) Ernst. Gaugler, *Der Brief an die Römer* (1945), p. 264 이하를 참고하라.

다)를 신뢰하고 사랑하는 삶(존재[εἶναι]라는 의미에서)을 산다면, 여기서 다른 실천적인 지혜가 생겨난다. 아무튼 어떤 목표를 추구하는 이런 실천적 지혜는 분명히 나를 결정하는 관계에 분명히 의존한다.

c. 성의 은폐   성의 신비는 여전히 다른 상징들로 자신을 나타내고 있다. 이런 상징들 가운데 하나가 성의 은폐(die Verhüllung) 또는 은닉이다. 성의 은폐 안에서 수치심이 드러난다. 어떤 "부도덕한" 소녀가 자기 부모 앞에서 수치심을 느끼거나 한 소년이 불안해하면서 자신의 성적 탈선을 숨기려는 것처럼, 수치심을 성적인 죄와 관련시키는 것은 잘못된 것이다. 수치심은 성 자체에 있는 고유한 것이지 단순히 성의 탈선에서 발생하는 것이 아니다. 그래서 사람들이 은폐와 정숙함 또는 수치심이 있는 곳에 대체로 성이 포함되어 있다고 말하는 것은 옳다. 이런 진술은 다양한 징후에 의해 설명될 수 있다.

　1. 첫째 예술이 표현한 나체에는 성적 욕망이 없다. 예를 들어 우리가 그리스의 조형물에서 볼 수 있는 것처럼 말이다. 칸트가 『판단력 비판』 (*Kritik der Urteilskraft*, 아카넷 역간, 2009)에서 예술은 관람객에게 심미적 태도의 본질, 곧 "무관심적 만족"(interesselose Wohlgefallen)을 불러일으킨다고 말한 것처럼, 나체는 관람객에게 무관심적 만족을 불러일으킨다. 이럴 때 발생하는 만족은 리비도가 관여하지 않은 만족이다. 예술에서의 나체는 신비가 없어서 성적 욕망이 없다. 그러므로 성이라는 영역에서 나체는 신비를 벗겨버리는 행위, 곧 성의 신비를 포기하거나 배반하는 행위로 간주된다. 그때 신비는 어떤 과정의 내용이 아니라 상태가 되어 버린다. 그래서 독일 북부 지역에서 사람들이 나체로 수영할 때, "상태"로 있는 벌거벗음에는 성적 욕망이 없다(그때 나체는 정신의학에서 말하는 노출증을 의미하는 것도 아니다).

2. 성의 신비를 드러내는 두 번째 징후는 대체로 이중적인 의미의 구조로 이루어진 **외설적인 말**이나 **야한 농담**이다. 외설적인 말이 지닌 이중적 의미는 단순한 암시나 간접적으로 그리고 은폐된 방식으로 이야기되면서 사람들에게 흥미를 불러일으키려고 한다. 하지만 그런 은폐는 의도가 뻔히 보여서 전하고자 하는 본래의 의미가 금방 노출된다. 이런 이중적인 의미를 가진 외설적인 농담은 대화자에게 사유를 불러일으키는 소크라테스의 철학 방법인 산파술, 곧 대화술 같은 방식으로 기능한다. 달리 말해 그것은 이야기를 듣는 사람에게 음탕함을 불러일으켜서 그것이 행동으로 이어질 수 있도록 자극한다. 사람들은 이중적인 의미를 가진 외설적인 농담과 옷 벗는 행위가 유사하다고 말하기까지 한다. 은폐하지 않고 직접적으로 음담패설을 이야기하는 것은 어떤 조형물의 벌거벗음처럼 성적 욕망을 가지고 있지 않다. 그리고 그것은 조형물과는 다르게 아름답지도 않다. 하지만 이중적인 의미를 지닌 이야기는 옷을 벗길 기회, 그리고 상징적인 비유 안에서 성적으로 행동할 기회를 제공한다. 비록 인간의 상상 안에서 일어나게 하는 것이지만 말이다. 옷을 벗기는 이런 상징적인 행동의 음란함은 뻔히 보이는 은폐성이 제거된다는 사실과 관련을 맺으며, 그것의 요점은 이미 분명하다.

3. 수치심과 은폐가 성의 신비에 속한다는 세 번째 징후는 반쯤만 노출함으로써 리비도에 호소하는 것이다.

풍기문란을 단속하는 경찰은 다음과 같은 전제에서 행동해야 한다. 곧 나이트클럽의 무대에서 춤을 추는 댄서가 반나체의 옷차림을 한 것은 나이트클럽 입장객을 성적으로 자극하려는 의도라는 것을 모든 사람이 알고 있지만, 반나체의 옷차림을 한 댄서의 옷은 비유적으로 도덕이라는 무화과 잎(최소한의 윤리성)을 상징한다. 댄서가 입은 옷이 남자들에게 성적 매력을 일으키려는 기본 책략이라는 것은 누구나 알고 있다. 가렸지만 아주 살짝 속살을 허용하는, 달리 말해 속살을 비추는 신비는 본성적으로 분명히 성적 욕망을 불러일으킨다. 따라서 돈을 벌려는 나이트클럽 업주는 댄서의 옷차림이 남성들에게 성적 욕망을 불러일으키는 것에 관심을 두고 댄서가 자신의 마지막 옷을 벗지 못하도록 한다. 댄서가 옷을 벗으면, 심미적인 사람들에게 댄서의 매력을 크게 떨어뜨리게 되고, 결국 큰 이윤을 남길 수 없기 때문이다.

매우 보수적이면서도 다소 고상한 영국검열위원회(British Board of Censorship)는 이런 상연에 대한 규제와 관련해 매우 특별한 지혜를 가지고 있다. 위원회는 무대 위에서 나체를 상연하는 것을 허가한다. 그러나 전혀 움직임이 없는, 즉 동상처럼 서 있는 심미적인 나체만을 허가한다. 이 허가령은 대단히 드물게 이용되지만, 그러나 그것은 성적 매력이 공연 준비자들에게 얼마나 중요한지, 그들이 성과 성의 은폐와의 관계 그리고 성의 신비를 어느 정도나 이해하는지를 보여준다.

동시에 우리는 신성모독죄(Frevel)의 고유한 본질을 이해한다. 그것은 단순히 신성의 부정이 아니다. 오히려 신성모독죄는 성의 영역에서 의미를 갖는다. 위에서 나체를 표현한 조형물에 성적 욕망이 없었던 것처럼, 신성모독죄는 성적인 것을 무시하는 데 있는 것이 아니라 오히려 성의 신비를 가지고 장난치는 데서 발생한다. 다시 말해 성의 신비가 심리적으로 되어버릴 때, 신성모독죄가 발생한다. 심리학적 분석은 성의 신비 자체를 보호하는 것이 아니라 단순히 육체에 대한 효과를 이용하는 데만 유일한 관심이 있다.[46]

---

46) 성의 신비 자체가 아니라, 단지 리비도의 결과만을 위한 유희는 자신들의 목적과 효과를 위해 희롱하는 에로틱한 애무의 양식을 띨 수 있다(참조, G. Gorer, 『미국인』[*Die Amerikaner*],

이 모든 것과 관련해서 기독교 역시 복장과 치장에 대해 특정한 견해를 가지고 있다. 우리가 "소박함"과 "정절"이라는 기준이 되는 용어를 고려할 때(딤전 2:9), 이렇게 생각한 동기는 의심할 바 없이 인간의 성은 신비라는 깨달음에 있다. 그리고 그것은 성의 신비가 보호되어야 하며 단순히 심리적인 효과로 변질되지 말아야 한다는 것을 의미한다. 성의 신비는 유혹함이 없는 소박함으로 은폐된 채 드러나야 한다. 불행하게도 기독교는―기독교 내부의 많은 분파가―성의 신비를 보호하는 기초가 되는 복장의 문제를 명확한 입장으로 인도하는 '드러내는 은폐성'의 동기를 이해하지 못하는 경향이 있다. 많은 기독교인이 하나님께서는 민소매 옷이 아닌 긴소매가 있는 옷을 기뻐하시고, 주름이 깨끗이 잘 잡혀 있는 바지를 입는 것은 이 세상의 왕에게 팔린 자라는 것을 분명하게 보여주는 상징이고, 하나님 자녀들의 유일한 임무는 그를 몰아내는 것으로 생각한다. 그러나 이 세대에서 문제가 되는 것은 하나님과 사탄 사이의 투쟁, 그리고 하나님의 자녀들의 주권적 자유다. 하나님의 자녀들은 하나님이 주신 자유를 통해서 승리자의 편에 서며, 거기서 무한히 열린 마음(고전 3:22; 6:12)과 문화적 수용능력을 선사받는다. 그러나 이미 신학자 프리드리히 슐라이어마허(Friedrich Schleiermacher, 1768-1834)가 자신의 제자이자 친구인 뤼케(Friedrich Lücke, 1791-1855)에게 보내는 편지에서 타락한 기독교가 이제 교양보다는 미개함과 잘 어울리게 될 것 같은 두려움을 표현했었다. 어쨌든 기독교인들이 "문화"와 "허수아비" 사이의 양자택일 앞에 섰을 때, 위장된 겸손이라는 깃발을 들고 천박한 원칙으로 나아간다면, 그들은 (교리적 부인은 아니지만) 윤리적으로 주님을 부정하게 될 수 있다. 그러한 천박한 원칙의 "케리그마"가 선포될 때, 종국에 가서는 단지 육체의 아름다움을 혐오하는 일보다도 더 나쁜 일이 발생할 수 있다. 이것은 아름다움의 은사

1956, p. 69 이하).

를 부여받고도 복음을 듣기도 전에 서로 소통할 수 없는 벽을 세워 사람들의 영혼을 파괴하는 것이다. 나아가 천박한 원칙의 케리그마는 성의 신비에 대해 단순히 심리적 효과를 거부(성의 신비가 오롯이 섹스 어필만을 위한 심리적 형태를 취할 때, 그것은 마땅히 거부되어야 한다)하는 것을, 성을 완전히 무시하는 잘못된 태도와 혼동하고, 기독교가 성과 전혀 관계가 없다고 생각한다.

제3장
성 본능의 실현

I. 자기실현

에로스의 영향력 아래서 이루어진 두 사람의 만남은 잠시 그들을 일상에서 벗어나게 한다. 두 개의 당구공이 서로 충돌하는 것처럼, 두 사람은 자신들이 예전에 나아가던 방향에서 벗어난다. 이것은 괴테의 『파우스트』에 나오는 비운의 소녀 그레첸(Gretchen)이 물레를 돌리면서 다음과 같이 노래한 것과 동일하다.

> 내 평온은 가버렸고,
> 내 마음은 무겁네.[1]
> 나는 평온을 결코
> 결코 다시 찾지 못할 것이다.
> 내 가련한 머리는
> 어지럽고,

---

1) Johann Wolfgang von Goethe, 『파우스트』(*Faust*), I, p. 16(민음사 역간, 1999).

내 가련한 마음은
심란하네.

자아를 잃어버린다는 의미로서의 황홀감은 또한 경로 이탈을 뜻한다. 우리는 이와 관련해서 자아가 눈면 채 표류하는 것인지, 아니면 오히려 이성적으로 자신에게 도달하는 것인지를 질문하게 된다. 이 물음은 에로스와의 만남이 자기 자신의 본질적인 본성에 단지 "형태변화"(Umformung)만을 가져왔는지, 아니면 자신의 본성으로부터 새로운 자아를 창조(Herausformung)했는지에 대한 질문으로 표현될 수도 있다. 괴테의 "오르페우스의 말"에 나오는 사랑에 관한 시구, 곧 "나는 오직 타인과의 만남에서 나를 발견하지"[2]라는 시구와 관련해서, 우리는 사랑할 때 자신의 내면에 자아가 형성된다고 말해야 한다. 달리 말해 고독한 로빈슨 크루소는 자아에 도달하지 못했다.

여기서 우리는 다시 성의 신비를 마주한다. 인간의 신비가 성의 껍질로 둘러싸여 있는 것처럼, 인간의 인격은 성에서만 자아에 도달할 수 있고 또한 자기-인식의 대상이 된다. 하지만 성은 생리학적인 요소를 넘어선다. 그래서 우리는 이런 사실을 알맞게 수정해서 말한다면(Mutatis mutandis), 자아에 도달하는 것은 에로스 관계에서 일어날 뿐만 아니라 다른 사람과 함께하는 아가페 관계(예를 들어 섬김의 사랑과 사랑의 구조가 다른 많은 승화로 변할 수 있는 관계)에서도 일어난다고 말할 수 있다. 우리는 "알맞게 수정해서 말한다면"이라고 의도적으로 말했다. 왜냐하면 에로스와 아가페라는 두 가지 종류와 관계를 맺는 자아는 각각의 경우에 다른 중심과 관련해 형성되는데, 아가페 없이 에로스는 일반적으로 불완전한

---

2) M. Buber, 『대화적 삶』(*Dialogisches Leben*), 1947.

모습을 가진 자아가 되기 때문이다. 그것은 아직 사람의 눈에 보이지 않는 상이 찍혀 있는 필름에 약품 처리를 해서, 사람들이 사진의 상을 볼 수 있도록 만드는 필름 현상작업과 비슷하다. 그래서 인간의 본래적인 형상은 나와 너의 관계를 모두 포괄할 정도로 큰 하나님의 사랑에서만 나타난다. 이것과 관련해서 생명을 가진 기독교인은 하나님과 교제하면서 자신의 본래 모습을 되찾는 자유를 가지며, 원본에 가까이 있었던 일련의 본래적 기독교인들을 계승하면서 우리가 원본이라고 부른 기독교인의 모습을 형성한다. 이런 기독교인의 모습은 모든 사람이 다른 사람 또는 시대정신(Zeitgeist)을 단순히 모방하는 데 그치는 것과는 다르다.

여자는 성관계에서 남자보다 자신의 본질적인 형상을 더욱 있는 그대로 보여준다. 여자는 남자와는 매우 다르게 자신의 성과 자신을 동일시하기 때문이다. 달리 말해 애인, 동료, 그리고 어머니가 되는 것이 여성의 "소명"이다. 그리고 아내와 어머니가 되는 삶을 살도록 계획된 이런 근본적인 특성이 승화되어 변화를 겪었지만 여전히 여자에게 남아 있을 때, 달리 말해 사랑과 자애로움이 여자의 소명에서 지속적인 힘으로 남아 있을 때, 결혼하지 않은 여자조차도 자신의 본질적인 형상과 일치하면서 소명을 성취한다.

반대로 남자는 성관계에 자기의 실체를 아주 조금만 쏟는다. 그는 성관계 이상의 완전히 다른 임무와 목표가 있다. 남자의 이런 임무와 목표에는 자신의 배우자가 있는 집으로 돌아가는 것도 분명 포함된다. 이것은 남자가 가정보다는 훨씬 더 많은 시간을 보내는 **외부세계**로부터 집으로 돌아가는 것을 의미한다. 남성이 가진 특별한 본성은 성에서는 적게 나타나는 성향이 있다. 독일 철학자 프리드리히 실러(Friedrich von Schiller, 1759-1805)가 "적대적인 삶"(feindliche Leben)이라고 말한 것에 직면할 때, 남성의 특별한 본성은 훨씬 더 강하게 출현한다. 이런 적대적인 삶에서 남자는 투쟁해야만 하는 삶을 살고, 위험을 무릅쓰고서 사나운 동물을 사냥하기로 계획하고 사냥에 나선다.[3]

그래서 아내는 자신의 성을 남편에게 내어줄 때 "자아"도 내어준다. 그녀는 조금도 지체치 않고 자신을 남편에게 분명히 내어주면서 자기실현에 도달한다. 그녀는 신비를 내어준다(그리고 심지어 결혼 전에 가지고 있던 성[姓, Mädchenname]도 내어주고 남편의 성을 따른다. 이것은 여자의 신비를 매우 강력하게 보여주는 상징이다). 반면에 남편은 자신의 한 부분만, 아주 기본적인 부분만을 아내에게 나눠준다. 남자가 여자와 나누는 성의 불완전함(Nicht-Totalität)은, 여자의 경험처럼, 남자가 자신의 성 경험에서 매우 깊은 인상과 감동을 받지 못하는 결과를 낳는다. 이와 관련해서 남자와 여자의 성의 차이점을 보여주는 세 가지 기본적인 특징이 있다.

첫째, 일반적으로 사람들은 소녀를 유혹하는 것에 대해서는 말하지만, 남자를 유혹하는 것에 대해서는 말하지 않는다.[4] 적어도 우리는 소녀와 남자의 유혹에 대해 같은 비중으로 말하지 않으며, 그 심각성도 다르다. 다음과 같이 이야기하면 유혹이라는 단어의 기초가 되는 의미가 매우 분명해진다. 곧 소녀를 유혹한다는 것[5]은 소녀가 자기 자신을 포기하도록 만드는

---

3) 우리는 의식적으로 이러한 이상적 형태를 아주 일반화된 방식에서만 설명하려고 한다. 구체적으로 본다면, 이러한 이상적 형태에 정확하게 일치하는 것은 없다. 그러나 우리가 이런 주제를 다루기 위해 아주 정형화된 형태를 확정하지 않고서는 논의를 진행할 수 없다. 수많은 예외에서 드러나는 불일치는 개별적 경우의 관점에서만이 아니라, 노동세계에서 성적 양극화가 상당히 중립화되어 있는 사회 구조를 고려할 때조차 있을 수 있다. 고차적인 사회에서의 일, 또는 공무원 사회에서 남자의 직업을 "투쟁하고 모험하고 속이고 약탈한다"라고 규정하기에는 불충분하다! "…바로 산업적·관료주의적 생산조건은 성적으로 중립화된 노동과 직업의 가능성에 큰 상황적 변화를 가져다주었고, 성적 역할을 평등하게 보는 현대적 경향의 원인이 되었다. Schelsky, *Die sozialen Formen*, 248.

4) 이것은 청소년에게도 예외가 아니다.

5) Kierkegaard 『유혹자의 일기』(*Das Tagebuch eines Verführers*), in *Ges. Werke*, Hirsch(ed), 1부, p. 323 이하를 참조하라.

것이다. 이것은 성관계를 맺으면서 그녀에게 확인도장을 찍어 그녀가 가진 본질적인 형상을 결정했던 속박에서 그녀를 풀어주는 특징을 보여준다. 이런 방식으로 유혹은 성관계가 이루려고 하는 자기실현을 방해한다.

우리는 『파우스트』에 나오는 그레첸의 비극에서 이것을 볼 수 있다. 유혹 때문에 파괴된 사람은 파우스트가 아닌 그레첸이다. 파우스트에게 비극은 아주 간접적으로 발생했다. 그가 다른 사람에게 잘못했기 때문이다. 파우스트는 그레첸에게 파멸을 불러왔기 때문에 파멸해야만 한다. 또한 여기에 인격의 신비가 등장한다. 곧 인간은 다른 사람의 운명에 인격적으로 매여있고, 그래서 그렇게 자기 자신의 운명도 간접적으로 경험한다.

여자가 성관계에서[6] 자신을 내어줄 때 자신을 포기해야만 한다는 사실은, "매춘"이라는 단어가 실제로 오직 여자에게만 적용되고 남자에게 사용될 수 없는 이유를 설명해준다. 비록 "제비족"(Strichjunge)이라는 용어가 남자에게 사용될 수 있지만 말이다. 우리가 난잡한 삶을 사는 남자를 난봉꾼, 카사노바, 바람둥이 또는 대중적으로 사용되는 다른 어떤 용어로 부를 때, 그런 용어들은 "매춘"이라는 단어와는 질적으로 완전히 다른 특성을 갖고 있다. "매춘"이라는 용어는 실제로 여성 개인의 본성을 표현하는 것이지만,[7] 남성의 경우에는 고작 전체 삶에서 일부 나쁜 부분만을 말한다. 그래서 우리는 어떤 남자의 전문적이고 공적인 삶과 구분하여, 그의 "사생활"에 문제가 있다고 간단히 언급하거나, 그렇지 않으면 그것을

---

6) 우리는 물론 Jacobsen이 아모르와 프시케에 관해서 설명한 텍스트를 해석하면서 이것을 살펴보았다. 여자의 자기 헌신도 한계를 가지고 있다.

7) 그것은 어쨌든 "인간적" 차원에서 타당한 것이다. 이러한 전형적인 차원을 예수님은 여성들에게 복음을 전하고, 그들 가운데 있는 상처를 보면서 극복하실 수 있었다. 요 8:3 이하; 눅 7:4 이하; 요 4:1 이하를 참조하라.

그가 이룬 진지한 삶에서 "취약한 부분"으로 표현한다. 역사가는 일반적으로 그런 문제를 본문에서 중요하게 다루기보다는 각주에서 간략하게 다룬다. 그에 반해 일반 역사에 영향력을 끼쳤던 이집트 프톨레마이오스 왕조의 공주이자 파라오였던 클레오파트라(기원전 69-30)부터 마담 퐁파두르(Madame de Pompadour, 1721-1764)까지 익히 알려진 창부들은 나름대로 역사의식을 가지고 있었다. 하지만 그들은 자신들이 실제로 역사 속에서 성취했던 것보다는 창부(娼婦)로서 더 영향력을 끼친 것으로 알려져 있다.

이러한 현상의 관찰이 그 현상의 현실에 있는 규범적인 힘을 인정해주는 것은 아니다. 그런 일반적인 규범적 태도와 판단은 대단히 문제가 있고 부당하다. 그러나 우리는 여자를 억압하는 바리새인의 형식주의(Pharisäismus) 이면에 남성과 여성이 가진 성 본성의 차이를 보여주는 어떤 특징들이 있음을 놓쳐서는 안 된다.

둘째, 이런 차이는 소위 "이중 잣대"(doppelten Moral)라는 도덕 현상과 관련이 있다. 여기서 말하는 도덕의 이중 잣대는 다음과 같은 것을 의미한다. 곧 일반적인 규범적 의식은 결혼 전의 여자에게 처녀성을 요구하고 남자는 미래의 부인에게도 순결을 요구하지만, 정작 남자에게는 다른 잣대를 적용한다.

사람들이 요구하는 순결에 대한 차별적인 가치평가와 "이중 잣대"에 대해 성 기관의 생리적 구조 때문이라고 말할 수도 있다(이런 구조가 정당하다고 말하고 싶지는 않다). 여성의 생식 구조는 남성의 것을 자신 안으로 받아들이지만, 남성의 생식 구조는 본성적으로 외부로 향해 있으며, "발산"하거나 "배출"한다. 어떤 것을 **받아들이는 것**과 어떤 것을 **배출하려는 것**은 서로 대조된다. 순전히 생리학적인 관점에서 보면, 여자는 성관계에서 어떤 것을 받아들인다(그리고 의학자들은 비록 여성이 임신이 되지 않는 경우에도 이 현상은 본질적으로 중요하다고 말한다). 반면 남자는 배출하고 어떤 것으로부터 벗어난다. 서로 다른 육체적 구조를 가진 남자와 여자는 이러한 기이한 상징적 힘에서 쉽게 벗어날 수 없다.

그러므로 생리적인 부분을 규범화시킨다면, 우리는 사실상 도덕의 이중 잣대에 이르게 된다. 하지만 이미 단순히 부분적인 측면, 곧 생리적인 측면을 이렇게 절대화하는 이중성에 대해 경고했고 순전히 성이라는 측면에서도 옹호될 수 없음을 살펴보았다. 우리는 이 문제와 일부일처제를 연결해서 어떤 비판할 거리가 있는지와 그에 따른 신학적 문제는 무엇인지 살펴볼 것이다.

셋째, 남녀의 기본적인 신체 구조와 관련해서 남자는 일부다처제의 성향이 있고 여자는 일부일처제의 성향이 있다고 말할 수 있다. 우리는 앞서 탐구한 것과 관련해서 여자가 일부일처제를 지향한다는 사실을 의심할 수 없다. 그에 대한 이유는 다음과 같다. 여자는 받아들이는 사람이고 자신을 내어주는 사람이며 자신의 전 존재를 참여시키는 사람이기 때문에, 그녀는 성관계에서 깊이 각인된다. 이렇게 그녀는 자신을 "소유하는" 첫 남자에 의해 규정된다. 좀 더 분명하게 말하면, 첫 남자와의 만남 자체가 너무 중요한 의미를 가져서, 그것은 '유일성'(Monon)의 특성을 갖게 되며, 그 결과 그 만남은 일부일처제를 지향하게 된다. 키에르케고르가 이 관계를 잘 보여주었다. 그는 세계 전체를 속이는 것은 아무렇지도 않지만, 순수한 소녀이자 자신의 약혼녀인 레기네 올젠(Regine Olsen, 1822-1904)을 속이는 것은 두려워했다. 그것은 곧 그 소녀의 자아를 다치게 하는 것이기 때문이었다.

여성의 성 구조로부터 수많은 심리적·병리학적 징후들이 규정되며, 그 징후들은 그 해부학적 구조를 되돌아 지시하고 있다. 여성의 성 불감증은 매춘부의 불만족과 마찬가지로 어린 시절의 체험(강간이나 성폭행)에 근거한다. 또한 성 불감증은 부분적으로는 심리적으로 해석될 수도 있다.

그것은 무의식적으로 일어날 수도 있으며, 자기를 보호하는 무기로 사용될 수 있다. 여자는 불감증을 사용해서 계속되는 침범에 자기를 닫아버리며 "죽은 것"처럼 행동할 수 있다.

여기서도 육체적인 것과 인격적인 것 사이의 결합관계가 특징적인데, 그것은 그러한 자기방어가 어떻게 수행되는지를 보여준다. 그 자기방어는 대단히 특별하게 일어나는데, 우리는 그에 상응하는 남자의 입장을 살펴보아야 한다. 자기방어는 남자가 어떤 이유에서든 반여성주의적 태도를 지속적으로 보일 때 나타난다. 예를 들어, 독일의 철학자 아르투르 쇼펜하우어(Arthur Schopenhauer, 1788-1860)는 여성을 혐오했다. 성의 관점에서 이것을 볼 때, 우리는 다음과 같이 추론할 수 있다. 곧 남자는 단순히 생리적인 이유에서 성관계를 "이용"한다. 여기서 "이용"이라는 단어에 강조점이 있다. 따라서 쇼펜하우어는 여성을 아주 혐오하면서도 매춘녀들을 이용해서 성관계를 가졌다. 다시 말해, 남자는 자신의 고유한 자아가 담겨 있는 인격적 영역에서 여자를 만나지 않는다. 결국 여자는 실제적인 관계 곧 인격적인 상대라기보다는 성욕을 충족시키는 목적으로만 이용되고, 육체적인 관계만 허용되는 존재로 남는다. 이 점에서 남자는 본성적으로 육체적인 영역을 자아에 도달하기 위한 전 단계로만 이해하거나 아니면 그렇게 **오해할 수** 있다. 그렇게 오해할 경우 남자는 성을 자기의 인격으로 해석하기보다는, 인간에게 일어나는 단지 우연적인 사건으로 해석하게 된다. 이것이 남자가 성관계에서 각인되고 규정되는 것을 피하는 이유이며, 자신을 이루는 인격의 핵심에 도달하지 못하거나 혹은 도달한 것으로 이해하지 못하도록 만드는 이유다.

반대로 여자가 뚜렷한 반남성적 태도를 보일 경우(이것에 대해서는 위에서 언급한 것 외에 다른 이유도 있을 것이다), 그녀는 성폭행으로 인해 불감증을 느끼는 것일 수 있다. 달리 말해, 그녀는 육체적인 무감각을 통해 자신을 보호한다. 결국 여자는 육체를 **육체적** 만족을 얻는 전 단계로 이해하지 않는다. 오히려 여자에게 육체적인 것은 인격적인 것과 융합되고 결합된 것이다. 따라서 여자는 오르가슴에 도달하지 못하며, 육체적인 것 자체를 생각하는 것조차 거부한다. 그녀가 결혼했다면, 그녀는 일종의 의무로서 남편과 동거하는 것을 인내한다. 하지만 그런 동거는 그녀의 인격에는 낯선 것이며, 그녀는 그것을 정신적으로 참고 견뎌야 할 뿐만 아니라 "육체적"으로도 인내해야 한다.

여자의 육체적·인격적 통합과 여자가 첫 성 경험을 한 후 필연적으로 형성되는 힘과 관련해서 우리는 **일부일처제** 성향의 이유를 이해하기 시작한다. 여자는 그 본성의 중심에서부터 자기 체험의 전체성을 남성에게 모두 귀속시키려고 한다. 그녀의 목표는 남자의 육체뿐만 아니라 남자의 자아를 소유하는 것이다. 이것은 단회적 혹은 일시적인 것이 아니다. 일부일처제의 동기는 본질적으로 **여성의** 성 본성에 놓여 있다. 그것은 자아를 실현하려는 충동이다. 이런 단일한 결속이 없다면, 여자는 그녀 자신의 본성에 깊이 모순되는 위험에 직면한다. 달리 말해 단일한 결속이 없다면, 여자는 자신에게만 있는 고유한 육체적·인격적 통합과 통일에 대한 분열을 경험한다. 이런 통합과 통일은 자기 존재의 중심에서 외상(Trauma)으로 고통이 발생하지 않는 한 절대 포기되지 않는 것이다. 여자가 인격과 육체를 분리하지 못하고 또 남자의 "인격"을 무시하지 못하는 것은, 그것이 여자의 자아실현을 추구하는 것이라기보다는, 오히려 자아의 손상을 촉진하기 때문이다.

2. 일부일처제 – 일부다처제

위의 내용의 어떤 관점으로부터 우리는 남자가 일부다처제의 성향을 가진다고 말할 수 있을까? 앞서 우리는 남자의 성 본성과 여자의 성 본성의 차이점을 관찰했고, 이런 차이점이 일부다처제 성향의 토대가 된다는 것을 살펴보았다. 이 토대는 생리적 영역을 분리해 그것을 우연적인 것으로 다루는 남자의 본성에 있다. 생리적으로만 규정된 상대는 임의로 교환할 수 있다. 왜냐하면 자연현상은 보편적이지만,[8] 인격이라는 것은 개별적이고 유일하며 반복할 수 없기 때문이다. 하지만 우리가 실수하는 것이 아니라면, 배우자를 바꾸라는 것은 남자의 본성에서 나오는, **생리적**으로 결정된 충동이 결코 아니다. 오히려 그것은 모든 종류의 변화(현실 사건의 변화이든지 행동의 변화이든지)에 대한 자극적인 가치를 즐기려는 보편적 "삶의 충동"이다. 그러므로 이런 변화에 대한 성향에는 분명 인간적인 동기, 나아가 인격적인 동기가 나타난다. 그 경우를 우리는 『파우스트』에서 분명하게 볼 수 있다.

남자인 파우스트는 "영원한 여성성"(ewig Weibliche)을 추구한다. 하지만 우리가 독일 신학자 다비트 프리드리히 슈트라우스(David Friedrich Strauss, 1808-1874)의 도움을 받아 괴테를 해석한다면, "영원한 여성성"이라는 이데아는 "오직 하나의 예를 통해 그것의 충만함 전체를 드러내기를 좋아하지 않고", 오히려 유한한 형태의 무한한 풍부함 안에서 자신을 드러낸다. 파우스트의 에로스는 그레첸 안에 영원한 여성성이 완전히 포괄될 수 없다고 이해한다. 이는 마치 진리의 이념이 지식의 개별적 분과 안에서 완전히 포괄될 수 없는 것과 같다는 것이다.[9] 성관계는 상대적으로

---

8) 이것은 독일 철학자 Wilhelm Windelband(1848-1915)가 자연과학을 "법칙정립적" (nomothetic)이라고 표현하고, 역사를 "사례기술적"(idiographic)이라고 한 것과 연관된다. 이와 유사하게 독일 철학자 Heinrich Richert(1863-1936)는 두 학문에 대해 "일반화하는" 경향과 "개별화하는" 경향이 있다고 말했다. H. Rickert, 『자연과학적 개념 형성의 한계』(*Die Grenze der naturwissenschftl. Begriffsbildung*, 1896)를 참조하라.

9) 파우스트는 다음과 같이 말한다. "아! 나는 철학, 법학, 의학 그리고 미안하지만, 신학도 철저하게 공부했다네, 그것도 아주 열심히". 『파우스트』 I, 1.

피상적인 것일 수 있어서, 파우스트는 개별적인 인물(그레첸)과 맺은 관계를 상대적으로 쉽게 극복할 수 있었고, 수많은 인물에게서 영원한 여성성, 곧 근원적인 현상(Urphänomen)을 경험한다.

여기서 우리는 남성의 성향을 일부다처제라고 말할 수 있는 형이상학적인 배경을 이해하기 시작한다. 동시에 이런 일부다처제에 포함된 어려움도 볼 수 있다. 그레첸과의 만남은 결국 파우스트 자신의 운명에도 심각한 파괴를 가져온다. 그는 그녀의 파멸에 참여하면서 그녀를 파멸시킨 대가를 지급한다. 파우스트는 그레첸이 가진 고유한 인격의 "영원한 유일회성"을 고려하지 않았다. 이미 밝혀진 것처럼 그레첸은 자신을 상호교환될 수 있는 영원한 이데아의 하나의 상징으로, 다시 말해 영원한 여성성의 다만 하나의 견본으로 취급되는 것을 허용하지 **않았다**. 우리가 이것을 기독교적으로 표현한다면, 파우스트는 그레첸이 하나님의 형상(imago Dei), 곧 교환할 수 없는 인간의 위엄을 소유했다는 것을 알지 못했다. 그래서 남자 파우스트는 진리의 이름 그리고 "세계를 결속시키고 세계의 흐름을 안내하는 내적인 힘"의 이름으로 학문을 교환했던 것처럼, 자신이 추구하는 영원한 여성성의 이름으로 여자들을 교환할 수 없었다. 학제간 연구(Interfakultatives Studium)는 여성을 공유하는 사랑(Interfeminine Liebe)과는 질적으로 다르다.

보통은 "고통과 기쁨"뿐만 아니라 존재의 의미를 성취해 가면서 방랑했던 파우스트는 바로 이 지점에서는 자신의 죄와 마주한다. 왜냐하면 지금 그는 등을 돌려 그레첸을 떠나고 그녀의 실존의 의미를 파괴하기 때문이다. 그는 대세계[10]를 향한 탐구의 길을 떠난다. 그는 유한한 모든 것을

---

10) Goethe는 『파우스트』에서 세계를 소세계와 대세계로 구분한다. 소세계는 소시민의 세계나 인간의 개인적인 체험과 문제를 의미하며, 대세계는 개인적인 것보다는 사회적 차원, 국가적인 차원, 곧 인간의 공동생활을 의미한다. 『파우스트』 1부는 소세계가 무대이고, 2부는 대세

살펴보면서 만물의 근원에 가까이 다가갈 수 있다. 일시적인 것들은 상징(symbolisch)이다. 이런 상징에서 방랑자 파우스트는 모든 유한한 것을 통과하여 근원에 가깝게 다가갈 수 있었다. 하지만 그가 만났던 그 사람은 이것과 다르다. 그레첸은 관계(Gemeinschaft)에서 자신을 내어주고, 관계에 의해 규정된다. 그녀는 유한성을 이루는 부분을 상징하는 그 이상의 것이고, 탐구를 통해 만나는 단순한 경험 이상의 것이다. 그녀는 정지를 명령하며, 파우스트와는 아주 다른 희생을 요청한다.

우리는 이런 파우스트의 죄를 결코 도덕적으로 비난할 수 없다. 그의 죄는 결정적으로 비극의 특성을 지닌다. 그는 사실상 그레첸의 비극의 집행자다. 하지만 정작 그가 겪어야 했던 비극은, 파우스트가 가진 자기실현(Entelechie)이 계속 탐구하도록 파우스트 자신을 강요하고, 나아가 그것이 유한한 존재들 안에서 실존을 드러내는 존재 자체의 소우주(mikrokosmische Spiegelung)를 반영한다는 데에 있다. 그는 자신이 질문을 시작했을 때의 그 법칙을 계속 따랐다. 그 법칙은 그가 계속해서 방황하는 가운데 자신의 각인된 모습을 "생동적으로 전개해야 할 법칙"이다. 그러나 그레첸의 자기실현은 "영원한 여성성"을 이루는 것이 아니라, 단지 유한한 여성이 되는 것이다. 곧 그녀는 성관계에서 "그녀 자신"을 내어주고 쏟아 붓는 여성이 되어, 그 관계 안에 파묻힌 채로 남아 있어야만 한다. 그레첸은 하나뿐인 한 남자가 그녀와 하나가 되어 오직 그녀만을 위해 존재하고, 그녀가 자신의 존재를 내어주는 결합관계를 유지하는 한에서 존재할 수 있고, 그녀 자신일 수 있다. 파우스트와 그레첸의 자기실현(Entelechie)은 서로 모순되고, 그들은 상대방의 자기실현을 지지하면서 자신의 자기실현에는 충실하지 않을 것인지, 아니면 자기 존재의 법칙에

계가 무대이다. - 편집자 주

복종하면서 상대방을 희생시킬 것인지를 결정해야 하는 갈등에 빠진다. 이것이 엄밀한 의미에서 비극이다. 우리가 여기서 세계 구조 안에 있는 심오한 모순에 직면하게 되고, 대표적인 몇몇 사람들이 이 갈등을 인내해야 한다는 것은 주어진 사실이다. 하지만 그럼에도 불구하고 그 갈등이 잘못된 것이고, 죄를 포함한다는 사실은 그대로 남아있다. 고대 그리스 비극작가 아이스킬로스(Aischylos, 기원전 525-456)는 이것에 대해 『아가멤논』(Agamemnon, 지만지 역간, 2012)에서 다음과 같이 이야기한다. "바로 그러한 살인을 모르는 그대! 그대가 어떻게 감히 그 생각을 증언할 수 있단 말이오?" 달리 말해, "그 일은 그대의 소행입니다. 어떤 판결도 그대의, 그러한 살인에 대해 무죄를 선고하지는 않습니다." 아이스킬로스는 그 갈등이 인간적 숙명이고 인간의 죄란 그 일이 발생하는 장소와 징후일 뿐이라는 것을 알고 있었지만, 그렇게 말했다.

이와 함께 우리는 남성들의 일부다처제 성향이 가진 문제에 부딪친다 (일부다처제라는 단어는 진부하고 "방랑"이 더 깊이 있고 중요한 표현일 것이다). 우리의 기본적인 물음은 다음과 같다. 곧 남성적 측면의 일부다처제 성향에 대한 어떤 이해할 만한 적합한 형태가 있을까?

우리가 남성적 측면만을 따로 분리해서 생각할 수 있다면, 물론 이런 생각은 불완전한 사유의 실험에서나 가능한 것인데, 우리는 이 질문에 긍정적으로 답변할 수 있다. 생리학적 관점에서 살펴본다면, 그 어느 것도 남성의 그러한 방랑의 삶의 형태를 방해할 수 없다. 인격적인 관점에서 남성을 살펴본다면, 남성이 가지는 성 경험은 주변적인 것으로 밀려나고, 인격의 핵심은 영향받지 않은 것으로 남는다. 예를 들어, 철학자 쇼펜하우어는 매춘부들과 성관계는 했지만 여자를 혐오했다. 하지만 이것은 단순히 인위적인 추상 개념으로 이야기하는 것이다. 사실, 남자는 여자와 같은 존재가 있음으로써 **존재할 수 있다.** 다시 말해 그는 여자의 실존을 고려하지 않을 수 없고, 그래서 그녀의 성 본성으로부터 벗어날 수가 없다. 여자는 자신의 본성을 이루는 실체를 손상하지 않고서는 일부다처제의 삶을 살 수 없기 때문에, 남자도 여자처럼 일부다처제의 삶을 살 수 없다.

남자도 마찬가지로 일부다처제의 삶을 살 수 없는 것은 단순히 도덕적인 이유보다는 더 깊은 이유에 근거한다. 우리는 남자가 이타적인 생각으로 일부다처제의 삶을 살지 않는다고 도덕적으로 이해하지는 않는다. 오히려 남자도 성 자체의 전체성 때문에 일부다처제의 삶을 살 수 없다. 일부다처제를 선택할 경우 그는 자신의 실체에 대한 심각한 손상을 겪는다. 우리가 이미 살펴보았던 것처럼, 그는 자신을 위해 순결한 여자를 원한다. 그는 그녀만이 그에게 성적으로 최후의 것을 줄 수 있다는 전제에서 순결을 원한다. 그녀는 다른 남자와 잠자리를 가진 흔적이 없고, 그녀의 마음에 다른 누군가를 위해 준비해 둔 자리가 없어야 한다. 하지만 그는 여기서 비일관적인 윤리와 아주 심각한 기만적인 자기모순에 부딪힌다. 곧 남자는 여자와 다르게 성적 방탕함을 가지면서도 자신의 배우자에게는 순결함을 요구한다. 그와 남성적 이름의 사회는 "도덕의 이중 잣대"를 가지고 이것을 정당화하려고 한다.

그래서 일부일처제는 최종적으로는 남자의 인격에 근거한다. 남자의 인격성이 성의 육체적 영역과 분리되지 않는다는 점에서 그러하다. 이런 분리가 피상적으로는 남자에게 가능해 보이지만, 여자에게는 확실히 불가능하다.[11] 그래서 일부일처제는 일차적으로 여성의 자아의 전체성에 근거한다. 우리는 남성적 성향의 일부다처제를 단지 간접적으로, 그리고 어느 정도 평가절하해서만(*cum grano salis*) 말할 수 있다. 무엇보다도 남자다움은 관계적 용어이기 때문이다. 달리 말해, 그것은 여성이라는 존재와

---

11) 이러한 주장에서 우리는 앞서 매춘부에게서 해명했듯이 특수한 경우는 배제한다.

분리해서 정의될 수 없다(고전 11:11). 따라서 사람들은 일부다처제가 남자에게 "자연스러운" 것이라고 함부로 말해서는 안 된다. 이것은 자연적이라는 개념을 부적절하게 동물적인 개념에 제한하기 때문이다. 오히려 남자의 "자연스러움"은 남자됨, 곧 여자에 대한 남자의 관계를 의미한다. 이것은 여자의 성을 배제한 채 남자 자신의 고유한 성을 정의하고 사용할 수 없음을 의미한다(그렇다고 이것이 남자의 성을 부정하는 것은 아니다).

그러므로 남자에게 "자연스러움"은 남자가 혼자 고립되어 자기실현을 하는 식의 성의 형태가 아니다. 그런 인위적인 "홀로 있는 남자"는 육체적으로는 기형일 수 있다. 오히려 남자에게 자연스러운 것은 여성에 대한 남성의 바른 관계를 형성하는 성의 형태다. 그래서 우리가 남자의 성과 여자의 성이라는 양극의 관점에서 성의 신비를 이루는 전체적인 모습을 살펴볼 때, 일부다처제는 남성적 본성과 **일치**하는 것이 아니라 오히려 그것을 **부정**한다.

이러한 논의는 앞에서 말했던 목회상담의 문제를 상기시킨다. 성적 성취는 다른 사람의 성 본성에 참여할 때에 가능하며, 자신의 고유한 성을 맹목적으로 자기실현 하려할 때는 가능하지 않다. 그래서 이런 종류의 부부 위기는 일종의 상호 간의 순종을 요구한다. 그 순종은 단순히 리비도의 요구에 반응하는 것이 아니라, 인간적인 의사소통을 필요로 한다. 이런 종류의 상호 간의 순종은 에로스와 아가페 양쪽에 똑같이 관계된다. 여성의 성적 자기실현과 관계되면서 남성의 일부다처제 성향의 성적 자기실현이 제한되는 것은 이런 상호 간 복종의 한 방식이다. 우리가 살펴보았던 것처럼, 남성이 여성의 본성에 상응할 때만 존재할 수 있다는 사실이 남성의 본성에 속한다. 그래서 아가페는 영적인 부분이나 인격적인 부분(실제로 이런 부분들은 존재하지도 않는다)에만 제한된 것이 아니라, 인간의 전체 "본성"과 관계된다. 다시 말해, 그것은 다른 사람을 위해 존재하고 한 사람 자신의 삶을 다른 사람의 삶에 관계시키기를 요청한다. 그러므로 아가페는 전인성에 대한 가장 깊은 이해다.

기독교적 아가페는 '타인을 위한 존재'를 모든 이웃 인간성의 기초로서 이해하고, 인간을 그의 이웃으로부터 규정한다. 우리는 이 점에서 **복음이 일부일처제를 선호한다**는 것을 알 수 있다. 아내가 "이웃"으로 존재하기에 남편의 성적 본성은 아내의 것을 위해 존재해야 하고, 아내의 성 본성이 가진 육체적·인격적인 전체성이라는 유일성을 존중해야한다. 그때 남편은 자기 자신의 성 본성으로서 살아갈 수 있다. 아가페라는 명제는 성적인 것을 단순히 윤리적인 것으로 "강조"하거나 외부에서 그리고 위에서 규제하는 것이 아니다. 오히려 그 명제는 이미 리비도의 영역 **안에서** "상호 복종"의 법을 따르는 것이며, 그것이 본성 자체에 일치하는 것이다. 일부일처제와 복음의 분명하고도 뚜렷한 연관성에도 불구하고, 우리는 복음이 제시하는 일부일처제의 **적합성**에 주저할 수도 있다. 그러나 우리는 그 적합성을 다음과 같이 표현할 수 있다. 곧 일부일처제는 그리스도교적으로 단순히 주어진 것이 아니라 오히려 "되어가는 것"이다.

성경은 특이하게도 이와 관련해 직접 인용할 만한 어떤 내용도 제시하지 않는다. 구약은 일부다처제를 알고 있어서, 일부일처제에 대해서는 어떤 언급도 하지 않는다. 신약성경도 이 문제를 전혀 다루고 있지 않다. 물론 성직자에 대한 언급은 예외다(딤전 3:2; 딛 1:6-7). 다시 말해 성경은 일부일처제에 관한 "법"에 대해서는 어떤 언급도 하지 않는다. 따라서 우리는 어떻게 기독교가 결혼의 형태와 관련해서 일부일처제에 특권을 부여하는 대단히 명확한 결정에 도달하게 되었는지 질문하게 된다.

이 물음은 성경에서 이상하게 무시되었고 좀처럼 언급되지 않았다. 따라서 이 물음[12]에 대한 답변을 찾기 위해서는 어떤 추론이 필요하다. 역사적인 자료가 부족하기에 우리는 신학적인 추측을 감행하지 않을 수 없다.

남성적인 성의 자기실현은 여성적인 성의 자기실현과는 달리 일부다처제의 성향을 가졌다는 주장이 옳다면, 우리는 남성 우위에 의해 결정된 사회에서 에로스의 자율성 역시 일부다처제의 성향을 가질 것이라고 추측할 수 있다. 교회사를 포함한 오랜 시간 동안 흘러온 역사는 남성이 지배하는 특징을 보여주지만,[13] 기독교가 일부다처제를 강조하거나, 그것에 대한 어느 정도의 여지를 제공한 적이 없다는 사실은 우리를 매우 놀라게 한다.[14]

일부일처제를 선호하는 기독교의 결정은 분명 "자연신학"(natürliche Theologie)으로는 설명될 수 없다. 왜냐하면 일반적으로 자연신학은 우리에게 주어진 것이나 우리가 욕구하는 것을 자연스러운 것으로 생각하기 때문이다. 그 결과 사람들은 남성이 지배하는 사회는 결혼이라는 주제와 관련해서 "자연신학"의 방식으로는 일부다처제가 파생될 것이라고 쉽게 추측할 수 있다. 성경도 일부일처제라는 형태를 직접적으로는 명령하지 않기 때문에 우리는 아주 다른 한 동기가 작용하고 있다고 생각해야만 한

---

12) 통상적인 윤리학에서도 이러한 문제는 잘 다루어지지 않았다. Emil Brunner(1889-1966)는 창조적 질서에 대한 독자적인 생각을 통해 일부일처제를 위한 근거를 다루었다(*Gebot*, 326 이하). 그리고 Piper는 구약에서 이스라엘 백성들이 이방 신을 섬기게 되는 것을 부부관계의 파괴로 선언하고, 일부일처제를 제시하는 하나님과의 서약을 상기시킨다. 그와 같은 것은 그리스도와 교회의 관계를 부부 사이에 비유한 에베소서에서도 볼 수 있다. "신약과 구약에서 하나님과의 약속을 부부의 모습으로 자주 기술하고 있듯이, 부부간의 결속은 가장 친밀한 관계로 간주되고 있음을 추론할 수 있고, 그에 따라 우리는 진정한 부부의 모습이 유일성을 요구하고 있음을 알 수 있다. 즉 부부관계를 위해서는 양쪽 모두를 위한 유일성이 필요하다. 같은 책, p. 241 이하.

13) *ThE*, 양성 평등에 관한 절, §2310 이하를 참조하라.

14) 특별히 군주, 심지어 루터에 해당하는 몇 가지 예외적인 규정들조차 반론을 위한 사례로서 받아들여질 수 없다.

다. 그 동기는 아가페에 기초한 인격적인 공동체라는 기독교의 새로운 성향에서만 발견될 수 있다. 결혼관계도 마찬가지로 아가페에 기초해 있다. 초기 기독교에서도 가정과 사회에서 남성의 지배권에는 논쟁의 여지가 없었지만, 그러나 그 권한은 "남자는 여자를 마땅히 사랑해야(ἀγαπᾶν) 한다"[15]라는 명령에 제한을 받는다. 그러나 신약성경에서 아가페는 우리가 다른 사람을 위해 존재하는 것과 단순히 감정적인 방식이 아닌 매우 실제적인 방식으로 다른 사람의 삶에 참여하는 것을 의미한다. 아가페가 단순히 인간 정신의 추상적인 태도나 여러 사유를 거쳐 희석되어 일반화된 인간의 사유를 의미하는 것이 아니라면(이런 생각은 신약성경의 가르침과 완전히 다른 것이다), 우리가 앞서 이야기한 것처럼, 아가페는 우리가 실존하는 실제 모습으로 우리의 이웃을 받아들이고 그의 성 본능 역시 실제로 받아들이라고 요청한다. 한 남자가 어떤 여자를 자신의 유일한 아내로 맞이하지 않고 그녀에게 상처를 주고 있다면, 아가페는 더는 그 여인에게 상처를 가하면 안 된다는 것을 그 남자에게 명령한다.

여기서 우리는 지금 신학적 의도와 인간학적 의도가 어떻게 서로 밀접하게 관련되며, 은총과 자연이 어떻게 혼합되지 않고 그렇다고 서로 분리되지도 않고 함께 작동하는지를 보여주는 고전적인 예를 본다(지금 굳이 존재의 유비[analogia entis]가 언급될 필요는 없다). 달리 말해 다른 사람을 받아들이는 아가페가 단순히 보편적인 인간 존재(humanum generale)만 생각하고, 그 사람이 가진 고유하고 개별적인 **본성**, 곧 그의 인격적 존재를 만나지 않는다면, 아가페는 실제로 다른 사람을 "이해하는 것"일 수 없다. 아가페는 인간을 "육체적"이고 인격적인 존재로 이해한다. 그렇기 때문에 아가페는 인간의 몸을 허상으로 생각해 인간의 영적인 측면만을 인정하

---

15) 엡 5:28, 결혼 장에서 나오는 주석 부분을 참조하라.

는 가현설과는 다르다. 몸과 함께 이해되는 아가페는 무한히 다양한 형태로 전개될 수 있다. 에로스의 영역에서 아가페는 사랑의 봉사(*diakonia*)와도 다르다. 아가페는 직업 세계의 동료 관계에서도 나타나고 부모와 자식의 관계에서도 나타나지만, 이 둘의 형태와는 다르다. 그렇지만 아가페는 이런 모든 영역 안에 있다.

일부일처제를 선호하는 기독교의 결정이 우리에게 합리적으로 여겨지는 것은 오직 다음과 같은 설명에 기인한다. 곧 다른 사람을 완전히 수용하라고 명령하는 아가페는 자신의 아내를 유일하고 개별적인 인격으로 대하며, 일부다처제를 원하는 자신의 성향을 억제한다. 아가페라는 의미의 사랑은 우리에게 이해하는 법을 가르친다. 또한 그것은 다른 사람의 성 본성을 이해하도록 우리를 가르치고, 그렇게 이해된 의미 안에서 "다른 사람을 위해 존재"하도록 가르친다.

이러한 설명에는 일부일처제가 단순히 에로스 자체가 가진 법칙성에 기초해서는 설명될 수 없다는 부정적 주장이 함축되어 있다. 물론 에로스 자체에 일부일처제로 나아가려는 성향이 전혀 없는 것은 아니다. 우리가 이미 앞에서 살펴보았던 것처럼, 사랑의 기술(*ars amandi*)은 다른 사람에 대한 관계를 요구하고, 이런 요구 자체가 에로스도 일부일처제의 성향을 가지고 있음을 암시한다. 하지만 역사가 보여주는 것처럼, 에로스 안에 있는 이런 성향들은 일부일처제를 확립시키기에는 충분하지가 못했다. 일부다처제 사회에서 일어난 실제 상황들을 충분히 분석한 많은 결과는 사람들이 일부일처제를 확립하려는 길을 차단하거나―에로스의 의미에서―그것이 불필요하게 보이도록 만들었던 사회학적·심리학적 이유를 보여준다. 이런 상황과 관련해서 에로스 자체는 자신 안에 일부일처제를 원하는 본래적 성향을 가지고 있지 않음을 보여준다. 비록 어떤 "세속적인" 철학자들이 에로스 고유의 법칙성에 호소하는 논증을 펼치면서 일부일처제의 토대를 놓으려고 시도했지만 말이다.

지금까지 전개된 논의의 중심은 기본적으로 오직 **한** 사람이 다른 한 사람에게 적합하다는 것이다. 다른 말로 하면 배우자의 유일성이 결혼의 토대를 이루고, 일부일처제의 형태에 이르도록 한다. 이 유일성의 비밀에 대한 논증은 우리가 앞에서 살펴보았던 플라톤의 『향연』에 나오는 둥근 구형의 인간의 신화적 개념과 비교될 수 있다. 두 명의 사랑하는 사람이 서로에게 완벽히 어울리는 이유는 원래 그들이 이전 세상에서 하나의 몸으로 선재했다는 사실에 있다는 것이다. 그래서 사랑이란 반으로 나누어진 부분이 특별히 서로에게 꼭맞는 자신의 반쪽을 되찾는 것이라고 한다.

완전히 다른 두 명이 서로 친밀하게 연합된다는 동일한 생각은 성의 상호 보완성 법칙(Gesetzen geschlechtlicher Komplementarität)에 근거해서 완전히 비신화적으로도 주장될 수 있다. 이 논증은 모든 인간이 자신 안에 남성(Mann)의 요소와 여성(Weib)의 요소를 가지고 있으며, 각각의 사람에 따라서 두 요소가 차지하는 비율이 다르다고 주장한다. 플라톤이 이미 에로스의 목적으로 이해했던 상호 보완하는 형식적 관계는 한 남자와 한 여자가 서로에게 일치하는 M-W의 요소를 발견하는 것에서 일어난다.[16] 그래서 이상적인 관계의 경우, 곧 한 사람이 자신에게 어울리는 "단 한 명의 유일한 사람"을 배우자로 만난다면, M과 W의 전체 합계는 항상 200%를 이룬다.[17]

이렇게 서로에게 조화를 이루는 것이 에로스에 기초한 모든 현실적인 삶을 이루는 필수불가결의 조건(conditio sine qua non)이라는 것은 의심

---

16) 어떤 남자가 M 60%와 W 40%의 비율을 가지고 있다면, 그는 W 60%와 M 40%를 가지고 있는 여자와 잘 어울릴 수 있다. 또 다른 남자가 M과 W의 비율이 50%를 가지고 있거나 M 40%와 W 60%로 W의 비율이 10% 더 많다면, 그는 어떤 여자도 얻기 힘들다. 그뿐만 아니라, 오히려 동성의 상대가 그에게 더 적합할 것이다.

17) Weiniger, 위의 책.

의 여지가 없다. 우리는 이미 앞에서 아가페가 에로스를 대신할 수는 없지만, 에로스가 아가페 자신을 돕도록 한다는 사실을 분명히 살펴보았다. 즉 아가페는 나로 하여금 다른 누군가를 에로틱한 분위기에서 에로틱한 방식으로 사랑하도록 이끈다. 이것은 내가 그를 다른 삶의 영역에서 다른 방식으로 사랑하는 것과 마찬가지다. 그렇다면 에로스가 아가페에 봉사한다는 맥락에서 보면, 에로스와 상호 보완성의 법칙 그리고 에로스가 요구하는 상호 간의 일치는 결혼의 근본은 아니라고 해도 결혼의 조건은 된다.

하지만 결혼이 오직 이런 에로스적인 원리에만 기초하고 있다면,[18] 부부는 영원한 위기에 처한다. 왜냐하면 부부는 다음과 같은 것을 반복해서 자기 자신에게 질문할 것이기 때문이다. 곧 내 배우자는 실제로 내게 "알맞은 사람"인가? 이 질문을 다르게 표현하면, 지금의 배우자는 내 부족한 부분을 최상으로 보완해주는 최고의 사람인가? 이런 되풀이되는 질문은 세 가지 동기에서 나온다.

첫째, 내 배우자라는 특별한 사람은 내 부족한 부분을 최상으로 보완해주는 최고의 사람이라는 경험적 판단(이런 판단은 외적 진단에 지나지 않는다)이 내려지자마자, 그 판단은 내게 끊임없이 재검토와 수정을 요구한다. 왜냐하면 우리는 늘 변화하는 역사적인 존재이기 때문이다. 이것에 대해 두 가지가 부연될 수 있다. 우선 사랑하는 사람과 연합이 이루어진 순간에, 각자의 부족한 부분을 보완해주는 것이 있거나 또는 있는 것처럼 여겨지던 사실이 변화하거나 착각으로 드러날 수 있다. 에로스에 내재하는 자기애(amor sui)는 자기보존과 자기발전과 관련해서 그러한 문제를 제기한다. 이어서, 살아가는 동안 나는 나의 배우자와 비교할 수 있는 다양한 사람을 만나게 되고, 그것이 내가 배우자에게 처음에 내렸던 평가를 수정

---

18) 개인적인 에로스로의 발전, 특히 낭만주의 이후에 대한 장 "남녀관계의 이해에 관한 인간론적 변천", ThE, §2239 이하를 참조하라.

하도록 만든다.

둘째, 자신에게 고립된 에로스는 다른 사람의 **존재**만이 아니라, 그 사람의 **기능**도 자신을 보완해주는 원리와 관련해서 생각하도록 만든다. 바로 에로스의 영역에서 다른 사람의 존재는 특별한 기능, 곧 사랑의 기술(*ars amandi*)에서 실제로 확인된다. 이것은 상대편이 어떤 기능을 아직도 여전히 수행할 수 있는지 지켜보려는 영원한 통제의 충동 같은 것으로 이어진다. 그리고 지금, 우리 인간의 실존이 가진 역사적 특성이 작용한다. 우리는 시간이 흐르면서 기능의 능력이 변화하고, 이런 변화는 배우자 두 사람에게서 동시에 일어나지 않아(한 사람이 다른 사람보다 더 빨리 나이가 든다), 반드시 부부에게 분열과 부조화를 일으킨다는 것을 안다. 이런 역사적인 의미에서 사랑의 기술이 가진 기능은 두 사람의 존재보다 훨씬 더 다양한 방식으로 역사적인 변화를 일으킨다.

셋째, 다른 사람이 사랑의 기술을 지속적으로 기능하는지를 지켜보려는 충동의 또 다른 원인은 에로스 자체가 가진 "리듬-법칙"과 관련이 있다. 곧 에로스가 가져오는 한 순간의 황홀함은 무관심의 상태나 심지어 혐오의 상태로 이어진다. 이것과 관련해서, 부부간의 상호 보완성은 여전히 존재하는지와 같은 물음(이런 물음은 종종 신경증으로 이어지기도 한다)이 힘을 얻는다. 곧 아주 충분할 정도로 순전히 에로틱하고 "낭만적인" 결혼만을 생각하던 부부에게 달콤한 신혼 기간이 끝나면, 위기가 찾아온다. 내가 아주 끔찍할 정도로 확신을 갖고 이야기하지만, 성적 매력이 물씬 풍기는 젊은 사람의 외모와 자기 배우자의 외모를 비교하는 것이 배우자의 단점으로 바뀔 때, 부부의 위기는 찾아온다. 그리고 배우자는 각자 이런 문제를 해결하기 위해 상대방에게 상처를 주는 (불륜 같은) 미봉책으로 접근하거나, 아니면 (이혼 같은) 과격한 해결 방식을 추구하기도 한다. 개인적인 에로스의 지배 이후에 나타나는 부부 사이의 점진적 불안정성은 역사적으로 분명하다.

사랑은 가정을 이룬 부부 사이에서만 비롯된다는 속담은, 어떻든 결혼은 부부 사이에 견고하게 세워져야 한다는 점에서, 사랑(에로스)이 결혼에 기초해야만 하며 에로스적 사랑이 결혼보다 중요하다고 가르치는 후기 낭만주의 개념과 비교해서 옳다는 것이 입증되었다. 이런 생각은 역사 발전을 거슬러 낭만주의 이전의 시대로 되돌아가서 가부장적 결혼의 형식을 되찾거나, 우리가 가부장적 결혼 생활을 해야만 한다는 것을 의미하지 않는다. 그 생각은 오직 에로스에만 기초한 결혼에서 발생하는 기본적인 문제를 우리에게 보여준다는 의미만을 갖는다.

따라서 에로스 방식과 아가페 방식의 배후에서 섹스 파트너의 유일성을 찾는 일은 본질적이다. 에로스 방식과 아가페 방식 두 경우 모두에서 유일성이 주제로 등장한다(에로스 방식도 섹스 파트너의 유일성을 원하지만, 그러나 지속적으로는 얻을 수 없다는 사실이 드러난다. 하지만 그런 사실에도 불구하고 우리가 살펴보는 유일성이라는 기본적인 고려사항이 바뀌는 것은 아니다).

에로스는 고도로 특수한 상보성을 강조하면서 유일성을 명제로 삼는다. 반면 아가페는 유일성을 자신의 목표로 삼는다. (특히 여자에게서) 육체적인 것과 인격적인 것 사이의 영원히 변치 않는 연합이 단 하나의 동반자 관계를 내포하고 일부일처제를 추구하기 때문이다.

누군가는 오직 에로스만이 유일성의 토대가 될 수 있다고 주장하지만, 우리는 다음과 같이 기독교적 반대명제를 진술할 수 있다. **유일성이 결혼의 토대가 되는 것이 아니라, 결혼이 유일성의 토대가 된다.**

우리는 이 진술의 부정적인 부분에 대해서 방금 논의했다. 곧 에로스가 요구하는 섹스 파트너의 유일성이 결혼의 토대가 되는 것이 아니다. 왜냐하면 그 유일성은 끊임없는 재검토와 수정을 요구하기 때문이다. 엄밀히 말해서, 에로스가 말하는 배우자의 유일성은 단지 "한 순간"이나 기껏해야 "잠깐" 지속되는 것을 의미하지, "죽음이 부부를 갈라놓을 때까지"

일평생 지속되는 것을 의미하지 않는다.

우리는 앞선 진술과 관련된 긍정적인 부분, 곧 결혼이 바로 유일성의 근거가 된다는 점과 관련해 가장 중요한 것을 이미 말했다. 결혼 안에서 발생하는 성적 만남과 대단히 확실하게도 그것으로부터 생산되는 자녀가 양쪽 파트너를 유일한 존재로 지칭하고 또 그렇게 만든다. 그 결과 그들은 서로를 위해 존재하고 서로에게 운명이 된다. 아내는 특별히—남편은 아내를 통해 간접적으로—지울 수 없는 특성을 얻는다. 이 지울 수 없는 특성은 아내와 남편이 결혼을 통해 서로에게 영원히 소속되어 있음을 의미한다. 바로 이것이 결혼 **자체**에서 생기는 유일성을 뜻한다.

우리가 앞서 살펴보았던 것처럼, 자신의 자아를 포기한 아내는 자신의 자아의 거의 전부를 사랑의 공동체에 쏟는다. 심지어 그녀는 자신이 결혼 전에 갖고 있던 성(Mädchenname)도 포기한다. 그리고 우리는 성(Geschlechtlichkeit)과 인격이 일치해 연결되어 있음을 확인한다. 특히 아내의 경우는 사랑에서 생기는 유일성이 에로스에 근거하지 않고 본질적으로 아가페에 근거한다. 그리고 우리는 아가페가 에로스를 알맞게 만들고 그것에 의미와 목적을 준다는 결론을 내리지 않을 수 없다. 왜냐하면 아가페만이 배우자를 인격적인 존재로 바라보도록 만들고, 큰 희생을 치르고 얻어진 사람으로, "하나님 앞에 있는 사람"으로, "가장 가까이 있는 사람"으로 보도록 만드는 유일한 사고방식을 우리에게 주기 때문이다. 그 점에서 아가페는 성의 특징적 본성을 **고려하며** 성관계에서 나타나는 이런 유일성이 존중되도록 만든다.

우리가 결혼에서 생기는 이런 유일성(이것은 실제 "사건"이지, 수학적 공리처럼 무시간적인 전체가 아니다)을 부부의 사랑이 지닌 창조성에 대해 적용할 때, 그것은 지나친 것이 아니다. 그 **창조적인** 면은 아가페의 선물이다. 루터는 인간의 에로스에 반대되는 것으로 하나님의 아가페를 다음과 같은 방식으로 정의했다. "하나님의 사랑은 그분의 사랑을 받을 만한 가치 있는 것을 찾는 것이 아니다. 오히려 그분은 자신을 위해 사랑받을 만한 가치가 없는 것을 그분의 사랑을 받을 만한 가치 있는 것으로 창조하신다. 반면 인간의 사랑은 그것이 발견한 사랑스러움을 통해 존재한다."[19] 인간의 사랑, 곧 에로스는 다른 사람에게 있는 사랑할 만한 가치에 의존한다. 달리 말하면 에로스는 상대방이 가진 아름다움, 성품, 지성과 조화롭게 서로를 보완해주는 상호 보완성 같은 내적 가치에 의존한다. 그래서 인간의 사랑은 소멸적이고 불안정한 것에 의존하며 개정될 수 있다. 이런 이유로 인간의 사랑은 아마도 대단히 승화된 자기사랑의 토대가 된다. 왜냐하면 이런 종류의 사랑은 다른 사람이 가지고 있는 가치 "그 자체"가 아니라 "내게 도움이 되는" 그의 가치를 추구하기 때문이다. 그래서 인간의 사랑은 항상 다른 사람이 **내게** 중요성을 가졌는지와 그가 **여전히** 내게 가치를 가졌는지에 대해 질문한다(die Frage). 그리고 이것은 엄밀한 의미에서 인간의 사랑을 의심스럽게 만든다(in Frage gestellt).

하지만 우리가 아가페라고 말하는 하나님의 사랑은 나에게 도움이 될 만한 다른 사람이 가진 가치를 계산하는 것에 근거하지 않는다. 우리가 그런 가치 있는 사람이기 때문에 하나님이 우리를 사랑하시는 것이 아니다. 오히려 하나님이 우리를 사랑하시기 때문에 우리는 가치 있는 사람이 된다. 다른 사람 역시 하나님께 가치가 있기에 나는 그 사람을 존경해야만 한다. 따라서 내 사랑은 매 순간 누군가 "나를 위한 가치"가 있는지 없

---

19) *Amor Dei non invenit, sed creat suum diligibile, Amor hominum fit a suo diligibile* (*WA* 1, 354, 35). *WA*는 프러시아 정부의 후원 밑에서 J. Knaake, P. Pietsch 그리고 K. Drescher가 편집한 *Weimarer Ausgabe*의 약자이다. 때로는 *Kaiser, Hohenzollern Ausgabe*라고도 말해진다. 이 전집은 루터의 작품을 연대적으로 배열했다. 이 전집의 주요 부분은 69권으로 이루어져 있고, 6권의 탁상담화와 11권의 서한집, 루터가 번역한 9권의 독일어 성서가 첨부되어 있다. 그리고 색인을 포함하여 몇 권은 아직도 준비 중에 있다. – 편집자 주

는지를 확인하는 불안정한 기능을 더는 행하지 못한다. 하나님의 지속적인 신실함이 그 사람과 나를 둘러싸고 있고, 하나님의 지속적인 신실함이 나와 그 사람의 관계를 지속되는 관계로 만든다. 그래서 아가페는 다른 사람이 가진 순간적인 적절성과 부적절성이라는 피상성을 뚫고 나아가 그가 가진 궁극적인 신비에 자신을 참여시킨다. 바로 이것이 분명하게 아가페를 창조적으로 만드는 것이다. 곧 그때 타자는 지금 자신의 존재의 중심에서, 곧 그의 구체적인 실제 존재와는 관계없이, 오직 하나님과 함께하는 역사 안에 숨겨진 무제약적 인간 존재를 향해 관심을 받고 있고 또 존중받고 있다는 것을 알게 된다. 이런 방식으로 아가페는 인간의 본질적 존재를 사랑하고, 나아가 생성시킨다. 그렇기 때문에 예수님과 접촉했던 모든 사람, 특히 문제 많은 사람, 곧 창녀, 세리, 서기관, 이방인, 모욕받고 상처 입은 사람들 모두는 예수님의 아가페 사랑에 의해 가치 있는 존재들이 되었고, 그런 가치 안으로 진입했다.

그들은 이런 사랑을 받을 만한 가치 있는 사람이 되기 위해서 스스로 자격을 획득한 사람들이 아니다. 오히려 그들은 예수님의 아가페 사랑에 의해 가치 있는 존재들이 되었다. 만일 우리가 이것을 관념 철학의 의미로 오해하지 않는다면, 우리는 그 무가치한 사람들이 그 사랑 아래서 자신들 너머로까지 성장했다고 말할 수도 있다. 이 사랑은 그들이 하나님의 자녀라는 것을 알려주고, 하나님의 자녀로서 자유케 했다 그들은 창조적 숨결 아래 서있었다.

많은 나이든 부부들에게서 볼 수 있듯이, 우리가 그들이 많은 사랑을 받았다고 감히 말하는 것은 단지 낭만 때문만은 아니다. 오히려 사람의 특성들이 그들 안에서 생성되고, 분출되고, 그래서 부부가 서로를 "먼저" 사랑하도록 만들었다. 이 특성들은 그들의 고유한 자기실현에 의해서는 실현될 수 없는 것이었다. 진정한 사랑을 실현하는 "형성"의 법칙(Gesetz der Herausformung)이 작동한 것이다.

아가페든 그리고 아가페를 통해 변화된 에로스든 간에 모든 사랑은 루터가 말한 것처럼, 하나님의 사랑에 속한 신적인 창조를 뒤따라 수행한다. 이 창조적 사랑과 관련해서 우리는 결혼의 사랑이 유일성을 창조하는 것이지, 유일성 자체가 결혼의 사랑을 만드는 것이 아니라는 말을 이해할 수 있다.[20]

---

20) 일부일처제와 일부다처제의 문제를 참조하라. 그리고 일부다처제의 이혼에 대한 물음에서 다룬 것처럼, 선교 차원에서 다룬 그와 관련된 문제, *ThE*, §2434 이하도 참조하라.

제3부

결혼의 질서[*]

---

[*] 결혼이라는 주제와 관련해 가족, 특히 부모와 자녀 관계의 문제는 『신학적 윤리학』의 다른 주제 영역에서 다루었다. 예를 들어, 친권에 관한 장(II, 2, §1697 이하)과 사회에서의 가족과 (이 책의) 제4부 제2장 "인공수정에 관한" 장을 참조하라.

I. 결혼의 신학적 의미

결혼에 대한 성경의 가르침은 오늘날 "현대의 결혼 문제"라고 이야기되는 것을 직접 다루지는 않는다. 이 사실은 성경이 상황에 따라 의미가 달라지는 상대적인 가치를 가졌음을 의미하는 것이 아니라, 우리가 그것들을 다룰 때 해석학적 임무를 진지하게 수행해야 한다는 것을 의미한다. 우리는 이런 해석학적 임무를 윤리학의 모든 영역에서 볼 수 있다. 우리가 처음부터 이 과제를 올바르게 준비하기 위해 성경 본문을 질문할 때, 다음과 같은 몇 가지 관점이 유용하다.

첫 번째 관점은 결혼이라는 제도에 나타나는 "질서"(Ordnung)의 신학적 특성과 관련이 있다. 우리의 질문은 다음과 같다. 결혼의 질서는 창조 및 인간의 규정성과 어떤 관계인가? 두 번째 관점은 특히 구약과 관련해서 관심이 있는 것으로 성경은 개인적인 에로스와 같은 것을 전제하는지의 질문과 관련이 있다. 나아가 성경은 개인적 에로스의 가치와 일부일처제 및 일부다처제 사이에 어떤 연관성을 이해하는지, 이해한다면 어떤 점에서 그렇게 이해하는지에 대한 질문과 관련이 있다.

마지막 물음은 특히 현대의 결혼 문제와 분명히 관련된다. 우리는 낭만주의 시기 이전의 결혼 제도에서 결혼은 대부분 가문의 책임 아래 결정되었다는 사실을 알고 있다. 그리고 결혼 문제와 관련해서 가문이 행위의 주체였고, 누구와 결혼을 시킬지에 대한 문제도 대부분 가문의 통제 아래 놓여 있었다.

그러나 결혼의 이런 합의 방식이 오직 합리적·경제적인 것 또는 그와 비슷한 생각들에 의해서만 결정되었다는 것을 의미하지는 않는다. 오히려 부모의 성향이 결혼을 합의하는 방식에 부분적으로 반영되었고, 마찬가지로 양가의 자녀들이 서로 적합한지에 관한 문제도 고려되었다. 하지만 두 사람이 "서로를 위해 창조되었는지", 두 사람이 결혼해야 하는지를 결정하는 중요한 기준으로 개인의 에로스가 도입된 것은 근세에 이르러서였고, 다시 말해 낭만주의와 함께 시작되었다고 말할 수 있다.

개인의 에로스가 낭만주의 시대 이전에는 존재하지 않았다는 말은 아니다. 전해 내려오는 이야기와 노래 그리고 철학을 살펴보면 개인의 에로스는 태고적부터 곳곳에 있었다는 사실을 발견할 수 있다. (우리가 서구 문명에만 우리 자신을 제한한다면) 우리는 플라톤의 신화에 나오는 둥근 구형의 인간 이야기와 중세 시대의 연가(戀歌)를 떠올릴 수 있다. 하지만 우리 시대에는 이런 개인의 에로스가 대중의 생각 안에서 (우정이나 결혼하지 않은 사람들의 사랑만이 아니라) 모든 가능한 혼인관계의 전제, 아니 토대가 되었다. 그것을 우리의 공간적·시간적 문화 영역에 대해 좀 더 일반화된 용어로 표현하자면, 우리는 다음과 같이 과감하게 말할 수 있다. 곧 낭만주의 **이전에** 살던 사람들은 먼저 결혼했고(또는 결혼 당했고), 그 다음에 그러한 결혼 관계 안에서 생겨나게 될 개인적 사랑을 내다보았다. 낭만주의 **이후에** 사는 사람들은 이미 경험한 사랑에 기초해서 결혼했다.

개인의 사랑은 결과인가 전제인가? 이것은 다소 간소화된 표현으로,

결혼에서 개인의 에로스가 언제 발생하는지의 평가다. 당연히 우리는 이런 역사적 전환의 정확한 시점을 찾아 거슬러 올라갈 수 없다. 이것은 마치 우리가 성경의 사실을 정확하게 이해하기 위해 현대 자연과학에 의존할 수 없는 것과 같다. 한 번 지나간 역사의 과정은 다시 되돌릴 수 없다.

신학적 윤리학의 문제는 성경적 케리그마를 변화된 세계와 자아 이해의 좌표계(Koordinatensystem) 안으로 옮겨와 새로운 상황의 맥락에서 성경 말씀을 해석하는 것이다. 그렇기 때문에 오늘날의 정신에서 결혼과 에로스의 변화된 관계를 다루는 일은 매우 중요하다. 그 변화는 해석하는 우리의 과제에 다음과 같은 본질적 문제를 제기한다. 곧 [개인적 에로스 이해의] 역사적 전환의 시기 이전 시대의 결혼 제도에 관한 성경 말씀의 신학적 특성은 무엇인가? 그 메시지는 현재 실천적으로 관찰되는 삶의 새로운 정서에 어떻게 영향을 주고 있는가? 그 메시지의 목적이 이런 새로운 태도를 해체하는 것은 아닌가? 그 메시지는 이런 새로운 태도를 변화시킬까? 여기서 우리는 많은 어려움에 봉착한다. 이것은 다른 영역에 있는 것들보다도 훨씬 더 어려운 것으로, 우리가 성경 구절을 단순히 "인용해" 설명하는 것을 불가능하게 만든다.

언급된 문제 중 일부는 에로스와 아가페의 관계에 대한 우리의 토론과 연결해서 이미 탐구되었다. 이때 분명하게 드러난 성관계와 관련된 에로스의 성격은 전적으로 인간의 "본성"에 따른 것도 아니며, 인간성을 훼손하지 않는 "은총"의 지배 아래 있는 고유한 법칙으로 정립될 수 있는 것도 아니다. 비록 오늘날 우리는 에로스의 성격을 긍정적으로 해석하고 에로스를 결혼의 토대라고 이해하지만 말이다. 에로스는 "이웃"으로 존재하는 사람들을 하나로 굳게 묶기 때문에, 그것은 현실적인 "이웃의 상"에 의해 결정되는 의사소통 법칙의 영역으로 들어간다. 기독교인들에게 이웃이라는 상은 윤곽이 분명하다. 하지만 그 반대도 사실이다. 곧 아가페는 주어진—필연적으로 주어진—에로스 관계에 스며들어 그런 의사소통 법칙의 영역에서 자신을 실현한다. 아가페에만 관심 있고 에로스에는 조금도 관심이 없는 남녀 사이에는 사랑의 관계가 있을 수 없다.

에로스와 아가페 상호 간의 융합으로 결정되는 성관계의 원형적 모범은 핵심에 있어서는 역사적 전환기에도 영향을 받지 않았고 오히려 지속되어온 것이 분명하다. 그래서 우리는 다음과 같은 것을 추측해볼 수 있다. 곧 **결혼** 안의 성관계를 제도화한 것 안에는 역사적 변천에 의해서도 영향받지 않는 본질적인 요소가 포함되어 있다는 사실이다. 본질적 요소는 결혼에 대한 우리의 개념이 시간이 흐르면서 변한다고 해도, 변화하지 않는다. 그렇기 때문에 우리는 그러한 본질적 요소의 케리그마적 중요성을 인정할 수 있다. 그것은 다른 많은 종류의 가능한 혼인 관계에 대해서 케리그마적 의미를 가질 수 있다. 예를 들어 그것은 오늘날 문화인들의 에로스에 기초한 결혼에도, 선교지의 일부다처제 구조의 결혼에도, 케리그마적 의미를 가질 수 있다.

다음 논의에서 우리는 성경적 결혼관의 기본적인 특징을 살펴보려고 시도할 것이다. 우리는 이런 성경적 결혼관의 기본적인 특징이 역사와 함께 변하는 것을 살펴보면서도, 모든 결혼 풍습의 중심에는 변하지 않고 지속되는 케리그마의 핵심이 있음을 주목할 것이다. 이 핵심은 일차적으로 결혼이 근원적인 창조 질서에 기초해 있고, 동시에 구원의 질서에 포함되어 있다는 사실에 의해 결정된다. 이것은 결혼이 비유적인 힘을 가졌고 하나님과 그분의 백성과의 관계, 그리스도와 교회의 관계를 나타낼 수 있다는 것을 의미한다.

ㄹ. 구약성경의 결혼

우리는 앞에서 인간의 "둘만의 삶"(Zweisamkeit)에 대한 논의를 아직 다루지 않았기 때문에, 우선 구약의 결혼관에 주목하고자 한다.

결혼은 남성과 여성의 근원적인 관계에 기초해 있으므로, 그것은 창조의 직접적인 구성 요소이며 창조 질서다. 우리는 『신학적 윤리학』에서 질서 개념을 반복해서 다루었고 "창조 질서"라는 용어가 불행하게도 잘못 이해되었음을 비판할 기회를 가졌다.[1] 우리가 창조 질서 개념을 신중하게 사용해야 하는 이유는 다음과 같은 결론에 기초해 있다. 곧 역사의 질서들(예를 들어 국가의 질서와 법질서)은 모든 것과 마찬가지로 타락한 세계와 함께 각인되어 있으며, 그것들의 의미와 목적은 이 시대의 자기 객관화와 신성한 이기주의(sacro egoismo)에 기초해 있을 뿐만 아니라 하나님이 이 세상을 보존하기 위해서 규정하신 구조라는 결론이다.[2]

그래서 역사의 질서는 창조자의 뜻을 직접 보여주지는 못하고, 도리어 인간 "마음의 완악함"(마 19:8)의 흔적을 가지고 있다. 왜냐하면 그것은 타락하고 단절되었던 특성 때문이다. 역사의 질서가 가지고 있는 이런 형태들은 "창조로부터"(ἀπ᾽ ἀρχῆς) 정당화될 수 없다. 그러나 본래적 의미에서 창조 질서인 결혼은 역사의 질서를 초월한다. 이것은 결혼이 원초적 상태부터 있었다는 사실을 보여준다. 다른 말로 하면 비록 실제 결혼의 형태는 타락의 상태에서 취해진 것이지만, 결혼은 "타락 이전"의 질서다. 인간의 전체 상태가 타락의 상태에 빠졌다고 해도(창 3:16 이하) 말이다. 결혼의 원초적 규정에는 남자와 여자가 서로 동반자 관계를 맺는 것(창 2:18), 서로를 위해 창조된 존

---

1) ThE I, §655 이하, II, §3086-3103를 참조하라.
2) 노아와의 약속, 창 9:11 이하를 참조하라.

재의 상태(창 2:21-22), 서로에게서 자신을 인식하는 것(창 2:23) 등이 속한다. 갈비뼈라는 비유로 표현된 원래 인간의 상태는 개인적인 에로스의 "선행하는 상태"(Vorform)였다. 이 상태는 후에 남·녀라는 양극성으로 갈라졌다. 이 상태에서 에로스는 다른 사람 안에서 자신을 이해하는 동시에 자신을 보완한다.

이 개념에는 분명히 플라톤의 둥근 구형의 인간에 대한 신화와 매우 특별한 유사점이 있다.[3] 물론 이 비교는 불완전하다. 구약성경은 플라톤이 남녀성의 원래의 동일성의 상태에서 도출하는 결론, 곧 지금 남자와 여자는 상보적인 관계에서 개별적으로 자신들을 완성하기 위해 서로를 추구한다는 결론을 이끌어내지는 않기 때문이다. 나아가 창조 자체의 의미가 부여된 성관계의 개념은 결혼과 관련된 이스라엘의 법질서에서 좀처럼 찾아보기 힘든 것이다. 왜냐하면 구약성경은 남자의 가부장적 우선성을 분명히 밝히기 때문이다. 이에 대한 증거는 세 가지 방식으로 확인된다.

첫째, 남자는 한 명의 아내보다 더 많은 아내를 가질 자유를 가지고 있다. 둘째, 그는 자신의 아내를 내보낼 수 있는 권리를 갖고 있다(반면에 아내는 자신의 혼인관계를 주도적으로 끝낼 수 없다). 셋째, 가장 중요한 것으로 아내는 법적으로 매매될 수 있는 물건이다. 물론 이것은 물건을 구매해서 그 물건에 대한 소유권과 보호권을 가짐을 의미하는 단어 문트(Munt)와 결혼을 묶어서 "보호 감독" 결혼(Munt Ehe)이라는 의미로 사용된 것이다. 구혼자는 소녀의 아버지나 아버지의 대리인 자격을 가진 오빠에게 신부 대금(mohar, Ehegeld, 참조. 창 34:11 이하; 신 22:20)을 지급했다. 아내는 신부 대금을 지급한 남편의 지배를 받는다. 그래서 아내는 독립된 개인으로서 이런 법체계에서 자신을 매매하는 것과 관련해 어떤 부분적인 권리도 행사하지 못한다.

---

3) Platon, 『향연』, 189a 이하.

지금 살펴본 여자의 법적 지위는 확실히 창조사에 나온 남녀 사이의 관계와는 같지 않다. 또 그것은 플라톤의 둥근 구형의 인간 개념에 일치하는 것도 아니다. 오히려 이것은 주변의 아랍 세계들의 영향이 분명히 흘러들어 온 것을 보여준다. 우리는 그것을 오늘날의 이슬람 국가에서도 찾아볼 수 있다.[4] 여자의 지위를 단순히 물건 취급하는 것에 대한 좋은 예시로, 남자는 주인(ba'al)이고 여자는 재산(be'ulah)으로 언급되는 사실만큼 좋은 것은 없다. 다음과 같은 사실도 마찬가지로 중요하다. 곧 약혼하지 않은 처녀를 유혹하는 행위는 소유권을 침해한 범죄 목록에 들어간다는 사실이다(출 22:15 이하; 신 22:28 이하). 처녀를 유혹한 사람은 재산 손실(아버지의 재산)에 대한 보상으로 아버지가 자기 딸의 결혼과 관련해서 보통 요구할 수 있는 금액을 지급해야만 한다.

그러나 여자를 단순히 물건으로 여기는 일은 제한적이었고, 창조사의 남녀관계는 일종의 수정하는 기능을 배후에 갖고 있다. 이 사실을 우리에게 보여주는 두 가지 요점이 있다. 첫째, 아내에 대한 남편의 지배적 지위는 아내가 그녀의 친정 가문으로부터 어느 정도의 지원을 받았다는 사실에 의해 제약된다. 물론 그것은 아내 가문의 명망에 따라 차이가 있을 수 있다. 둘째, 아내에 대한 남편의 소유권 또한 절대적인 것은 아니다. 그녀는 단순히 "물건"만을 의미하는 것은 아니고 그렇다고 "노동력을 이루는 하나의 구성원"을 의미하지도 않는다. 반대로 그녀는 가장 유용한 재산을 제공한다는 사실에 의해 구별된다. 곧 그녀는 아들들을 출산한다. 나아가 남자의 소유권은 아내가 그와 살고, 그를 위해 자녀를 낳아줄 때 비로소 성립한다. 그러므로 남편은 아내의 인격의 주인은 아니다. 왜냐하면 그는 (자신의 딸을 팔 수 있는 것처럼) 아내의 인격을 팔 수는 **없기** 때문이다.

---

4) J. Wellhausen, Die Ehe b. d. Arabern, in *Nachr. d. königl. Gesellsch. d. Wissenschaften z. Göttingen*, 1893.

마지막으로 우리는 구약성경에 나오는 결혼에 관한 법적 진술들이 결코 결혼의 완성된 모습(Pleroma)을 분명하게 보여주지 못하고 있다는 사실을 간과하지 말아야만 한다. 율법은 우리 시대의 시민법이 우리 시대의 실제 모습을 포착하지 못한 것처럼 결혼의 실제 모습을 포착하지 못했다. 창조 질서에 분명하게 존재하는 서로에게 속해 있는 인격적 관계는 단순히 물건으로, 곧 재산의 한 품목으로 아내를 간주하려는 일반적인 성향을 끊임없이 허문다. 심지어 사람들은 다음과 같이 말한다. 인간, 곧 인간성의 원리는 반복해서 자신을 주장하고 법적 질서를 초월했다. 이것은 특별히 구약성경의 설명에 분명하게 표현되어 있다. 구약성경에는 개인의 에로스가 드러나고 결혼 뿐만 아니라 약혼에서도 스스로를 강력히 드러낸다. 비록 율법은 에로스에 대해 명시적으로 어떤 항목을 만들지 않았더라도 말이다. 물론 에로스는 법이 진행하는 과정(여자의 구매와 판매)을 파괴하거나 남편과 아내의 법적 지위를 변경시키지는 못한다. 하지만 에로스가 부부의 실제적이고 인간적인 관계를 분명하게 결정할 수 있다는 것은 매우 분명하다. 우리는 이와 관련해서 야곱이 라헬에게 구혼한 사건(창 29장), 세겜과 디나의 관계(창 34:1-4), 그리고 발디엘과 미갈 부부(삼상 18:20 이하, 25: 44; 삼하 3:15 이하)를 생각할 수 있다. 부부의 사랑에 담긴 개별적인 성격은 말라기(2:15)에서 다음과 같이 분명하게 나온다. "네 심령을 삼가 지켜 어려서 취한 아내에게 궤사를 행치 말지니라." "어린 시절"을 함께 보낸 기억을 가지고 있는 "어려서 취한 아내"라는 말은 분명 부부가 함께 나누었던 인격적인 행복을 언급하고 있다.[5]

물론 이것은 결혼 생활과 관련된 어떤 특정한 "성격"을 보여주는 것이지 결혼의 근거를 보여주는 것은 아니다. 결혼의 토대는 질서이자 관습이다. 이것은 법규에 분명하게 있을 뿐만 아니라 또한 실제 삶의 영역에서도 볼 수 있

---

5) Ludwig Köhler, *Der hebräische Mensch*, p. 80.

다. 우리는 특별히 두드러지는 두 가지 현상을 본다.

1. 개인적인 에로스의 지배는 개인이 배우자를 선택하게 하거나 또는 결혼을 포기하게도 만들지만, **모든** 이스라엘 사람은 결혼했다. 구약성경에는 "독신자"(Junggesellen)라는 단어가 전혀 사용되지 않았다. 반면에 아랍 사람들은 독신자라는 단어를 가지고 있다. 그들은 부인이 없는 홀아비, 고독하게 버려진 사람을 표현하는 "아잡"(azab)이라는 단어를 가지고 있다.[6] 물론 우리는 이스라엘 사람들이 결혼제도를 매우 보편적으로 받아들였던 것처럼, 이스라엘에 결혼하지 않은 사람이 있었는지 없었는지에 대해서는 아주 자세히 알지 못한다.

비록 개인적인 에로스가 자신을 주장하기 이전의 시대로 다시 돌아갈 수 없지만, 그럼에도 불구하고―이스라엘의 결혼 질서의 관점에서도―우리는 다음과 같은 것을 말할 수 있다. 자신을 주장하는 에로스의 그러한 형태는 결혼을 풍성하게 하고 부부 사이의 관계를 더욱 깊은 관계로 만들기도 하지만, 그러나 부부관계를 위태롭게 만들어 부부에게 불안정성과 불확실성을 주기도 한다. 취리히 대학의 구약학 교수였던 루드비히 쾰러(Ludwig Köhler, 1880-1956)는 아주 분명하게 다음과 같이 말하고 있다. "어떤 공동체이든지 한 공동체에 있는 모든 사람이 결혼하고 배우자가 있다면, 그 공동체에 있던 긴장은 상당 부분 사라진다."[7]

사실 구약성경에는 사랑하는 두 사람을 깊은 바다로 갈라놓는 불행하고 비극적인 이야기가 전혀 나오지 않는다. 마찬가지로 서로가 "극복할 수 없는 미움"으로 괴로워하는 부부에 관한 이야기도 없다. 결혼의 질서는 모든 개인적인 결정으로 인한 수고를 덜어주기 때문에 그 질서 안에서 살아가는 사람들에게 안정을 선사한다. 이것이 일들이 진행되는 방식이다. 사람들은 자신이

---

6) Köhler, 위의 책, p. 76.
7) 위의 책, p. 76

나 자신의 감정을 아주 심각하게 취급하지 않는다. 이런 성향은 두 개인이 혼인관계를 맺을 때만이 아니라 두 지파가 서로 관계를 맺게 된다는 사실에 의해 더욱 강화된다. 여기서 다시 에로스의 불안정한 감정은 지속적으로 부여되는 초인격적 균형력을 갖는다.

2. 질서가 우선이라는 생각이 지배하면서 주어진 이런 안정적인 요인들에는 **일부다처제**라는 관습도 포함되어 있다. 비록 사람들이 처음에는 그것을 기대하지 않았지만 말이다. 일부다처제라는 관습의 토대는 아마도 다음과 같은 사실일 것이다. 곧 사람들이 매우 친밀하게 함께 살았던 원래의 조건에서, "결혼할 수 있는 모든 여자는 적법한 질서 안에서 한 남자와 결합할 수 있다"[8] 는 것이다. 이런 방식은 자녀가 없는 여인들의 문제(그 당시에 만연했던 견해에 따르면, 충분히 자급자족하지 못하는 삶을 사는 여자들의 문제)를 해결할 수 있을 뿐만 아니라 또한 집이 없는 사람들의 비극과 사생아들의 문제도 해결할 수 있다. 우리는 이런 논의를 벗어나 얼마나 많은 사람이 그와 같은 일부다처제를 일반적으로 시행했고, 그들이 얼마나 많은 부인을 가졌는지에 대해서는 정확히 모른다. 따라서 상대적으로 많은 수의 아내를 가진 수많은 왕에 대한 성경의 묘사는 과장된 상상으로 이어지지 말아야만 한다(삼하 3:2 이하; 고전 11:1 이하; 대하 13:21). 왕실은 당연히 어떤 특수한 위치를 차지하고 있기 때문이다.

결론적으로 우리는 비록 결혼에 대한 이스라엘의 법 질서가 개인적인 면보다 제도적인 면에 무게를 두고 있지만, 그것은 결혼과 결혼 생활에 대한 이해를 충분히 표현하지 못한다고 말할 수 있다. 이스라엘의 율법적 그림에 빠진 요인은 우리가 개인적인 에로스라고 말하는 돌파구만이 아니다. 그것은 무엇보다도 모든 제정법에 규정된 결혼 조항을 넘어서는 두 가지 신학적 특

---

8) Köhler, 위의 책, p. 78 이하.

성을 제대로 표현하지 못하고 있다. 첫째, 신학적 특성은 창조 질서에 있는 남녀관계에서 발견되는 것이다. 이것은 하나님 아래서 그리고 하나님 앞에서 남자와 여자의 지위와 목적, 그리고 은혜를 동일하게 만든다. 둘째, 결혼은 하나님과 그분의 백성의 관계를 비교해 보여준다는 사실이다. 신약성경에서 그리스도와 교회의 관계를 결혼으로 비유해서 설명하는 것처럼 말이다(사 50:1; 렘 2:1 이하; 3:1 이하; 겔 16:23; 그리고 특히 호 1-3장; 신약에서 고전 11:3; 엡 5:22 이하).

창조 질서와 구원 질서는 결혼이라는 상징에 집중되어 만난다. 법적인 규정들이 그 시대의 역사적 영향들, 예를 들어 일차적으로는 인접한 이웃 국가들의 관습에 큰 영향을 분명히 받고 있지만, 법을 초월해 있는 요인들은 케리그마적인 핵심을 드러내는 것을 목표한다. 결혼에 대한 구약성경 이후의 다른 여러 해석은 바로 그 케리그마적인 핵심을 지향한다. 그 다음 그런 해석들은 결혼과 성관계의 의미에 대한 기독교적 의미를 추구하게 된다.

3. 신약성경의 결혼과 이혼, 그리고 재혼

우리는 앞서 살펴본 구약성경의 배경과 관련해서 결혼에 대한 신약성경의 증언을 적절하게 이해할 수 있다. 우리는 결혼에 대한 구약의 법률적 규정이 시대적으로 제약되어 있고, 그 점에서 상대적이지만, 그러나 우리가 초월적 요인이라고 지칭했던 케리그마적 핵심을 갖는다는 사실을 논의했다.

이 과정에서 케리그마적인 핵심은 예언이 성취되는 것과 유사한 변화, 그리고 구약성경의 율법(Nomos)이 산상수훈에 의해 급진적으로 변화되었던 것과 유사한 변화를 경험한다. 나아가 우리는 신약성경의 결혼 이해가 구약성경의 이해와 다음과 같은 점에서 상당히 다르다는 것을 보게 된다.

가) 예수님은 바리새인들과 이혼에 대한 대화(마 19:3 이하; 막 10:2 이하;

참조. 마 5:31 이하)를 나누실 때 창조 질서로부터 이야기를 시작하셨다. "사람을 본래 남자와 여자로 만드신"(마 19:4) 하나님께서는 남자와 여자를 **하나**의 육체로 만드셨다. "하나님이 짝지어주신 것을 사람이 나누지 못할지니라"(마 19:6). 창조주는 남녀의 연합을 부모와 자식 간의 연합보다 더 강하게 만드셨다(마 19:5; 참조. 창 2:24). 그럼에도 결혼한 남녀가 서로 "이혼 증서"를 쓸 가능성이 발생한다면, 그것은 하나님의 "근원적"이고 본래적인 뜻이 아니다(ἀπ' ἀρχῆς δὲ οὐ γέγονεν οὕτως, 마 19:8). 오히려 하나님은 인간들의 마음의 완악함에 그분의 뜻을 내어주셨다.

이 말씀들은 창조의 시작 그리고 결혼의 **기준이 되는** 질서에 명확하게 연관된다. 창조 때의 결혼 질서는 이후의 역사에서 결혼의 **본질**을 위한 기준이 되며, 또한 이혼 후의 신분과 상태에 대한 기준도 된다. 이와 관련하여, 비록 하나님이 특별한 경우에는 이혼을 허락하셨지만, 결혼이 하나님의 뜻에 일치한다는 것과 동일한 의미로 이혼이 하나님의 뜻에 일치하는 것은 아니라는 사실이 결론적으로 도출된다. 이혼이라는 율법의 조항은 "이 시대"(dieses Äons)의 특징이라는 것이 분명하다. 그것은 분명히 창조 질서가 아니라, 오히려 하나님이 노아와 맺은 언약이 의미하는 것처럼 타락한 세계에 긴급히 필요한 **질서**(Notverordnung)다.[9]

하지만 이 맥락에서 이제는 방향을 바꾸어 창조 질서 안의 결혼에 대한 예수님의 말씀을 율법적으로 해석한다거나, 원래의 의미를 복원시킨 새롭고 정화된 법률 규정이라고 생각하는 것은 완전히 잘못된 것이다.

오히려 결혼의 법률 규정은 철두철미 [창조 때의] 근원적인 결혼 제도 아래에 위치해야 한다. 그래서 오늘의 결혼 규정은 창조 때의 근원적 질서에 관계되어야만 하며, 그때 그 규정은 상대성, 제약성, 잠정성 안에서

---

9) 법의 신학적 기초에 대해서는 *ThE*, §995 이하를 참조하라.

확정될 수 있다. 그때 결혼의 규정은 그것이 마치 인간, 인간의 규정, 또한 그 다음에는 결혼의 본질에 대한 본질적 예언을 조합하는 것과 같이 오해되는 일이 일어나지 않게 된다. 하지만 그런 오해는 발생한다. 오히려 법률 규정은 인간을 모순적으로, 반항적으로만 규정한다. 그래서 사람은 자신의 타락함을 보고 그 다음에 자신이 타락한 존재라는 것을 알기 위해서는 인간(과 그의 결혼)이 창조에서 의미했던 실제 기준을 분명하게 알아야하고, 이 시대의 법을 단순히 긴급하게 필요한 질서로 생각하는 것이 필요하다.

[창조 질서가 타락한 역사 안의 질서를 수정하는] 이런 정확한 가르침을 보지 못하는 사람은 자신이 율법을 만족시킬 수 있고 그래서 자신이 확실한 "질서 안에서" 살아가고 있다는 위험한 착각에 빠진다. 예수님과 대화하던 바리새인들이 그러했다. 반면에 누군가가 이런 정확한 가르침을 보게 된다면, 그는 자기 자신뿐만 아니라 이 시대의 질서에도 문제가 있다는 것을 깨닫는다. 그래서 **예수님이 "이혼 증서"를 비판하셨을 때, 그분은 새로운 율법을 제시하신 것이 아니라 오히려 모든 율법의 척도를 사람들의 마음에 상기시키신 것이다.** 결론적으로 예수님은 창조의 율법과 같은 어떤 것을 선포하시는 데 관심이 없으셨다(이 말은 그 자체가 모순인 것 같다). **그분은 오히려 회개하라고 말씀하셨다. 이것은 인간을 최후의 심판대 앞에 세우는 것이다.** 반대로 자신의 성향을 따르는 사람은 최후 이전의 임의의 심판대에서 얻은 기준을 가지고 결국 죽음에 이르는 안전을 추구한다.

루터 신학의 용어로 우리는 다음과 같이 말할 수 있다. 지금 예수님은 창조 질서의 이름으로 "왼편에 있는 나라"를 언급하시는 것이 아니다. 오히려 그분은 "왼편의 나라"를 "오른편에 있는 나라"의 빛 안으로 밀어넣고 계신다. 이것은 당연히 사유의 영역에서만 일어나는 과정으로 남아 있을 수 없다. 오히려 그것은 삶의 모든 과정을 성취하면서 퍼질 것이다. 이것을 아는 사람은 이것을 모르는 사람, 그리고 자신의 행동이 "정확하게" 율법을 따르는 행동인지를 단순하게 질문하는 사람과는 다른 방식으로 자신의 결혼과 배우자를 주목하게 될 것이다. 또한 그는 이혼의 문제도 새로운 다른 방식으로 보게 될 것이다.

창조 질서에 호소하면서 발생하는 이런 근본적인 변화는 법률 규정을 상대적으로 만들 뿐만 아니라, 또한 개인이 취하는 소위 올바른 태도에 대해서도 의문을 품게 한다. 결혼에 관한 규정을 형식적으로—"올바르게"—준수하던 사람조차도 지금은 "음욕을 품고 여자를"(마 5:28) 쳐다보는 간음한 사람이 될 수 있다. 이것은 율법을 상대화할 때 일어나는 결과다. "율법"만 고려되는 한, 구체적인 행동들은 심판의 판결을 피할 수 없다. "누구도 생각을 처벌할 수는 없다." 그러나 자신이 하나님, 곧 창조 질서를 제정하신 분을 직면하고 있는 것을 아는 사람은 자신의 마음과 생각이 중요해진다. 무엇보다도 우리는 하나님께는 완전히 속해있는 반면에, 율법과 이 세상의 심판자에게는 단지 부분적으로만 속해 있기 때문이다. 달리 말해 행동하는 존재, 곧 외적으로 드러내는 존재에 따라서만 속해 있기 때문이다. 그러나 "마음을 아시는 하나님"(행 15:8)의 심판은 우리의 마음뿐 아니라 우리의 "생각"도 심판하신다. 우리는 우리의 행위뿐 아니라 존재 전체가 그분의 심판대 앞에 선다.

이러한 근본적인 변화는 또한 재혼의 금지와 연결되어 있다(마 5:32; 19:9; 막 10:11 이하). 재혼에 대한 금지는 새로운 규정으로 해석될 수 없고, 그래서 율법적으로 적용될 수도 없다. 오히려 이것은 율법과 율법에 참여하는 사람들에게 회개하라고 이야기하는 것으로 이해될 수 있다. 이혼한 사람들의 재혼을 금지하는 이면에는 창조 질서에 대한 기억이 담겨 있다(유대인의 율법 구조에서 재혼 금지는 일차적으로 **남자들**의 책임에 해당한다). 곧 창조 질서에서 남자와 여자는 일반적인 방식으로 서로에게 운명이 정해졌는데, 또한 이 창조 질서는 "이" 남자와 "이" 여자의 개인적인 관계에도 적용된다. 한 개인의 결혼이 창조의 근원적 계획과 더 이상 조화되지 않을 때, 곧 이 경우에는 예전에 맺었던 약속이 최후까지 준수되지 않는다면, 그것은 마음의 "냉담함"과 창조 질서가 타락했다는 징후다. 이 이해의 전제는 다음과 같다. 부부의 삶을 시작하기로 서약한 것은 반드시 계속 지속되어야 하고, 비록 이혼이 부부가 함께 동거하는 것에 실제 영향을 끼칠 수는 있지만, 결혼이라는 존재적 토대(ontische Fundament)에는 영향을 끼칠 수 없다. 이런 존재적 토대가 남아 있기 때문에 새로운 혼인관계를 맺는 것은 "존재론적으로"(ontologisch) 불가능하다.

우리가 앞서 이미 말했던 것처럼, 이런 주장이 법적으로 기초된 결혼 질서의 조항이 될 수 있을지는 회의적이다. 우리는 지금 법률 조항보다는 오히려 회개하라는 외침을 다루고 있음을 다시 한 번 강조한다. 이 강조는 우리를 이 방향으로 성급하게 결론을 내리지 못하도록 조심시킨다. "회개하라는 외침"이 있다면, 그것은 일차적으로 결혼과 관련한 특별한 사회적 질서, 상황, 실천 등에 해당한다. 달리 말해 하나님이 두 젊은 남녀를 하나로 연결해주셨고, 그래서 실제로 이런 존재론적 토대를 소유한 젊은 남녀는 결코 결혼을 경솔하게 생각하지 말아야 한다는 것이다(예를 들어, 우리는 제2차 세계대전 위기의 시기 동안에 일어났던 위임 결혼, 곧 당사자 중 한 사람이 불참한 결혼을 생각할 수 있다. 이런 결혼은 심리학적으로는 이해할 수 있지만, 대단히 큰 문제가 있을 수 있다). 회개하라는 외침은 이런 상황에 책임이 있는 사람들에게 일차적으로 적용되지만, 또한 자신이 사는 시대의 소용돌이와 부주의함에 영향을 받아서 진지하게 결혼에 임하지 않는 사람들에게도 적용된다.

결혼이 "표면적으로" 성립되었다가 파기될 때, 그 사건이 무로 돌아가는 것은 아니다. 마치 혼인관계가 없었던 것과 형성되지 않았던 것과 같이 되지 않는다. 그러한 경우에 우리는 최소한 하나님의 창조 질서를 어느 정도 침해하는 셈이 된다. 결혼의 파기와 이혼한 사람들이 재혼하는 문제는 최소한 창조 질서의 지양과 관계된다. 결혼이라는 형태에 법적인 신분을 부여하는 외적인 결합은 특별한 경우에는 "없었던 일"에 지나지 않게 될 수도 있다. 그때 무효화의 선언은 창조 질서의 진지한 요청을 실현하는 것이 종결을 통고하는 것이기 때문에, 죄의 책임을 포함한다. 회개하라는 외침이 이것을 분명히 보여준다. 그 외침은 혼인관계를 단순히 이해시키는 역할 이상을 수행한다. 그것은 경고하고 예방하는 역할을 한다.

한 번 맺은 결혼은 존재론적 지속성을 가진다는 사실에도 불구하고, 복음서는 실제로 부부가 이혼할 수도 있다는 결혼의 "무효 선언"을 언급한다. 복음서의 이런 언급은 단 하나의 예외적 조건에 기초하고 있다. 달리 말해 아내가 간음(*porneia*)을 했을 때, 이혼은 정당화된다(마 5:32; 19:9). 아마도 예수님이 확정하지는 않으셨을 그 예외적 규정은 또다른 무엇을 지시한다. 순전히 성경 본문에 기초해서 그것을 해석한다면 다음과 같이 말할 수 있다. (방금 언급한 간음처럼) 혼인관계에는 분명히 하나의 방해물이 있다. 비록 그 방해물이 창조 질서에 의해 이루어진 남편과 아내의 존재적 결합을 끊을 수는 없지만, **개인적인** 경우에 그 방해물은 현실에서 실제로(*de facto*) 배우자와 이별하도록 만든다. 이 경우에 이별은 이혼 증서에 의해 완성되는 것이 아니다. 이혼 증서는 단지 이별이 이루어졌다는 것을 승인할 뿐이다. 존재적 관계가 이런 승인에 거의 영향을 받지 않는다는 사실은 위에서 살펴보았던 이혼한 사람들 간의 재혼에 대한 금지에서 엿볼 수 있다. 이미 말했던 것처럼, 재혼의 금지는 예전에 맺어진 부부관계가 돌이킬 수 없는 특성을 가질 때만 타당하다. 이 경우 이혼 증서는 돌이킬 수 없는 특성을 가진 결혼이었다는 사실을 입증하는 데 도움을 준다. (위에서 본 것처럼) 모든 구성원이 실제로 결혼한 사회에서, 이혼한 사람들이 독신으로 지내야 하고 재혼할 수 없다는 이런 금지는 일반적인 법에서는 도저히 허용될 수 없는 예외가 된다. 이 예외는 의심할 바 없이 정신적인 불화를 일으킨다. 정신적인 불화에서 벗어나는 한 방편으로 재혼이 금지되어 있어서, 최후의 방편은 깨어진 혼인관계를 회복하는 것이다. 남편이 "주인"이라는 권리에 기초해서 자신의 권한을 마음대로 사용해 아내를 쫓아버린 경우에는, 그 시대에 주된 견해에 따라서 다시 남편과 아내가 결합하는 것은 전혀 문제가 되지 않는다(물론 우리는 개인적인 에로스의 개념과 굉장히 다른 나와 너의 관계에 대한 개념을 가진 오늘날의 사람들에게 두말할 필요도 없이 이런 견해를 이야기할 수는 없다). 아내가 간음해서 쫓겨난 경우에 복음서는 용서하는 마음에서 비롯되는 결혼의 회복을 생각하고 있다(요 8:7).

여기서 결혼의 법적 관점이 아닌 회개의 관점에서 이혼과 재혼이 제시된다면―이것은 아무리 강조해도 지나침이 없는 관점이다―우리는 재혼의 금지에 담긴 다음과 같은 비판적인 물음을 다시 한 번 경청할 필요가 있다. 당신은 개인적인 욕심에서 나온 생각을 하고 있지 않은가? 당신은 타락한 "마음의 생각"으로부터 당신의 결혼에서 도망치려는 것이 아닌가? 이러한 도망을 막아 서는 어떤 장애물이 있어야 하는 것은 당연하다. 이런 경고에도 불구하고 당신이 결혼으로부터 도망치려 한다면, 당신은 이혼하고 사는 것 때문에 모든 사람이 결혼하는 사회에서 필연적으로 발생하는 불화를 견뎌내야만 한다. 창조 질서와 관계를 끊은 것에 대한 징표로서 당신은 이러한 불화를 감당할 준비를 해야만 한다. 또한 결혼하지 않는 상태로 있으면서 당신의 마음이 완악하다는 것을 고백해야 한다. 그때 당신은 이혼으로 깨어진 상태에 있지만, 그 상태는 적어도 "태초부터" 존속하는 질서에 대한 간접적인 찬양과 동시에 부정적인 방식으로 그 질서를 존중하게 된다. 이혼을 하면서 창조 질서에 상처를 냈다면, 당신은 최소한 재혼을 포기하고 그 상처를 공개해야만 한다. 재혼이 당신을 고칠 수 없으며, 당신은 모든 것이 다시 질서 있는 본래의 상태로 돌아갔다는 착각을 하지 못하도록 당신의 상처에 붕대를 감아야 한다. 그것을 위해 당신은 재혼을 포기해야만 한다.

이러한 맥락에서 재혼의 금지는 이혼의 본질을 해석하고 입증하는 의미를 갖는다. 이혼은 "태초부터" 존속하는 창조 질서, 곧 **본래** 하나님의 뜻이 얼마나 중요한지를 해석하고 입증한다. 하나님의 뜻과 관련해서 이혼 증서는 인간의 완악함에 대한 하나님의 승인일 뿐이라는 것이 분명해진다.

근원적인 창조 질서는 인간이 아무리 파괴하려고 시도할지라도 존속한다. 이 사태는 **무신론**자들에게서도 예시된다. 무신론자는 하나님의 존재를 반박하면서도 그 존재를 지양하지 못한다. 인간이 하나님을 인정하든 부정하든지 간에 그러한 논쟁과 전혀 **관련 없이 하나님**은 존재하신다. 하나님께서는 믿는 자 곧 무신론자가 아닌 사람을 위해서 존재하실 뿐만 아니라, 또한 무신론자도 찾으시며, 인간에게 편안함을 주시고, 인간에게 문을 열어놓으신 전능한 힘을 가진 하나님으로서 무신론자를 위해서도 존재하신다. 비록 그들이 그것을 알지 못하고, 나아가 제대로 인정하지 않을 때조차도 그렇게 하신다. 이런 의미에서 창조의 질서의 유효성은 인간의 파괴적 행위를 통해 훼손될 수 없다. 인간은 부부관계를 끊으면서 개인적으로 창조 질서를 훼손할 수 있다. 또한 인간은 개인의 차원을 넘어서는 초법적 규범을 만들 수 있다. 그때 인간은 결혼을 자신들이 마음대로 조작할 수 있는 제도로 생각한다. 하지만 창조 질서를 받아들이지 않는 모든 침해와 공격도 창조 질서의 존재와 창조 질서의 지속적인 요청을 거부하지 못한다. 재혼의 금지가 창조 질서의 지속성을 나타내는 가장 강한 상징적 해석이다.

복음서에 나온 이혼과 재혼에 대한 여러 본문과 관련해서 다음과 같이 설명할 수 있다. 성경 본문들은 이혼을 부부관계를 파괴하는 죄로 이해한다는 사실을 다양하게 표현한다. 마태복음 5:32은 당시 제약된 시대적 상황과 관련해서 (비록 음행으로 인해서나 아무 죄가 없을 때) 버려진 여자가 다시 결혼하는 경우를 살펴본다. 왜냐하면 그 여자는 이혼해서 홀로 있는 사람으로서 그 누구의 보호도 받지 못하고 자신의 고향을 상실했기 때문이다. 그러나 재혼은 우리가 앞서 설명한 것처럼 부부관계를 파괴한 것이다. 이때 아내를 쫓아낸 남편은 자신에게만 죄가 있는 것은 아니겠지만, 그 죄를 주도한 사람일 것이다.

다른 본문(눅 16:18; 막 10:9-12)과 달리 마태복음은 이미 언급했던 아내의 음행이 이혼의 동기가 될 때, 그 본문은 남편에게 죄를 묻지 않고 무죄로 처리하는 것처럼 보인다. 그러나 마가와 누가는 이러한 예외를 언급하지 않는다. 또한 바울도 고린도전서 7:10 이하에서 예수님이 말씀하신 이혼 금지를 인용하지만, 그러한 예외를 언급하지는 않는다. 이에 대해 주석가들은 종종 마태복음에 삽입된 설명이 유대교의 율법적인 결의론(Kasuistik)[10]에 강한 영향을 받았다고 추론한다. 그러나 그 추가설명이 예수님이 요청한 회개와 일치하는지는 직접 확인할 수 없으며, 또한 그것이 예수님이 말씀하신 것과 같은 의미로 해석될 수 있는지도 확실하지 않다. 분명한 것은 부부관계가 음행으로 깨질 수 있지만, 예수님이 제시한 대로 다시 회복될 수 있는지는 여전히 문제로 남아 있다. 그렇지만 큰 죄를 지었거나 간음해서 부부관계를 파괴한 여인에 대한 성경구절들(눅 7:36 이하; 요 8:3 이하)은 의심할 여지없이 용서받을 가능성을 보여준다. 그 여인과 같이 간음한 남자에게도 이러한 용서의 가능성이 배제되어서는 안 된다.

---

10) 일반적인 원리를 특수한 경우에 적용하는 것을 가리키는 말이다. 신학이나 철학에서는 좀 더 좁은 의미로 일반적인 도덕적 원리를 특수한 윤리적 결단이나 양심의 문제에 적용하는 것을 말한다. - 역자 주

마태복음이 삽입했다고 하는 구절이 올바른 것인지 그릇된 것인지에 대한 주석가들의 논쟁은 단순히 본문비평의 문제가 아니다. 그것은 근본적으로는 사실의 문제다. 이 문제는 예수님의 회개하라는 외침의 무제약성과 극단성의 유효성이 앞의 결의론의 문체 안에서 지양될 수 있는지 여부에 관련된다. 지금 실제 사실에는 매우 낯선 어떤 관점, 곧 법률규정과 법적 실행가능성이라는 관점이 등장하는 것은 아닌가? 반면에 원형적(protologischen) 그리고 종말론적 진술(eschatologischen Aussagen)안에서 이 시대의 깨진 질서 관계에 대해 말하는 산상수훈은 사라지는가? 긴급히 필요한 질서로서의 우리가 사는 지금의 세계 질서는 근원적인 창조 질서와 구분된다는 것을 의미하지 않는가? 이것은 "반항하는 인간"(Menschen im Widerspruch)을 승인하는 문을 또다시 열어 주는 것은 아닌가?

이런 염려 섞인 물음은 나름대로 정당성을 가지고 있다. 우리가 이 물음에 대해 단순히 긍정적으로 답변하거나 본문의 근본적인 의미를 왜곡하면서까지 마태복음에 삽입된 구절을 이해하려는 것은 용납될 수 없다. 예수님의 선포에는 근본적이면서도 독특한 특징이 담겨 있다. 그 선포는 단순히 긍정적인 명제(These)로만 서술될 수 있는 것이 아니다. "내가 너희에게 말하노니"(마 5:22, 28, 32, 34, 39, 44)와 같은 예수님이 말씀하신 표현에는 항상 모세의 율법에 대립하는 반명제(Antithese)가 담겨 있다. 이런 말씀의 극단적 특징은 이 시대의 "규범적인 것"과 변증법적인 관계를 요구한다. 그 특징들을 그 시대의 규범적인 것에 저항하는 것으로 들을 때, 우리는 예수님의 선포를 제대로 이해할 수 있다. 따라서 분명히 그 특징들은 어떤 무시간적인 보편타당성을 가진 것이 아니라, 그때마다 새로운(novum) 모습으로 나타난다. 그것들은 하나님 나라의 역사에서 아주 특정한 장소를 차지하며, 그 역사에서 새로운 단계들을 시작한다. 마찬가지로 이렇게 비판적으로 다시 율법과 연관을 맺으면서 예수님이 "지금"이라고 말씀하신 것은 단지 현존하는 법을 양적으로 첨예화하는데 그치는 것이 아니라 질적으로 다른 것이며, 그래서 지금 완전히 새로운 차원이 전개된다.

산상수훈의 근본적인 요구는 인간 마음의 완악함을 고려한 모세의 율법처럼 단순하게 실행될 수 있는 것이 아니다. 그것은 주어진 현실에 덧붙여지거나, 현실적인 실현을 위해 다듬어질 수도 없다. 오히려 산상수훈의 요구는 현실에 속한 구조와 질서 전체에 이의를 제기한다. 『신학적 윤리학』 1권[11]에서 주장했던 것처럼, 산상수훈의 요구는 우리가 "여전히" 근원적인 상태에서 사는 것처럼 그렇게 살기를 우리에게 요청하며, 하나님 나라가 "이미" 시작한 것처럼 우리가 그 나라에서 살 것을 요청한다. 그러므로 그 요구들은 이 시대와 이 시대의 현실구조에서 "실제 규범적인 힘"을 제거하고 그것을 일시적인 것으로 바꾸어버린다. 또한 그 요구들은 결코 "이 세계"를 위한 어떤 헌법조항이나, 이 세계에서의 삶을 더 잘 살 수 있도록 만드는 어떤 도덕적 제안과 같은 것일 수 없다. 그 요구들은 법률화될 수도, 도덕화될 수도 없고, 오히려 모든 법과 도덕에 대해 이의를 제기하며, 상대화하고 탈이데올로기화 하는 수정작업이다. 이런 수정작업이 실현되기 위해서는 산상수훈의 극단적인 요구는 항상이 "시대"의 사실성(Faktizitäten)에 관계되어야 한다. 그 사실성은 인간의 완악함 때문에 지양되지 않고 지속되려는 사실성이다.

예수님이 결혼과 관련해서 근본적인 창조 질서의 요청을 선포하셨을 때, 바로 그것이 발생했다. 그분은 이 요청이 이 세상의 법질서로 환원되는 것을 반대하시면서 그분의 요구와 관련한 사례를 분명하게 보여주신다. 세속적인 법질서는 자연법에 반영[12]된 창조 질서와 같은 것일 수 없다. 왜냐하면 그것은 인간의 완악함을 고려한 것으로서 이미 창조 질서의 원리를 원칙적으로 그르친 것이기 때문이다. 모든 법질서를 규정하는 이런 인간의 완악함에는 의심할

---

11) *ThE* I, §204.
12) *ThE* I, §2014 이하.

여지없이 이기적인 리비도의 표현인 음행(*porneia*)도 포함되어 있다.

그래서 이 세상의 현실을 살아가는 인간 존재(faktisches Da-sein)를 언급하는 것은 우리에게 이 세상에서 제도화된 모든 법질서의 상대성을 이해하도록 도움을 준다. 나아가 그것은 "태초부터" 존재하던 창조 질서의 "다른 존재"를 이해하도록 도움을 준다. 그래서 마태가 얼핏 보면 음행에 예외가 되는 결의론적 원리를 자신의 복음서에 삽입했을 때, 그것은 예수님의 극단적인 태도와 이 세상의 실제적인 법질서를 절충하는 것이 아니라, 그 둘 사이의 대립을 단순히 구체적으로 예시하려는 문제였음을 알 수 있다. 그러나 마태가 마태복음 5:32을 본문에 삽입한 것인지, 우리가 그것을 예수님의 원래 말씀으로 받아들여야 하는지는 아직 해결되지 않은 문제로 남아있다. 오직 마태 혼자만 이 말씀의 전승을 보고한다는 사실이 반드시 둘째 경우를 궁지에 몰아넣는 질문일 필요는 없다. 확실한 것은 그 질문이 이제는 어떤 심각한 물음으로 우리에게 나타나지 않는다는 것이다.

결론적으로 우리는 이혼과 재혼에 대한 복음서의 말씀을 다음과 같이 요약할 수 있다(물론 복음서의 그 말씀은 자기 목적적으로가 아니라, 창조 질서로서의 결혼의 본질에 대한 부정적인 설명으로써 이해된다).

1. **아내가** 간음으로 인해 부부관계를 깨뜨리고 이혼이라는 행동을 일으키면, 그녀는 결혼의 창조 질서를 위반한 것이다.[13]

2. **남편이** 1) 자기 마음대로 자신의 아내를 쫓아버리면, 그는 창조 질서를 거역하는 것이다. 예수님은 "내가 너희에게 말하노니"라는 표현을

---

13) 마태복음과 누가복음에 따르면 비록 이혼은—음행이라는 이유에 의해서 임의로 정당하지 않거나 정당한 일이든지 간에—남편으로부터 시작하지만, 마가복음에는 아내가 남편을 버리는 것으로 나온다(막 10:12). 사실상 유대교는 아내가 법적으로 소송을 일으켜서 승인받은 이혼을 인정한다. Strack-Billerbeck, 『탈무드와 미드라쉬에 근거한 신약성경 주석』(*Komm. z. NT aus Talmud u. Midrasch*) I, 318, 3a를 참조하라.

사용하시면서 구약성경과 분명히 다른 것을 말씀하셨다. 구약성경에서는 관습처럼 남편의 일방적인 이혼이 통용되고 있었기 때문이다(신 24:1 이하). 신명기에 언급된 이혼 사유의 유일한 근거는 "수치스러운 일"이다. 그러나 그것은 남자가 당하는 것만을 지적하고 있으며, 이혼을 정당화할 만큼 분명하게 규정된 것도 아니다.[14]

2) 그리고 남자가 이혼한 여자와 결혼하면, 그 남자는 창조 질서를 거역하는 것이다. 이것은 복음서에 등장하는 두 가지 경우에 적용될 수 있다.

첫 번째는 남자가 간음으로 이혼한 여자와 결혼하는 경우다. 이 경우에 남자는 그 여자가 저지른 간음을 인정하는 것이며―그 자신이 이혼한 여자와 간음한 당사자라면―자신의 간음도 인정하는 것이다.

두 번째는 남자가 아무 죄 없이 쫓겨난 여자와 결혼하는 경우다. 이 경우에 남자는 그 여자를 쫓아낸 남편의 범죄 행위를 인정하는 것이다. 다시 말해 그가 결혼하면서 자기 마음대로 여자를 쫓아낸 전 남편이 결혼 관계를 끝내는 것을 정당화시키며, 동시에 새로운 결혼의 길을 열어주는 것이다. 이 법은 냉혹하고 법적으로 엄격해 보인다. 그것은 죄 없이 쫓겨난 여자에게 안정을 찾지 못하게 할 뿐만 아니라, 다시는 새로운 결혼을 보장하지도 않는다. 그러나 여기서 중시되는 것은 제한하는 금지의 "원리"가 아니라, 창조 질서에 대립하는 힘을 승인하지 않으려는 점이다.

복음서에 나오는 이혼과 재혼에 관한 구절들을 체계화해 보면, 그것이 율법적·결의론적 해석과 아주 명확하게 구분되지는 않는다는 것을

---

14) 물론 신명기에 따르면 남자가 자기 마음대로 아내를 다룰 수 있는 힘이 무제한적으로 있는 것은 아니다. 신명기는 이혼하는 권리의 남용, 아내를 잘못 대하거나, 명예훼손 등과 같은 것에 대해 어느 정도 아내의 안전을 보장하고 있다. 남편이 아내에게 잘못하면, 그는 돈으로 손해를 갚을 수 있고, 이혼할 수 있는 자기의 권한을 상실하며, 강제로 결혼해야 하는 벌이 주어졌다. 그러나 일방적으로 아내를 쫓아내는 율법이 신약에서 어느 정도 극복되지만, 완전히 사라진 것은 아니다.

알 수 있다. 성경에 나온 다양한 경우를 체계적으로 정리해보면, 복음서의 말씀은 형식적인 근거들에서 분명 결의론의 측면을 갖는 것처럼 보인다. 그 경우들은 이런저런 근거로 금지된 대상들이 되며, 그 점에서 이 율법적 영역에 속하기 때문이다. 그러나 이것은 최악의 오해다. 율법적으로 이해된 그러한 금지들은 단순히 그 당시의 역사적 상황에서도 문제가 되었을 뿐만 아니라(왜냐하면 그것들은 예수님의 극단적 태도를 율법적으로 뒤바꾸어놓았기 때문이다), 그러한 금지들이 오늘날 우리 시대로 전수되면서 불행하게도 엄청난 혼란과 참기 힘든 시대착오적 오해를 초래할 수 있기 때문이다. 실제로 이러한 율법적인 이해는 항상 문제의 소지가 있어서, 인간적이고 정신적인 황폐화를 일으켜왔다.

따라서 지금은 예수님이 말씀하시는 의도와 그 말씀이 적용될 수 있는 세부적인 사항들의 범위를 정확하게 설명하는 것이 중요하다. 이것은 다음과 같은 논제들로 전개될 수 있다.

1. 결혼에 관한 예수님의 말씀은 원래의 창조 질서에 비추어 이 시대의 현실성(Wirklichkeit)을 평가하는 맥락, 곧 회개하라는 외침의 맥락에서 등장한다.

2. 이 시대의 현실성은 실제적인 죄(구체적으로 결혼 질서의 파괴)뿐만 아니라, 이 시대의 법률 질서들을 포함한다. 이런 법률 질서들은 실제적인 죄의 사태에 적합하도록 편성되었고, 무엇보다 오늘날 현실의 질서에 잘 기능할 수 있도록 실제적인 죄의 사태를 반드시 고려해야 한다.[15]

3. 창조 질서가 이 시대의 현실성의 상태들에 대해 이의를 제기했다는 것은, 이 시대의 현실들이 지양되어야 함을 의미하는 것은 아니라, 다만 그것들이 상대화된다는 것을 의미한다. 그것들은 이 시대의 현실에 긴

---

15) 질서에 관한 이론에 대해서는 *ThE* I를 참조하라.

급히 필요한 질서들이다. 그 점에서 그 현실들은 인간들에게 가장 확실한 규범일 수는 없다. 인간은 그런 현실들을 보면서 자신의 본질을 이해하지 못한다. 오히려 이 시대의 현실들이 창조 질서의 판단을 받는다.[16]

4. 이런 맥락에서 이해된 재혼의 금지는 독립된 법적 명령으로 간주되지 말아야만 한다. 오히려 그것은 이혼을 해석하는 데 도움을 주고 있다. 인간은 하나님이 그분의 창조 질서에서 결합하신 것을 나눌 수 없고 감히 재혼의 형태로 창조 질서를 다시 취할 수도 없다. 마치 그가 창조 질서를 마음대로 나눈 것처럼 말이다.

5. 다시 위의 조항과 관련해서, 이혼의 금지는 결혼 자체를 해석하는 데 도움을 준다. 그것은 하나님께서 남녀가 서로 친밀할 수 있도록 세우신 제도가 결혼이며, 따라서 결혼은 인간의 의지(예를 들어 계약)에 기초한 것이 아니며, 결혼의 파기도 인간의 임의적인 명령에 맡겨질 수 없다는 사실을 잘 보여준다.

이혼과 재혼을 보여주는 예들―이것들은 단지 예에 불과할 뿐이다―과 관련한 이런 **해석학적** 중요성은 굳건히 유지되어야만 한다. 이런 해석학적 중요성이 변화된 역사적 상황에서 살아가는 우리에게 자유를 주기 때문이다. 그 자유는 예수님 당시의 유대인들에게 요청된 것과는 **다른** 형식과 **다른** 방식으로 동일한 창조 질서를 진지하게 받아들일 수 있도록 한다. 우리가 앞서 살펴본 성경 구절들에 회개의 외침이라는 특성이 있다는 것을 기억하는 사람은, 회개의 외침을 둘러싼 논쟁과 관련된 **전선**(戰線, Front)을 항상 같이 고려해야 할 것이다. 이 전선 중에는 인간 마음의 이기심, 몸과 정신이 가진 리비도처럼 변하지 않고 영속적인 것들도 분명히 있다. 하지만 시대의 변화에 순응하는 전선들이 있다. 예를 들어, 오늘

---

16) 시대적 현실성이 제거될 수 없으며, 그것이 "상대화"된다는 사실은 두 왕국에 관한 이론의 모든 형식과 관련되어 있다. 여기서 또한 그러한 이론을 이끌어낼 수 있는 원리가 놓여 있다.

날 예수님이 주신 회개의 외침은 일방적으로 남자들에게만 해당되는 것이 아니다. 오늘날 문명화된 나라에서 이제 남자의 지배권은 더 이상 많은 분량의 책임을 보유한 것으로 존재하지 않기 때문이다. 나아가 여자의 음행만을 이혼 사유의 적합한 토대로 여기고 남자의 음행을 똑같이 비난하지 않는다면, 오늘날 남녀의 성이 평등하다는 생각을 받아들이는 사람들은 그것을 "이중 잣대"라고 여길 것이다.

사람들이 예수님의 말씀에 나타나는 구체적인 임무, 곧 역사적으로 조건화된 특정한 법체계와 관련해서 하나님의 창조 질서를 구체화하는 임무를 등한시한 채 지속적으로 타당하게 여겨지는 어떤 법을 찾으려 한다면, 이는 결국 예수님의 말씀을 왜곡할 수밖에 없다. 우리는 이후에 이혼과 관련된 체계적인 논의를 하면서, 창조 질서의 요구가 오늘날에는 전혀 다른 특징과 함께 등장하는 것을 살펴볼 것이다.

예를 들어 개인적인 에로스가 점점 개인과 사회를 지배하고 있다. 이런 현상은 인간 안에 있는 중요한 심리적 변화에 기인한다. 사람들은 이제 결혼을 "가족의 이해관계"로 생각하기보다는 개인이 결정하는 문제로 생각한다. 그로 인해 결혼은 고대와는 달리 아주 불확실하고 불안정한 감정의 지배를 받는다. 이런 불안정한 감정은 결혼한 부부가 고통의 순간을 맞이했을 때 성실하게 책임감을 가지고 그 순간을 극복하지 못하게 한다. 이런 변화된 상황에서 이혼의 의미와 가치도 변화한다. 이제 이혼하는 것이 죄가 아니라, 처음부터 경솔하게 결혼한 것이 죄가 된다. 따라서 이혼이란 단지 그러한 혼란을 진지하게 인정하고 고백하는 것이다. 동시에 이러한 변화는 성경을 불변적인 법으로만 이해할 수 없다는 것을 분명하게 보여주는 사례로 해석될 수 있다.

나) 결혼에 대한 신약성경의 이해는 구약성경의 이해와 다르다. 이것**은 결혼이 창조 질서에 의해 위엄 있게 된 것처럼, 이제는 구원의 질서에**

의해 상대화된다는 것과 관련이 있다. 모두가 결혼하는 사회와 관련해서 이런 관점은 혁명적인 결과를 가져온다. 예수님 자신은 결혼하지 않으셨다. 그분은 제자들에게 가족관계를 포기하라고 말씀하셨다. 그렇다고 그분이 제자들에게 (분명히!) "이혼"을 요구하지는 않으셨지만, 그럼에도 인간과 맺는 모든 관계보다 자신과 맺는 관계와 본인의 사역에 더 힘쓰기를 요구하셨다(마 10:37; 눅 14:26). 희생하는 자에게는 세상의 종말에 자신이 포기한 것보다 더 많은 것을 얻을 것이라는 약속이 주어졌다(마 10:20 이하; 19:28; 눅 18:29 이하). 여기에는 분명 세상의 종말이 가까이 왔다는 언급이 함께 주어진다. 종말의 가까움은 하나님 나라를 위한 특별한 부르심을 받고 직접 그 나라에 헌신하는 사람들에게 예외적인 삶을 요구한다. 그들은 이미 하나님 나라라는 새로운 세계의 계명 아래서 선취적인 삶을 살고 있다. 하나님 나라에서는 장가도 가지 않고 시집도 가지 않는다(마 22:30; 막 12:25; 눅 20:35 이하). 이런 관점과 기준점에서 결혼을 살펴본다면, 결혼은—하나님의 창조 질서의 이름에서 아주 귀한 것으로 여겨지지만—단지 이 세상에 속하는 것이며, 일시적인 것이다. 이렇게 결혼은 상대화된다.

예수님이 종말론적으로 규정하신 예외적 가능성은 바울에게는 지배적 동기가 된다(고전 7:1 이하; 살전 4:3 이하). 물론 바울은 이 주제와 관련해서 다음과 같이 말하면서 자신의 가르침을 제한한다. 이 제한은 그것이 바울 자신의 개인적인 생각이며, 주님의 말씀이 아니라고(고전 7:12, 25) 말하는 것에서 분명하게 나타난다. 다른 한편 그는 집안에서의 한 가족의 의무를 말하면서, 일반적으로 자신이 지지하는 독신과 관련된 장점에 대해서는 한 번도 강조하지 않았다(엡 5:22-6:9; 골 3:18-4:1).

고린도전서 7장에서 그는 자신의 결혼에 관한 이론을 아주 상세하게 소개한다. 여기서 창조 질서로서의 결혼은 그림자 같은 배경에서만 등장한다. 반면 그는 마지막 때와 고난(고전 7:26, 28)을 준비하기 위해 결혼하지 않고 지낼 것을 권면한다(고전 7:1, 8, 26, 38).

1. **신학적인** 목적과 관련해서 결혼을 살펴본다면, 독신으로 사는 것을 권면하는 이유는 두 가지다. 첫째, 결혼과 사랑이 인간을 다른 인간 존재들에게 예속시키고, 주님보다 세상에 더 많은 관심을 두게 한다(고전 7:33 이하). 결혼하지 않은 사람만이 자유롭게 주님을 생각하며, 다른 것이 아닌 그분을 기쁘시게 하도록 노력한다(고전 7:32). 둘째, 결혼하지 않은 자는 임박한 마지막 때의 고난(고전 7:29, 31)을 더욱 쉽게 통과할 것이며, 다른 사람과의 결속 때문에 얻게 될 고뇌(고전 7:28)를 덜 수 있다. 그러므로 이제 제자는 더 이상 세상에 속해서는 안 된다. 그가 결혼했다면 자신의 배우자와 헤어지려고 해서는 안 되지만(고전 7:27), "아내를 가진 자는 가지지 않은 자처럼" 행동해야 한다. 우리는 그 모든 것에 거리를 두고 자유롭게, 즉 정념에 매이지 말고 살아야 한다(고전 7:29 이하). 주님에게 속한 자는 더 이상 자신을 유혹하는 것에 빠지거나 참여하지 않는다. 물론 많은 사람이 결혼을 포기하지 못한다. 정욕[17]에 빠지는 것보다 결혼하는 것이 더 좋다. 절제할 수 없는 음행의 관점에서 볼 때, 모두가 "자기 아내를 두는 것"이 더 나은 것이다(고전 7:2).

2. 여기에는 **개인적인** 목적도 분명하게 드러나 있다. 결혼에 대한 자신의 주장을 확고히 드러내는 곳에서 바울은 주님의 말씀을 인용하는 것이 아니라 자신을 위한 말을 한다. 거기서 그는 결혼을 창조 질서로서는 일체 언급하지 않는다. 대신 그는 타락한 인간들에게 긴급히 필요한 제도로서 결혼을 강조한다. 한편, 타락한 인간들은 성적 리비도에 유혹받는 위험에 처해 있다. 다른 한편, 그들은 다가올 하나님 나라에 강력하고 충만하게 사로잡혀 있지 않았다. 따라서 결혼은 타락한 인간을 위한 필수적

---

17) 고전 7:9. "정욕이 불같이 타는 것"(πυροῦσθαι).

인 제도로서 등장한다. 물론 하나님 나라에서 하나님의 통치는 이러한 리비도의 지배와 거기서 주어지는 세상에 속함을 이겨낸다.

바울이 말한 주장의 논점을 간파하고 그 속에 있는 의미를 제대로 찾아낸 사람은, 결혼에 대한 바울의 이해가 의심할 여지없이 창조 질서를 지향하기보다는 매우 분명하게 죄와 구원의 관계 안에 놓여 있다는 것을 알 수 있다. 좀 더 날카롭게 말하면 다음과 같다. 복음서에서 하나님께서는 오직 우리 마음의 완악함을 아시고 이혼을 허용하신다. 반면 바울은 인간이 주님 대신에 자신의 리비도를 더욱 추구하는 마음의 완악함을 알고, 이런 완악함이라는 관점에서 결혼이라는 제도를 이해한다. 그는—본래 자신의 주장과 실제로 일치하지 않는—예수님의 이혼 금지(고전 7:10 이하)를 받아들이고, 심지어 부부 사이의 의무를 이행하는 것에 찬성하는 견해(고전 7:5)를 밝힐 때, 이것은 이상하게도 우리를 약한 존재로 만들고 거의 우리가 마지못해 양보하도록 만든다.

결혼에 대한 이런 특별한 해석에서—물론 우리는 이런 해석 이외에는 다른 해석을 하지 않는다—바울은 확실히 에로스의 영역과 성의 영역을 좋아하지 않음을 분명하게 보여준다. 그러나 바울의 이런 입장은 성의 창조 질서에 대한 단지 이성적이고 권위적인 주장에 그치는 것은 아니다. 지금 이런 바울의 입장을 우리가 나중에 살펴볼 수도원식의 금욕주의의 이전 형태로 생각해도 크게 잘못된 것은 아닐 것이다.[18]

18) "그에 따라 바울은 비록 그가 보편적인 것으로 여길 만한 어떤 이론을 창안한 것은 아니라고 할지라도, 나중에 성직제도에서 받아들이는 성관계의 거부에 대해 이미 적어도 그의 개인적인 관점을 제시하고 있다." Büchsel, 위의 책 Sp. 120.—이러한 입장은 루터에게도 영향을 미치고 있다. 루터는—타락 이후의 질서로 국가를 생각하는 것처럼—결혼을 죄의 치료, 병의 치료라는 관점에서 이해한다. 참조, Løgstrup, 위의 책, Sp. 326. 물론 루터는 결혼을 이렇게 이론적으로 제시하기보다는 인간적인 개선이라는 점에서 말한다. 그것은 그가 개인적으로 사랑과 결혼을 체험하면서, 비판적이고 부정적인 결혼에 대한 가치평가를 넘어섰고, 그런 가치평가가 적절하지 않다는 것을 지적한다. 루터의 이런 입장은 바울에게서 전혀 찾아볼 수

물론 고린도전서 7장에 나온 바울의 말은 개인적인 의견이지 사도적인 권위를 가지고 제시된 것은 아니다. 그것은 주님이 말씀하신 것이 아니라 바울 자신의 개인적인 생각을 말하고 있다는 제한적 주장 외에, 양심의 가책을 느끼게 한다든지 "올무를 놓으려고 함이 아니다"(고전 7:35)라는 표현도 개인적인 의견의 특징을 드러낸다. 바울은 결국 다른 결정을 내릴 수 있는 자유와 확신의 여지를 주고 있다. 이런 결정을 내릴 수 있는 **기준**은 일반적으로 구속력을 가지는 "사도의 가르침"이다. 자유 안에서 이루어지는 모든 행위는 그것이 나를 얽매는 것인지 아닌지에 대한 물음에 놓여 있다(고전 6:12). 나를 얽매는 것은 나 자신만이 판단할 수 있다. 왜냐하면 그것은 사람마다 서로 다르고, 그 얽매임의 정도 역시 서로 다른 정신적 성숙과 관련이 있기 때문이다(참조. 롬 14:4 이하; 14:22 이하; 고전 8:7 이하; 9:18 이하). 지금 이 기준은 우리가 앞에서 케리그마적 핵심(Kern)이라고 불렀던 것이다. 이 케리그마적 핵심으로부터 우리는 **우리의** 상황과 관련된 방향을 설정할 수 있다.

그러므로 바울이 결혼에 대해서 긴급한 제도라고 말한 것은—케리그마적 등급에 따라 판단될 수 있다—한 개인이 매우 극단적으로 이 기준을 자신의 삶에 개별적으로 적용한 것이고, 그 사람의 성향과 말은 시간과 공간과 제도적인 제약을 받는다. 따라서 결혼에 대한 바울의 말을 "율법적인 것"으로 이해하면 안 된다. 우리는 바울의 말을, 이혼과 재혼을 회개하라는 외침으로 제시한 예수님의 말씀처럼 받아들여서는 안 되고 단지 다른 상황과 제도 안으로 수용한 것으로 이해해야 한다. 바울에 있어서 결혼에 대한 그의 진술의 케리그마적 핵심은 우리가 주님 앞에서 우리 자신을 자유롭다고 여겨야 한다는 말씀에 놓여 있는 반면에, 복음서가 보

없다. 이를 통해 우리는 사도의 개인적이고 심리적인 파악이 신학적 진술에 전혀 개입하지 않는다고 말할 수 없음을 알 수 있다.

고하는 예수님에 있어서는 그 핵심은 창조 질서의 요청에 놓여 있었다.

다른 상황에서 다른 순종의 방식이 케리그마적 중심으로부터 나온다. 바울은 **자신의** 방식을 순종으로 고백하고 있다. 그가 자신을 전면에 드러내기 위해 그렇게 한 것은 분명 아니다. 오히려 자신의 개인적인 상황이 다른 기독교인들에게, 곧 "종말 이전의 아주 짧은 시기"를 자신과 함께 사는 동시대인들에게 어떤 원형적인 중요성을 가진다고 생각해서 그런 고백을 한 것이다.[19] 그런데도 그는 자신의 관점이 상대적인 것처럼, 다른 사람이 다르게 판단할 가능성까지도 생각한다.

신약성경의 다른 어떤 곳보다 고린도전서 7장에서 다음과 같은 것이 더 분명하게 제시된다. 즉 하나의 계명이 변치 않는 측면을 갖기도 하고 또 변화하는 측면을 갖기도 한다는 사실이다. 그리고 케리그마적 핵심이 어디 놓여 있고 그것이 어떻게 시대적·제도적으로 제약되어 나타나는지가 잘 제시된다. 만일 우리가 그러한 구절이 담고 있는 다양한 예시적 측면을 해석하지 않고, 나아가 다른 상황과 관련해서 그것을 이해하지 않는다면, 그 계명은 아주 큰 유명론적 불운을 우리에게 가져다 줄지도 모른다. 이런 점에서 신학적 윤리학은 해석학적인 근본 물음에 본질적으로 이바지할 수 있다.

다) 마지막으로 구약성경과 구별되는 신약성경의 결론은 부부관계에서 부인의 지위가 어떻게 바뀌었는가를 보여준다. 이에 대해서는 제1부 서론 인간의 양성에서 이미 다룬 바 있다. 여기서는 다음과 같은 몇 가지 기준을 제시하는 것으로 만족하고자 한다.

가족문제를 다루는 골로새서 3:18-4:1에서 아내의 지위는 구약시대와 같이 하찮은 것으로 전제되고 있다. 하지만 이것은 새로운 의미를 얻

---

19) 고전 7:29. "그때가 단축하여진 고로"(ὁ καιρὸς συνεσταλμένος ἐστίν).

는다. 여기서 여자와 남자는 주님 안에 있는 존재로서 특징지어지고 있다(골 3:18). 이 구절은 사회적 계급 질서가 더는 아내의 본질을 규정할 수 없다는 것을 보여준다. 여성의 본질은 오히려 창조 질서와 구원의 질서에서 제시된다.

창조 질서와 구원의 질서 안에서 동일한 은혜를 받는 사람들의 자유가 아내에게 주어진다. 이에 상응하여 남편 역시 사회 질서 안에 형성되어 있는 자신의 명성에 의해 결정되는 것이 아니다. 남편과 아내의 관계는 지배가 아닌 아가페에 의해 결정된다(엡 5:21 이하).

아내의 지위를 남편 아래에 두는 것은 (그리스도의 몸으로서) 교회의 지위를 그리스도의 머리 아래 두는 것으로 비유된다. 이것은 여자의 구원이 남자에게서 이루어지거나, 여자의 지위가 낮다는 것을 의미하지 않는다. 왜냐하면 아내 역시 이 몸과 하나로 연결되어 있기 때문이다. 하지만 남편은 자신의 머리가 그리스도의 머리 되심에 비유된다는 것이 아가페의 의미에서 자기희생을 요구하는 것임을 알아야 한다(참조. 벧전 3:7).

제2장
결혼에 관한 성례적 이해와 "세속적" 이해
― 비교 신학적 견해

1. 가톨릭 신학에서 성례적 결혼에 대한 이해

우리는 제3부 제1장 신약성경의 결혼 이해에서 남편과 아내의 혼인관계 이면에는 결혼을 조명하고 결혼의 의미를 만족시켜주는 영적 현실이 있다는 사실을 분명히 보여주었다. 이렇게 밝게 드러난 현실은 창조 질서뿐만 아니라 구원의 질서와도 관계가 있다. 마치 머리 되신 그리스도와 그 몸인 교회의 관계처럼 말이다. 부부의 이러한 "상징적" 성격에 근거해서 에베소서 5:32에는 "비밀"(μυστήριον, 불가타 번역본에는 *sacramentum*으로 기록되어 있다)에 대한 언급이 나온다.

"비밀"이라는 개념은 신약성경에서 항상 다음과 같은 의미로 사용된다. 곧 눈에 보이는 세속적인 현실이나 그에 상응하는 과정은 구원의 초월적 영역에 대한 비유가 된다. 다시 말해 (우리가 스콜라 철학에서 사용하는 용어를 조심스럽게 사용한다면) "자연"이 "초자연"을 지시한다. 이런 종류의 가리킴이 "비밀"이라고 일컬어진다. 그것은 감추어진 것이면서 동시에 드러나기 때문이다. 비밀은 믿음에게는 자신을 드러내지만, 믿음이 없는 사람은 그것을 이해하지 못한다. 다시 말해 "무릇 있는 자는 받아 넉넉하게 되되 없는 자는 그 있는 것도 빼앗기리라"(마 13:12). 그러므로 예수님이 사용하신 비유들은 신약성경이 "비밀"이라고 말한 것의 일종의 원형이 된다. 그것들은 확연할 정도로 드러냄과 숨김의 특성을 갖기 때문이다(마 13:10 이하; 막 4:11 이하).[1]

결혼은 창조 질서와 구원의 질서를 보여준다는 점에서 이러한 종류의 비유이고, 그에 따른 이중적 의미를 갖는다. 믿음으로 구원의 질서에 서 있는 사람에게, 결혼은 그러한 상징적 특징을 **가진다**. 이와 반대로 믿음 밖에 있는 사람들에게 결혼은 단순히 하나의 계약이고, 생물학적 현상이거나 기껏해야 인간적인 결합일 수밖에 없다. 그래서 에베소서는 결혼을 "비밀"이라고 일컫는 것이다.

상징이라는 특징을 가진 결혼이 항상 축복을 **전하고**, 구원 질서와 관계를 **확립한다**는 사실에는 두말할 필요가 없다. 나아가 결혼은 비유의 형태로 구원의 질서를 "증언"한다(결혼은 간접적으로 구원의 질서를 입증한다. 앞에서 보았던 것처럼, 남편과 아내의 관계가 기독론적인 특성을 드러낸다기보다는 기독론적인 비유를 통해 남편과 아내의 관계가 더 잘 드러난다). 그러나 결혼이 부부를 구원의 질서에 들어가게 하거나, 우리를 은혜와 연결해주는 믿음을 선사하는 것은 아니다. 창조 질서에서 볼 때 결혼은 자연적인 것에 속하면서 또한 초자연적인 것에 대해 열려 있다는 주장과, 양자 사이에 유비가 존재한다는 주장은—우리가 앞서 논의했던 근거[2]와 관련지어 생각하면—신약성경의 노선과 일치하지 않는다. 신약성경과 대립되는 유비의 사고는 로마 가톨릭 교의학이 결혼에 구원의 질서와 아주 특별한 유사성

---

1) Helmut Thielicke, 『하나님의 그림책』(*Das Bilderbuch Gottes*, 1958), 서문, "비밀" 개념의 풀이를 참조하라. 잠 3:32; 암 3:7; 롬 11:25; 엡 1:9; 3:3; 살후 2:7; 딤전 3:16.
2) 자연법에 관한 장, 특히 자연과 초자연의 관계에 대해서, 그와 함께 하나님의 형상(*imago Dei*)에 대한 것, *ThE* §2014 이하를 참조하라.

제3부 결혼의 질서

이 담긴 것으로 생각해 (세례와 성만찬과 동일한 지위를 가진 것으로), 그것을 하나의 **성례**³로 이해하도록 만드는 전제가 된다. 에베소서에 나오는 "비밀"(*Mysterion*)이라는 용어가 가톨릭에서 이런 주석을 하도록 만들었다. 비밀이라는 그리스어는 라틴어 "사크라멘툼"(*sacramentum*)으로 번역되어 아주 쉽게 성례로 제시될 수 있었을 것이다.⁴

그렇다면 결혼의 성례적인 특성이 의미하는 것은 무엇인가?

성례의 본성에는 상징뿐만 아니라 실현의 능력이 속해 있다. "성례는 인간을 성스럽게 하는 하나의 성스러운 것의 상징이다."⁵ 성례가 일으키는 성스러움은 초자연적인 은총의 매개를 통해 이루어진다. 이렇게 가톨릭은 결혼을 성례로 이해했기 때문에, 결혼은 인간에게 구원을 가져다주는 좋은 행위에 속한다. 이 경우에 초자연적인 목적은 자연의 매개물 안에 포함된다.

> 자녀의 출산과 배우자 상호 간의 영적·육체적인 도움은 자연적인 목적에 속한다. 이 두 가지 근본적인 목적은 초자연적인 목적과 분리될 수 없다. 왜냐하면 부모는 자녀들을 출산해서 그들을 자연적으로 양육해야 할 뿐만 아니라, 초자연적인 완전함으로 양육해야 하는 의무도 가졌기 때문이다. 마찬가지로 부부간에 서로 돕는 행위도 "한 사람이 다른 사람을 자신과 함께 천국으로 데려가는" 완전한 상태를 추구한다. 혼인성사가 가져오는 이런 초자연적인 완벽함을 지향하는 것은 결혼을 이루는 자연적인 "토대"의 한 부분을 포기해도

---

3) 가톨릭은 일곱 가지 성례, 곧 성세성사(=세례), 견진성사(=입교), 성체성사(=성찬), 고백성사(=고해), 혼인성사(=결혼), 신품성사(=성직자임직), 종부성사(=병자도유)를 성례로 인정한다. 반면 개신교는 세례와 성찬 두 가지만을 성례로 인정한다. - 편집자 주

4) 루터는 이러한 주석에 대해 아주 분명하게 말하고 있다. "물어지지 않고, 잠재되어, 드러나지 않는 위대한 교훈"(*WA* 6, 551). 그 근거에 대해서는 Diekamp, 위의 책, p. 383을 참조하라.

5) Thomas Aquinas, "Sacramentum es signum rei sacrae, inquantum est sanctificans homines" (*De sacramentis in communi*, 3 q. 60 a. 2).

훼손되지 않는다. 예를 들어 부부가 초자연적 완벽함을 위해 금욕을 맹세하고 육체적인 관계(commixtio carnalis)를 포기해도 초자연적 완벽함은 훼손되지 않는다. 자녀를 출산하는 결혼의 목적이 실현되지 않더라도 결혼의 실체는 훼손되지 않는다. 금욕은 삶을 실천하는 것과 관련해 하나의 역할을 한다. 그뿐만 아니라 결혼에서 금욕할 수 있는 원리는 예수님의 부모님과 관련해 그 부부의 관계가 충분히 타당한 혼인관계라고 이해하도록 만든다.[6]

결혼의 성례적인 구조는 계속해서 다음의 사실에서도 분명하게 드러난다. 곧 성례의 **형태**는 **형식**과 **내용**(forma und materia)과 관련된 결혼의 성례적인 구조에서 실현된다. 사제의 말씀을 통한 집례가 성례의 형식이라면, 결혼에서 신랑과 신부는 함께 그 성례를 집행한다. 상호 간의 합의(mutus consensus), 곧 신랑과 신부가 "예"라는 표현으로 받아들인 합의가 혼인관계[7]라는 성례의 효력을 불러일으키는 **원인**[8]이다.

일반적으로—비록 이것은 교리상으로 명백한 것은 아니지만—형식과 내용의 이런 간략한 결합은 다음과 같이 각각 설명될 수 있다. 내용은 계약의 목적인 서로에 대한 헌신, 곧 육체에 관한 권리(jus in corpus)를 상대에게 양보(traditio)하는 것을 의미하고, 형식은 서로 받아들임(acceptio)을 뜻한다.

결혼이라는 성례와 관련해서는 신랑과 신부 자신들도 성례의 실행자이기에, 그 성례를 함께 실행하는 성직자의 말은 어떤 효력의 특성을 가

---

6) Augustin, Julian von Eclanum에 반대하는 글에서, *De nupt. et conc*, I, 11, 12; C. Jul. V, 12, 46 이하.

7) *Decr. pro Armenis*, Denzinger 702.

8) Thomas Aquinas, 3 q. 84 a. 1 ad 1; Suppl. q 42 a. 1 ad 1 and 2.

지기보다는 단지 선포의 특성만 지닌다.

혼인성사에서 사제가 이렇게 상대적으로 덜 중요해지는 것은, 커플이 개신교인이든지 가톨릭 신자이든지, 또는 개신교와 가톨릭 신자가 혼합된 커플이든지 간에 세례받은 사람들의 모든 결혼이 그 자체로서 하나의 성례인지에 대한 의문을 제기한다. 이 문제는 사실상 교회의 전통에서 광범위하게 제기되었었다.[9] 여기서 나온 결론은 다음과 같다. **신앙이 서로 다른 사람의 결혼도** "넓은 의미에서"[10] 성례적인 특성을 가지며, 바람직한 것은 아니지만 구속력도 가진다. 그리고 성례적인 성격이 드러나는 한, 원칙적으로 로마 가톨릭교회는 그 결혼을 인정한다. 그리고 성례에 바탕을 둔 결혼의 서약이 의문시 되는 것을 막아준다. 독일 루터교 신학자 미카엘 슈마우스(Michael Schmaus, 1897-1993)는 사실상 이것과 관련해서 다음과 같은 점에 이의를 제기했다. 가톨릭교도와 개신교인은 서로 다른 신앙고백을 한다. 이렇게 다른 신앙고백을 하는 사람들이 결혼서약을 하는 것은 가톨릭교회가 세례를 받은 교인들에게 지침으로 주는 "형식에 위배"된다는 논쟁이 제기된 것이다. "그러므로 세례를 받은 사람은 가톨릭교회가 제시한 서약의 형식, 곧 가톨릭 신앙이 제시하는 형식을 지키는 사람만이 결혼이라는 성례적인 징표를 허락받을 수 있다. 그렇지 않을 경우 그 서약과 성례는 성립될 수 없다."[11] 우리는 초기 교회 전통이 제시하는 것과 슈마우스가 비-가톨릭적 결혼에 반대하며 제시한 여러 형태에 대한 복잡한 해석에 대해서 더 깊이 다루지는 않겠다.

---

9) Trid. Konz. *Sess*. 24, *can*. 1, Denzinger 990. 그리고 Pius IX., Denz. 1640, 참조. 1766, 1773, 나아가 Leo XIII. in der *Enzykl*. "*Arcanum*", Denz. 1854.
10) Diekamp, 378.
11) *Deutsches Pfarrerblatt* (1962), 12, p. 272 이하.

계속해서 결혼이라는 성례의 특성에 내재된 것에는 성례의 사효성(*ex opere operato*)[12]도 속한다. 이것은 결혼을 "객관적"인 기능의 영역에 위치시킨다. 달리 말해 그것은 결혼의 존속이 에로스적 결합의 정서나 그것의 증감 같은 주관적인 요인들에서 완전히 독립되도록 만든다. 최소한 결혼의 지속성과 타당성이 관련된 한에서는 말이다.

이런 주관성은 단지 예식의 순간에 성례의 타당성과 관련해서 역할을 한다. 그리고 혼인성사에 참여하는 신랑과 신부는 교회가 원하고, 교회가 행하는 것을 받아들이고 이행해야 한다는 의미에서 집례자의 역할을 한다. 반면 그들은 혼인성사를 수용하는 것을 부정하지 않는 의미에서 수용자가 된다(혼인성사에서 인격적인 연합을 이루는 결혼 당사자인 신랑과 신부는 집례자인 동시에 수용자다). 이런 주관성이 없는 경우 어떤 방해물(*obex*)이 신랑과 신부가 가져오는 사효성으로 주어지는 은총을 방해한다. 이 사효성 이외에, 성례의 타당성은 주관적인 요인들에 의해 영향을 받지 않는다. 게다가 혼인성사에 대한 정의에는 "부부간의 사랑"에 대한 언급이 어떤 조건으로 나오지 않는다. 성례적인 의미로 맺어진 결혼이 교회법으로 지속될 때, 부부의 사랑의 여부는 중요하지 않다. 물론 부부간에 사랑과 존중이 있어야 하는 것은 당연하다.[13]

성례의 사효성은 부부가 **이혼**할 수 없고 성례적인 의미에서 부적합한 주관적 요인들(소외감, 정신적인 잔인함 등)이 이혼을 가능케 하는 토대가 될 수 없음을 보여준다. 하지만 이것은 결혼에 스며들어 있는 주관적 요인이

---

12) 성례의 사효성이란 누구든지 성례에 참여하기만 하면 하나님의 은혜와 은혜의 효력을 자동으로 받는 것을 의미한다. ─ 편집자 주
13) *Enzyklika Casti Connubii* von Pius XI., Act. Ap. S. 1930, 542, 548, 549를 참조하라.

중요하지 않음을 주장하는 것은 아니다. 결혼 당사자들이 결혼할 것인지 안 할 것인지는 그들이 성례적인 연합을 이루기 전에 심각하게 생각해보아야 할 문제다. 그들이 연합을 이루고 난 후에 책임을 묻는 것은 시간상으로 너무 늦다. 더욱이 하나님이 맺어주신 연합의 지속성이 에로스와 다른 감정들과 같은 대단히 안정적이지 못한 조건들에 의존하는 위험이 발생한다. 목회적인 생각을 가지고 신학적·성례적인 원칙의 엄격함(이것은 완고함을 의미하는 것은 아니다)을 극복하기를 원하는 사람들은 다음과 같이 말한다. 혼인하려는 사람은 헤어질 수 없는 결혼 생활을 시작하기 전에 결혼하면 서로가 화목하게 지낼 수 있는지를 훨씬 더 심각하게 고민해야 한다. 다시 말해 그는 결혼을 좋지 않은 상황에서는 언제든지 깨어질 수 있는 실험처럼 생각해서는 안되며, 정말 서로가 맞는지를 책임 있게 살펴보아야 한다.

개신교 신학이 비록 결혼을 성례로 이해하는 것은 반대하지만, 가톨릭교회가 완고한 교리적 원칙에 호소하면서 결혼과 관련해서 발생하는 인간적인 문제를 무시한다고 주장하는 것은 공정하지 못하다. 오히려 사람들은 개신교의 결혼관과 결혼행사가 가톨릭교회의 결혼이해보다 **더** "완고하다"고 말한다. 다시 말해 개신교는 결혼의 지속성과 일관성을 원했지만, 가톨릭의 결혼관을 개혁하는 과정에서 지속성과 일관성을 충분히 반영하지 못했다. 비록 **그런** 종류의 안정성이 가톨릭교회가 주장하는 하나의 성례로 고정된 혼인성사를 통해서는 결코 획득될 수 없다고 해도 말이다.

가톨릭 신학이 혼인성사와 관련된 원칙에 반영하는 목회적인 이해와 인간적인 이해, 곧 결혼 당사자들이 결혼을 성례적인 특성을 가진 것으로 보도록 하면서 매우 진지하게 심사숙고하여 혼인을 결정하도록 도움을 주고, 이혼은 불가능하다는 관점을 강조하며, 그들이 결혼해서 책임의식을 가질 수 있도록 돕는 것은 오히려 기독교 윤리가 받아들일 만한 것이고 또한 여러 측면에서 모범적이다. 하지만 우리는 성례적인 해석보다는 다른 신학적인 수단을 사용해 결혼 초기에 신랑과 신부에게 책임을 강조할 수는 없는지를 질문할 수 있다. 물론 이것은 결혼이 지속될 수 있는지, 이혼이 허용될 수 있는지를 판단하는 것과 관련해 어느 정도의 탄력성이 있어야 한다는 것을 의미한다. 극단적이며 무조건적으로 이혼을 금지하는 것은 성례적인 원칙에 의해 굳어져 버릴 수 있다. 앞서 살펴본 것처럼, 이혼의 무조건적인 금지는 신약성경을 율법주의로 잘못 해석해서 일어난 일이다.

우리는 지금 **완전한** 책임에 대해서가 아니라, 오히려 하나님 앞에서 살아가고 서약으로 보호되는 결혼에 대한 책임을 평생 **강조**하고, 그에 따라 이혼은 심각한 문제라는 생각을 조심스럽게 말하고 있다. 가톨릭 신학이 결혼에 대해 가르치는 교훈의 핵심이 어떤 경우든 실천적이고 인간적인 숙고라기보다는 성례적인 원칙에 입각해 있다는 사실이 이해되어야만 한다.

2. 결혼에 대한 성례적 이해에 대한 루터의 반박

결혼을 성례로 이해하는 것에 대한 루터의 반대와 관련해서, 우리는 교회사와 관련된 문제에는 관심이 없다. 따라서 루터의 초기 가톨릭 신학과 그가 종교개혁에서 보여준 신학 사상 사이에서 발생하는 그의 사고 과정의 변화와 양자 사이의 해결되지 않는 긴장에 대해서는 다루지 않고 넘어갈 것이다.[14] 또한 그가 결혼하면서 보여준 행동과 결혼에 대한 그의 신

---

14) 이것과 관련해서는 Elert, *Morphol. d. Luthertums*, II, 2. Aufl. 1953, p. 80 이하를 참조하라.

학적 입장 사이의 결코 일치할 수 없는 점[15]에 대해서도 다루지 않을 것이다. 오히려 루터가 가톨릭교회가 주장하는 성례적인 결혼 개념을 실질적으로 극복하는 데 이바지한 점과, 결혼을 이해하는 데에 새로운 방향을 모색하며 개신교 신학의 실마리가 포함된 루터의 반론만을 다룰 것이다.

1) 성례적인 근거에 대한 부정[16]

1520년 10월에 출간한 『교회의 바빌론 포로』(De captivitate Babylonica ecclesiae)에서 루터는 결혼을 하나의 성례로 평가한 가톨릭 신학에 대해 신학적·현상학적·주석적인 반론을 제기한다.[17]

1. 첫째, **신학적 주장**은 결혼이 (성례를 이루는) 특별한 표징(signum)을 포함하지 않는다고 말한다. 비록 표징 그 자체가 성례를 성립시킬 수도 없지만 말이다. 물론 결혼에 어떤 표징과 같은 측면이 있다는 것은 사실이다.[18] 그러나 그러한 표징의 측면은 보이지 않은 것의 모형과 알레고리로 이해될 수 있는 다른 모든 사물들도 마찬가지로 가지고 있다.[19] 그러므로 우리는 표징이 성례의 본질에 속한다는 명제를, 표징이 있는 곳에는 성례도 있다는 말로 뒤집어서는 안 된다. 오히려 우리가 루터의 생각을

---

15) 예를 들어 『교회의 바빌론 포로』에서 알려진 충고, 곧 성적으로 무능력한 남자와 결혼한 여자가 다른 방식으로 성적 만족을 얻을 수 있다는 것에 대해 동의해야 한다는 충고를 참조하라(WA 6, 558, 그리고 10, 2, 278).

16) 가장 중요한 문헌: "결혼문제에 관하여", in "Unterricht der Visitatoren" (WA 26, 225); "목사들을 위한 예식집"(WA 30, 3, 43); 무엇보다도 중요한 것으로 다음의 자료가 있다. "결혼에 관하여" in 『교회의 바빌론 포로』(WA 6, 489, 550; CL I 426, 489). CL은 Otto Clemen의 편집으로 이루어진 8권의 루터 선집의 약자이다. Neudruck bei der Gruyter 출판사가 Weimarer Ausgabe에서 개혁자의 작품들을 선출해서 출간했다. – 편집자 주

17) WA 550 이하.

18) 아마도 루터는 여기에서 엡 5:23 이하에 나오는 남자와 여자의 관계와 그리스도와 교회의 유비를 생각했을 것이다.

19) ...licet omnia, quae visibiliter geruntur, possint intelligi figurae et allegoriae rerum invisiibilium. CL 486, 39.

더 극단적으로 밀고 나간다면, 현실에 있는 것들(보이는 것들)은 전부 성례가 될 수 있다.

둘째, 신학적 논증은 다음과 같다. 결혼에 특별한 표징이 없을 뿐만 아니라 나아가 성례전의 구성요소인 실현의 능력이 결여되었을 때, 그 결혼에는 성례전적인 특성이 없다. 누군가 여자와 결혼했을 때, 그는 결혼했다는 이유로 하나님의 은총을 받는다는 약속을 얻지 않는다. 결혼이 그런 구원의 의미를 갖는다고는 성경 어디서도 말하지 않는다.[20]

2. **현상학적인 주장**은 결혼이 예수님 시대 이전부터 있었고 이교도에도 결혼이라는 제도가 있었다고 말한다. 세례받은 자들의 결혼을 성례로 해석하는 것은, 기독교 이전의 결혼과 비기독교적인 결혼의 가치를 훼손하는 것이고, 심지어 그것들을 결혼으로 이해하지 않는 것이다.[21] 루터가 조상들(아버지들, *patres*)을 언급한 것은 그가 구약의 족장들을 생각하고 있었다는 것과 창조 질서를 말하고 있다는 것을 보여준다. 하지만 창조 질서는 인간 전체, 곧 기독교인**과** 이스라엘 사람 **그리고** 이방인 모두를 포함한다. 그런 점에서 본래 결혼은 세례받은 자들의 독점물이 아니다.[22] 오히려 결혼은 하나님께서 창조하시고 보존하시는 세계에 있는 세속적인 제도다(우리가 루터의 말을 이렇게 해석할 수 있다면 말이다). 그것을 다르게 보는 사람은 세속적인 지배 역시 교회 안에서만 가능하다고도 주장할 것이다.[23] 반면 이방인과 터키인들은 율법과 복음과 관련된 문제에 혼란을 느끼지 않았고, 순전히 정치적인 이유에서 매우 세속적인 방식으로 국가를 생각했기에, 신정정치라는 환상에 현혹된 기독교인보다 더 나은 국가형

---

20) Nusquam autem legitur, aliquid gratiae—여기서는 이렇게 번역할 수 있다. 즉 은총의 흔적만이라도—accepturm, quisquis uxorem duxerit. *CL* I 487, 11.

21) 그러나 여기에는 또 신성하고 참된 결혼이 무엇인지에 대한 물음이 제기된다.

22) *CL* I 487, 10.

23) "일시적 지배"(*imperium temporale*). *CL* I, 487, 11.

태를 가지고 있었다.[24] 루터는 기독교만이 결혼을 독점한다는 생각의 거부와 기독교만이 국가를 독점한다는 생각의 거부를 비교하면서 결혼을 독특하게 "세속적으로" 해석하기 시작했다.

3. **주석적 주장**은 이미 앞에서 언급했던 것처럼 다음과 같은 것을 이야기한다. 곧 불가타 번역본은 신약성경에서 사용된 그리스어 "비밀"(*Mysterion*)이라는 단어를 라틴어 "성례"(*Sacramentum*)로 번역했다. 하지만 불가타 번역본은 결혼이나 비밀에 대해 신학적인 의미의 성례로 주장할 수 있는 최소한의 토대를 제공하지 못한다. 성례와 구별되어 다양하게 나타나는 비밀이라는 단어는 성스러운 것의 외적인 표징을 의미하는 것이 아니라 사실 자체를 의미하기 때문이다.[25] 그래서 "비밀"의 내용, 곧 성스러운 것은 그리스도가 세우신 교회를 의미하는 것일 뿐만 아니라 그리스도 **자신**을 의미한다. 이런 의미에서 결혼은 성례라기보다는,[26] 이 세상의 "의미-상"에 봉사하는 비유로 사용되고 있다. 만약 결혼이 그런 비유로서 사용된 것이 아니라고 한다면, 그리스도를 상징하는 태양과, 민족을 상징하는 물도 성례일 수 있다. 반면에 태양과 물에는 성례가 되는 데 아주 중요한 것이 빠져 있다. 곧 하나님이 제정하셨다는 것과 하나님의 약속이 결여되었다.[27]

결론적으로 사람들이 하나님이 제정하신 것이 아닌 인간이 고안한 것(*ab hominibus in ecclesia inventum*)을 성례라고 이야기한다면, 결국 그들은 비밀이라는, 해석되어야 하는 단어에 대한 무지뿐만 아니라 성례라는

---

24) 이것과 관련해서는 *ThE* II, 2, §111를 참조하라.

25) Ubique enim significat non signum rei sacrae, sed rem sacram, secretam et absconditam. *CL* I 487, 22.

26) ...figurari quedem per matrimonium ceu reali quadam allegoria. *CL* I 488, 31.

27) ...deest et insitutio et promissio divina, quae interant sacramentum. *CL* I 488, 35.

사태 자체가 무엇인지를 모르는 무지함도 보여준다.[28] 사태 자체를 모른다는 것은 사람들이 어떤 사물의 상징성을 신적 제정과 확실한 구원의 의미를 생각하지 않고 성례전적인 특성으로 이끌어내려 한다는 점에서 그러하며, 단어를 모른다는 것은 사람들이 비밀이라는 그리스어를 라틴어로 번역하면서 단순히 발생한 오해에 현혹되었기 때문이다. 루터는 사람들이 믿음을 버리지 않고 사랑 안에 거할 때조차 그런 무지를 범할 수 있다고 생각했다. 그러나 여기서는 믿음의 **근본 토대**가 잘못되었다. 만일 우리가 성경에도 없고, 심지어 성경에 반하는 성례주의를 받아들인다면 웃음거리가 될 것이다. 나아가 우리는 성경의 권위를 폐기하는 셈이 될 것이다.

이렇게 하여 결혼에 성례적인 성격이 빠지면서 교회의 결혼 예식에도 변화가 생겼다. 루터에 따르면 결혼은 세속적인 (시민의) 행위다. 교회는 결혼의 성립에 대해 어떤 구성적 역할을 하지는 않는다. 그 이유는 결혼이 단지 기독교인만을 위한 제도가 아니라, 창조 질서로부터 모든 인간을 위한 제도라는 데 있다. 그럼에도 불구하고 교회가 결혼식을 행하는 것은 고유한 의무에서 하는 것이 아니라 "시 당국의 대리인"으로서 수행하는 것이다. 교회의 고유한 의무는 이미 언약을 맺은 결혼을 **축복하는 것** (missa pro sponsis)이다. 다시 말해 교회는 전통적인 결혼 미사를 수행하는 것이 아니라, 말씀의 선포와 "결혼 서약" 그리고 신랑 신부를 축복하는 일을 수행한다.[29]

이러한 교회의 참여 형태의 특징은 결혼예식이 연속되는 두 번의 행위로 구분된다는 데에서 드러난다. **먼저** 결혼은 교회 건물 앞이나 집안[30]

---

28) ...ab hominibus ...inventum, ignorantia tam rei quam verbi abductis, *CL* 489, 28.

29) 이에 대한 형식이 목사들을 위한 루터의 『결혼예식서』(*Traubüchlein für die einfältigen Pfarrherrn*)에 나온다.

30) 10세기까지 평민들은 집에서 결혼식을 올렸으며, 그 이후 2세기 동안 교회 앞에서 결혼했다. 그 결과 결혼식은 점차 사제의 손으로 넘어가기 시작했다. 그러나 결혼식은 항상 교회 문 앞

에서 이루어진다. 그 **다음에** 예식은 제단 앞으로 옮겨진다. 제단에서 이루어지는 결혼은 원래는 결혼 미사로 진행되었지만, 종교개혁 때문에 "축복"으로 바뀌었다.

이 예식의 거행은 형식적으로 전통과의 단절을 의미하지 않는다. 왜냐하면 집과 교회로 분리하여 결혼식을 행하는 것은 고대 독일의 세속적인 법에 공통적으로 근거하고 있기 때문이다.[31] 다만 새로운 것은 집과 교회의 분리가 성례적인 결혼 이해에 없었던 신학적인 의미를 가진다는 사실이다. 결혼을 성례로 이해하는 로마 가톨릭은 결혼식 자체를 교회의 제도로 만들어,[32] 두 번으로 분리된 예식을 막으려 한다. 반면 루터의 결혼 이해는 오히려 두 번으로 분리된 결혼 예식으로 인도하며, 전통에서 아직도 강조되지 않았던 의미를 전달한다. 만일 참된 결혼(*verum matrimonium*)으로서의 결혼이 그리스도인에게만 관련이 있는 것이 아니라 창조 질서로서 모든 사람과 관련이 있는 것이라면, 결혼은 "교회가 아닌 가족과 관련이 있는 법적 절차가 된다. 교회는 결혼에서 배제된다. 사람들이 교회

에서 거행되었다. 이러한 전통에서 생겨난 종교개혁 초기의 결혼 형식에 대해서는 Jordan, 75 이하를 참조하라.

31) R. Sohm, 위의 책, 그리고 『신학연구와 비판』(*Theol. Stud. u. Krit.*, 1874), p. 731—"물론 루터는 결혼을 하나의 세상적인 일이라고 말했다. 그러나 그것은 종교개혁적인 인식에서 나온 것이 아니다(적어도 그것은 형식이 중요시되거나, 신학적인 해석과 관련된 것이 아니다!). 중세의 신학자들은 이미 그렇게 결혼을 이해했다. 혼인성사에 관한 이론이 완성되었음에도 가톨릭교회는 트리엔트 종교회의 때까지 그렇게 가르쳤다." F. K. Schumann, 「결혼법의 물음에 관한 체계적 고찰」(Zur system, Erwägung der Frage des Eheschließungsrechts), in H. A. Dombois, 『가족법개정』(*Familienrechtsreform*, 1955), 154.

32) 결혼 당사자가 평민으로서 성례를 드리는 자임에도 불구하고 이것은 타당하다. 그들은 세례받은 사람들로서 교회와 관계하고 있기 때문이다. 성례를 드리는 일이 결혼에 효력을 발생시키기 때문에 결혼의 민간적 성격이 파괴되고, 나아가 (후에) 더는 그것을 하지 못하게 하는 경향을 가질 수 있다. 이미 이러한 경향에 대한 결과들이 등장하고 있었다. 그것은 Schmaus(같은 곳)가 혼인성사에서 교회 역할을 중요한 것으로 간주할 때 드러난다. "성례의 징표는 결혼 당사자와 성직자를 함께 포함한다. 성직자는 분명히 적극적으로 거기에 참여해야 한다."

에 참석하는 것은 결혼식을 **보기 위한 것이다.** (교회에서 진행되는) 실제 교회 예식은 결혼을 법적으로 승인하는 것이 아니라, 오히려 결혼이 전제되어야 이루어질 수 있다."[33]

1525년 6월 13일 루터는 이런 개념과 예식의 틀 안에서 결혼했다.[34] 여기서 중요한 것은 루터가 교회가 아닌 자신의 집에서 결혼식을 했다는 사실이다. 한 성직자, 곧 비텐베르크 시의 목사 부겐하겐(Bugenhagen)이 결혼식을 진행했다고 해서 그 결혼식이 교회 행사라는 것을 의미하지는 않는다. 오히려 14세기 이후부터 결혼식이 성직자를 통해 이루어진 것은 이미 정착된 전통에 따른 것이었다. 교회의 축복은 결혼식은 물론, 마르틴 루터와 카타리나(Katharina von Bora, 1499-1550)가 이제 부부가 되었다는 것의 공표도 교회와 관계가 없다. 반대로 이러한 결혼의 공표는 오히려 결혼 과정이 진행되면서 교회에 전달되었다.

편지에서 밝혀진 대로, 결혼을 위해 교회 **앞에서** 그리고 **바깥에서** 일어난 것이 교회 **안에서** 일어난 것보다 더 중요하다. 이제 결혼은 법적 행위로서 교회의 축복과는 무관하며, 오히려 공개적인 알림과 직접 관련된다. "새로운 부부가 공개적으로 알려지고, 처음으로 '확증'되었다. 우리 지역의 시의회는 17세기 후반까지 결혼증명서 대신에 '남자가 악기 연주와 함께 꽃 화환과 리본으로 치장한 여자를 공식적으로 교회와 거리로 데리고 갔다'는 내용이 담긴 증명서를 주었다."[35] 사람들은 나중에 논쟁이 된 시민 결혼(Ziviltrauung)과 관련해서 다음과 같은 정당성을 얻었다. 곧 시민 결혼이 의무적이지도 않고, 거의 실행되지 않은 곳(스웨덴)에서조차도 교회의 결혼은 국가의 일을 대리

---

33) R. Sohm, 위의 책.
34) W. Br. III, Nr. 890, 531, Nr. 894, 534, Nr. 898, 539. Böhmer의 소개, 같은 책, 40, Jordan, 같은 책, 73을 참조하라.
35) H. Böhmer, 같은 책, 50.

하는 "의무"로 이해되었다. 사람들이 이것을 결혼 이해의 세속화라고 말한다면, 그들은 이런 세속화와 관련된 신학적 의미를 함께 살피는 것을 반대하지 말아야 한다. 앞서 논의된 결혼의 이해와 관련해서 이미 그 싹을 보여준 두 왕국에 대한 논의는 사실 세속화의 형태와 관련이 있다. 그런 점에서 이것은 종교개혁의 정당한 부산물이며, 품위를 떨어뜨리는 것이 아니다. 그러나 그것은 괴팅겐 대학교 조직신학 교수 프리드리히 고가르텐(Friedrich Gogarten, 1887-1967)이 말하는 소위 "세속주의"와는 구별되어야 한다.[36]

루터는 결혼식과 관련해서 이미 자신의 새로운 신학적 통찰력을 현실화시켰지만, 결혼과 관련해서는 스콜라 전통과 결혼에 대한 가치변화 사이에서 그것을 어떻게 이해해야 할지 오랫동안 혼동하는 모습을 보여주었다. 분명한 것은 루터가 자신의 과거의 영향을 받아 바울에게 의존하면서 결혼보다 "순결이 더 고귀하다"고 말했다는 것이다.[37] 또한 그는 아우크스부르크 신앙고백서(Confessio Augustana)에서 결혼은 "환자 보호소"이며, 결혼의 지위는 "인간의 연약함을 도와주고 부정함을 보호하는"[38] 제도라고 말했다. 다른 한편, 루터는 혼인한 이후로 점차 결혼에 대한 새로운 이해를 보여준다. 그는 대부분 자유로운 표현(예를 들어, 그의 부인 카타리나의 말과 그녀에게 보낸 편지)과 공식적인 진술에서 결혼을 더 이상 부정적으로 이해(**결혼은 욕망의 치료다**)하지 않았다. 오히려 결혼을 인간의 공동체가 싹트는 사랑의 정원(*amoenus hortus, ex quo plantae societatis humanae sumuntur*)이라는 말로 긍정적으로 이해한다.[39] 나아가 루터는 결혼 생활의 내용과 전제로 "즐거움과 사랑"

---

36) Gogarten, 『신학과 역사』(*Theol. u. Gesch.*) in ZThK 1953, 339 이하, ThE II, 2, §3894, "세속화"에 관한 부분을 참조하라.
37) Elert, 위의 책, p. 82.
38) Augsburg Confession, Article XXIII.
39) WA 42, 354, 23; 43, 321; Elert, 83을 참조하라.

을 이야기했다.[40] 종종 루터는 결혼의 목적을 이전에는 자녀출산이라고 말했는데, 이후에는 그 외에도 결혼 생활의 즐거움을 말했고, 그 즐거움을 하나님의 선물이라고 말했다.[41]

독일 에를랑겐 대학교에서 조직신학을 가르쳤던 파울 알트하우스(Paul Althaus, 1888-1966)는 결혼 생활의 즐거움을 적절하게 시적인 형태로 인용한다. 그는 결혼에 대한 루터의 엄격한 신학적 틀을 유지하면서, 그 송가의 끝부분에서 결혼과 부부애를 타락 이전의 삶을 살던 아담과 하와에게로 연결한다. "부부의 사랑은 모든 사랑, 곧 부모와 자식, 형제와 자매 사이에 일어나는 자연스러운 사랑보다 그 이상이다. 신부의 사랑은 불꽃처럼 불타오르고 결혼한 배우자 이외의 다른 상대를 추구하지 않는 사랑이다. 신부는 다음과 같이 말한다. '저는 그대가 가진 것을 원하지 않아요. 저는 은과 금도 원하지 않고, 이것도 저것도 원하지 않아요. 저는 오직 그대만을 원해요. 저는 오직 그것만을 원하지 다른 어떤 것도 원하지 않아요. 다른 모든 사랑은 자신이 사랑하던 것 이외의 다른 것을 추구해요. 하지만 저는 제가 사랑하는 사람만을 원한답니다. 아담과 하와가 타락하지 않았다면, 모든 것 중에서 가장 사랑스러운 것은 신부와 신랑이었을 것입니다.'"[42]

2) "세속적으로" 이해된 결혼과 관련된 신학적 해석

한편으로 루터는 결혼과 결혼식의 세속성을 강조한다. 다른 한편으로 그는 결혼이 하나님이 제정하신 것이며, 결혼 생활은 하나님 앞에서 진행되어야 하며, 기독교인은 하나님의 은총 없이 결혼 생활을 시작해서는 안

---

40) WA 24, 518; 2, 167; 17, 2, 351; 43, 630.
41) WA 43, 454.
42) WA 2, 167 이하; Paul Althaus, "결혼에 관한 루터의 말" in 『결혼법과 가족법』(Th. Heckel, Ehe- u. Fam.-recht), 1959, 8.

된다고 말한다. 이러한 루터의 이중적인 견해는 후대에 계속해서 혼란스러운 영향을 끼쳤다. 세속주의자들과 예전적 관점에서 결혼을 해석하는 사람들은 서로 긴장 관계를 유지하면서 각자 자기 입장에 유리하게 루터의 관점을 이해했다. 세속주의자들은 모든 성직자가 자유롭게 결혼할 수 있는 세속성을 주장하면서, 루터가 결혼의 "탈기독교화"를 위한 길을 열어놓았다고 생각한다.[43] 이와 반대로 예전적 관점의 해석자들은 루터의 이름을 언급하면서 교회의 결혼예식을 성례주의(Sakramentalismus)와 연결하고, 결혼에 대한 "영적" 이해를 주장한다. 역사학자들도 그러한 긴장 속에서 혼란을 느낀다. 그래서 그들은 초기 가톨릭 사제 시절의 루터가 새로운 "세속적인" 삶으로 넘어가는, 균형을 이룰 수 없는 전환과 관련해서 그 긴장을 설명한다.

그렇다면 우리는 다음과 같은 루터의 서로 다른 표현들을 어떻게 일치시킬 수 있을까? 그는 "결혼식과 결혼 생활은 세속적인 성격을 띤다"[44]라고 말했다. 동시에 다른 맥락에서 "결혼은 세속적인 것이지만, 하나님의 말씀으로 생겨났으며, 인간이 결혼을 고안하거나 제도화한 것이 아니다."[45] 부부관계는 "가장 영적인" 상태이며,[46] 결혼은 하나님이 만드신 제도[47]라고 말했다.

사실 루터의 이런 말들은 서로 내적인 갈등없이 본질적으로 동일한 것을 표현한다. 우리는 그런 설명을 서로 모순된 말로 간주할 수 없다. 루터 신학에서 영적인 것과 세속적인 것의 관계를 이해하지 못하는 사람

---

43) 루터에 대해 A. Deutelmoser의 해석이 이에 일치한다. 그는 무엇보다도 그 해석을 루터의 정치 윤리학적 방향에서 수행하였다. Luther,『국가와 믿음』(*Staat u. Glaube*, 1937).
44) *CL*, IV, 100, 3.
45) *CL*, 같은 책 26.
46) *EA* 51, 18.
47) *WA* 27, 24, 25.

은, 다시 말해 "두 왕국"의 구조적 관계를 파악하지 못한 사람은 결혼에 관한 루터의 말을 "반-명제"처럼 오해할 수 있다.[48] 어떤 것이 좌편의 왕국에 속해 있어서 "세속적인" 것을 의미하고 또 이성의 영역과 관계를 맺고, 그래서 믿음의 지배를 받지 않을 때,[49] 그것이 영적인 것과는 관련 없고 하나님의 통치를 벗어났다는 것을 의미하지 않는다. 오히려 세상의 왕국 역시 하나님의 주권의 영역에 포함되어 있고 그래서 구조적으로는 우편 왕국과 하나의 괄호로 묶여 있다.[50]

우리가 이런 의미에서 결혼의 "세속적인" 상태를 이해한다면, 결혼은 바로 **하나님**이 제정하신 것이다. 신학적으로 이런 객관적 관계는 주관적 관계와 일치한다. 이 "세상"에 살고 있고, 또한 하나님께서 이 세상에서 살도록 정하신 기독교인은 객관적인 관계와 주관적인 관계에 관심을 두지 않을 수 없고, 결혼의 가치를 하나님이 제정하신 것으로 이해하고 존중해야 하며, 하나님이 직접 그것을 우리에게 준 것으로 생각해야만 한다.

그러나 결혼이 객관적이고 주관적인 관계가 **함께** 일치하는 곳에만 있는 것은 아니다. 우선 그 일치는 오직 기독교인들에게만 해당한다. 그러나 결혼은 결코 기독교인만을 위한 제도가 아니다. 오히려 객관적 관계, 다시 말해 결혼은 창조 질서로서 하나님이 제정하셨다는 이해는 믿음에서 인식되고 받아들여지는가의 물음과는 독립적으로 작용한다. 이것이 의미하는 것은 하나님의 개입을 전혀 알지 못하거나, 심지어 부정하는 자들도 그 질서를 누릴 수 있다는 것이다. 왜냐하면 하나님은 "모든 세상"을 위해 보존의 질서(창 8:21 이하; 9:1-7, 13 이하)를 세우셨기 때문이다. 그래서

---

48) 비록 B. Jordan(위의 책, p. 87)이 여기서 분명하지 않게 "반대되는 주장"이라고 용어를 비난했지만, 그 비난이 그에게 해당하지는 않는다.

49) B. Lohse, *Ratio und Fides. Eine Unters. üb. d. Ration in d. Theol. Luthers*, 1958를 참조하라.

50) *ThE* I, §1825 이하, 1837 이하를 참조하라.

하나님께서는 그분을 알지 못하는 **사람들에게도** 그분이 하나님이심을 알리셨다. 그분은 자신을 알고 인정하는 사람들만의 하나님이 아니시다. 하나님은 자신을 추종하는 사람들뿐만 아니라 그분을 알지 못하는 사람들에게도 하나님이시다. 또 사람들이 그분을 확실하게 높이기 때문에, 하나님이 되신 것도 아니다.[51]

그와 같이 하나님은 자연 질서가 유지되도록 힘쓰시는 하나님이시고, 자연 질서는 하나님에 대한 지식이 없이도 보존되고 있다. 그 질서는 결혼의 창조 질서만이 아니라 국가의 긴급한 질서, 곧 법체계와도 관련을 맺는다. 교리적인 전통에서 볼 때 사람들은 자신들이 **정치적**으로 법을 사용할 때, 입법자가 정확하게 누구인지도 모르면서 법을 사용한다. 법은 이성의 법정 앞에서 자신의 의미를 입증한다. 그렇기 때문에 법은 교회 밖의 질서에서도 유효하다.[52] 이 점에서 결혼의 질서는 법 질서의 구조와 유사하다.

따라서 독일 루터교 신학자 게오르그 리첼(Georg Christian Rietschel, 1842-1914)과 파울 그라프(Paul Graff, 1878-1955)의 다음과 같은 말은 정확하지 않다. "루터가 결혼을 순전하고 신성하며 영적인 것이라고 말했을 때, 그는 외적인 결혼제도 자체에 관심을 갖고서 이것을 말하지 않았다. 결혼은 그 자체로 세속적이며, 이 세상의 영역과 관련된 것이다. 이런 말과 관련해서, 루터는 결혼이 믿음을 통해 거룩해짐을 말하고 있다." 그밖의 세속적 사역과 이 세상적 물건이 믿음을 통해 거룩해지는 것과 똑같이 그렇게 말했다. 하지만 그렇지 않다. 결혼은 믿음을 통해서 거룩해지는 것이 아니다. 오히려 결혼 그 자체는 하나님이 제도로 정하셨다는 특성으로 인해 거룩한 것이다. 비록 그것이 세

---

51) 이것은 구약성경의 예에서 분명하게 드러난다. 하나님의 왕국은 그분의 백성인 이스라엘에게만 국한된 것이 아니라, 비록 그것을 알지 못하지만 이민족도 포함한다. 시 22:28; 72:11; 102:16; 사 5:26; 42:1; 60:3; 65:1; 겔 36:23; 욘 4:2; 학 2:7; 말 1:11 등.

52) Hollaz, *Ex.* 1021, Apol. 16, §7. 참조, *ThE* I, §1232 이하.

상에 있을지라도 말이다. 그리고 사람들이 이런 사실을 인정하는 믿음이 있든지 없든지 간에 결혼의 거룩성은 존재한다. 이것과 관련해서 믿음은 기독교인이 거룩한 질서라는 특성을 가진 결혼을 존중하고, 결혼을 만드신 분에게서 결혼을 받아들이고, 그분의 이름으로 결혼을 시작하고, 지속하며, 완성하도록 도움을 줄 뿐이다.

우리가 결혼의 지위를 "세속적"이라고 말했을 때, 다음과 같은 점이 분명하게 밝혀져야 한다.

1. 결혼에 대한 신학적인 의미를 알고, 창조자와 구원자가 누구인지를 알고, 창조 질서와 구원의 질서가 관련되었다는 것을 아는 사람들이 결혼의 상태를 구성하는 것이 아니다.

2. 결혼은 구원의 중요성을 갖고 있지 않으며, 우리는 결혼해서 "구원" 받을 수 없다. 우리는 우리가 속한 창조 질서를 따른다고 구원을 받는 것이 아니라, 오직 믿음을 통해 구원을 받는다. 이 점은 결혼을 성례로 이해할지에 관한 논쟁에서 발전되었다.

3. 결혼은 창조 질서로서 "모든 인간"을 위해 만들어진 제도다. 또한 "모든 인간"은 이 제도를 준수할 수 있다. 곧 그들은 믿음과 관계 없이 결혼을 지속할 수 있다.

4. 마지막으로 결혼은 "온 세상"을 보존하기 위한 질서로서 제정된 것이다. 루터는 국가가 삶 자체를 위한 **사회적** 토대로서 세워진 것이고 세상이 무질서로 무너지는 것을 예방하기 위해 세워졌다고[53] 말했다. 국가와 비슷하게, 결혼은 삶을 위한 **생물학적** 필요조건으로서 제정된 것이

---

53) 국가는—결혼처럼—"파멸된 자연을 위한 필연적인 구원의 수단"으로서 이해된다. "왜냐하면 죄 욕망이 방종에 빠지지 않기 위해 율법의 쇠사슬과 형벌을 통해 속박되는 것이 필요하기 때문이다." *WA* 42, 79, 7 이하—*ThE* II, 2, §104 이하.

다.[54] 두 질서는 사람들이 구원받을 수 있도록 그들이 사는 세상을 보존하기 위한 것이다.[55] 그리고 그 두 질서는 구원의 날에 사람들에게 기회가 주어질 수 있도록 세상을 보호하고 있다. 물론 창조 질서와 결혼의 질서 자체가 구원을 **가져오는** 것은 아니지만, 구원을 위해 **유지되어야** 한다. 그것은 우리가 구원으로 부름받는 기회를 위해서 보존되어야 한다(고후 6:2).

동시에 이것은 창조 질서 내지는 보존에 필요한 긴급한 질서가 구속의 영역으로 유입되는 점을 언급한다. 세상은 결혼의 창조 질서와 국가의 긴급 질서를 위해 보존되는 것이 아니다. 그뿐만 아니라 세상은 자기를 보존하기 위해 본능에 따라서 이런 질서를 **만들지도** 않는다. 오히려 세상은 하나님께서 하나의 **목적**을 위해 인내(벧후 3:20)하고 계심으로써 목적을 향해 보존되고 있다. 그분은 "모든 사람에게 긍휼을 베푸신다"(롬 11:32; 딤전 2:4; 벧후 3:9; 겔 18:23). 따라서 생물학적·사회학적인 측면에서 보면, 순전히 육체적인 실존은 그 자체가 목적으로 이해될 수 없고, 오히려 구원의 기회를 위한 전제로 이해된다.[56]

바로 여기서 결혼이라는 지위와 관련된 객관적인 신학적 맥락이 다음과 같이 아주 분명하게 드러난다. 그 맥락은 "오직 그리스도만"(solus Christus)을 통해 긍정적인 동시에 부정적으로 규정된다. **긍정적인 면**과 관련해서, 결혼은 하나님이 제정하신 창조 질서라는 특성 안에서 세상에게 구원의 기회를 주기 위해 보존된다.[57] **부정적인 면**과 관련해서, 결혼은

---

54) 부분적으로 여기서도 결혼에 대한 사회적·정치적 의미가 언급되어야 한다. 인간 사회의 식물적 상태로서, 사랑의 정원으로서의 결혼에 대한 앞의 인용(WA 42, 354, 23)을 참조하라.

55) ThE I, §2160.

56) Jordan은 그런 점에서 옳다. "유일하게 그리스도를 통해"라는 관점에서 볼 때, 그리스도로 인해 결혼제도가 세상의 보존이라는 틀에서 현실성을 가지며, 그 제도가 세상에 적합하다는 것은 분명하다"(위의 책, p. 89).

57) 이 생각은 계속 문제를 일으킨다. 그것에 관해 여기에서는 상세히 다루지 않겠다. 다시 말해

"오직 그리스도만"이 인간을 구원하실 수 있기 때문에 구원의 의미를 전혀 갖지 않는다. 하지만 구원을 위한 제도적인 **기회**를 준다는 점에서 결혼은 중요하다.

결혼의 이런 긍정적이고 부정적인 측면 아래서 결혼의 **세속적** 의미가 드러난다. 결혼과 관련된 긍정적인 관점은 하나님께서 그분이 정하신 때(*Kairos*)까지 **세계** 전체를 보존하신다는 것을 이야기한다. 하나님께서는 그리스도인뿐만 아니라 이교도를 보존하시고, 종교인뿐만 아니라 무신론자의 세상도 보존하시고, 큰아들과 함께 머무르는 아버지의 집뿐만 아니라 집을 나간 탕자가 머무르는 나라까지도 보존하신다(눅 15:11 이하). 반면에 부정적인 관점은 합법적인 결혼, 곧 참된 결혼(*verum matrimonium*)이 "모든 사람"에게 가능하다고 말한다.[58] 그래서 참된 결혼은 세례나 세례를 전제하는 성례적인 행위와는 관련이 없다는 것을 말한다.

따라서 우리는 다음과 같은 놀라운 결론에 도달한다. 바로 칭의 교리의 공리, 곧 "오직 그리스도"가, 기독교인이 결혼의 순수한 세속성을 주장할 수 있게 한다. 그리고 그것은 결혼을 성례주의와 구분하고, 에로스를 미화하는 모든 종류의 일반 종교와도 구분한다.[59] 오직 믿음만이 온전히 세상적일 수 있다. 왜냐하면 믿음은 세상을 과대평가하지도 미화하지도 않기 때문이다. 오직 믿음만이 온전히 객관적이고 실제적일 수 있다. 왜

그것은 구원이 타락한 이후의 창조와 창조 자체에 대해 관계하는지, 만일 관계한다면 얼마나 관계하는지에 대한 문제다. 여기서 창조는 구원을 통해 고양되며 완성되기 때문이다. 이것과 관련해서는 나의 『역사와 실존: 기독교 역사신학의 기초』(*Geschichte und Existenz. Grundlegung einer christl. Gesch.-Theol*, 1935)를 참조하라. 나는 내가 젊은 시절에 쓴 책에서 제시한 내용을 그대로 유지했다.

58) 이것은 자연스럽게 결혼이 필요한 조건의 관점에서도 타당하다. 그러나 그것은 다시금 자연스러운 세계-내-존재라는 것에서 이끌어낸 개념이다.

59) 마지막 부분에 대해서는 Walter Schubart, 위의 책, p. 237. 종교와 에로스는 동일한 목적을 가졌다고 할 수 있다. 그것들은 인간을 구원하고 변화시키려고 한다. 나아가 Ellen Key, 위의 책을 참조하라.

냐하면 믿음은 현실의 가치와 위치를 올바르게 평가하기 때문이다. 오직 믿음만이 온전히 이성적일 수 있다. 왜냐하면 믿음은 "모든 지각보다 뛰어난 것"(빌 4:7)에서 이성의 한계를 보기 때문이다.

믿음은 결혼과 관련해서 이성보다 더 많은 것을 보고 또 결혼만이 가진 특별한 것도 보기 때문에, 이성과 관련이 있는 세상과 이성에게 그것들에게 어울리는 임무를 부여한다. 왜냐하면 믿음은 이성이 자신을 이해하는 것보다 이성을 훨씬 더 잘 이해하기 때문이다.[60] 믿음은 이성 자신보다 이성의 활동 범위를 더 잘 찾을 수 있다. 또한 이성이 자신의 경계선을 위반하는 것과 자신의 완전한 능력을 사용할 수 없는 위축된 상황에 대해 이성보다 더 민감하게 반응한다. 믿음은 결혼의 원인과 목적을 안다. 곧 믿음은 결혼이 창조 질서에서 나온 것이고, 구원의 질서를 보호하기 위한 제도라는 목적도 안다. 믿음은 결혼과 관련된 신학적 의미를 알고 그래서 결혼이 실제로 "가장 영적인 지위"를 가진다는 것도 안다. 또한 결혼이 "하늘의 것"과 가장 유사하다는 것도 안다. 그러나 바로 이런 특징으로 인해 믿음은 세속적인 것에 권리를 부여하며, 그것의 정당성을 인정한다. 그러나 믿음은 자신의 참된 존재를 세속적 지식에 의존하지는 않는다.

믿음은 아직 이해하지는 못할지라도 하나님의 특별한 뜻(*voluntas ordinans Dei*)을 신뢰하기에, 인간이 하나님의 뜻을 따르지 않거나 그분의 뜻에 반하여 행동하는 장소에서조차도 하나님의 강력한 의지가 작동하고 있음을 안다. 믿음은 하나님이 제정하신 제도들의 궁극적인 의미가 드러나지 않은 곳에서조차도 신적인 제도들이 힘 있게 남아 있음을 평온히 알아차린다. 그리고 인간의 협력이 없더라도 하나님이 제정하신 제도들이 어떻게 일하는지를 안다. 믿음이 있는 사람은 세속적인 "일", 곧 결혼 생활

---

60) 「신학적 이성비판」(Theologische Kritik der Vernunft), in *ThE* II, 1, §1321 이하를 참조하라.

을 논의할 때마다 결혼의 영적 의미들을 실현하는 것 외의 다른 일을 할 수 없다. 그는 결혼 생활을 시작하고 지속하고 완성하는 데 있어서 결혼의 영적 의미들이 영향력을 행사하도록 허락한다. 그리고 믿음이 있는 사람은 결혼의 질서를 만드신 분, 곧 자신을 이런 질서로 부르시고, 이성과 에로스, 자연법칙과 자연적 사랑을 하도록 하신 그분을 분명하게 이해할 수 있다.

믿음은 이름 없는 분으로 존재하시던 하나님을 드러내서 질서의 창조자로서뿐 아니라, 나와 대면하는 당신(Du-im-Gegenüber)으로 하나님을 알려주고, 그분 앞에서 결혼 생활을 시작하고 지속하고 완성한다. 그래서 믿음이 있는 사람은 결혼을 시작할 때 그분이 등장하시는 축복을 원한다. 따라서 이런 축복은 그에게 의무인 것이다. 비록 축복이 결혼을 제정하는 조건은 아니고, 다만 이미 제정된 결혼을 축하하고 기억하는 것에 불과하다고 해도 그러하다.[61] 믿음으로 이루어진 결혼 생활에 대한 새로운 이해는 이미 언약을 맺은 결혼의 축복으로 나타난다. 따라서 결혼의 축복은 "효력"과 관련해서가 아니라 오직 "인식론적"으로 중요하다.

이것이 루터가 결혼하는 신랑 신부에 대한 교회의 축복과 관련해서 얼핏 보면 완전히 상반된 진술을 했던 이유다. 곧 우리가 방금 논의한 "영적인 것"과 "세속적인 것"의 일치를 이해할 수 없는 한, 그런 진술은 결국 모순으로 간주될 것이다(실제로 모순으로 간주되었다). 그래서 한편, 루터는 결혼의 법적 절차와 관련해서 사람들이 시민 정부(영주들과 공회)가 독점적으로 가진 권한인 축복을 갈망할 수 있다고 말했다.[62] 여기서 축복은 사소한 것(Adiapora)

---

61) 오늘날 일반적으로 사제가 미리 신부(Frau)를 부인이라는 새로운 이름으로 부르는 표현이 결혼서약서에 들어 있다.

62) 『결혼예식서』(*Traubüchlein*), *CL* IV, 100, 11; 101, 13. 이 책의 각주 29를 보라.

처럼 보인다. 비록 결혼하는 사람들에게 축복이 권장할 만한 것이긴 하지만, 어떤 경우에 축복은 선택의 문제인 것 같다. 결혼은 하나님이 제정하신 것으로 사제나 수녀 같은 인간이 고안한 지위들보다 "몇백 배 더 가치 있는 영적인 것"으로 존중되어야 한다.[63] 더욱이 "젊은 사람들은 결혼의 지위를 심각하게 생각하고 하나님이 창조하시고 명령하신 것으로서 결혼을 존중하는 법을 배워야 한다."[64] 그리고 그들은 축복을 받으면서 결혼의 지위에 대한 신학적 의미를 기억하는 것이 좋다(위에서 언급했던 지적인 관점과 관련해서 기억해야 한다). 어쨌든 이런 축복을 원하는 경우, 젊은 사람들은 결혼을 "심각하지 않거나 이교도의 어리석은 일"로 생각하지 않을 것이 분명하다.[65]

다른 한편, 이런 축복을 경멸한 사람들에 대해서는 동물적 수준으로 떨어질 것이라고 말해졌다. 그때 아마도 결혼은 동물적인 짝짓기와 같아질 것이며, 수간(獸姦)으로 변질될 것이다. "하지만 만일 누군가 조금도 축복을 원하지 않는다면, 그것은 그가 법과 질서가 없는 동물이라는 것을 의미한다"(*Si qui autem nullam bendictionem habere voluerit, maneant bestiae multis legibus vel ordine indigentes*)─"당신이 동물이 되길 원한다면, 좋다. 우리가 당신을 돕겠다."[66]

이 두 진술은 다음과 같이 요약할 수 있다. 현실적 측면과 관련해 결혼식 축복의 임의선택적 특성에 대한 강조는 확실히 결혼을 성례로 생각하는 조심성에 근거한 것이다. 축복은 부차적인 것이며, 결혼의 기초가 되는 것은 아니다. 따라서 축복이 빠진다고 해서 결혼의 정당성이 사라지는 것은 아니다. 물론 축복은 권장할 만한 가치가 있다. 이와 달리 축복을 의무적인 것으로 간주한 진술은 동일한 문제를 다른 관점에서 보고 있다. 어떤 기독교 공동체에서

---

63) 위의 책, 100, 28.
64) 위의 책, 101, 3.
65) 위의 책, 101, 11.
66) *WA* 27, 411, Jordan, 위의 책 87을 참조하라.

"세속적인 일" 곧 "결혼"이 영적인 원리에서 이해된다면, 결혼식에서 축복을 생략하는 것은 결혼이라는 지위를 제정하신 하나님을 경멸하는 것을 의미한다. 결혼의 영적 의미를 경멸하는 사람은 이런 영적 의미를 전혀 알지 못하는 사람들이 이해하는, 결혼의 어떤 다른 상태를 초래한다. 결혼은 세속적인 일이며, 세상 모든 사람이 참된 결혼(*verum matrimonium*)을 할 수 있다는 것도 사실이다. 하지만 결혼의 영적 의미를 알고 결혼식에 주어지는 축복이 그에게 중요하다는 것을 깨달으면서도 하나님 앞에서 결혼하는 것을 의식적으로 거부하는 사람은 스스로 세속적인 일에 불과하다는 "결혼"으로 되돌아가게 될 뿐만 아니라, 자신이 더 이상 회피할 수 없는 요청을 거부하는 셈이 된다. 그런 사람에게는 또한 그 세속적인 일도 왜곡된다. 오늘날의 용어로 이것을 표현하자면, 기독교 이후의 이교도는 기독교 이전 그리고 기독교 밖의 이교도와는 질적으로 다르다.

결혼의 영적 주장에도 불구하고 결혼을 세속적인 것으로 취급하는 이런 왜곡이 성사된 결혼의 법적 효력을 취소하지는 못한다. 하지만 그런 왜곡은 결혼의 적법성을 빼앗아 간다. 결혼에서 기독교의 원리를 빼는 것은 온전한 인간성을 남겨두지 못하고—이것은 매우 분명하게 강조해서 말한다면—인간이 동물과 유사해지는 결과를 낳는다. 아마도 이런 문제는 루터가 당대의 결혼 풍습을 "수간"이라고 비하했던 사실에서 발생했다. 만일 이것이 그런 경우라면, 우리는 기독교적인 것과 동물적인 것의 대립을 너무 과장해서 해석해서는 안 된다.

3. 시민 결혼과 교회의 혼례

1) 역사적 이해

앞서 우리는 루터의 세속적인 결혼 이해를 살펴보았다. 루터는 시민 정부가 관여하는 결혼과 교회에서 진행하는 결혼의 축복을 엄격하게 구별하여 이해했다. 우리가 이렇게 국가와 교회의 결혼 기능을 구분한다고 해서, 교회의 역할이 본래 결혼의 세속적인 부분의 업무를 담당하고, 나아가 정부의 직무수행자가 기록공무원 역할까지 행사할 수 있다는 것을 배제할 필요는 없다(1873년 프로이센에 의무적인 시민 결혼이 도입되기 전까지 그랬다).[67] 교회는 권한을 가진 국가가 자신의 고유한 권한을 위임할 때, 국가를 대신해서 그런 역할을 했다.[68]

결혼식과 축복을 분리한 것은 마치 우리가 결혼을 성례로 이해하는 가톨릭의 개념을 반대하면서 제시한 점과 유사한 모습을 보여준다. 세속 국가가 결혼식과 축복을 분리해서 도입한 결혼의 의무는 전통적인 교회가 가진 결혼의 견해와 상충한다. 교회가 결혼의 "세속성"(Weltlichkeit)을 이해하기 위해 이러한 국가의 법적 권한의 정당성에 대해 논의를 제기하는 문제가 남아 있기 때문이다.

사실 국가가 결혼을 주도하기 이전의 시대나 그 이후의 시대에도, 의무적인 시민 결혼에 대한 논의는 어떤 의미에서든 환영받았고, 원칙적으로 가능한 것으로 여겨졌다. 이 논의[69]는 신학적·윤리적 결정이 결코 순수하지도 원칙적이지도 않다는 것뿐만 아니라, 늘 새로움의 도전에 직면하는 시대적으로 제약된 동기를 함께 고려해야 한다는 사실을 보여주었다. 그점에서 신학적으로 아주 파악하기 힘든 상황 판단이 발생한다. 이런 상황

---

67) K. K. Schmidt, 위의 책, p. 89. 우리는 다음에서 이에 대한 아주 중요하고 배울 것이 많은 자료를 살펴볼 것이다.

68) 나아가 CA는 다음과 같은 것을 명시적으로 제시한다. "그들(감독들)이 결혼이나 십일조와 같은 것을 판단함에 있어서 인간의 권위와 다른 어떤 권위와 결정권을 가지고 있다면…"(Si quam [episcopi] habent aliam vel potestatem vel jurisdictionem in cognoscendis certis causis, videlicet matrimonii aut decimarum etc., hanc habent humano jure…(VII. De postestat Ecclesiastica, Art. 29).

69) 우리는 몇 가지 중요한 동의를 문헌에서 제시하였다. 출판 날짜가 그것을 보여주고 있다.

판단은 흔히 각자의 견해에 따라 적절한 결정을 내리도록 특성을 부여한다. 이때 동시대적인 논의는 역사적으로 중요할 뿐만 아니라, 그런 적절한 결정을 위한 기준을 획득하는 방식, 그리고 신학 이외의 관점이 적법하게 개입하는 방식을 위한 모범적 의미를 갖는다.

우리는 호적법(Zivilstandsgesetz)에 대한 판단이 결혼에 대한 **신학적** 이해의 결과로서 나온 것인지, 아니면 세속적 **국가**의 주권에 권위를 부여하려는 동기, 심지어 세속주의 자체를 관철시키려는 동기에서 제안되었는지를 아는 것이 중요하다. 세속주의가 제안하는 것처럼, 교회가 의무적인 시민 결혼의 요구를 단순히 "말없이" 따르는 경우에 교회는 아마도 결혼에 대한 교회의 고유한 역할을 사람들에게 인식시켜주지 못하고, 오히려 시민들의 요구에 따라 결혼에 대한 세속적인 자기이해를 확인시켜주게 된다. 교회는 소위 신학적으로 이해된 세속성이 아닌, 세속주의 자체에 대해서는 말을 해야 한다. 교회는 결혼과 관련해서 제도적으로는 올바른 태도를 보일 수 있다. 다시 말해 교회는 의무적인 시민 결혼을 긍정하면서도 세속주의는 부정할 수 있다.

예를 들어 말씀의 선포(여기서는 결혼의 성립에 관한 선포)에 대한 신뢰는 교회가 어떻게 "내용에 맞게" 말하고 행동하는가와 관련이 있을 뿐만 아니라, 어떤 대상을 향해 말씀을 전하고, 상징적인 행동을 하며, 그 말씀을 어떻게 "적용하는지"와 관련이 있다. 간단히 말해, 교회가 선포하는 말씀에 대한 사람들의 신뢰는 어떤 **상황**에서 그 말씀을 전하는가에 달려 있다.

단순히 "내용"의 관점에서 말씀의 선포를 살펴본다면, 교회는 "공동의 이익이 개인의 이익에 우선한다"라는 당시 제3제국(Drittes Reich)의 국가사회주의 표어(nationalsozialistischen Satz)를 긍정했고, 그 표어를 이웃 사랑의 계명의 한 변형으로 해석했다.

사람들은 국가가 윤리적 의도를 가지고 공포하는 것이 항상 교회가 선포하는 말씀 안에 이미 들어 있다는 것을 쉽게 확인할 수 있다. 그러나 지금 그와 같은 일치를 말하기 위해서 내용의 올바름만으로는 불충분하다. 국가사회주의 표어는 완전히 다른 이유에서 출발하고 있기 때문이다. 그것을 신학적으로 긍정한다는 것은 국가가 이웃 사랑의 계명을 신성하게 여기는 것이 아니라, 단지 국가를 강화하려는 숨은 동기를 간과하는 것이다.

상황에 대한 신학적 판단과 신학 이외의 다른 영역들의 판단의 협력은 모든 윤리적 결단을 위한 최고의 모범이 된다.[70] 따라서 당시 국가 주도적 시기에 시민 결혼이 어떻게 진행되었는지에 대한 논의는 모델이 되는 사실성(Modelltatsache)이다. 그것은 역사적인 것 이상을 의미한다. 그러므로 신학적 관점과 다양한 신학 외적인 질문들 사이에서 발생하는 근본적인 긴장 위에서 그런 모델을 분석하는 것은 유익하다. 먼저 우리는 중요한 점만 확인하기로 한다.

1871년 10월 13일 총감독 묄러(Möller)는 베를린 시 교회 상임위원회에서 발표한 자신의 연설문에서 그런 긴장을 다음과 같이 날카롭게 표현했다. 곧 "개신교 교회가 시민 결혼의 도입을 문제 삼는다면, 개신교 교회는 자신이 요구하는 태도, 신념, 그리고 기대하는 결과를 위해서 적지 않은 투쟁을 해야 할 것이다. 시민 결혼이 어떤 형식으로든 법적인 것이 된다면, 교회는 그것이 내연 관계와 같다는 선입견에 조금의 여지도 주어서는 안 된다."[71] 교회는 결혼의 세속성에 대한 이해에서 불가피하게 가톨릭의 성례주의로 이어지는 결과

---

70) 물론 "신학 외적"이라는 개념에 대해 반박할 만한 이유가 있을 것이다. 왜냐하면 상황 판단은 순수하게 신학적 기준을 가지고 수행될 수 없기 때문이다. 그러나 그 판단은 또한 육체적·본능적인 것만이 아니라, 성령의 은사의 차이와 관계하며(고전 12:10), 무엇으로 상대에게 최고의 봉사를 할 것인지에 대한 신앙상담에서 필요한 물음이다.

71) K. D. Schmidt, p. 91.

를 이끌어내어서는 안 된다(그러나 성례주의도—항상 그런 것은 아니지만—내연 관계 그리고 결혼과 유사하지만, 정당하지 않은 결합을 구별한다).

어쨌든 시민 결혼을 근본적으로 가능하다고 긍정하는 것은 다음과 같은 상황의 해석으로 제한된다. 곧 상황에 따라 시민 결혼에 대한 이유와 결과는 신학적인 의미의 긍정과는 다른 논의에 근거하며, 다른 결과가 발생할 수 있다.

자유주의 신학자들은 리히터-장어하우젠(Richter-Sangerhausen) 시민 결혼과 관련된 상황을 고려하지 않고, 무한히 긍정적인 태도로 그것에 반응했다.[72] 자유주의 신학이 세속성에 대한 개신교적 원칙을 쉽게 정당화할 수 있었던 것은 그 신학이 다른 측면에 놓인 세속적 동기들을 간과하지 않았고, 나아가 자신이 그 동기에 결합되어 있다고 느꼈기 때문이다. 그런데 다른 모든 신학 그룹은 시민 결혼이 원칙적으로 가능하다는 것을 분명히 알고 있음에도 불구하고, 시민 결혼을 도입하는 것에 대해 주저하는 입장을 보였다. 왜냐하면 그들은 시민 결혼과 관련하여 박해를 받는 상황이었기 때문이다.

먼저 시민 결혼을 도입하려는 성향의 배후에 놓여 있다고 생각되는 이유가 중요하게 작용했다. 사람들은 1848년 이후 팽배했던 "교회에 적대적인 분위기"를 느끼고 있었다. 일차적으로 문화투쟁을 통해 우선적으로 가톨릭에 반대했던 개신교 교회도 바로 그러한 적대적 분위기를 의식하지 않을 수 없었다. 시민 결혼의 도입은 주로 이러한 분위기의 반영으로 평가되었고, 그래서 그것은 "반기독교 정신"의 제도화로 여겨졌다.[73] 이에 대해 베를린 시의 총감독 브뤼크너(Brückner)는 라인 지방이 "적의 손아귀에서" 시민 결혼을 받아들였고, 결국 비신학적인 방향으로 나아갔다고 말한다. "이런 상황에서 원래의 관습(!)을 지키고, 교회의 결혼에 기초한 결혼 형식을 변화시키지

---

72) Schmidt, Die Kirchl. Disk. üb. d. oblig. Zibilehe I. Jahrz. ihrer Einführg, in *FR*, p. 96.
73) A. v. Oettingen, 위의 책, p. 9.

않으려는 민족적인 정서가 강하게 작용했다." 결론적으로 그는 여기에 신학적 논쟁을 덧붙였다(그러나 그 신학적 논쟁은 애석하게도 루터의 두 왕국 이론을 오해했다). 즉 오늘날 시민 결혼이 법적으로 제정된 이후, 그것은 국가윤리(!)를 동시에 수행하지 못하고 있다. 우리는 본다. 상황 판단에 적합한 것은 의문스러운 꽃을 피울 수 있고, 동시에 방해물을 설치하게 될 수도 있다. 그러한 것은 영적인 설교나 감독 기관이 원했던 것과 전혀 다른 혈통에 속한다.

목회자들이 교회의 영역에서 주저했던 또 다른 이유는 사람들이 기대했던 시민 결혼의 결과에 대한 예견에서 나왔다. 그들은 주로 국가교회(Volkskirche)의 틀이 국가 결혼과 교회의 축복의 구별로 흔들릴 수 있다고 염려했다. 국가교회와 관계된 이런 논쟁은 분명히 상황을 고려할 수밖에 없기 때문에 발생하는 사례다. 국가교회가 없는 다른 나라에는 그러한 논쟁이 발생하지 않을 것이다(이것은 꼭 미국인들에게 해당하는 것은 아니지만, 미국인들에게 위로를 주는 말이 될 것이다). 국가교회가 없는 나라들에서는 다음과 같은 점이 이상하게 보일 것이다. 다음이 그 당시 예상되었던 염려스러운 결과들이다.

1. 교회의 축복이 결혼식과 반드시 동일한 것이 아니라, 단지 임의로 선택할 수 있는 부속물이 된다면, 교회는 일반적인 타락의 운동에 놓인다. 분명히 이러한 염려는 특히 독일 동부에서 발생한 국가교회의 탈교회적 흐름과 일치한다. 국가교회의 조직이 혼인과 축복을 동일하게 인식하도록 압력을 행사해서 조직을 유지하는 것은 고통스러운 일이다. 우리는 간접적으로 그 사실을 인정하지 않을 수 있다. 또한 교회에서의 결혼식이 임의적인 선택의 부가물로 전락하여 황폐화되지 않도록 하는 것이 국가의 이익과 공공도덕을 위한 것이라는 논쟁을 펼치는 것도 고통스럽기는 마찬가지다. 종교적인 문제를 논의하는 행정부서는 이미 1849년 다음과 같은 내용을 발표했다. 곧 "동부 지방에서 무분별하게 받아들여진 시민 결혼은 현재 상황에서 볼 때, 시민의 도덕

적·종교적 삶에 교회와 국가에 대한 의구심을 불러일으켰고 위험을 초래하고 있다."

2. 사람들은 시민 결혼의 신학적 가능성에 대해 논의하지 않더라도, 교회의 **관습**(Sitte)이 가진 보존하는 힘을 생각해야 한다. 교회에서 결혼하는 관습은 사람들에게 하나님의 질서라는 의미를 부여하고, 사람들은 말하자면 자동적으로 하나님의 질서를 거룩하며 경외할 만한 것으로 여긴다. "앞으로는 그 모든 것은 변덕스러운 인격적 확신의 힘에 달려 있게 될 것이다."[74] 독일의 교회사학자이자 신학자인 루돌프 좀(Rudolph Sohm, 1841-1917)은 이러한 상황을 해석하면서 개인의 결정에 따라 "교회에서의 결혼"을 포기하는 것이 종교를 개인적인 문제로 여기는 사회민주주의 원리가 실행되는 징후라고 이해했다.[75] 우리가 앞의 인용에서 보았던 것처럼, 좀은 나중에 시민 결혼을 긍정했다. 우리는 그가 단순히 자기 모순적인 행동을 했다고 생각하지 않는다. 오히려 그는 첫 단계에서 먼저 상황 해석을 하면서 교회에서 결혼하는 것의 문제를 설명하지만, 이후에는 좀 더 추상적으로 교회법과 관련하여 그 문제를 다룬다.

3. 호적법은 교회에서 결혼하는 것과 함께 그때까지 존속했던 법적 행위인 의무적인 세례(Zwangstaufen)를 폐지하게 했다. 세례의 포기는 민족 전체를 기독교인으로 만들려는 이상이 사라지는 것을 뜻하는 듯 했다. 그점에서 시민 결혼은 국가교회가 꿈꾸는 "기독교 국가"의 이상에 대한 심각한 공격이었다.

4. (물론 공식적인 이야기는 아니지만) 또한 사람들은 교회의 관습을 유지시킨 관성의 법칙이 지금까지는 교회에 우호적이었지만, 이제는 시민 결혼을 통해 국가교회에 대립하도록 전환되었다고 말한다. 이제 사람들이 두 길, 곧

---

74) 위의 책, p. 93.
75) Sohm, 『의무적 시민 결혼』(1880), p. 12.

동사무소와 교회로 향하는 길을 동시에 가려고 한다면, 그것은 그에 따른 비용과 불안정이 따른다. 더 비싼 대가를 지급해야 하는 세례, 결혼식, 장례 같은 경우도 이에 해당한다.

5. 목사의 수입 문제도 시민 결혼을 고려하게 만드는 역할을 한다. 사실 성례 비용은 월급의 일부지만, 목회자가 시민 결혼으로 수입이 적어지는 것은 목회자의 민감한 물질적 손해를 의미한다. 우리는 조직전체적으로 쉽게 수지를 맞출 수 없는 "일거리 상실"을 고려하지 않을 수 없다. 이러한 시민 결혼의 상황을 고려할 때, 우리는 그것이 신학 외적인 많은 주변적인 문제와 의무적인 문제에 관련되어 있고, 그런 문제는 받아들이기 쉬운 것이 아니라는 사실을 언급해야만 한다. 우리는 이 상황에서 사실성의 의식되지 않는 규범적인 힘을 망각해서는 안 된다. 그 힘도 관성의 법칙에 의해 판단하는 사람들에게 영향을 끼친다(이것은 결코 교인들에게만 해당되는 문제는 아니다).

호적법이 도입된 이후 사람들은 당시 일반적으로 그리고 잠시 호적법에 강력하게 저항했지만, 사실에 기초해서 조건부로 호적법을 받아들였다. 사람들이 새로운 법적 상황과 타협한 것은 그렇게 하여 신학적 지식보다는 제도적·의무적인 면에서 결혼의 세속성을 생각했고, 좌편 왕국에 대한 의문스러운 해석과 관련시켰기 때문이다. 따라서 이미 신루터교 운동으로 이해되는 에어랑엔 학파의 프란츠 헤르만 라인홀트 폰 프랑크(Franz Hermann Reinhold von Frank, 1827-1894)는 혁명적 변화에 반대하여 기독교인은 이러한 모든 혁명적 운동을 거부해야 한다고 주장했다. 그러나 혁명이 실현된다면, 그는 루터가 말한 상위의 윤리(Obrigkeitsethos)에 근거해 새롭게 실현된 법의 효력을 따르는 것을 지지했다.[76]

---

76) *ThE* II, 2, §2507 이하.

2) 역사적 상황의 변화

역사발전 과정에서 시민 결혼의 문제는 필요에 따라 변경되었지만, 계속 존속하고 있다. 특히 교회에 대립하는 법률 개혁이 계획되거나 제정되는 곳에서도 시민 결혼의 문제는 계속 존재한다. 이것은 무엇보다도 원칙적으로 인정해야 할 시민 결혼의 신학적 가능성이 교회가 원하는 것을 정당화시켜줄 수 없었으며, 현행법을 문제시할 만큼 강력한 힘을 가진 유일한 근거가 될 수 없었다는 것을 의미한다. 언제나 그랬던 것처럼 우리는 오늘날에도 시민 결혼의 물음이 계속해서 날카로워지는 상황, 그리고 특별히 시민 결혼이 도입되어 공고해지는 경향을 주목해야 할 것이다.

여기서는 무엇보다 두 가지 비판적인 질문을 다루어야 한다.

첫째는 성혼 행위에 대한 국가적 주권이 종교 개혁 신학에 적합했던 것처럼, 또한 세속성의 근원적 원리에도 정말로 상응하는지의 질문, 또는 세속적 원리가 몰래 세속주의의 원리로 변질되었는지의 질문이다.

세속성이라는 근원적인 원리는 여기서 의문시되는 "국가의 풍습과 관례"(Landes Sitte und Brauch)안에서 구체화된다. 그것은 결혼에 대한 친인척의 풍습, 곧 교회 문 앞에서, 교회 또는 시청으로 가는 길과 같은 곳에서 공개적으로 남들에게 보이는 관례다.[77]

그에 반해 현대적 시민 결혼에서 중요한 것은 국가가 주도적 역할을 한다. 국가는 통치권(Souveränität)이라는 이름으로 결혼을 결정하는 힘을 행사한다. 여기서 현대국가의 성향, 특히 모든 인간을 자신의 가족으로 국유화(verstaatlichen)[78]하려는 복지국가[79]의 성향이 간과되어서는 안 된다.

---

77) Schumann, p. 154 이하를 참조하라.
78) 서독의 초대 대통령이었던 Theodor Heuss(1884-1963)는 때때로 인간의 국가화의 경향에 대해 언급하였다. Schumann, 위의 책, p. 155.
79) ThE II, 2, §1924 이하를 참조하라.

그렇기 때문에 다음 질문이 불가피하다. 그것은 국가가 법으로 의무화한 시민 결혼이—루터가 결혼의 세속성이라고 이해한—공적 공간을 대체해버리지는 않은가, 그리고 거기서 세속의 차원이 완전히 다른 것으로 변하지는 않는가 하는 질문이다. 다시 말해 국가가 결혼을 이데올로기로 사용하거나, 형식적이며 실제적인 기준을 부여하면서 비인격적이고 우월한 질서로 등장시키지는 않는지에 대한 질문이다. 결혼이 이데올로기나 비인격적인 질서가 되면, 루터가 말한 가깝고 구체적인 세계, 곧 사촌과 친구 그리고 이웃의 증인들을 포함한 인간 사이의 직접성이 상실되고 말 것이다.

세계의 모습이 이렇게 변화한 것은—정상적인 경우와 국가의 이데올로기가 변질되지 않더라도—분명히 이혼의 문제에도 관계된다. 이혼은 루터의 "세계"(다른 모든 것보다 두드러지면서), 곧 앞서 말한 작고 가까운 세계 안으로 침범하는 엄청나게 파격적인 일이다. 반면 익명의 국가기구 앞에서는 이혼은 부부관계를 끝내는 과정으로서 아주 형식적이며 익명적이다.

사람들이 루터가 의미하는 세속성의 개념을 정당화하려면(실제로 의도한 목적을 제시하기보다는 예를 들어 설명하자면), 관청관리는 존경받은 당시 막데부르크(Magdeburg) 시청 직원처럼 일을 처리해야 한다. 그 직원은 오늘날의 공무원처럼 결혼을 취급하지 않고, 한 쌍의 젊은이가 화환을 두르고, 트럼펫 연주를 들으면서 길거리를 통과했는지, 그리고 부부로서 공식적으로 공포했는지를 확인한다. 민원문제를 확인해주는 기능과 관련해서 프로이센 국가의 헌법 16조에는 다음과 같은 사항이 들어 있다(물론 이 조항이 유효하지는 않다). "결혼의 유효성은 유관 관청관리 앞에서('의하여'가 아님) 서약해야 한다는 조건을 갖는다."[80]

---

80) Schmidt, 위의 책, p. 89

국가가 우리가 앞서 범죄시했던 "인간의 국유화"(Verstaatlichung des Menschen)의 성향을 가질 필요성을 못 느끼고, 기본법에서 그런 성향을 명시적으로 배척한다고 해도,[81] 국가의 자기이해 안에서 계획적으로든 공개적으로든 "인간의 국유화" 방향을 은연중에 모색하거나, 심지어 이데올로기화하는 방향으로 나갈 수 있는 변화가능성[82]을 배제할 수 없다. 그때 법으로 정착된 시민 결혼은 혼인서약의 형식으로 제시되어 사람들의 양심에 따르도록 한다. 왜냐하면 혼인서약의 행위가 관련된―그것이 노동자와 농민을 중심으로 하는 사회주의든, 신분이나 인종주의적 믿음에 대한 것이든―이데올로기에 대한 고백과 연결될 수 있기 때문이다.[83]

역사적 경향에서 볼 때, 잠재적 위험을 내포한 이 모든 가능성은 공통적으로 "상황"이라는 총괄 개념과 연결된다. "상황"은 시민 결혼에 대한 **원칙적인** 긍정이 현실적으로 **구체적·현실적인** 긍정이 될 수 있는지의 질문이 제기될 때, 적절한 [신학 외적] 판단이 되고, 그 판단의 내용이 되어야 한다. 법은 긴 안목으로 제정되기 때문에 예견되는 발전과 그 발전을 이끄는 힘에 대한 판단 기준이 있어야 한다. 교회는 그 기준에 따라 의무적인 시민 결혼을 긍정하거나 부정한다.

"의무적인 시민 결혼"에 대해서 교회가 상황적 기준을 고려하는 문제는 **사형제도**에도 동일하게 적용된다.[84] 사형은 신학적으로 긍정될 수 있음에도 불구하고, 교회는 그러한 처벌이 시대에 따라 (복수심과 같은) 감정

---

81) 그러한 비난은 독일연방 기본법에 보장된 자유권의 형식으로 분명하게 수행되고 있다.

82) 예를 들어, 전체주의 국가의 헌법에서는 이것이 분명하게 드러나고 있다. 놀랍게도 그 헌법에도 자유에 관한 조항이 있다. 그러나 그 헌법은 변증법적 역사이해에 따르면, 현실성의 발전을 통해 침식되고 파괴되며 극복된다. 그러므로 자유권을 호소하는 사람도 역사가 계속해서 발전한다는 논쟁을 통해 거부될 수 있다(참조, *ThE* II, 2, §2243-50).

83) 나치는 이데올로기를 중심으로 "인종적인" 토대에서 그러한 것이 실제로 결혼에 장애를 주게 했다.

84) 위의 책에서 법에 관한 부분, §1463 이하를 참조하라.

적인 이유로 집행되거나 비인간적인 것으로 변질되는 시대에는 그 제도를 억제하라고 권고할 것이다.

신학적으로 이해하기 어려운 문제에 대해서는 상황에 따라 유보해야 할 의무가 교회에 부과될 수도 있다. 교의학은 어떤 경우에서도 결의론적인 가르침들을 도출할 수 있는 법전과 같은 것이 아니다. 신학적 윤리학은 오히려 **설교**에서 요구되는 것처럼 끊임없는 성찰이 필요하다. 설교는 단순히 대중화된 교의학이 아니며, 오히려 듣는 사람을 고려한 것이어야 한다. 설교자가 어떤 것을 말할 때는 그들에게 문제가 되는 것을 말해야 하며, 지속적으로 변하는 중요한 논점을 설교에 반영해야 한다. 확실한 것을 흔들기 위해 법이 전면에 등장해야 하고, 불확실한 것을 위로하기 위해 복음이 등장해야 한다.[85] 상황이 함께 설교한다. 왜냐하면 상황은 듣는 사람들이 볼 수 있게 만들기 때문이다. 마찬가지로 상황은 교회의 감독 직무에도 영향을 준다. 왜냐하면 성장하는 교회가 어떤 제도를 추진하든 거부하든지 간에, 그 제도들의 상황 또한 설교하기 때문이다.

둘째, 의무적인 시민결혼에 대해 제기되는 의문은 거꾸로 된 해법, 곧 결혼식을 교회에서 의무적으로 올려야 한다는 해법에 도달할 수도 있다. 이것은 많은 국가교회들에서 실제로 일어나는 일이다. 우리는 이런 문제, 곧 신학적인 넌센스에 대해 다음과 같은 본질적인 두 가지 입장을 분명하게 밝히고자 한다.

1. 교회에서 의무적으로 거행하는 결혼은 교회가 마치 결혼식을 올리는 법정이라든지, 결혼이 세속 질서가 아니라 구원의 질서라는 오해를 일으킬 수 있다. 여기서 성례적인 결혼 개념으로 경계선을 넘어가는 숙명적 가능성이 열려 있다.

---

85) *ThE* I, §624 이하를 참조하라.

2. 그러한 혼인 형식은 만연한 세속화에 직면하여 하나의 위선적인 예식으로 전락하거나, 축복의 예식이 의미를 잃고 희화화될 수 있다. 그런 상황을 이렇게 저렇게 정당화하며 (또는 스스로 위안으로 삼고) 용감하게 국민-선교에 열을 올리는 국가교회의 지도자도 이런 거짓된 제도에 동의할 권리는 없다. 교회는 자신에게 맡겨진 믿는 자들의 영혼과 교회 지체의 고독한 믿음을 위하여 영적으로 채울 수 없는 겉치레를 행해서는 안 된다. 교회는 기독교인이 그런 결혼과 부부의 형태를 "개인적으로 바란다"고 해서, 그것을 제도화해서는 안 된다.[86] 이것은 교회가 교단신학교를 개인적으로 운영할 수 없는 것과 마찬가지 이치다.

따라서 우리가 진지하게 논의해야 할 유일한 대상은 **교회에서의** 의무적인 결혼이 아니라 의무적인 **시민** 결혼이다.

시민 결혼의 원칙적인 가능성을 검토하고, 결혼의 "세속성"을 가지고 그것의 기초를 놓은 후에(그렇다고 영적인 유사성을 부정한다는 의미는 아니다!), 윤리학자는 원칙만을 가르치고 자신의 행동을 멈추어야 한다. 그는 개별적인 상황에 대한 의견을 개인적으로 제시할 수 없기 때문이다.

물론 사람들은 모든 윤리적인 결정을 내릴 때, 원칙적으로 상황이 중요하다고 말한다. 우리는 의무적인 시민 결혼의 위험을 지적하면서, 이미 보았듯이 그 위험은 현대 역사에서 오인될 수 없는 추세, 곧 암묵적으로나 공개적으로나 국가가 이데올로기화와 전체화로 추락하는 추세에서 나타난다. 이 주제와 관련해서 윤리학자는 신학적인 판단과 상황에 제약된 [신학 외적] 질문 사이의 관계 이상의 것을 문제 삼으면 안 된다. 그는 단지 그러한 문제의 틀을 제시하는 것으로 만족하고, 그 이상의 것을 말하거나 구체적으로 결정하면 안 된다. 지속적인 변화에 대해 책임지고 결정

---

86) 자세한 분석은 *ThE* II, 2, §1750 이하를 참조하라.

해야 할, 상황판단이 남아 있기 때문이다. 윤리학자는 문제의 내용과 그것을 해결할 기준만을 제시하고, 그가 원칙적으로 결의론의 방법을 거부하는 한, 그 이상의 행동을 취해서는 안 된다.[87]

그런데도 교회가 자신의 상황해석에 근거해서 의무적인 시민 결혼을 원한다면, 이론적으로 어떤 대안을 선택할 수 있는가 하는 문제가 남는다.

이 경우에 시민 결혼과 교회에서의 결혼 사이를 **선택**하게 하는 가능성이 있다. 물론 그것은 교회가 혼인을—축복의 행위와는 다르게—국가의 후견인으로서, 곧 위임에 근거해서 수행한다는 조건 아래서 가능할 것이다.[88] 교회는 이런 위임받은 대리자로서의 역할을 행정적인 차원에서뿐만 아니라, 성례주의라는 오해를 피할 수 있도록 명확하고 구체적으로 진행해야 한다.

교회가 명확하고 구체적으로 결혼 예식을 진행하기 위해서는 예식의 형태에 담긴 상징적 행위에 제한을 두면 안 된다. 다음과 같은 것이 고려되어야 한다. 결혼식과 축복은, 그것이 외부적으로 가능하다면, 두 개의 구분되는 공간에서 행해질 수 있다. 예를 들어 그것은 소예배실과 본당, 또는 교회 복도와 제단에서 거행될 수 있다. 목회자가 먼저 제단에서 축복하고, 마지막에 국가 공무원이 성직자의 준비실에서 혼인신고를 처리하는 것도 가능하다. 또는 목회자가 결혼식에 앞서 축복만 하고, 신랑과 신부가 교회 복도를 지나면서 결혼 의사를 밝히고, 문서상 서약한 것을 국가 공무원이 확인하는 절차를 밟는 것도 가능하다(이것은 한동안 막데부르크 시에서 시행했던 시의원 제도와 유사하다). 이것은 구체적인 제안이라기보다는 "분명하고" 대표적인 해결책을 찾을 수 있

---

87) *ThE* II, 2, §4365 이하를 참조하라.
88) Schumann은 이것을 위해 다음과 같은 제안을 하고 있다. 곧 국가는 "일반적으로 성직자 전체에게 신고 관청의 권리와 기능을 부여"해야 한다.

는 방향을 제안하는 사례다.

이러한 대안은 어떻든 시민 결혼과 교회의 축복을 구별할 수 있는 하나의 이점을 가진다. 그것은 법적 규범과 관련해 다음과 같은 가능성을 보여준다. 곧 교회의 결혼담당자는 교회를 신뢰하는 사람들의 이혼절차에 "중간 정거장"으로 개입하거나, 어떤 경우에는 관청에서 기회를 부여 받아 이혼한 사람들과 "나중에" 대화할 수도 있다. 아주 드문 경우이긴 하지만, 목사는 자신이 축복한 결혼이 무산될 경우 거기 관계된 사람들과 한 번 더 만날 수 있다.

관청이 이혼을 원하는 사람이나 이혼한 사람들과 다시 만나도록 목회자에게 압력을 가하는 것은 양심의 문제가 아니라, 적절한 법률적 문제다. "제단 앞에서" 서약이나 고백을 한 사람들은 법정에서 말하는 것처럼 그곳에서 다시 자신의 말을 할 권리가 있기 때문이다. 그렇다고 해서 결혼의 교회적 형식을 강요하거나, 구속받지 않는 시민적 형식을 선택할 수 있는 권리가 약화되는 것은 아니다. 어떤 경우든 앞에서 말한 일은 교회가 믿는 자들을 위해 치러야 할 대가라고 할 수 있다.

마지막으로 다음의 한계상황을 언급할 필요가 있다.

우리는 법으로 정착된 의무적인 시민 결혼에서 교회의 축복은 결혼신고 제도에 근거해서 실행되고, 이러한 일련의 과정은 신학적인 관점에서도 존중되어야 한다는 것을 원칙으로 주장할 수 있다. 그런데도 그런 규정이 반드시 위반되어야 하는 경우가 발생할 수 있다.

시민 결혼을 제안한 국가가 감당할 수 없는 조건을 군주적 행위와 연결하거나, 교회가 용납할 수 없는 이데올로기적인 근거로 결혼을 거부하는 경우 (제3제국에서 인종적 혼합 결혼을 금지한 경우를 생각할 수 있다)에, 교회는 "비상 상황에서 발생한 대표자 자격"을 가지고 비합법적인 결혼식을 진행할 수 있다. 그때 교회는 자신의 감독 직무에 근거해서, 그리고 말씀에 따라 수행해야 하는 것을 "상징적으로" 수행하게 된다. 교회는 국가가 자신의 권한을 넘어섰다는 것을 국가에게 인식시키고, 긴급한 상황에서 "억압받고 고난받는 자"를 서둘러 도와야 한다.

일반적인 한계상황들에서 그러한 것처럼, 여기서도 마찬가지로 무조건 적용되는 보편적인 규칙은 있을 수 없다. 다만 우리는 다음과 같이 말해야 한다. 그렇게 예외적으로 행동하는 성직자는 자신의 양심의 판단을 존중해야 한다. 그리고 그가 비합법적인 국가의 질서를 넘어서 (그 결과로 실형을 선고받게 될 때) 자기를 긴급히 방어하기 위해 교회의 질서까지 해치는 경우에도, 교회는 그를 징계해서는 안 된다. 그러나 이런 한계상황은 아주 극단적인 경우여야 한다. 그것은 국가가 공개적으로 인간의 존엄성을 해치는 불법을 자행하는 분명한 상황이어야 한다.

확실한 것은 한계상황을 너무 넓은 의미로 이해하면 안 된다는 점이다. 예를 들어 "삼촌 결혼"(Onkel-Ehen)[89]을 원하는 사람들이 연금법(年金法)과 관련해 공식적인 결혼이 아니라는 이유로 연금이 감소하는 것을 걱정해, 성직자에게 자신들의 결혼을 축복해줄 것을 요구해서는 안 된다. 그렇지만 교회가 이것을 해당되는 국가 관천에 요구하거나 도움을 주는 것은 불법이 아니고 적절하다.

양심이 억압되는 잔혹한 긴급상황에서 한때 몇몇 목회자가 국가와 공공단체의 주의를 끌기 위해 아주 극단적인 예외적 결혼식을 거행한 것은 예언자적 사명에서 나온 것일 수 있다. 그러나 원칙적으로 숙고하는 윤리학자는 그것에 대해 어떤 판단도 내릴 수 없다. 그러한 특징적인 경우에 그렇게 행동하는 사

---

89) 이혼한 여자가 결혼 이전의 연금을 상실하지 않기 위해 현재의 결혼을 공식적으로 발표하지 않은 비공식적 결혼을 의미한다. – 역자 주

람은 국가에 사면을 요구할 수 없고, 오직 그것을 감수할 각오를 해야 한다(이 명제는 그러한 처벌에 대한 국가적 관용을 특별히 가톨릭교회의 관점에서 요구하는 많은 노력과 배치된다). 그렇게 행동하는 자는 불완전한 질서를 정당화하려는 국가 법을 존중해야 한다. 질서의 불완전함 자체는 질서의 왜곡—특별히 이데올로기적 왜곡—과는 구분되어야 한다. 양심에 호소해 예외적 주장을 하는 것과 국가에 관용을 요구하는 것을 연결짓는 것은 불가능하다. 그러한 불가능성은 국방의 의무를 거부하는 경우와 비교될 수 있다.

제3장
남녀관계의 이해에 관한 인간학적 변천

I. 에로스에 관한 이해의 변화

성경적·종교개혁적인 결혼 이해는 개인적인 에로스가 가지는 긍정적인 가치를 상당히 후퇴시킬 수 있다는 문제 제기가 있을 수 있다. 구약성경에서 개인적인 에로스는 부수적인 것으로서, 달리 말해 단지 하나의 일화로서 기능했을 뿐이다. 반면에 구약성경의 대부분의 관점은 결혼을 완전히 제도적인 질서로 보고, 그것을 개인의 문제라기보다는 종족의 문제로 이해했다. 신약성경의 복음서 안에서 결혼은 하나님의 은혜로운 창조 질서로 이해된다. 이때 그것은 남녀 간의 에로스를 함께 생각한다. 하지만 에로스가 결혼과 부부생활에서 가지는 특별한 의미에 대해서는 일체 언급되지 않는다. 바울은 에로스를 명확하게 부정적인 의미로 강조한다. 에로스는 어떤 경우에든 리비도의 대표적 성격으로 이해되었다. 리비도는 결혼이라는 "긴급한 제도" 안에서 길들여져야 하는 것이며, 그밖에도 주님께 대한 흠 없는 예속 상태에 다만 방해가 되는 것이다.

하지만 오늘날의 신학은 성경에서 제시하는 방향을 부분적으로는 유지하지만, 예외 없이 몸과 성을 긍정적으로 말한다. 이것은 의심할 여지없이 현대신학이 성경을 실증주의적으로 인용하지 않는다는 사실을 뜻한다. 오늘의 신학은 성경을(또한 개혁자들을) 인용할 때, 성경신학 안에 틈새의 공간을 발견하고, 그 공간이 변화된 현실성의 이해로 채워지도록 한다. 이것은 성경의 저자들이 자신들의 현실성의 이해로 그 공간을 채웠던 것과 마찬가지다. 우리는 성경을 단순히 인용하는 것이 아니라 해석해야 한다. 그 점에서 우리가 반복해서 설명했던 해석학적 과제가 발생한다. 그 과제는 성경의 저자가 살던 시대의 껍질에서 케리그마적인 핵심을 끄집어내는 것이다.

지금의 주제와 관련해서 살펴볼 때, 이 과제는 성경적인 창조 질서와 구원의 질서가 결합된 좌표계에 신학적인 논의가 들어설 수 있느냐 하는 질문을 뜻한다. 이 신학적 장소에는 에로스 그리고 그것과 함께 규정되는 현대적인 현실성의 이해가 "정착"될 수 있는지, 그리고 그것이 다양한 방식으로 제시되었던 고대의 현실성의 이해와 같이 거주할 수 있는지의 문제도 질문되어야 한다.

우선 이 물음은 앞서 말한 창조 질서와 구원의 질서의 결합체계 안으로 각각 수용되어온 다양한 많은 문제들을 구분하는 과제를 포함한다. 이 구분의 과제는 오늘날 우리에게 해석학적인 물음으로 잘 알려졌다. 그 과제는 한편으로 케리그마, 그리고 다른 한편으로 신화적 세계상의 표현형식을 구분하는 작업을 통해 대중화되었고, 불트만의 해석학과 관련해서 다층적인 논의를 불러일으켰다.

그렇기 때문에 여기서는 원래의 교리적인 질문이 어떻게 다양한 윤리적 문제로 변주되는가 하는 것을 발견하는 것이 중요하다. 현실적으로 윤리적인 문제는 다양할 수밖에 없다는 것은 명백하다. 왜냐하면 각각의 시대마다 나타난 세계상이나 신화적 기호들을 케리그마적 핵심의 표현 수단으로 이해하고, 그 핵심적 케리그마를 **우리의** 표현수단 안으로 옮기려는 과제는 정당하기 때문이다. 마찬가지로, 시대착오적으로 잘못 전수된 매개물을 가지고 믿음을 강요하는 대신에 삶의 느낌, 현실에 대한 이해, 그리고 이에 대한 반성을—케리그마가 그때마다 각인시켜주는—그러한 종류의 변화 가능한 매개물로서 이해하는 것도 당연하다.

다시 말해, 바울에게는 육체를 경시하는 헬레니즘적인 삶의 느낌이 하나의 표현 수단이 되었을 것이다. 그러한 삶의 느낌이 바울을 규정하고, 바울은 그것으로부터 케리그마를 이끌어내고, 그것 안에서 케리그마를 인지했다. 동시에 이것은 다음과 같은 것을 의미한다. 곧 에로스에 대해 명백하게 인식되는 무감각함은 기독교의 복음 자체에 속하는 것이 아니라 오히려—칸트의 표현에 따른다면—"범주"에 속하며, 아주 특정한 의미의 인간학적인 전제를 갖는다.

이런 관점에서 볼 때, 질문의 제2막이 펼쳐진다. 케리그마가 완전히 다른 범주들로부터 수용될 수 있는 가능성이 있는가? 완전히 다른 인간학적인 전제를 가진 사람들—유대인, 그리스인(행 18:4; 20:21; 롬 3:9; 고전 1:22 이하; 갈 3:28; 골 3:11), 고대 그리고 현대의 의식을 가진 사람들—이 케리그마와 마주칠 수 있으며, 거기서 자신을 발견할 수 있는가? 따라서 바울의 몸(Soma) 개념은 바울 자신의 개인적 특성, 그리고 제한된 동시대적 의식 안에서 인식할 수 있었던 것보다 비교할 수 없을 만큼 더 큰 이해의 잠재성을 포함하고 있다는 관점에서 연구되어야 한다.

근대적 의식의 형태가 성경신학의 체계에 들어갈 수 있는 장소를 발견하려는 시도는 이미 오래전부터 다른 주제의 영역들에서 자기이해의 의미를 가졌다. 이 사실은 "자연과학과 기독교" 사이의 논쟁을 생각해보기만 하면 알 수 있다.[1] 예를 들어 여호수아 10:12 이하에 나오는 천문학적인 세

---

1) 신학과 생물학의 대화에 대해서, "우주에서의 인간"에 대한 장을 참조하라. *ThE* II, 1, §1182 이하.

계상은 성경말씀 자체와 일치하지 않고 대립한다. 이 대립은 다음과 같은 물음을 내포한다. 성경말씀과 변화된 자연과학의 지식 사이의 유사성은 어디에 있는가? 좀 더 낮게 말해서, 현대적으로 아는 지식인 자신과 성경 메시지의 유사성은 어디에 있는가?

케리그마의 핵심과 진술 형식은 점차 구별되었고, 그에 따라 이 둘을 일치시키려는 축자영감설은 점점 깨어나는 역사의식의 압박에 의해 해체되었다. 어떻든 이 해체의 과정은 앞서 말한 구분에 대한 본질적 전제에 속한다. 그 과정은 우선 기독교의 근본을 위협하는 것으로 느껴졌고, 실제로 여러 면에서 그러한 의도를 드러내었다. 지금까지도 기독교는 "시작부터 있어 온 트라우마"로 고통받고 있다. 그러나 실상은 처음에 위협적으로 보였던 상처가 지금은 신학적 인식을 진전시키고, 새롭고 현실적인 목회상담의 가능성을 만들었다. 마찬가지로 역사-비평적 성경 연구도 처음에는 위험해 보였다. 그것도 처음에는 성전 꼭대기의 유혹자처럼 등장했다(그 예로는 독일의 자유주의 신학자 다비트 스트라우스[David Friedrich Strauss, 1808-1874]가 있다). 증인들의 다양한 목소리들이 발견되었을 때, 비로소 성경 본문들이 지닌 영적 세계가 폭넓게 드러날 수 있었다.

근대로 들어서는 문턱에서 교회사의 대부분은 성경적 케리그마와 함께 그것의 표현 수단들을 전해받았다. "에로스"의 영역에서 살펴본다면, 바울의 "비감수성"(Unmusikalität)이 **함께** 전수되었고, 그것은 다시금 불행하게도 기독교"의" 징표로 여겨졌다. 이것은 여러 시대를 거치면서도 에로스 자체가 독자적인 신학적 문제로 등장하지 못하고 잠복된 상태에 머물러 있었다는 사실과도 부분적으로 연관된다. 그러나 여기서 원인과 결과를 혼동하지 않는 것은 쉽지가 않다. 다시 말해 인간이 세운 결함을 가진 전제들이 올바른 신학적 물음을 제기하지 못하게 했는지, 아니면 반대로 그렇게 이해된 기독교의 영향이 인간적인 전제들이 생기지 못하도록 만들었는지의 문제는 쉽게 확인될 수 없다.

어떻든 사실은 다음과 같다. 결혼은 계속해서 인간적인 만족이나 부와 행복으로 이해되지는 않았으며, 사람들은 에로스가 다른 성을 가진 사람과 결합해서 일생동안 살아가려는 동기라고 두말할 필요도 없이 그렇게 여기지는 않았다.

우리는 교회사 전반에 걸쳐 결혼을 검토하는 작업은 포기할 것이다. 우리가 어디서 시작하고 멈추어야 할지 알지 못하기 때문이다. 결혼을 긍정적인 측면에서 하나의 충족으로 여겼던 곳에서도, 그것은 신학적 해석에서 나온 것이 아니다(여기서 "긍정적"이란 표현은 도움을 주는 하나님의 질서로서 결혼의 "낯선 의"[*justitia aliena*]를 의미하지 않기 때문이다). 오히려 그것은 인간적인 것이다. 그것은 과거에도 언제나 있었고, 행복과 불행의 변화 속에 있었다. 그것은 본래 고개를 숙여야 하는 것인데 비상한 것이었다. 기독교가 육체와 에로스에 적대적이라는 논쟁적인 고찰, 그리고 결혼을 "연약한 자의 망명"으로, 그리고 배우자가 아닌 "다른 어떤 상대에게 눈을 돌리도록"[2] 새로운 사랑의 느낌을 운운하는 것으로 여기는 비난 어린 상당히 많은 자료가 교회사에 남아 있다. 11-12세기에 남프랑스에서 오크어를 사용한 음유시인(Troubadour)들의 시처럼 말이다.

이러한 관찰과 연결될 수 있는 다음의 물음이 우리를 힘들게 한다. 교회사가 실제로 정당한 성경해석을 위한 그림책이나 참고서가 될 수 있을까? 그리고 우리는 "기독교적인 것"이 무엇인지를 알려면 교회사로 돌아가야만 하는가? 이 물음에 답하기 위해서는 전통을 비판하거나, 성경 자

---

2) Løgstrup, *RGGG*, 3. Aufl., II, Sp. 328.

체에 직접 호소하는 수밖에 없다(성경 자체도 이미 하나의 전통일 수 있다는 사실은 전통과 성경의 양자택일의 문제를 심화시킬 뿐 해결책을 주지 않는다). 따라서 그 대답은 "오직 성경"이란 주장과 함께 시작된 개혁자들의 논쟁과 새 출발에서 얻어질 수 있다. 비록 그 원칙이—예를 들어 결혼 신학에서—거꾸로 개혁자들을 비판하게 되었다고 해도 그러하다.

근대 이후의 인간이 성경을 직접 대하면서 제기하는 물음은 성경에 나오는 인물들이 삶의 충족으로서 결혼과 개인적 에로스를 알았던 것 같다는 주장에 동의할 수 있는가와 같은 것이 아니다. 우리는 구약성경에서 그러한 내용을 볼 수 있다. 그러나 그 사실은 신학적으로는 의미가 없다. 그 내용이 들어 있느냐 없느냐 하는 것은 케리그마의 칠판이 아니라 (변화가능한!) "범주적 칠판"에 적혀 있기 때문이다.

오히려 그 질문은 다음과 같다. 결혼이라는 창조 질서는 은혜로운 도움이며, 인간적인 삶의 가능성을 위한 것인가? 이 질문은 근대 이후 인간의 삶과 삶의 충족에 대한 긍정을—이제는 단순히 정당화하는 것이 아니라—인간 자신의 존재 안에 포함시키고, 해석하고, 그것들의 의미를 충족시키기 위한 질문이다.

이와 같이 다르게 변화된 과제, 곧 성경에 나오지 않는 것을 그럼에도 성경으로부터 해석하고 규범화하며 새롭게 조명하는 과제가 도처에서 우리에게 주어진다. 이에 관련하여 기술, 우주여행, 일(예전에 직업과 관련된 사고와는 아주 다른 현대적 의미의 일), 민주주의(구약성경의 신정정치와 신약성경 로마서에 나오는 군주국가와는 완전히 다른 정치 형태) 등과 같은 것에 대한 신학적 의미가 생각될 수 있다.[3] 그러한 현상을 나열한다면 끝이 없을 것이다.

---

3) *ThE* II, 2, §20 이하.

이제 우리는 노동,[4] 환경, 에로스 등과 새로운 관계를 맺고 변화된 삶의 느낌이라는 사실성을 **고려해야** 한다. 여기서 이전에 감추어졌던 가치들이 의식되며, 그것들은 이제는 다시 사라질 수 없다(사라져서도 안 된다). 따라서 우리가―잘못된 성서 해석은 예외로 하고―루터의 결혼 이해를 단순히 재생산하거나, 결혼에 관한 설교를 그의 방식으로 고수하는 것은 비현실적일 수 있다. 그렇게 멀리 떨어진 과거의 현실로 다시 되돌아갈 수는 없다. 주석의 영역에서 소위 개혁자들의 "거룩한" 해석(고맙게도 그러한 해석이 교정의 역할을 하고 자극을 주었다)을 따르기 위해 역사적·비평적 성경탐구 시대의 배후로 되돌아갈 수 없다는 것도 분명하다.

우리는 그러한 과거로의 회귀를 정직하게 거부해야 한다. 그렇지 않다면 우리는 인식의 문제에서 새롭게 성장한 풍부한 결과물을 팽개치는 셈이 될 것이다. 현실성의 새로운 이해를 바라보면서, 그리고 그에 대한 결단과 함께, 어떻게 우리는 새롭게 등장한 가치의식으로 건너가지 않고 머뭇거릴 수 있겠는가? 그렇지만 예식서에 기록된 결혼 설교의 문장들을 읽는다면, 우리는 그러한 머물려는 고집에 대해 회의하게 된다.

그러나 예전과 마찬가지로 지금은 성경을 단순히 "인용"만해서는 안 된다. 우리는 성경을 해석해야 하고, 나아가 변화된 현실성의 이해에 맞게 해석해야 한다. 결혼이라는 주제와 관련해서 인용된 바울서신에는 현실과 맞지 않은 내용이 많이 있다. 거기에는 만족스럽고 행복한 결혼이 있기보다는 시각 장애인이 색에 대해서 이야기하는 것처럼 (사도에 대한 존경심에도 불구하고 이렇게 말하는 것은 전적으로 부적절하지는 않을 것이다) 우울한 의식이 깔려 있다.

---

4) *ThE* II, 1, §1429 이하.

낭만주의 이전 시대의 삶의 이해와 근대의 삶의 이해 사이의 (대단히 규모가 크지만, 그러나 유일한 것은 아닌) 균열을 이해하기 위해 루터 신학과 경건주의 모델이 제시될 수 있다.

덴마크의 철학자이자 신학자인 뢰그스트루프(Kund Ejler Løgstrup, 1905-1981)는 루터에게서 "성과 기독교 믿음은 동일한 삶의 이해에 의해 실행된다"는 점을 올바로 강조했다.[5] 그러나 루터 자신은 "성과 기독교 믿음이 의식 안에서도 동시에 실행될 수 있는지의 심리적인 물음은 전혀 제기하지 않았다." 하나님이 보시기에, 자녀를 생산하는 원초적인 결혼의 목적과 성적 리비도의 충족은 공존한다. 하나님은 사랑하는 사람들의 성적 욕망을 사용하여 그 목적을 이루신다. 물론 사랑하는 두 사람은 그 사실을 의식적으로 깨달을 필요는 없다.[6] 우리는 다음과 같이 헤겔(Georg Wilhelm Friedrich Hegel, 1770-1831)이 "이성의 간계"(List der Vernunft)라고 이야기한 것을 약간 수정하여 비유적으로 말할 수 있다. 곧 "세계사적 개인"이 세계정신의 목적을 실현하고 있다는 것을 의식하지 못한 채 자신의 목적과 권력을 위해 노력하는 것처럼, 인간은 창조 질서라는 목적에 자신이 봉사한다는 것을 분명히 (본래는 반드시 분명해야 한다) 알지 못하고 자신의 성에 만족한다.

우리가 관심이 있는 심리적 에로스 체험의 내용이 루터에게는 불분명하다. 우리는 단순히 그에게 이런 체험이 있었다는 것만 확인할 수 있었다. 왜 우리에게 그러한 체험이 있는지는 하나님이 알고 계신다. 사람들은 하나님의 의도를―루터가 가끔 그렇게 했듯이―신학적으로 표현할 수도 있다. 그러나 루터에 의하면 이 에로스 체험 자체를 신학적 해석의 대상으로 여기고, 그것의 고유한 특성을―예를 들어 삶의 충족을 위한 선물로 또는 서로를 결합시키는 동기로―평가하는 것은 반성의 지평을 넘어선 것이다.

---

5) 앞의 책, p. 327.
6) WA 34, 1, 59, 40.

그러나 이것은 "중세적" 접근 방식이다. 이런 방식으로는 우리의 고유한 에로스 체험에 대한 어떤 반사-상도 발견할 수 없다. 이럴 때 우리는 신학적으로 거의 다룰 수 없는 다른 방향으로 쉽게 빠진다. 그것은 때로 루터가 자녀출산의 목적과는 별개로 거부할 수 없는 부부의 결합으로서 성적 사랑을 묘사하거나,[7] 나아가 부부가 사이좋게 지내면 하나님께서 웃고 기뻐하신다고 말한 것을 가리킨다.

그러나 경건주의는 루터와는 달리 심리학적인 질문을 던진다. 경건주의에게 그 질문은 긴급한 것이다. 왜냐하면 경건주의는 경건의 영역을 처음부터 언제나 체험으로 다루어왔기 때문이다. 경건주의에서 돌이킴, 중생, 참회, 주 안에서의 기쁨은 모두 체험에 속한다.

이러한 심리적 작용에 대한 관심에 상응하여 경건주의는 에로스 체험을 해석하고 신학적으로 평가한다. 그러나 그런 방식으로 제기되는 질문은 에로스 체험을 우선 그 자체 안에서, 그리고 그 다음 창조 세계와의 만남 안에서 획득되는 가치성 안에서 질문의 대상으로 삼지는 못한다. 따라서 심리적 유형의 관심은 새로운 "감각"을 제시하기는 했지만, 에로스와 결혼이라는 근대적 체험 형식과 결합될 수 있는 길을 열지는 못했다. 오히려 경건주의의 심리적 질문은 에로스 체험과 그리스도와의 연합에 대한 체험을 관련시키는 물음에서 정점에 도달했다. 경건주의 신학자들은 에로스 체험을 그 자체로 수용하기는 했지만, 그것을 신학적으로 반성하지는 않았다. 그렇기 때문에 정신적으로 제어될 수 없는 강력한 매력의 심리적 요소를 경건한 체험과 관련시키는 것은 단지 "경쟁적"으로 파악될 수 밖에 없다. 여기에는 심리적인 것의 범위를 끝까지 다 파헤치려는 강력한 의지가 엿보인다.

기초적 요소로서의 에로스의 위험을 그런 식으로 이해하는 경향은 전통

---

7) *WA* 34, 1, 61.

을 통해 강화되었다. 예전부터 사람들은 리비도를 길들여야 한다고 이해했다. 바로 이런 의미에서 경건주의는 리비도를 수치스러운 것(*pudendum*), 곧 하나님이 어떻게든 용서해주시는 것으로 여겼다.

그런데도 에로스에 대한 심리적인 관심은 지금과는 아주 다른 방향으로 전개되었다. 에로스 체험은 단순히 억압과 제한의 대상이 아니다. 독일 경건주의 창시자이자 모라비아 교회의 지도자 니콜라우스 루트비히 폰 친첸도르프(Nikolaus Ludwig von Zinzendorf, 1700-1760)와 필립 야콥 슈페너(Philipp Jacob Spener, 1635-1705)처럼 심리적 실재에 아주 민감한 사람이나, 그러한 실재에 민감한 감각의 수용기관을 인정하는 사람은 체험 방식이 부정적 매개 수단에 의해 영향을 받아서는 안 된다[8]는 것을 알고 있다(오늘날 모든 심리분석가들이 그것을 분명하게 안다). 그 때문에 사람들은 심리적 승화라는 수단을 통해 에로스와 대결하려고 한다.

(친첸도르프가 경건성의 유형으로 제시하는 심리적 구조에서) 이 승화는 에로스 체험을 단지 **종교적인** 체험으로 받아들일 때 가능하다. 종교적 에로스는 친첸도르프가 예수 사랑의 틀에서 표현하듯이 몇 가지 증거들을 통해 제시된다.

그러나 승화는 정반대 방향으로 나타날 수도 있다. 곧 성행위 자체가 "거룩하게" 여겨질 때다. 친첸도르프에 따르면 그것은 우리가 성찬식에 참여하듯이 성생활을 하는 방식에서 나타날 수 있으며, 그리스도에게 집중하면서 성적 쾌락을 최소화되거나 "무감각한 상태를 위한 훈련"을 수행하는 방식에서도 나타난다. 또 그것은 "결혼을 도와주는" 교회의 대표자 앞에서 혼인한 사람들이 처음 동침하거나, 심지어 동침 의식을 거행하는 경우에 나타난다.[9]

에로스 체험을 어떻게 억제할 수 있는지에 대한 증빙자료를 제시할 필요는 없을 것 같다. 억제하면서 체험할 수 있고, 단 그것을 "조절할 수 있는" 사

---

8) Pfister, 위의 책을 참조하라.
9) Tanner, 76, 127, 135, 163, 168, 182, 235를 참조하라.

람에게도 에로스 체험은—그것을 긍정하든, 신학적으로 확정된 의식구조 안으로 받아들이든—기본적인 힘으로 등장한다. 제어되지 않은 에로스는 통제와 불신의 대상이 되며, 그것의 방탕은 승화의 노력의 대상이다. 슈페너가 제시하는 것처럼, 그것은 이웃과의 교제에서 표현되는 최소한의 에로스적인 징후조차 부정하게 만든다.[10]

사람들은 에로스의 부정이 정점에 이르렀던 근대로 넘어오는 길목에서 그러한 기독교 전통에 대한 강한 반발이 일어난 것을 잘 알고 있다. 그리고 다시금 현실과의 새로운 관계를 설정하려는 다양한 시도와 함께 "기독교적" 제약에 맞서는 세속적인 저항의 목소리가 나오고 있다. 그러나 (아주 빈번하게) 그러한 저항의 논쟁에서도 여전히 새롭게 발견된 에로스의 현실을 경건의 관점에서 의심하는 경향이 강했다. 갈릴레이와 코페르니쿠스의 경우처럼, 천문학의 새로운 세계상은 오랫동안 기독교에 반하는 것이라는 판결 아래 놓여 있었다. 낭만주의는 이러한 근대적 에로스 체험을 근본적으로 태동시켰다.[11]

앞서 말한 것처럼, 에로스가 새로 발견된 고유한 가치로서 우리의 의식 안에 등장했다는 사실에는 논란의 여지가 없다. 에로스가 배우자 선택의 추구라는 아주 중요한 목적(Motiv)을 갖는다는 사실은 당연하고, 따라서 더는 언급할 필요가 없다. 마찬가지로 결혼은 아주 주변적인 것이 되었고, 기독교인들도 결혼을 성 본능을 다스리는 하나의 제도로 생각하고 긍정적인 것으로 이해한다. 결혼은 개인의 특수성을 보충하고 공동체 전체의 삶에서 실현되는 무수한 관계들을 충족시키는 긍정적 선으로 이해

---

10) Tanner, 186 이하, 239.

11) Schlegel의 작품 『루진데』(Luzinde)와 그 외에는 W. Dilthey, *Das Leben Schleiermachers* I, 2. Aufl. 1922; Schleiermachers "Hausstandspredigten" von 1818, 특히 첫 번째 설교를 참조하라.

된다.

현상학적으로 보면 이러한 설명은 전혀 문제가 없어 보이지만, 신학적으로 볼 때는 많은 문제가 있다.

강력한 전염성을 가진 개인적인 에로스가 등장하는 상황에서 에로스를 받아들일 수 없는 문제점이 이론적으로 고려될 필요가 있다. 그것은 주어진 것을 단순히 사실이라는 이유로 받아들이는 것이며, "사실의 규범적인 힘"을 그대로 인정하는 문제다. 이런 문제를 신학적으로 용인하는 것은 결국 일군의 이단을 만들어낸다는 것을 우리는 신학의 역사를 통해 알고 있다. 그러한 신학적 설명에는 무거운 설명 방식과 가벼운 설명 방식이 있다. 무거운 설명 방식에는 베를린 대학교의 철학과 교수 프리드리히 율리우스 슈탈(Stahl, 1802-1861)과 마르부르크 대학교 교수 아우구스트 프리드리히 크리스티안 필마르(August Friedrich Christian Vilmar, 1845-1911)의 정당화 원리(Legitimitäts-prinzip)와 같은[12] "엄숙한" 형식이 있다. 가벼운 설명 방식은 "자연신학", 곧 정해진 역사적 시기 또는 정치적·생물학적인 질서를 세속화하거나, 그것에 직접 창조적인 제도의 가치를 부여하는 것에 관심을 가지는 신학이 있다.[13] 그러나 신학은 의심없이 받아들이는 공적인 견해나, 한 시대가 "당연하게 받아들이는 것"(고가르텐)을 단순히 수용하여 해석할 것이 아니라, 오히려 그것이 가진 타락성을 먼저 지적할 수 있는 용기를 가져야 한다.

신학자에게 요구되는 양심의 물음은 두 방향으로 제시될 수 있다.

첫째, 신학자 역시 너무도 자명하고 소박한 "시대의 자녀"임을 인정해

---

12) W. Hopf, A. Vilmar, 1913; H. F. Hedderich, 『교회와 국가에 대한 낭만주의의 사상들』(Die Gedanken der Romantik über Kirche und Staat, 1941)을 참조하라.

13) 히틀러 치하의 독일 기독교인을 생각해보면 된다. 참조. P. Althaus, 『정치적 기독교』 (Politisches Christentum, 1935); Thielicke, 「자연신학 비판」(Kritik der natürlichen Theologie) in 『투쟁의 신학』(Thoelogie der Anfechtung, 1949), p. 14.

야 한다. 정당한 것으로 여겨지는 가치구조는 그의 신학적 입장을 형성하는 하나의 집이다.

이런 의미에서 우리는 양심의 물음을 바울과 종교개혁자들에게 제기할 수 없다. 왜냐하면 다른 역사적 국면들 중 하나로서 "우리 시대", "우리의 현재"라는 개념이 그들에게는 전혀 성립될 수 없었기 때문이다. 우리에게 중요한 것은 무엇보다 "역사의식"(historischen Bewußtsein)이라는 근대적 개념이다.[14] 바울이 동시대의 질서를 어느 정도 무반성적으로 받아들였던 측면[15]은 현대 신학자들에게는—말하기도 무섭지만—죄가 될 수 있다. 정신의 층이 풍부해짐에 따라 새로운 죄의 가능성 역시 생긴다.

신학자의 양심에 대한 물음의 **다른** 방향은 자기 비판적인 고찰이다. 신학자 역시 사실의 규범적 힘을 신학적으로 현실화하는 소박한 동시대인들과 그리 다른 태도를 보이지 않는 것을 스스로 비판할 수 있어야 한다. 그는 비판적 태도를 통해 시대의 변화를 완전히 통찰하여 시대를 벗어나 높은 초역사적인 입장에서 모든 시대의 타락과 그것은 존재가 "죽음의 노선 아래" 있음을 선포할 수 있어야 한다.[16] 그렇지 않을 경우 죄론(Sündenlehre)의 관점과 소위 "시간과 영원의 무한하고 질적인 차이에서" 볼 때, 그 신학자는 시대에 영합하여 시대들을 평준화시킬 것인데, 이것은 그에게 용납될 수 없는 것으로 보여야 마땅한 것이다. 여기서 개인적인 에로스의 발전을 하나의 "신학적" 문제로서 보지 못하는 것도 그런 평준화에 속한다. 왜냐하면 그것은 사실의 역사 그 자체를 원죄의 영원한 변주로만 보는 신학적 이론을 정당화하는 일이기 때문이다.

---

14) H. Heimpel, 『현대의 인간』(*Der Mensch in seiner Gegenwart*, 1954), p. 9 이하를 참조하라.
15) 그것은 예배에서 여성의 옷차림과 관계가 있다. 고전 11:5-13, 노예에 대해 몬 1:19를 참조하라.
16) Barth의 『로마서』(*Römerbrief*)에 나옴.

우리는 이러한 신학의 비판적 물음을 우리 자신부터 철저하고 진지하게 받아들임으로써, 그에 대한 반문과 함께 그 물음에 대답할 수 있다. 그 반문이란 **개인적인 에로스가 신학적으로 해석될 수 있는 신학적 장소를 찾을 수 있는지, 찾을 수 있다면 어디서 찾을 수 있는지의 물음이다.**

앞서 우리는 이 물음에 대해 창조 질서로서 이해된 결혼이 그런 공간을 갖고 있으며, 그런 의미에서 결혼은 악을 피하는 길일 뿐만 아니라, (개인적인 에로스의 측면에서도) 삶의 긍정적인 충족으로도 이해될 수 있다. 인간의 창조, 특히 여자의 창조에 대한 해석(창 2:18 이하)에서 우리는 남녀 연합의 창조 질서가 창세기에서는 윤곽만 그려졌고 충만한 내용은 가장 넓은 적용 공간에 채워져야 함을 본다. 거기서 나오는 여자의 도움(창 2:18)은 바울처럼 "기쁨을 돕는 자"의 봉사(고후 1:24)로서 바꾸어 이해될 수 있으며, 부모의 곁을 떠나 "아내와 연합하여" "한 몸을 이루는 것"(고후 2:24)을 개인적인 에로스의 의미로 이해하는 것도 이제는 가능하다.

그와 같이 성경적 에로스의 범위를 넓게 보면 아주 다양한 삶의 느낌을 이해할 수 있다. 우리는 아내의 도움을 철저히 다음과 같은 의미로 이해할 수 있다. 아내는 루터가 말한 "연약한 자의 병원"에서 일하는 간호사의 역할일 수도 있고, 리비도의 분출을 흐르게 해주는 수로 역할을 할 수도 있다. 그러나 이 해석은 본문의 부분적인 측면만을 말하며, 본문의 충분한 가능성을 모두 제시하지는 못한다. 그러나 이 해석도 넓은 해석의 공간 안에 수용될 수 있다는 사실에는 논란의 여지가 없다.

여자의 도움에 대한 긍정적 해석은 **삶의 충족**이라는 측면에서도 주장될 수 있다. 창조 질서와 마찬가지로 구원의 질서도 그런 해석의 가능성을 열어두고 있다. 왜냐하면 자연신학적인 의미에서 전자만을 주장하는 것은 과도한 단순화의 문제를 일으키기 때문이다. 이러한 주장은 삶의 충족을 위한 개인적인 에로스의 기여를 유일한 창조계획의 완성으로서, 곧 피조물이 접근할 수 있는 영적 세계로서만 일방적으로 이해하려고 할 때 발생한다. 그러한 충족을 의미하는 방향으로 해석을 시도한다고 할지라도—여기서 그런 진술은 아주 조심스럽게 행해져야 한다!—죄의 타락을 다루지 않는 어떤 창조론의 전제는 있을 수 없다. 타락을 무효화하거나 간과하는 시도, 또는 단지 부분적인 것으로 여기려는 시도는 창조론을 자기 구원의 행위로 오용하게 만들 수 있다(롬 1:18 이하). 에로스의 영역에서 이것은 두 가지로 분명하게 예시된다.

첫째, 에로스는 신화 안에서 신 또는 악마의 등급을 갖고 있어서, 우리는 에로스가 나타나는 도처에서 에로스가 암암리에 최고의 지위에 등극하려는 암묵적 요구가 존재한다는 사실을 잊어서는 안 된다. 이것의 이해를 위해 우리가 (비록 신성의 예언과 연관되어 있기는 하지만) 과도한 정열, 황홀함, 그리고 전적인 몰입까지 생각할 필요도 없다. 단지 우리는 이미 널리 잘 알려진 것처럼 에로스가 성적 연합을 위한 지배적인 기준이라는 것만을 생각해도 그것을 잘 알 수 있다. 에로스는 순간적으로 기질을 격앙시켜서 상대편에 대한 신뢰와 희생 및 깊은 존경심을 이끌어낼 수 있는 상호 관계의 깊은 층을 열어젖힐 수 있다. 그와 함께 에로스는 성적인 관계를 극단적으로 불안정한 곳으로 이끌어간다.

개인적인 에로스를 중시하는 성향과 함께 이혼율이 증가한다는 사실은 의심의 여지없이 바로 이 문제와 관계된다. 이혼이 더더욱 사회적 의식에 의해 승인되고 있는 데도 이혼의 증가 추세를 이전처럼 수치와 연결해서 이해하려는 것은 분명히 잘못된 것이다. 오히려 그 반대일 수 있다. 사회가 이혼을 승인할 준비가 되어 있다는 것은 결혼의 성립과 이행, 그리고 이혼에 대해 개인적인 에로스의 가치가 그만큼 증가했다는 사실을 의미한다.

이런 맥락에서 개인적인 에로스는 우려스러운 것이 아니라 오히려 중요한 위치를 점하고 있는 것처럼 보인다. 그 위치는 옛날에는 신성에 대한 술어로 여겨졌지만—본래 이교도들이 에로스에 대해 가졌던 경건함은 빼더라도—최근에는 실용적 도식 안으로 등급이 낮아졌다. 개인적인 에로스는 행복을 삶의 만족, 특히 자기실현의 고유한 징표로 정당화하는 행복주의의 후원자다. 행복주의는 자신을 긍정적인 가능성으로 파악하고, 자신의 행복을 위해 다른 사람을 "사용"한다. 개인적인 에로스는 세속화된 세계로 복귀하길 원하는 "은퇴한 신"의 운명을 타고난 것처럼 보인다.

독일의 철학자 발터 슈바르트(Walter Schubart, 1897-1942)는 『종교와 에로스』(Religion und Eros, 1941)에서 낭만주의에 기초를 두고 있으면서도, 슐라이어마허의 신학에서 받아들인 에로스의 입장을 부흥시켰다. 『종교와 에로스』는 기독교 윤리학에 영향을 줄 수도 있었던 생산적 기능, 곧 기독교에 잠재하는 에로스에 대한 적대감이 팽배한 시대의 변화에 대한 멸시를 바로잡을 수 있는 기능을 빼앗아갔다. "사랑받는 사람은 사랑하는 상대에게 이러한 (신적인 온전함의 의미에서) 하나 됨을 구체화하거나, 또는 그 하나됨을 위한 매개와 인도자로서 자신을 헌신한다. 두 사람이 서로 사랑할 때, 고립이라는 우주적 상처가 치유된다."[17] "진정한 성적 사랑은 성령의 증거다." "사랑의 행위를 통해 사랑하는 사람들은 자신들의 결합이 만유에 미치는 하나님의 숨결에 연결되었음을 느낀다."[18] 대립적인 긴장에서 조화에 도달하기까지 이르는 사랑의 "축복" 속에서 성적 사랑은 "이웃 사랑, 모든 것에 대한 사랑, 나아가 신의 사랑까지" 확장된다. 이것이 "에로스의 순환"이다.[19]

앞의 인용에서 두 가지, 곧 자기실현(나아가 모든 것의 실현)을 향한 행복주

---

17) Walter Schubart, 84.
18) 위의 책, p. 85.
19) 위의 책, p. 231.

의적 충동, 그리고 그것과 함께 에로스에 속한 신적 위상이 구체화하는 것을 볼 수 있다. 여기서 에로스는 하나님 아버지의 심판과 은총 아래에만 있지 않으며, 또한 전혀 다른 원천에서 생겨나는 아가페와 긴장관계에 있지 않고, 오히려 에로스 자체가 전체의 근원이 된다. 아가페는 에로스의 거대한 흐름에서 갈라져 나온 실개천일 뿐이다.

변화된 조건에서 다시 받아들여진 에로스 신의 실용주의적 성격은 다음에서도 알 수 있다. 곧 사랑의 상대는 오직 자기실현의 관점에서 나와 관계되며, 그가 나의 에로스적 요구를 만족시킬 때만 나와 교통한다. 상대가 내 요구를 (나이나 아주 나쁜 습관, 권태 등으로) 만족시키지 못한다면, 그는 배척될 수 있다. 나는 상대를 더 이상 "영혼의 무한한 가치"를 가진 인격으로 생각하지 않고 오히려 사용가치로서만 대한다. 매우 나쁘게 표현한다면, 나는 그를 에로스적 기능으로만 대한다. 에로스적 기능은 나를 위한 것이며, 그러한 기능을 충족할 수 있는지 없는지에 따라 상대의 가치가 결정된다. 여기서 요구보다는 헌신과 사랑을 통해 상대방을 사랑받을 가치가 있는 자로 만드는 아가페가 들어설 여지는 없다.[20]

나아가 개인적인 에로스는 "헌신", 곧 창조 질서의 전개라는 특성에서도 어두운 뒷면을 드러낸다. 개인적인 에로스는 개성(Individualität)이 확립되어가는 정도에 따라서만 명확하게 커 나갈 수 있다. 에로스의 관점에서 개성을 드러내지 못하는 상대는 교환될 수밖에 없다. 개성의 두드러짐은 더욱더 강한 차별화를 수반한다. 에로스에는 유일회성, 대체 불가능성의 징표가 결여되어 있다. 그리고 개성의 확립이란 고도의 차별성의 생성과 동일하다. 결국 에로스에는 "강하게 차별화된 인간"(hoch differenzierten

---

20) 이 아가페는 하나님의 사랑을 모델로 형성되었다. *WA* 1, 354, 35. A. Nygren, *Eros und Agape*, Zsyth VI, p. 690 이하, 특히 p. 720를 참조하라.

Menschen)만이 있을 뿐이다.

한편, 우리는 이러한 차별화를 창조 질서의 전개, 곧 "헌신"이라는 관점에서 볼 수 있다. 왜냐하면 이 차별화는 어떤 경우에도 단지 바벨탑에 관한 구절(창 11:8)에서 나타나는 죄와 심판으로만 이해되어서는 안 되기 때문이다. 여기서 차별성을 만드는 개별화는 고립과 흩어짐을 뜻한다. 하지만 그와 같은 동일한 개별화가 개별적 형태를 "각기 그의 종류대로" 특수하게 만드신 하나님의 창조 질서에서는 거룩한 특성과 함께 제시된다(창 1:11, 12, 21, 24, 25). 그렇다면 창조에서 충족된 것이 타락을 통해 결핍된 것으로 전락한 셈이다. 따라서 차별화는 사실상 긍정적인 창조의 의미를 갖는다. 그것은 어쨌거나 창조의 본래적인 의미의 계속으로 생각될 수 있으며, 이 맥락은 신학적 "보존"의 개념과 연결된다.

다른 한편, 차별화는 창조의 "과제"를 의미한다. 왜냐하면 다른 사람을 그 차별화된 개성 안에서 정당화하고, 그것에 상응하여 그와 관계하라는 주장이 제기될 수 있기 때문이다. 다른 사람에게 어울리지 않는 것이나 그에게 어울릴 수 없는 것을 강요하는 것은 그 사람의 인격을 손상하는 것을 의미한다. 우리는 그것을 현대화된 전형적인 개념으로 "영혼의 잔혹함"(seelischen Grausamkeit)이라고 표현한다.

그러한 주장은 책임을 요구하며, 그 책임은 이미 상대를 선택하는 것에서 시작한다. 책임이 없을 때, 곧 차별화된 두 개인이 필요한 보완 관계로 서로 연결되지 않을 때, 두 개인 사이에는 쉽게 극복될 수 없는 긴장이 조성된다. 왜냐하면 한 개인이 발전시킨 개성은 두 사람의 관계를 지키면서 영원한 자기극복이나 지속적인 강압적 지배를 감당하기 힘들기 때문이다. 여기에는 개별화되기 이전에는 그에게 없었던 거짓된 회피의 가능성이 생겨난다. 한 개인의 행동을 통해서는 결코 이루어질 수 없는 원래의 자연 상태에서, 다른 사람에게 해를 입히는 일은 죄 없이는 불가능하다. 괴테는 이러한 갈등을 높은 차원에서 파우스트와 그레첸의 관계를 통해 드러내었다.

개성이 확고하게 드러난 상태에서 인간은 훨씬 더 큰 공격 지점을 갖기 때문에 상대편은 이전보다 더 큰 상처를 받을 수 있다. 이 공격 지점은 개성이 더 차별화되고, "더 많은 훈련"을 받을수록 더욱 커진다.

교양이 높고 "신경이 예민한" 사상가나 음악가가 잘 드러나지 않는 저음이나 중간음에 대해 둔감한 단순한 사람들보다 비교가 안 될 만큼 더 민감하다는 사실은 모두가 알고 있다. 그들은 인간관계나, 나아가 논쟁에서는 더욱 그러하다. 어떤 사람들은 곤봉으로 내려칠 때나 반응하지만, 어떤 사람들은 바늘에만 찔려도 죽을 것 같은 고통을 느낀다. 복잡한 뇌의 신경조직은 원시적인 엔진 모터보다 자극에 더 민감하다.

고상한(sublim) 공격에 대해 반응하는 민감한 문화인의 경우, 예의에 집착하는 징후가 나타난다.[21] 목석 같은 사람은 공격이 "직설적"이거나 직접적일 때에만 반응한다. 나아가 상류 문화형식의 대표자로 여길 수 있는 외교관들은 비록 저항의 표시나 전쟁선포의 경우일지라도 친근하고 신사적인 것을 강조한다(미개인들은 사랑의 편지에서조차 그런 것을 못 느낄 것이다). 예의는 한 사람이 다른 사람을 배려하는 태도다. 그러나 오가는 문구 속에는 오해 또는 미움이 담겨 있으며, 흔히 구두 대화에도 상대방을 죽이려는 칼과 독침이 감추어져 있다. 그러한 상황에서는 좀 더 진보된 경청인 "행간을 듣는 것"(Heraushören)이 요청된다. 문화인과 미개인의 교제에서 그러한 은밀한 공격 능력은 우월성을 나타내는 중요한 무기가 될 수 있다. 왜냐하면 교양을 갖춘 사람은 "형식을 갖춤"으로써 우월한 위치를 확보할 수 있기 때문이다. 반면에 그렇게 할 수 없는 미개인은 무기력하

---

21) 예의에 관한 장, *ThE* II, §538 이하를 참조하라.

게 침묵해야 하든지 아니면 난폭한 반응을 보인다.[22]

인간의 교제에 속하는 세련되고 복잡다단한 성격을 규명하는 일은 중요하다. 왜냐하면 그것이 개인적인 에로스의 영역과 결혼에서 현실이 되고 있을 뿐만 아니라, 한층 더 첨예화되고 있기 때문이다. 그것은 두 관점에서 그러하다.

첫째, 고상한 공격의 가능성은 예전에 예의 바름(Höflichkeit)을 요구했던 궁정(Höfen)에만 있지 않다. 그것은 예전에는 교양이 높은 소수에 해당하고 일반화되지는 않았지만, 지금은 시민에게까지 확장되었다. 삶의 형식을 세련되게 만들고 개성을 보호하는 것은 기본법에 명시되어 있듯이 민주주의의 이념에 속한다.

둘째, 고상한 공격은 평생 교제하며 살아온 부부에게서도 나타난다. 부부관계의 파탄은 결코 언어로 표현되는 의견 차이에서만 발생하지 않는다(물론 관계가 없는 것은 아니다). 오히려 그것은 긴밀한 오랜 교제에서 알 수 있는 사소한 것과 상대의 아주 작은 몸짓으로 전달되는 의미와 같은 것에서 발생한다. 불화는 다른 사람들이 눈치챌 수 없고, 그들에게는 말로 거의 설명할 수 없는 것에서 발생한다. 파경에 이른 부부에게 조언하는 상담자는 부부가 말로 서로 부딪히고 상대를 자극하며 싸우는 것이 얼마나 무력하고 절망적인 상황인지를 안다. 그들을 갈라놓고 서로 혐오하게 만드는 것을 말로 드러내려고 하지만, 바로 그것이 불가능하기 때문이다. 감추고 싶은 수치스러운 것이 그 친밀한 관계 속에 포함되어 있어서 드러내기 힘든 것이 아니다. 오히려 그들을 갈라놓는 원인은 시인들의 고상한 말 기교로나 겨우 표출될 수 있는 어떤 비이성적인 작은 것인데, 이것은 언어의 영역을 거의 벗어난다. 그것에는 동정심 없는 목소리의 어조나, 냄

---

22) 이러한 사례로서 피우스 12세가 교황으로 있던 바티칸과 히틀러 정권 사이의 관계를 들 수 있다.

새, 어떤 정형화된 몸짓, 너무 가까워 생기는 침묵과 같은 것들이다.

서로를 어느 정도 알고 있는 두 사람의 에로스 관계에는 마음에 들기 위한 밀고 끌어당김의 법칙이 작용하기 마련이다. 두 사람 사이의 보완적 관계는 계속해서 "여전히" 서로가 잘 맞는지, 그리고 서로가 빗나가고 있지는 않은지에 대한 물음을 제기한다. 한 사람이 다른 사람에게 제공할 뿐만 아니라, 은밀하고도 친근한 긴장 관계에서 확대되는 공격 지점은— 물론 변질된 것이지만—과격하고도, **훨씬 더 큰 죄를 지을 가능성으로 발전한다.** 산상수훈이 이러한 주제를 다루고 있다(마 5:28).

산상수훈은 육체적 행위보다 더 심각하게 결혼을 파괴하는 고상한 형태의 결혼 파괴, 곧 마음 속에서 행하는 간음을 말한다. 그러나 그 반대도 있을 수 있다. 곧 육체적 행위를 통해 결혼을 파괴한 사람은 고상한 인간적 관계 안에서 아직도 거룩하게 여겨지는 결혼을 심각하게 여기지 않는 셈이 된다. 그런 생각에 따르면, (아주 세속적인 에로스의 의미에서!) 서로 간의 공속성과 서로를 위한 존재규정은 어떤 일화(逸話) 같은 순간적인 연애가 되어버린다. 왜냐하면 인간은 저마다 각기 영원한 남성, 영원한 여성으로 회귀한다고 생각되기 때문이다.[23]

이와 관련해서 무엇보다 다음이 중요하다. 개인적인 에로스의 깨어남은 창조의 충만함의 더 큰 전개로 이해되는 데 그치는 것이 아니라, 동시에 그 전개를 통해 죄를 지을 가능성도 더 증가한다. 확고한 개성이 두드러질수록, 개성의 자기부정의 요청은 그만큼 더 많아지며, 또한 자기만족을 얻기는 더욱 힘들어진다. 그와 함께 자기 헌신으로서의 아가페에 대한 요구는 한층 더 절실해진다.

---

23) 이것은 남성의 외도에는 타당하지만, 여성의 외도에는 절대로 맞지 않는다. 첫째 경우의 반응이 당연한 것은 아니지만, 그러한 경우가 드물지 않게 있다는 것은 중요하며 설명되어야 한다.

개성과 자기완성이 모든 것의 척도가 되고, 자기충족과 자기애가 모든 삶을 결정하는 기준이 되어버리는 위험도 마찬가지로 증가한다. 그때 개성이 우상 숭배의 대상이 될 수 있다는 사실이 명확해진다. "나는 어디서 그리고 누구에게 헌신해야 하는가?"라는 물음에서 "그것으로부터 내가 무엇을 얻을 수 있는가?"하는 물음이 등장한다. 이러한 물음의 변화가 물질적·경제적·쾌락적 의미에서 제기된 것이 아니라는 사실이 더 위험하다. 그 물음은 고상한 영역에서 더 심각한 것으로 등장할 수 있으며, 스스로 충족시켜야 하는 "고상한" 자기를 의미할 수도 있다. 파우스트도 자신의 리비도의 이름으로 그레첸에게 해를 입힌 것이 아니다. 그는 형이상학적으로 변형된 파우스트적 "본질", 곧 자기완성이란 명분으로 그녀에게 해를 저질렀다. 따라서 "나는 어디서 그리고 누구에게 헌신해야 하는가?"라는 물음이 "내가 잘못한 것은 없는가?"라는 형태로 바뀔 때, 그것은 윤리적이며, 나아가 종교적 색채를 띠게 된다.

우리가 신학적으로 창조와 죄, 은혜와 실패의 가능성이 서로 연관되어 있다고 해석한 것은 현상학적으로도 중요하다.

개인적인 에로스의 증가와 확대된 개성이 드러날수록 더 많은 상처의 가능성을 만들고, 동시에 그것이 폭력과 냉혹함을 동반할 때, 신학적 측면과 무관하지 않은 이혼 문제의 혼란스러운 형태들이 생겨난다.

이 문제에 대해 신학이 계속 무관심했다는 것은 아주 불행한 일이다. 그리고 이 문제가 정작 언급되는 곳에서는 단지 부정적 측면만 강조됐다. 곧 인간이 자신의 본질을 위협하는 상대에게서 개별적으로 벗어나려는 것은 아주 중대한 죄를 짓는 것이라는 측면만 강조되었다. 우리는 이러한 비난과 권고가 자주 있었다는 것을 부정할 수 없다. 목회 상담자가 개성의 우상숭배에 대해 반박하면서 그런 비난과 권고를 한다는 것은 모순이다. 사람들은 개성의 오용만을 강조하며, 그 개성의 정당한 사용을 가르치지는 않는다. 그러나 개성은 이제 현대인에게 (어떤 경우에서든 가능성으로) 주어졌고, 그에게 개인적인 에로스의 확대와 함께 개성은 피할 수 없는 과제가 되었다.

교회는 바로 이러한 정당한 사용을 알아채지 못했던 것으로 보인다. 어쨌든 이에 대한 주목은 아직 공개적이거나 일반적인 추세는 아니다. 부부 위기에 직면한 사람들이 교회의 상담자를 찾기보다는 정신과 의사를 찾아가거나 신문광고에 나오는 문제해결사를 찾는 것도 그러한 이유 중 하나다. 교회는 이러한 과도기적 상황을 사람들이 점점 구속받기를 싫어한다는 논리로 정당화해서는 안 된다. **이것은 부분적으로만 맞다. 오히려 사람들이 두려워하는 것은 개성의 문제가 교회에서 심각하게 여겨지지 않고, 그것에 대한 어떤 신학적인 입장도 제시되지 않는다는 사실이다.** 그러므로 우리는 그러한 입장을 찾으려고 노력해야 하며, 단지 문화비판적으로 시대의 변화를 확인하는 것에 만족해서는 안 된다.

우리는 율법과 복음, 심판과 약속이라는 영원한 교회의 가르침을 새롭게 듣는 것 외에 다른 어떤 것을 원하지 않았으며, 앞으로도 원치 않을 것이다. **약속**은 개성의 신장을 포함하며, 그것의 신장은 창조의 충만함을 실현하는 것으로 보인다. 동시에 개성의 신장은 더 큰 범죄의 가능성을 동반한다. 그에 따라 **율법**은 아가페, 헌신, 자기부정[24]에 대한 요구를 포함한다. 이것들은 우리가 우리 자신에게 줄 수 있는 것이 아니라, 우리에게 다시 약속된 것이다.

우리는 에로스의 영역에서 오래된 엄중하고도 올바른 복음을 피해가거나, 그것을 다르게 해석할 수 없다. 그러나 올바른 복음을 들을 때, 우리는 새롭게 깨어난 개성의 사실을 그냥 묵과할 수 없다는 것도 분명히 알

---

24) 마 16:24, "자기를 부인하고"($\dot{\alpha}\pi\alpha\rho\nu\eta\sigma\dot{\alpha}\sigma\theta\omega$ $\dot{\epsilon}\alpha\upsilon\tau\dot{o}\nu$); 비교. 10:38; 벧전 10:21.

고 있다. 복음은 "반동적"(反動, reaktionär)으로, 또는 초시간적으로 다루어
질 수 있는 것이 아니다. 오히려 신학적 반성은 이러한 새로운 사실을 검
토해야 한다. 그러한 반성을 통해 영감을 받은 상담가는 구체적인 문제에
대해 신학적으로 접근할 수 있어야 한다. 이러한 접근을 신학적으로 통제
될 수 없는 능력, 곧 그때그때 상담가가 가지는 감정이입이나, 따뜻함, 인
간적인 해결의 능력 등에만 맡길 수는 없다.

개성의 사실, 그것에 함께 속하는 에로스의 사실, 그리고 그것이 가져
오는 복잡한 문제들을 간과하는 사람이 이혼을 원하는 사람들의 구체적
상황에 직면해서 이혼 절차에 냉정하게 개입하기는 아주 쉽고, 그들에게
큰 의무감을 느끼지도 않을 것이다. 그러나 그는 죽이는 율법만을 설교할
뿐(고후 3:6; 롬 7:6; 4:15), 중요한 문제의 핵심을 그냥 지나쳐 버리고 마는
셈이다. 상담가가 그러한 복잡한 문제 상황에 직면해서 자신의 역할을 제
대로 수행하려면, 매우 신중해야 하며 또 신뢰를 줄 수 있어야 한다. 그는
서로 대립하는 개성들을 자기부정에 이르도록 할 수 있어야 하며, 우상숭
배를 경고하고, "인간-존재"의 죽음과 부활에 대해서도 언급해야 한다. 그
리고 참기 힘든 부부 사이의 어려움을 덜어주고, 서로 용서할 수 있도록
인도해야 한다.

무엇보다도 명심해야 할 한 가지가 있다. 곧 창조 질서의 깨짐이 명백
할수록, 우리는 더 절실하게 창조 질서를 원하며, 그것을 더 깊이 체험한
다. "인간-존재"(Mensch-sein)를 강조하는 것은 (에로스를 포함하여) 결국 구
원이 필요하다는 사실을 강조하는 것이다.

2. 가족과 사회에서 여성의 지위 변화(양성평등의 문제)

개인적인 에로스의 자각은 가족과 사회에서 여성의 지위를 변화시켰지만,

남녀관계에 근본적인 영향을 주지는 못했다. 고대의 결혼에서 남편은 아내에 대한 소유권을 가지고 있었고, 아내는 남편에게 철저히 종속되어 있었으며, 결혼은 개인을 넘어서 가문과 종족이라는 더 큰 규모와 관련되어 있었다. 그리고 고대의 결혼을 지배하던 가부장적 질서는 부부 관계를 요즘 시대보다 덜 복잡하게 만들었다. 그러나 우리 시대는 이전 시대보다 아내를 중요하게 생각하고, 부부의 평등을 일반 상식으로 받아들이고 있다.

심원한 사회학적 변화가 이런 변화의 과정을 추진했다는 것은 확실하다. 우리는 지금 이러한 사회학적 변화에 대해 논하려고 한다. 여기서 우리는 "개인(개성)"의 존재 형식이 인간의 특권이자 자격이며, 나아가 여성의 특권과 자격도 된다는 사실을 확신해야 한다. 그리고 이 확신을 위의 사회학적 변화의 목적, 그리고 나아가 동기에 포함시켜야 한다. 그렇지 않다면 우리는 그런 사회학적 변화와 그 변화가 발생한 직접적인 과정, 그리고 어떤 특정한 역사적 시대와 이런 변화가 함께 작용해서 일어나는 일들에 대해서는 좀처럼 설명할 수 없을 것이다. 동반자라는 생각은 동급이라는 개념이 포함된 곳에서만 뿌리내릴 수 있다. 달리 말해, 부부의 동반자 관계를 형성하는 움직임은 개인이라는 의식의 자각 및 성장과 말하자면 동시에 일어났고, 다른 어떤 징후들(예를 들어 여성 참정권)과 밀접한 관련이 있다는 것은 매우 특징적이다.

그리고 이런 사회학적 요인들에게 시선을 돌렸을 때, 우리는 그 요인들의 등급을 과대평가할 필요는 없다. 그러한 사회학적 요인들은 그러한 폭발적 변화를 가능케 하는 이유들, 그리고 기술 사회의 선제 조건들이라는 의미를 갖는다. 하지만 사회학적 요인들의 본래 동기는 인간론적인 배경 안에 자리잡고 있다.[25]

---

25) 6세기에 여성이 완전한 의미에서 "인간"일 수 있는가 하는 물음이 등장하고 있다는 사실 (그 물음은 부정적으로 대답되었다)은 교회사에서 오랫동안 진열장에 놓여 있던 골동품과

우리는 이런 역사적 발전을 "여권의 신장은 자유를 향한 역사적인 길이다"라는 잘 알려진 말로 표현할 수 있다.[26] 이런 표현은 적어도 남성과의 형식적인 권리의 평등을 의미한다. 그러나 실제로 무조건적으로 동등한 특권을 가지는 것을 의미하지는 않는다. 여성은 여전히 많은 영역에서 예전에는 가졌었던 도덕적인―법률적인 것은 아니지만―자율성의 손실을 겪고 있다.[27] 남녀 "평등"의 형식적 권리에 대한 원칙은 근대의 여러 문화국가에서 인정되었고 헌법에도 명시되었다.[28]

독일연방국가의 기본법 3항 3조에는 다음과 같이 명시되어 있다. "모든 인간은 법 앞에서 평등하다. 남성과 여성은 평등하다." 이러한 기본법의 규정이 1953년 4월 1일 실제로 공표되었다. 프랑스 공화국의 헌법(1947년 10월 27일)은 전문 2조에서 다음과 같이 선언하고 있다. "법은 모든 영역에서 여성에게 남성과 동등한 권리를 보장한다." 그러나 가족법과 같은 구체적인 법 제정의 관점에서 보면 남녀의 평등권이 완전하게 제시되고 있지는 않다.[29]

소련[30] 헌법(1936년 12월 5일)은 122항에 다음과 같이 명시하고 있다. "여성은 소련연방의 경제적·국가적·문화적·사회정치적 삶의 모든 영역에서 남자와 동등한 권리를 보장받는다. 이러한 권리를 실현할 수 있는 가능성은 노동과 임금, 요양, 사회보장과 교육에 관한 법에서 남성과 동등한 지위를 통해, 부모와 자식에 관한 국가보호를 통해, 유급 임신휴가 등을 통해 보장된다." 그

같은 것―Gregor von Tours VIII(SS. rer. Merov. II, 1; edd. Krusch/Levison 386)는 585년 제2차 마콘 공의회에서 다음과 같이 공포했다. 여성은 인간이라고 부를 수 없다(이러한 생각 때문에 그는 악평을 받았다)―이었으며, 그것은 남녀평등의 원리가 전개되기까지의 긴 과정을 보여준다.

26) Schwab, 위의 책, 59.

27) *ThE* II, 1, §2073을 참조하라.

28) Dölle, *Die Gleichberechtigung v. Mann u. Frau i. Familienrecht*, p. 19 이하를 참조하라.

29) Dölle, 위의 책, p. 25.

30) 1991년 붕괴되었고, 15개 공화국으로 갈라졌다. 그중 하나가 러시아 연방이다.―편집자 주

러나 1944년의 개혁을 통해서도 이러한 영역에는 변화가 없었다. 그에 반해, 우리가 주목해서 살펴보아야 하는 것은 평등의 원칙이 헌법에 명시된 법조문에 그치지 않고, 사회적 삶의 구체적 차원에서 제대로 수행되는가이다.[31] 그리고 중국도 이에 상응하는 규정들을 명시하고 있다.

남녀의 동등한 지위가 형식적인 권리의 측면에서 문명국가들에서 얼마만큼 수행되고 있는지는 위의 몇 가지 사례들을 열거하는 것으로 만족해야 한다. 이러한 사례는 임의로 더 많이 제시될 수도 있다. 그러나 이 사례들은 어떤 느낌의 수준을 넘어서지 못하고 있으며, 주로 가족법에 제한되어 있다는 점에서 차이를 보인다.

이러한 잠정적인 정점을 향한 발전과정은—이미 밝혔듯이—사회적 구조의 변화를 통해 외적으로 개방되었다. 반면 낭만주의는 여성의 가치와 여성에게 고유한 비이성적인 면을 높게 평가하고, 그것의 **내적인** 전제들을 형성했다. 사회학적으로 제약된 변화들은 다음과 같은 요인들 안에서 그 특징을 드러낸다.

1. 기술적 산업화는 가부장적인 사회구조를 처음부터 계속해서 해체했다. 무엇보다도 남자의 영향력의 범위가 집 밖으로 옮겨지고, 집과 일터(공장, 사무실 등)가 어느 정도 분리되면서 이런 현상이 나타났다. 그 결과 가족과 자녀교육에 대한 아버지의 영향은 약해졌다. 그리고 가정의 영역에서 여성의 힘이 강해졌다.

2. 기술의 산업화는 집 밖의 노동 영역 자체에서는 이전에는 남자들이 하던 많은 노동의 기능들을 여자들이 수행할 수 있게 만들었다. 항상 그런 것은 아니지만, 이런 노동은 비숙련적인 영역에서만 이루어졌다. 생산 활동이 가능한 나이의 여성 중 절반 이상이 직업이 있고, (독일의 경우) 그들 대부분은 결

---

31) Dölle, 위의 책, p. 21.

혼한 여성들이다.

3. 나아가 산업화는 여성의 활동의 자유를 크게 확장시켰다. 이전에 여성의 과제였던 집안일(루터의 부인 카타리나가 했던 것과 같은 방직, 도살, 고기저장, 양조)이 집 밖의 영역으로 옮겨졌다. 따라서 결혼하지 않은 "이모들"은 이전만큼 가족을 위해 반드시 집안일을 할 필요가 없어졌다. 그녀들은 더는 가족의 부속물로 머물지 않고 독립적인 직업 활동을 할 수 있게 되었다. 한편, 산업사회 이전의 집안 살림은 소비뿐만 아니라 "생산-공동체"였다. 그에 따라 여성은 소비 및 생산과 관련해 집안일을 했지만, 이제 집안 살림은 거의 배타적으로 소비하는 일로 바뀌었다.

4. 산업 현장에서 일하는 여성들은 특별한 상황에 따라 마찬가지로 특별한 사회적 보호가 필요하다. 노동을 중단할 수밖에 없는 임신과 자녀양육이 바로 그것이다. 따라서 여성을 보호하고 남성과의 동등한 경쟁을 보장하는 사회법의 제정이 필요하다. 이 점에서도 남녀의 동등한 지위가 법으로 명시되어야 한다.

5. 여성이 노동에 참여함으로써, 여성이 수행하는 노동 가치가 새롭게 주목되어야 한다. 현실적으로 **직업적인 노동**의 가치만이 수치상으로 표현되고, 가사노동을 통한 집안 살림의 기여는 가치 있는 것으로 표현되지 않았다. 직업에서 남녀의 동등한 지위는 자동으로 직업 활동에 참여하는 여성과 집안 살림에 참여하는 여성의 동등한 위치에 대한 물음으로 연결된다. 두 여성 모두 노동을 하고 있기 때문이다. 이런 노동은 시간과 관련해서 돈으로 환산될 수 있으며, 개인적인 참여는 사회적 생산과 가족의 재산을 위한 기여로 이해될 수 있다. 이제 여성은 한편으로는 직업을 가진 여성과 전업주부로, 다른 한편으로는 남편과 부인으로 구분된다. 이와 관련해서 **부부의 재산권**에 관한 새로운 법률 개정이 진행되고 있다. 그것은 여성이 벌어들인 재산에 대해서 여성 자신이 처분할 수 있는 권리와 이혼 또는 사망으로 인한 결혼의 파기에

따른 재산 분배에 관한 법률이다.

이러한 규정이 어떻게 이루어졌고, 나라마다 어떤 차이를 가졌는지에 관한 자세한 내용은 현재의 논의와 관련해서는 중요하지 않다. 오히려 확인해야 할 중요한 사항은 지금 우리가 다루는 명확한 사실, 곧 여성 평등권을 향한 움직임이다. 여성은 이제 소득 활동자로 인정되고 있다. 그래서 법은 여성에게도 그에 맞는 재산처분권과 지분을 준다. 이러한 개혁들은 우리가 다룰 주제와 관련해 중요한 의미를 가진다. 또한 이를 통해서도 여성의 사회적 지위에 대한 구조적 변화가 예시된다. 부부의 재산권은 양성 평등권의 추세에 따라 함께 결정된다.

남녀평등에 관한 신학적 판단을 하기 위해 우리는 다른 맥락에서 본질적인 관점들을 해석학적·조직신학적으로 살펴보았다.[32] 그리고 개성의 자각과 변화된 사회학적 구조를 논의하면서 그것들과 관련된 역사적 자료를 제시하고, 그 내용을 숙고했다. 이제 우리의 특별한 주제와 관련해서 다음의 물음이 취급되어야 한다. 곧 우리는 신학적 윤리학의 의미에서 평등의 원칙을 어느 정도까지 적용할 수 있을까? 완전한 남녀평등이 이루어질 수 있을까? 예를 들어 가정(Familie)과 같은 영역에서 다수의 권한이 인정되면서도 남녀의 위계적 차이가 인정될 수 있을까? 이 물음은 매우 실제적이다. 마치 그것은 사람들이 입법가에게 보편적 원칙의 형식을 갖는 헌법을 매우 구체적인 세부 규정으로 설명해달라고 요청하는 것과 같다.

우리는 남녀평등의 주제를 두 영역으로 나누어 논하려고 한다. 첫째, 남녀평등이 사회에서, 특히 노동현장에서 남녀의 지위에 영향을 주는 것

---

32) 제1부 서론 "인간의 양성"과 제3부 제1장 "결혼의 성경적 이해"를 참고하라.

에 대해 논할 것이다. 둘째, 남녀평등이 가정에서, 다시 말해 부부 사이의 관계와 부모와 자녀의 관계에서 권리와 의무에 영향을 주는 것에 대해 논할 것이다.

이 두 영역 중 첫 번째 영역(사회에서 남녀의 지위)은 특별히 신학적인 관심을 얻지 못한다. 반면에 가족 안에서 남녀의 관계에 대한 법적 정의는 신학적으로 중요한 의미를 가진다.[33] 왜냐하면 가족은 마음대로 바뀔 수 있는 "어떤" 사회 질서가 아니라, 부모와 자녀라는 고유한 관계이기 때문이다. 달리 말해 가족은 **창조 질서**를 따른다. 창조 질서로서 가족의 근본 구조는 인간이 마음대로 조작할 수 있는 것이 아니다. 게다가 가정은 가장 가까운 인간관계를 맺는 영역이고 특별한 방식으로 **아가페**의 계명에 예속된다. 가족은 다른 가족의 행복한 삶을 위해 일시적인 책임과 함께 영원한 책임을 진다. 또 가족은 삶과 교육의 공동체다. 그러나 가정에서도 좌편의 왕국과 우편의 왕국은 분리된 것이 아니다. 가정에서도 "이웃"은 아주 긴급한 책임의 대상이다. 따라서 이웃 사랑과 동료 인간에 대한 책임이 있는 이런 친밀한 영역에 관련된 모든 법률 조항은 신학적·영적 타당성을 분명하게 갖고 있다.

신학적 문제와 법적 문제는 어느 지점까지는 유사하다. 우리는 가정에서 남녀평등이 어느 정도까지 이루어져야 하는지에 대한 물음에 다음의

---

33) 우리는 "교회에서—공적으로—여자는 잠잠하라"라는 고전 14:34과 딤전 2:12에 반대 견해를 취해서는 안 된다. 첫째, 이 구절들은 교회가 공공성을 의미한다고 생각하고 있다. 당연히 그 구절들의 이면에는 교회 밖에서 여성의 공적 참여가 최소한 정확하게는 고려되지 않았다는 의미가 있다. 그것은 너무도 분명하므로 여기서 언급할 필요가 전혀 없다. 그것은 문제가 되지 않는다. 바울이 이것을 언급하게 된 동기는—신학적으로 심각하게 받아들여야 한다—칭의와 관련하여 남녀의 동등한 축복이 세속적 질서에서 양성의 위치가 평준화되는 근거로 작용할 수 있다는 염려에 있다. 바울과 마찬가지로 루터가 농민봉기에 반대하는 논쟁의 근거도 이러한 배경에서 이해할 수 있다. 농민들은 자유로운 기독교라는 이름으로 농노신분과 같은 당시의 질서에 반대했기 때문이다. 둘째, 여기에는 다른 시대를 위해 어떤 케리그마적 구속성을 가지지 않는 당시의 사회적 질서가 작동하고 있다.

기준 없이 답변할 수는 없다. 그 기준과 관련해서 권리의 평등이 정의(定意)될 수 있다. 이런 정의는 일차적으로 평등을 정의하는 형식적인 개념 형성의 문제다. 우리는 지금 "동등한 권리"가 실제로 의미하는 것을 말해야 한다.

이를 위해 기본적으로 서로 다른 두 가지 기준이 제시된다. 이 두 가지 기준은 고대 그리스 철학자 아리스토텔레스(Aristoteles, 기원전 384-322)가 『니코마코스 윤리학』(Ethica Nicomachea, 이제이북스 역간, 2006)에서 말한 분배적 정의(또는 산술적 정의)와 시정적 정의(또는 기하학적 정의)다.[34]

분배적 정의(τό νεμητικὸν δίκαιον)는 정의가 적용되는 영역에 있는 두 사람의 삶을 절대적 동등성의 관점에서 판단한다. 말하자면 각각의 개인은 법의 구조에서 "1"의 가치를 가진다. 하지만 **시정적 정의**(τό διορθωτικὸν δίκαιον)는 사람들마다 서로 다르고, 그래서 각 개인은 동일한 몫에 속해 있지 않고 오히려 각각의 다른 **몫**, 곧 **자신에게**(suum) 고유한 몫"을 가지고 있다는 관점에서 판단한다. 남녀가 동일한 권리를 가진다는 가정은 **정의**(δικαιοσύνη)라는 이름으로 주장된 (권리와 관련한) 모든 차별은 부정의(ἀδικία)라고 표명하고 있어서, 아리스토텔레스가 구분한 이 두 가지 형태의 정의는 매우 결정적인 것이 된다. 따라서 이 두 가지 형태 중에 어떤 정의가 권리의 평등을 적합하게 정의하는지에 대한 질문이 제기된다.

(1) 사람들이 분배적 정의의 형태가 가장 적합한 기준이라고 말한다면, 그 기준에 따른 결과는 너무 형식적일 것이다. 이런 결과는 우리가 종종 남녀는 서로 평등하다고 "기계적으로" 말하는 것과 같다. 이런 답변을 지지하는 사람들은 절대적인 평등의 원리가 조금이라도 약해지는 것을 거부한다. 그들은 자신들이 조금이라도 양보하면 그런 양보가 예측할 수

---

34) 법과 관련된 이 책의 상세한 설명을 참조하라.

없는 차별화로 확산될 것을 두려워하기 때문이다.

이렇게 기계적으로 이해된 평등의 원리와 관련되지 않은 유일한 예외는 남녀 사이에 기본적으로 존재하는 생물학적 차이다. 그래서 생물학적 차이는 자연스럽게 임산부를 보호하는 법률을 제정해야 한다고 말한다(임신 기간에 임산부를 보호하는 사회적 장치다). 하지만 그것은 남성과 관련해서는 동등한 법률(아버지를 보호하는 법적 장치)을 제정해야 한다고 말하지 않는다. 다음의 헌법개정은 그렇게 기계적으로 적용된 원리의 한계, 곧 언젠가 또다시 나타나는 특징적인 한계를 보여준다.[35] 미국에서 일어난 헌법 개정은 "현행법이나 미래의 법이 여성을 위한 지원과 예외적 규정을 법적으로 인정하며, 이 법은 침해될 수 없다"[36]는 조항을 삽입했다. 무엇보다 이것은 여성들이(특히 여성단체와 법조계 여성단체들)이 평등의 기계적 원리를 옹호한다는 것을 의미한다. 왜냐하면 평등의 기계적 원리가 자신들의 입장을 가장 잘 대변하는 급진적인 원리이기 때문이다.

평등의 원리에 기초한 사회 법률은 다양한 점에서 여성에게 긍정적인 이익을 취하고 남성과 관련해서 여성의 특권을 보호하는 데 일조했다. 하지만 지금 이 원리가 기계적으로 적용된다면, 그것의 결과는 여성에게 **불리하게** 작용할 수 있으며, 여성이 가진 특권도 박탈할 수 있다. 그러므로 기계적인 평등의 원리는 남성의 권리를 제한하는 정도로만 제시되어야 한다. 반대로 그 원리가 여성의 권리를 제한하는 일이 발생했을 때, 그 원리는 조건부로 취급되어야 한다. 그래서 기계적 원리에 반대하는 항의가 "동등한 권리, 동등한 의무"라는 구호를 무력화시키지 못하게 하고, "여성 자신의 헌법적 특성, 곧 육체적으로 타고난 특성 때문에 여성에게 허용된" 지위가 보호되도록 해야 한

---

35) Schwab, 위의 책, p. 50을 참조하라.
36) Dölle, 위의 책, p. 26 이하.

다.[37] 이에 관련하여 독일의 법학자 에리히 카우프만(Erich Kaufmann, 1880-1972)은 평등의 원칙이 여성들보다 오히려 사회적 약자들에게 불리하게 작용하지 못하도록 사회적 약자들을 보호하는 일에 대해 이야기한다.[38]

그러한 기계적 원칙이 어느 정도까지 추진될 수 있느냐의 문제는 서독에서 평등법을 다루면서 첨예하게 대두했다. 곧 평등법은 국방의 의무를 유일하게 남성에게만 적용하는 기본법 3항 2조에 저촉되며, 그 때문에 헌법 개정 없이는 불가능하다는 논쟁으로 발전했다.

공산주의의 유물론적·기계론적인 사고는 지금 평등의 기계적인 원칙을 추상적 일관성에 의해 지속적으로 해석한 모범을 보여준다. 동독의 가족법을 위한 초안 8항에는 "부부가 교육과 직업을 위해 떨어져 살아야 한다면, 부부는 떨어져 살 권리가 있다"라고 명시되어 있다. 심지어 9항은 부인이 "자신의 교육이나 직업교육, 사회적 활동이 필요하다면 남편의 동의 없이도 스스로 그런 것을 결정"할 권리가 있다고 말한다.[39] 부부는 이제 가족이라는 유기적 공동체로 결합한 것이 아니라, 집단을 구성하는 개별적이고 고립된 분자로 이해된다. 따라서 오늘날 권리의 평등은 아내가 남편과 동일한 인격적 존재라는 확신에서 유래한 것이 아니라 오히려 사회 기능적인 평등의 원리에서 유래한다. 이제 여기서 활동하는 주체는 자신의 권리를 찾기 위해서 고군분투하는 여성이 아니라 평등의 기계적 원리를 실용주의적으로 전환시킨 사고를 하는 **사회**다. 그 사회는 평등성을 인격이 아닌 기능과 연결시킨다. 더욱이 그 사회의 이면에는 직업상 떨어져 사는 부모들이 자신의 자녀 양육을 국가 기관에 맡기도록 강요하는 전략적인 사고가 자리하고 있다.

---

37) 위의 책, p. 27.
38) Kaufmann 법 앞에서의 평등, 위의 책, p. 18.
39) Schwab, p. 55.

(2) 반대로 사람들이 **시정적**(기하학적) 정의를 기준으로 평등의 형태와 내용을 결정하는 것이 정의(Gerechtigkeit)에 더 적합하다고 말한다면, 그들은 평등을 기계적인 것보다는 오히려 유기적(organisch)인 것으로 정의하고 있다. 이럴 때 남녀평등의 법적 개념은, 마치 옷 보관소 직원이 입장한 순서에 따라서 고객을 맞이하는 방식처럼, 각자의 권리를 가진 분리된 개인으로 남녀 두 사람을 생각하지 않을 것이다. 그러한 평등성의 이해는, 오직 결혼이 계약 이론으로 이해될 때만, 곧 신랑 신부가 결혼을 두 개인의 의사결정에 따른 결과물로 이해할 때만 가능하다. 하지만 결혼이 두 개인에게 **주어진**(vorgegeben) 제도로 이해된다면, 그리고 이 제도가 그들을 부부로 초대했다면,[40] 가족법은 더는 신랑과 신부를 분리된 개인으로 생각하지 않는다. 오히려 가족법은 유기적으로, 다시 말해 "결혼해서 더 높은 차원의 관계를 맺는" 인간으로서 그들을 이해한다. "이 관계에서 신랑과 신부는 자신에게 고유한 생물학적·정신적·사회적 특성에 따른 유기적 기능을 가진다. 그리고 이 형태와 관련해서 각각의 개인이 고려되면서 또한 전체 공동체도 고려된다."[41] 우리가 평등을 "유기적으로" 이해할 때, 남편과 아내는 결혼과 가정 안에서 자신의 성향에 따라 과제와 책임, 그리고 권리를 나눌 수 있다. 그때 남편과 아내는 서로를 알아가게 된다. 이러한 틀 안에서 여성에게 안정과 배려가 주어질 수 있는데, 여성은 생물학적인 특성 때문에 그것에 의존한다(기계적인 평등의 원칙에서 남편이 아내를 배려하고 보호하는 것은 평등하지 않은 일이다).

의심할 바 없이 두 번째 대안, 곧 평등에 대한 "유기적" 이해가 결혼의

---

40) 결혼을 창조 질서로서 이해하는 경우가 그런 사례다. 그러나 좁은 의미의 기독교적 사유 이외에도 결혼을 (초계약적으로) 인간에게 주어진 것으로 이해할 수도 있다. 결혼법 제정이 그런 사례다.

41) Dölle, 위의 책, p. 27.

창조 질서와도 일치할 뿐만 아니라 사도의 권면과도 일치한다. 창조 질서와 사도의 권면은 남녀의 차이를 분명하게 구별하고 있다. 수직적 차원에서 남녀는 동일한 심판의 존재(창 3:16), 동일한 은혜의 존재(벧전 3:7), 연합된 존재들이지만, 이것은 수평적 차원에서의 양자의 구분에 상응한다. 남녀를 구분하는 많은 규정들은 현대의 사회학적 요인들에 의해 제약된다. 하지만 남자는 강하고 여자는 약하다는 전제(벧전 3:7)가 남녀의 구분과 평등을 해치지는 않는다. 남녀는 서로 다른 존재론적 차원에 있기 때문이다. 아가페는 그 차원에 근거해서 남자가 자신보다 약한 아내를 도우라고 가르친다(엡 5:25, 33). 그리고 바로 그 존재론적 차원에 근거해서 근대의 사회법도 평등의 원리가 여성에게 미칠 수 있는 부정적인 결과로부터 여성을 보호하도록 입법되었다.

이처럼 평등의 "유기적" 이해를 선호하는 것을 결정한 신학은 실제로 평등과 관련한 법을 제정할 때 세부적인 해석의 가능성과 함께 이 이해가 작동할 수 있는 방식을 제공한다. 이제는 대부분 상황에 의해 제약된, 문제 중심의 결정이 중요해진다. 이것은 신학적으로 적합한지의 문제가 아니라 오히려 이성의 판단에 맡겨진 문제다. 물론 여기에도 예외가 있다.

자유로운 이성 판단의 한계를 발견하기 위해서, 우리는 평등권의 원리가 구체적으로 적용되는 범위를 구분해야 한다. 적어도 가족법과 관련되는 한에서는 구분해야 한다(앞서 말했던 것처럼 우리는 사회와 관련된, 특별히 노동 현장과 관련된 평등권의 문제는 신학적 논의에서 제외한다). 가족법의 영역에서 평등권의 구체적인 적용은 한편으로는 아내의 직업 활동과 거주지 선택의 문제와 관련한 것이고, 다른 한편으로는 자녀 양육에서 상호 책임의 문제와 관련이 있다.[42]

---

42) 부부의 재산권에 대한 구체적인 논의가 바로 그것이다. 이것과 관련해서는 앞에서 다룬 역사적 개관의 결론으로 충분하다.

(1) 첫 번째 문제(아내의 직업 활동과 거주지 선택)는 본질적으로 이성적 판단과 관련된 영역이다. 하지만 지금 우리는 "본질적"이라는 단어를 사용하는 데 있어서 정확한 분별이 필요하다. 이것은 우리가 그 단어를 제한적으로 사용해야 한다는 것을 의미한다. 아내의 직업과 거주지 선택의 문제는 일차적으로 상황에 맞는 이성적 판단의 문제다. 왜냐하면 신학은 가부장적 사회 질서가 인간을 속박한다는 사실, 그리고 그것에 따른 여러 변화들을 간과해왔기 때문이다. 남성에게 주어진 것처럼 여성에게도 교육과 직업 훈련, 정치적 권한을 허용하는 시대에, 교회는 아내가 직업을 갖는 문제와 관련해 오직 남편만이 그 문제에 대한 결정권이 있다는 생각에 동의하지 않는다. 이것은 일반적인 직업의 선택에도 적용된다.[43]

그러나 결혼이 개인들에게 "주어진" 질서라는 우리의 입장에 따르면, 아내에게 허용된 결정의 자유, 곧 남편의 일방적 권위를 박탈하는 자유는 아내가 오직 자기 개인의 이름으로 결정하고 거기에 어떤 방해도 받지 않는 자유를 의미하지 않는다. 오히려 아내는 직업과 거주지를 선택할 때, 그녀에게 주어진 아내와 어머니라는 일차적인 의무와 조화시켜야 한다. 바로 이런 경우에 아내의 평등권은, 남편이 자신의 일방적인 권한에 근거해서 아내의 직업과 거주지를 일방적으로 결정하지 못하고, 오히려 아내가 자신의 책임에 근거해서 결정할 수 있음을 의미한다.

하지만 이것은 아내가 자신이 좋아하는 방향으로 결정할 수 있다는 것을 의미하지는 않는다. 반대로 아내에게는 자신의 결정이 적합해지도록 만드는 기준, 곧 아내와 어머니로서 자신의 "중요한 임무"를 수행할 수

---

43) "개신교에는 남성에게 **일반적인 결정권**이 있다는 데 동의할 수 있는 근거가 없다. 오늘날 현행법이 종종 가부장적인 특징을 보여주지만, 기독교는 이런 상대적인 가부장주의 자체가 존속되는 것을 바람직하다고 말할 근거가 없다"(독일 개신교의 자문위원인 Otto Dibelius 가 내무부 장관 Dehler에게 1952년 3월 22일 보낸 편지에서, *FR*, p.12).

있는지의 기준을 충족해야 하는 책임이 있다는 것을 의미한다. 이것은 결국 아내가 남편의 동의를 얻지 못하면, 해결될 수 없다는 것이 문제의 본질이다. 동의를 얻는 데 실패하는 것 자체가 부부관계가 깨지기 직전이라는 것을 의미하기 때문이다.

그래서 평등권의 원리에 따라 아내에게 허용된 자유는 결혼에서 해방을 누리는 것을 의미하거나, 공동 의지의 형성을 숙고해야하는 의무로부터의 해방을 의미하지 않는다. 오히려 이 자유는 남편이 일방적으로 주도해서 공동의 뜻을 세우는 것이 아니라, 서로가 협력하는 관계 안에서 공동의 뜻을 세우는 것을 의미한다. 바울이 아내에게 양보하고 아내를 용납할 것을(바울의 시대에 아내는 남편에게 법적인 요구를 할 수 없었다) 남편에게 명령했던 **아가페**는 이제는 그보다 더한 수준으로 요구된다(오늘날은 남편이 아내에게 어떤 법적인 요구를 더 이상 일방적으로 할 수 없기 때문이다).

타당한 법을 제정하는 것과 관련해서, 새로 제정된 법은 결혼한 부부가 공동의 책임과 동의 아래서 이런 결정을 내리도록 하는 조항을 만들어야 한다. 그 결과 "의도적으로 책임과 노력을 다하지 않는 것"은 그 자체로 서로의 결정에서 권한 남용의 사실을 뜻하게 될 것이다.[44]

이 문제들은 당연히 이것도 저것도 아닌 한계상황에 빠질 수 있다. 합의가 이루어지지 못할 경우에는 어떤 일이 발생할까? 예를 들어 새롭게 선택해야 하는 주거지 두 곳 가운데 부부가 서로 의견이 다를 때는 어떻게 해야 하는가? 이런 종류의 진부한 상황에서도 문제는 특별히 명확하다. 이 경우에는 두 가지 법적인 해결 방안이 제시된다. 그 법적 해결 방안이 어떤 분명한 신학적 기준이 있지는 않다. 하지만 그것은 결혼을 간접적으로 이해하고 있고, 적어도 임

---

44) Dibelius, 위의 편지, p. 13. 가족법 제정의 기획을 위한 독일 개신교 교회의 결혼법위원회의 입장을 참조하라.

의로 결정할 수 있는 신학적 판단을 제시한다(이것은 있을 수 있다!).

첫 번째 가능성은 아주 간단한 것으로서 입법자가 이와 관련된 법적 조항을 만들지 않는 것이다(그래서 독일에서는 민법 1354조항을 없애버렸다). 그렇게 함으로써 입법자는 부부간의 문제를 중재하는 것을 포기하고, 부부가 그 문제를 해결하도록 남겨둔다. 그러나 그때 다른 주거지를 선택해야 하는 문제 때문에 발생해서 해결되지 않는 대립은 이혼으로 끝나게 될 수 있다.

두 번째 가능성은 국가가 책임지고 갈등의 상황을 "재판"하거나 "중재"해서 "부부에게 도움"을 주는 것이다. 다시 말해 국가가 법리적 결정으로 부부 사이의 합의되지 않은 상황을 해결할 수 있도록 재판관에게 중재의 결정권을 주거나, 아니면 첫 번째 가능성에서 말한 것처럼 갈등의 상황을 부부에게 맡겨두어 혼인관계가 해체되도록 결정해버리는 것이다. 이와 같이 갈등 해결을 포기하는 상황이 발생하는 것은 피할 수 없다. 왜냐하면 친밀한 관계의 영역에는 항상 법적으로 해결할 수 없는 결정들이 초래되기 때문이다. 따라서 판사의 재치와 분별력에 의존하는 것이 필요하다.

우리가 앞서 언급했던 것처럼, 신학적 판단에는 임의로 결정을 내리는 부분이 있다. 신학자들은 때때로 서로 다른 결론에 도달하고 어떤 경우에는 교리상으로 명백하게 설명하질 못한다. 우리가 다루는 결혼이라는 영역과 관련해서 그들은 서로 다른 결론에 도달하는 경향이 있다. 앞서 언급했던 두 가지 가능성 중 첫 번째 가능성이 이런 다양하게 결정되는 신학적 판단과 관련해서 더 선호할 만한 것이라면, 그것에 대한 이유는 다음과 같다.

첫째, 만일 지방법원이 판결을 통해 부부에게 합의를 요청하는 것 이상을 조언하려고 한다면, 그것은 신뢰에 토대를 두고 있는 남편과 아내의 친밀한 관계를 근본적으로 파괴하는 개입을 의미한다. 하지만 이런 파괴적 개입은 모든 종류의 재판에 존재한다.

둘째, 이런 법 이외의 요인들이 존재하고 그래서 판사의 재치에 의존해야 하는 상황이 불가피하다는 사실은 법적 판결에 과도한 요구를 하고 있음을 의미한다. 법적 결정은 판사 개인의 자질, 곧 그의 성숙함이나 그의 공감할 수 있는 능력, 그리고 비이성적일 수 있지만, 그가 가진 예술성에 의존할 수 없다.

셋째, 개인이 지녀야 하는 책임 의식과 더욱이 인간 일반의 실체를 파괴하는 오늘날 우리 시대에 유행하는 위기는 법정이 개입하는 것을 더더욱 부추기고 있다. 법은 결혼의 영역뿐만 아니라 교육의 영역(행정법원은 학교 교육과 관련해서 교육적이고 학문적인 결정을 개정해야 한다)과 정치의 영역(대법원은 정치적 결정을 지지하거나 거부할 수 있다)에도 개입한다. 교회는 결혼이 (대부분의 경우 다만 외적으로라도) 지속할 수 있도록 도움을 주기 위해서 이런 유행하는 사조를 돕거나 지원하면 안 된다.

(2) 두 번째 문제, 곧 **자녀 교육**의 문제는 훨씬 더 어렵다. 이 경우 평등권의 원리를 해석하고 구체적으로 적용할 때, 신학적인 적절함이 더 많이 요구된다. 이 경우에도 마찬가지로 문제는 한계상황으로 치닫는다. 다시 말해 부부가 자녀의 교육 문제와 관련해 서로 의견 차이를 보인다면, 부모의 교육 능력 자체가 위험에 처한다. 직업 활동과 거주지 선택의 문제와 비교되면서 복잡한 두 가지 문제가 자녀 교육에서 발생한다.

첫째, 이것은 부부의 결혼과 서로에 대한 책임의 문제일 뿐만 아니라 제삼자, 곧 자녀에 대한 책임의 문제다. 자녀는 자기 스스로 결정권과 책임을 지고 갈등의 원인과 해결에 관여하지 못한다. 부모는 자녀가 어떤 관여도 하지 못한다는 사실에 상응해서 자녀 교육의 권리와 의무에 대한 더 큰 책임을 가진다.

둘째, 부부에게 갈등이 있을지라도, 자녀 교육에 대한 결정은 반드시 이루어져야만 한다. 그리고 이것은 누가 그 결정을 내려야 하는지의 문제를 제기한다.

자녀에 대해 반드시 내려져야 하는 결정이라는 점에서 이 문제의 절박함은 더 현실적으로 다가온다. 아버지는 딸이 인문계 고등학교에 진학하기를 원하지만, 어머니는 딸이 실업계 고등학교에서 공부하길 원한다면, 부부 중 누가 결정을 내려야 하는가? 또는 자녀가 심각한 병에 걸렸을 때, 어떤 의사는 수술이 불가피하다고 말하고, 다른 의사(또는 대체의학을 하는 의사)는 수술을 완강히 반대한다. 이 두 의사의 조언과 관련해서 부모는 어떤 조언을 들어야 할까?

기계적으로 이해된 평등의 원칙의 경우, 그러한 갈등을 위한 해법은 아주 명확하다(그러나 이 해법은 신학적으로 받아들일 수 없고, 그래서 그것은 처음부터 의심스럽다). 이런 경우 부모가 가진 절대적인 동등함 때문에, 부모 이외의 다른 기관이 그 문제에 관해 결정을 내려주는 것이 불가피하다. 가정법원(Vormundschaftsgericht)이 이 문제를 해결하는 데 도움을 준다.

우리는 앞서 설명했던 것처럼 외부 기관이 가족 내부의 문제를 중재하는 것에 대해서 회의적인 태도를 보였다.[45] 그러한 중재는 건강한 결혼을 위해 필요한 신뢰 관계와 공동의 책임을 파괴한다. 그리고 그러한 윤리적·심리학적 관점은 "존재론적" 관점과 연결된다. 곧 부부와 가족은 창조 질서로서 국가에 우선한다. 일차적인 질서가 이차적인 제도를 통해 규제된다는 것은 잘못된 일이다.[46]

가정법원의 후견재판의 추천과 관련하여 이러한 의구심은 더 증폭된다.[47]

첫째, 방금 말했듯이 그러한 중재가 요구되는 한계상황에서 "원만한"

---

45) 이미 1889년 O. v. Gierke는 그것에 대해 다음과 쓰고 있다. "건전한 가정생활을 원하는 사람들은 누구도 가정법원을 통한 결정을 받아들이지 않을 것이다".
46) 이러한 문제를 우리는 친권에 관한 장(*ThE* II, 2, §1697 이하, 특히 1793 이하)에서 다루었다.
47) 친권 위원회의 입장, *FR*, 21을 참조하라.

해결이란 절대로 가능하지 않으며, 후견재판을 통해서도 그것을 기대하기란 어렵다(앞서 말한 사례의 경우를 참조하라). 그 해결은 기껏해야 부모 중한 사람의 재량권이 남용되고, 철저한 선입견이나 이기적인 동기가 개입되었을 때 가능하다.

둘째, 우리는 가정법원조차 잘못된 결정을 내릴 수 있다는 것을 고려해야만 한다. 인권위원회에 따르면, 가정법원 재판장들이 "생각 없이 관습적으로 내리는 결정은 친부의 결정보다 훨씬 더 위험할 수 있다."[48]

마지막으로, 그것은 극복하기 힘든 국가의 전체주의적 개입을 허용하는 것이기 때문에, 특히 독일에서 더 큰 문제를 일으킬 수 있다는 의심을 받는다. 가정생활에서 부부 사이에 의견 일치가 이루어지지 않을 때마다 국가의 힘에 의지해야 한다는 압박을 지속적으로 받는다면, 그것은 부부가 서로에게 요구하는 책임 전체를 처음부터 마비시켜버릴 것이다.

그렇다면 우리가 평등의 원리를 기계적이 아닌 유기적으로 해석할 경우, 우리는 어떻게 부모의 결정권을 조정할 수 있겠느냐는 물음을 제기할 수 있다. "일반적인 경우" 부부는 서로 상의해서 공동의 합의에 도달한다. 하지만 불일치의 "한계상황"에서는 부부 중 한 사람이 최종 결정권을 가질 수밖에 없다. 앞서 말한 이유에서 부부 이외의 기관, 곧 법원의 간섭을 가능한 한 배제하려면, 그리고 어떻게든 부부에게 법적 결정권을 주려면, 그것은 불가피하다.

반드시 선택해야 하지만 한계상황의 예외적 경우가 발생하는 곳에서도, 신학적 윤리학은 성경에 근거하는 기독교(Christenheit) 전통에 따라 아버지를 최종 결정자로 제안한다. 물론 신약성경은 남성보다 여성이 정신적으로 더 열등하다고 말하지는 않지만(갈 3:28; 엡 5:23; 벧전 3:1), 그럼에

---

48) 위의 책, 같은 곳.

도 신약성경은 이 세상과 관계된 결혼이라는 일과 관련해서 여성이 남성에게 종속되어야 한다는 것을 지지한다.[49] 물론 그 생각은 그 시대에 제약된 판단이고, 그 시대의 사회적 질서 안에서 결정된 것이다. 결혼 자체와 관련된 권한의 근본적인 위계질서는 그 생각과 무관하다. 면밀하게 검토해본다면, 여자가 남자에게 종속된다는 생각은 그 시대에 제약된 여러 사실 중 하나이며, 부부 이외의 영역에서는 거의 의미가 없는 것으로 폐기되고 있다. 부부가 직면하는 불일치 상황에서 남편이 최종적으로 내린 결정에서 생기는 갈등은 어쨌거나 가족 이외의 외부 기관이 개입해서 생기는 갈등보다는 적을 것이다. 가족의 외부든지 내부든지 간에 일방적으로 내려지는 결정이 그 가족의 연합을 깨뜨릴 수 있다는 것은 분명하다. 하지만 우리는 그 두가지 경우에 몇 가지 기회가 있다는 것을 간과하지 말아야 한다. 왜냐하면 이런 한계상황에 부딪혔을 때 가족 자체 내에서 그 문제를 해결해야 한다는 분명한 인식은 부부를 합의에 이르게 하며, 그때 결혼 외부의 기관으로 향하는 길이 항상 열려 있을 때보다는 상황을 극단적으로 몰고 가려는 성향이 줄어들기 때문이다. 그리고 비록 한계상황에 이르러 아버지가 자신의 권한을 가지고 최종 결정을 내릴지라도, 책임을 지는 아버지는 혼인관계 안에 계속 남아 있는 아내를 끊임없이 의식해야 하고, 그 결정 과정에서 배우자의 의사를 고려하게 된다. 이런 결정 과정은 배우자와 함께 지속하는 앞으로의 삶에서 여러 간이역을 포함한다. 부부는 간이역을 지나칠 때마다—결정을 확인하는 과정에서—계속해서 상대방의 동의를 얻거나, 남편이나 아내가 옳았다는 것을 인정하는 결과를 확인하게 될 것이다. 간단히 말해서 부부는 간이역에서 화해할 수 있으며, 어쨌든 화해를 이루는 서로 간의 노력이 의무로 남아 있다.

---

49) Dibelius, 위의 책, p. 13.

이러한 한계상황에 대한 극복은 윤리적 측면과 법적인 측면을 가진다.

첫째, **윤리적** 측면은 남편이 최종 결정을 내릴 때 그가 자신의 권한을 독단적으로 사용할 수 있다고 말하지 않는다. 기독교 윤리학은 과거에 남녀평등의 원칙이라는 것을 멀리서라도 알지 못했던 사회질서에서조차 남편의 그런 독재적 우선권의 사용을 인정하지 않았다. 오히려 남편은 사랑(아가페)으로 아내를 용납하고 이해하라고 가르쳤다.[50] 여기서 변화될 수 있는 것은 오직 다양한 이해의 **형식**일 뿐이다. 여성의 사회적 권리가 결여되고 여성들에게 교육의 권리가 없었던 시대에, 남편은 어떤 사안에 대한 결정을 내릴 때 자신의 권한을 아내와 반드시 공유할 필요는 없었지만, 자신이 결정하려는 것을 설명해서 아내의 이해를 구하고자 노력했다. 그리고 자신이 이미 결정하고 실행한 사실을 단순히 받아들이기만 하면 된다는 식으로 아내를 취급하지 않았다. 바울이 요구한 사랑(아가페)이 바로 그러한 사랑이 아니었겠는가? 바울이 제시한 사랑은 고대 세계에서 여성을 인격적으로 인정하는 두드러진 예외적 사랑이었다.

여성이, 사회가 충분히 성숙한 시대에 태어나고 혼인관계에서 남자와 동일한 권리를 가지게 된 시대에, 여성을 그러한 사랑으로 대하는 것은 훨씬 더 확실한 형태에서 발견된다. 다시 말해 아내는 공동의 의사결정에 **참여하며**, 남편이 최종 결정을 내리는 한계상황에도 참여하고, 아내의 의견도 심각하게 고려된다. 평등권의 원칙은 결코 단순한 법적 원리가 아니라 오히려 변화된 인간적 상황을 법적으로 **표현**한 것이다. 따라서 윤리적 측면에서 볼 때, 그 원칙은 다른 사람—여기서는 아내—의 충분한 권한과 공동 책임을 진지하게 내포하고 있다. 여성이 미성숙했던 시기에 남성의 정당한 권리였던 것(다시 말해 "독자적인 결정"을 내릴 수 있는 아버지의 권한)이

---

50) E. Kähler, 위의 책, 11.

여성의 평등권이 인정되는 시대에서는 인격에 손상을 줄 수 있으며, 공동 책임을 져야 할 양심을 무시하는 것이 될 수 있다. 따라서 평등권의 윤리적 측면에는—결코 법적인 형식에 그치는 것이 아닌—죄책의 윤리적 형식이 관계된다.

둘째, **법적인** 측면에서 그런 한계상황을 극복하는 것이 가능하다. 최종 결정을 내리는 아버지의 권리는 법적으로 규정될 수 있다. 아버지가 자기 아내의 견해를 지속해서 고려하고 "독단적인 결정"을 내리는 독재적인 면을 예방할 수 있도록—부부 사이에 불일치가 있을 때—아버지의 권한을 법적으로 의무화하는 것이 필요하다.[51]

남편이 자신의 최종 결정권을 아내가 받아들일 수 없을 정도로 행사하여 평등권의 원칙을 긴장으로 몰고가지 말아야 한다는 것은 분명하다. 이러한 상황은 아버지가 가장으로서 자신의 권한을 잘못 사용할 때 생겨날 수 있다. 법은 남편이 최악의 상황—실제로 극단적인 예외의 경우—에 이르렀을 경우에 어머니가 자녀를 위해 가정법원에 호소할 수 있도록 법으로 보호해야 한다. 그때는 결혼관계의 위험도 감수해야 한다. 그러한 어려운 상황에서 아버지가 계속해서 문제 해결을 거부할 경우 가정법원은 남편의 입장에서 결정할 것이 아니라, 그 결정에서 어머니를 중요한 상대로 인정하고, 가정문제에 최소한으로 개입하고 그 문제를 중재해야 한다. 이렇게 할 때, 현명하고 적합한 해결이 이루어질 것으로 보인다.[52] 우리 모두가 외부에서 가족 문제에 개입하는 것을 매우 망설임에도 불구하고, 가정법원이 가족의 문제에 개입할 수 있는 최소한의 가능성을 배제할 수는 없다. 하지만 "국가"라는 긴급한 질서보다 "결혼"의 의미가 담고 있는 창조 질서의 우선성이라는 관점에서 우리는 다음에 주목해야만 한

---

51) 이런 의미에서 독일의 법 제정은 다음과 같은 조항을 덧붙였다. §1627, *BGB*.
52) 그것은 다음과 같은 독일 헌법 §1628, 2항을 따른 것이다.

다. 곧 국가의 중재가 천편일률적으로 통용될 수 없고, 아주 특수한 예외의 경우에만 국가가 중재할 수 있다.

이런 예외적인 경우는 다음과 같은 조건들에 근거해서 허용되어야 한다.

1. 예외적인 경우는 직업 활동과 주거지의 문제와 관련해서 자녀를 고려하지 않는 부부에게 허용되어서는 안 된다. 2. 자녀의 생명이 걸린 중요한 문제가 발생했을 때, 부모가 서로 의견의 불일치로 문제를 극복할 수 없고 아버지가 최종 결정을 내릴 수 없는 한계상황에 이르렀을 때, 국가가 가정 문제에 개입할 수 있다. 3. 아버지가 최종 결정을 내리면서 자신의 권리를 명백하고 심각하게 잘못 사용했을 경우에는 예외적인 경우가 허용될 수 있다. 이런 조건들은 결혼이 책임 공동체로 지속해서 유지될 수 있고, 유기적으로 평등의 원칙이 이해되고 인정되도록 하기 위한 확실하고 필연적인 척도를 제공한다.

위의 입장을 수용하면서 우리는 독일 개신교 교회의 결혼법위원회(Eherechtskommission)가 제시한 다음과 같은 입장을 따른다.

위원회는… 자녀문제에 대해 아버지의 결정권을 마치 극단적인 경우 아내의 문제와 관련해서 남편의 결정권을 포기할 수 있는 것처럼 그렇게 포기할 수 **없다**. 부모와 자녀의 관계, 자녀의 복지와 관련된 원칙, 가정 내에서 내려진 바람직한 결정에 대한 요인들은 법으로 제정될 수 있고…이미 법정에서 널리 시험 분석되고 있다.…가정법원의 결정에 일임하는 것은 하나님 앞에서 아버지의 책임을 회피하는 위험한 태도다.…그럼에도 남편의 잘못된 결정을 반대해서 가정법원에 호소하는 권리는 결코 배척될 수 없다.…만일 남편이 부부 사이의 합의에 도달하기 위해서 성실히 노력하지 않고 아내의 의견을 진지하게 고려해야 하는 의무를 끊임없이 소홀히 한다면, 결정권을 가진 남편의 권리가 남용되고 있음이 드러날 것이다.[53]

이런 예외적인 경우의 가능성을 고려해서─단지 이 상황에만 해당되는 것은 분명 아니다─부부는 법원의 결정을 받아들이기 전에 결혼 상담과 자녀 교육 상담 기관의 도움을 받아야 한다. 상담 기관들은 단지 조언하는 역할만 하기에, 부모의 책임과 배우자의 책임을 호소하고 부부가 혼란을 겪는 문제를 명확하게 보여주는 것 이상을 넘어설 수 없다. 하지만 그런 기관들은 적절하게 "부부를 돕는" 역할을 한다. 왜냐하면 상담 기관들은 결혼과 관련한 책임 있는 결정권도 없거니와 결혼에 대한 책임 있는 결정을 외부로부터 부과하지도 않기 때문이다. 모든 개별적 경우에 반드시 일반적으로 적용되어야 하는 특성의 법과는 달리, 상담 기관들은 다양한 부부의 특성을 고려하고, 심지어 매우 어려운 부부의 친밀도 문제까지 고려한다. 따라서 결혼이라는 창조 질서를 지키려는 노력과 함께 국가가 부부의 문제에 가능한 한 개입하지 못하게 하려면, 부부는 결혼상담소나 목회상담소 또는 그와 유사한 기관들에서 먼저 조언을 받은 다음에 법에 호소하도록 하는 법 조항이 있어야만 한다. 이것은 이혼에도 똑같이 적용된다.

3. 미혼 여성

여성의 새로운 지위를 불러 일으킨 인간-사회의 변화는 미혼 여성의 지위도 함께 변화되었음을 보여준다. 우리는 변화된 여성의 지위를 또다시 오직 사회관계의 발전과 관련해서만 설명하면 안 된다. 오히려 그 관계는

---

53) *FR*, 21 이하.

의심할 여지없이 앞서 말한 지위변화의 성립과 관련이 있다. 심지어 그 관계는 앞서 말한 인간론적인 변화, 무엇보다도 인격과 개성의 변화된 가치 설정에 근거한다. 그 가치 설정은 남녀 성별의 차이와 무관하며, 양성에 직접 관련된다.

이러한 근거에서 결혼하지 않은 인간실존에 대한 신학적인 물음을 지나칠 수는 없다. 신학적 물음은 인격적 존재에 대한 규정이 결혼이라는 창조 질서에서만 성립될 수 있는지, 그에 따라 결혼하지 않은 신분이 인간 존재의 결핍된 양태를 의미하는지, 또는 인격적 존재는 결혼하지 않아도 창조 질서와 관련된 인간의 규정을 충족시킬 수 있는지에 대한 물음이다. 우리는 이 물음을 **오늘날의** 인간 실존에 초점을 맞추어, 결혼하지 않은 신분에 대한 성경적 측면을 확대해 드러낼 것이다.

다음과 같은 물음에서 시작해보자. 인간, 결혼, 결혼하지 않은 신분에 대한 성경적 관점에 따른 케리그마적 설명은 결혼하지 않은 신분과 관련된 현대의 사회적·인간학적인 관점을 설명할 수 있을까? 이 질문에 답하기 위해 먼저 설명되어야 할 문제가 있다. 성경의 창조 질서와 구원의 질서에서 결혼은 하나님께서 인간에게 부여하신 목적을 성취하기 위한 필수불가결한 조건인가? 만일 결혼이 그런 필수불가결한 조건이 아니라면—아닌 것이 맞다!—우리는 결혼하지 않은 인간 존재의 가능성에 대한 성경의 긍정적인 제시를, 특별히 우리의 역사적 상황 안에서 출현하는 독신의 형태에 대한 특별한 조명이라고 볼 수 있을까? 아니면 우리는 지금 독신과 관련해서 새로운 신학적 의미를 찾아야 하는가?

추측건대, 마지막에 언급된 질문은 바울이 결혼하지 않은 본질적 이유에서 분명히 설명할 수 있다. 그 이유는 종말이 임박해 부인(과 자녀)에 대한 염려로부터 벗어나서 그것에 매이지 않고 주님을 위해 살려고 한 것에서 찾을 수 있다(고전 7:32 이하; 7:1 이하). 이와는 달리 변화된 세상에서는 결혼을 포기하는 아주 다른 이유, 곧 소위 기독교든지 비기독교든지 공통으로 타당하게 여기는 "세속적" 이유와 현실적인 이유가 있을 수 있다. 그러나 기독교인에게 그러한 이유는 "새로운" 독신의 형태가 창조 질서와 구원의 질서를 통해 규정될 수 있는 조화로운 체계에 편입될 수 있는가 하는 부차적인 물음을 포함한다. 결혼의 이해에서 이미 다루었듯이, "세속성"에 대한 물음은 독신에 대해서도 대단히 유사하게 적용된다.

독신에 대한 언급은 남성에게도 해당하지만, 여기서는 미혼 여성의 경우에만 한정할 것이다. 무엇보다도 역사적인 변화가 그런 방향으로 영향을 많이 끼쳤기 때문이다. 과부의 지위도 이 문제 안에 포함하여 고찰할 것이며, 관련된 질문들을 눈에 띄지 않게 간접적으로 다룰 것이다.

우선 우리는 미혼 여성에 대한 **성경**의 입장과 관련해서는 앞서 제시한 자료로 만족할 수 있다. 이미 우리는 이스라엘은 결혼을 중시한 민족이었으며, 그 때문에 남성과 여성의 수를 헤아릴 때 결혼하지 않은 사람을 포함시키지 않았다는 사실을 알고 있다. 이것은 여러 부인을 거느린 부부관계까지 포함한다. 독신에 대한 바울의 진술은 이미 다루었다. 이러한 성경적 자료에 대해 단지 다음만 보충하면 된다.

성경이 여성에 대해 말할 때, 그것은 앞에서 말한 이유처럼 대개 여성을 아내와 어머니로 고려한다. 물론 구약성경에는 그와 다른 예외가 분명히 있다(그러나 그것은 단지 "예외"일 뿐이다!). 그 예외는 영적인 성격을 가지고 있으며, 바울의 종말론적인 방향도 처음 시작에서는 그 의미를 따른 것이다. 그래서 성경은 모세의 누이이자 여성 예언자인 미리암의 결혼에 관해서는 아무것도 언급하지 않는다(출 15:20; 민 12:12). 사사 드보라(삿 4:4)의 결혼이 언급되긴 하였지만, 그 외에 특별한 내용을 전하거나 역할을 담당하지는 않는다(삿 4장; 5장). 마찬가지로 복음서의 시작 부분에 여성 예언자 안나에 대한 언급이 있다. 그녀는 짧은 결혼 생활 후에—그에 대해 칭찬이 언급되고 있다—경건하게 과부 생활을 한 것으로 제시된다(눅 2:36 이하).

그밖에 복음서에서 예수님이 결혼하지 않은 신분에 관해 이야기하신 중요한 말씀에는 고자($\epsilon\dot{\upsilon}\nu o\dot{\upsilon}\chi\iota\sigma\alpha\nu$)에 대한 언급이 포함되어 있다(마 19:12). 고자라는 단어를 의미 그대로 받아들일지, 아니면 해석을 통해 이해해야 하는지의 문제는—추측될 수 있는 것처럼—윤리적 차원에서 볼 때 중요하지 않다. 고자라는 "암호"(Chiffre)를 통해 성생활과 함께 결혼을 포기하는 세 가지 형태가 언급되기 때문이다—1. 태어날 때부터 그렇게 된 자, 2. 사람에 의해 고자가 된 자, 3. 천국을 위해 스스로 고자가 된 자. 주석을 통해 여기서 정당화하고 있는 것처럼, 고자 개념이 가진 암호의 성격을 받아들인다면, 우리는 결혼하지 않는 길로 인도하는 세 가능성을 연관시킬 수 있다.

1. 결혼에 부적합한 물리적 결함, 또는—현재 실제로 전수되고 확대되는—일반적인 제도적 형식의 결함, 2. 성생활을 막는 외적인 작용들, 나아가 이 노선을 전통에 확장시켜 생각한다면, "외부로부터 온" 다른 것들, 곧 삶의 관습, 사회적 상황과 그와 유사하게 태어날 때부터 운명적으로 성의 발달과 결혼을 방해하는 장치들, 3. 하나님의 부름에 순종하려는 자기결단. 이것은 순결한 헌신을 요구하며, 따라서 거기에는 성관계의 포기가 내포되어 있다(마지막에 언급한 가능성이 바로 바울이 주목하는 것이다. 마찬가지로 예언자의 직분을 위해 예레미야에게 요구된 결혼의 포기도 이러한 방향에서 이해된다. 참조. 렘 16:2).

따라서 성경에서 볼 수 있는 미혼 여성에 대한 언급은 다음과 같이 요약할 수 있다.

첫째, 결혼이라는 창조 질서는 아주 일반적인 척도를 제시하는 수단 중 하나로 이해된다. 인간은 그런 수단 중 자신에게 적합한 것을 선택하며 살아간다. 둘째, 독신은 단지 예외적인 것으로 나타나는데, 두 가지 측면에서 그러하다. 우선 긍정적인 측면에서, 독신은 더 높은 사명을 위해 창조된 삶의 한 부분을 자발적으로 헌신하기로 한 상태다. 다음으로 부정적인 측면에서, 독신은 피조물인 인간에게 본래 속하는 현실적인 것, 곧 성적 존재로서 자녀를 낳는 것을 방해하는 결함이 있는 것이다. 달리 말해, 그것은 태어나면서 또는 획득된 (그것이 자생적이든 유입된 것이든, 관습적인 것이든 시대에 제약된 것이든) 결함을 가진 결여의 상태다.

성경의 이런 내용들로부터 제기되는 윤리적 가치판단에 대한 물음은 다음과 같다. 성경이, 영적인 결단에 의한 것이 아닌 경우도 포함하여, 결혼하지 않은 신분을 언급할 때, 우리는 그것을 인간 존재에 무엇인가 결여된 상태가 아닌 다른 방법으로, 곧 긍정적으로 독신을 이해할 방법은 없을까? 앞에서 표현했듯이 "결혼을 중시한 민족"은, 그리고 결혼과 가족 이외에 사회적으로 여성을 어떤 완성된 인격체로서 볼 수 없었던 시대에 살았던 사람들은 이런 물음을 전혀 고려하지 않았다. 여기서 영적인 결단이라는 하나의 예외는 인정되지만, 그것조차도 다른 모든 가능성과 함께 부정적인 것으로 여겨졌다. 그러므로 그러한 영적 결단은 시대적·상황적인 조건에 따른 것임이 통찰될 수 있다. 따라서 우리는 새로운 시대적 상황에서 독신에 대해 새롭게 묻고, 창조 질서와 구원 질서의 기준과 현대적·세속적인 독신의 형태를 관련시켜야 한다.

신학을 향해 제기되는 원칙적·인간학적 물음은 제외하더라도, 교회는 결혼하지 않은 사람들에게 그 물음과 함께 목회상담을 해야한다. 이런 목회상담에서 다음이 당연히 중요하다. 그것은 독신자들에게 단지 결혼하지 않은 그들의 신분이 부정적인 걸림돌이라고 말할 것인지, 아니면 독신은 인간적 현존재에 운명적으로 위탁된 긍정적인 것이라고 선포할 것인지의 문제다.

다시 이 문제는 앞서 살펴보았던 결혼의 이해에서 발생했던 문제들과 유사하다. 우리는 앞에서 말했던 것을 기억할 필요가 있다. 곧 개인적 에로스의 유래와 현세적 삶을 긍정하는 것은 결혼을 (세속주의적 왜곡은 예외로 하면서) 긍정적인 삶의 충족으로 새롭게 이해하게 했으며, 나아가 결혼을 단순히 리비도를 배설하는 은총으로 이해하지 못하도록 했다. 또한 여기서도 그러한 새로운 "긍정"을 신학적으로 해석하고, 창조 질서 및 구원의 질서와 관련하여 새롭게 질문해야 했다.

미혼 여성의 문제가 긴급하게 제기되는 **역사적 과정**은 평등권의 원리가 출현하는 과정과 동일하다. 그 때문에 우리는 앞 장에서 다루었고 평가했던 자료들에 주목해야 한다. 그러나 다음이 보충될 필요가 있다.

1. 우리 세대에 "흔한" 여성 초과 현상은 전쟁으로 남성들이 죽으면서 거의 3배수까지 치솟았다(독일에서는 약 2백만 명이 증가했다).[54] 그에 따른 독신자의 증가는 역사적 운명과 같은 것이다.

2. 변화하는 사회와 경제 구조는 여성의 직업적 참여를 요구한다. 한편으로 이러한 상황은 일자리를 충족시킬 만한 남성의 수가 부족해서 발생한 것이다. 다른 한편으로 어떤 직업은 특별히 여성적인 정신적 체질을 요구한다. 사회적인 직업과 병원의 일, 특정 수공업, 비서직, 가족 중심의 경제적 봉사, 실험실 업무, 나아가 의사나 교사 같은 학술적인 일은 여성을 필요로 했다. 이런 직업들은 부분적으로 결혼과 관계없이 종사할 수 있는 것들이다.

그 외에도 한 번 종사하기 시작하면 이후에 계속될 수 있는 직업들도 있다. 그래서 직장 여성들은 더 이상 결혼에 연연하지 않을 수 있게 되었다. 어떤 직장의 일은 성향과 소질에서 "완전한 남성성"뿐만이 아니라 "완전한 여성성"을 요구하며, 따라서 여성을 통해 충분히 해결되는 일일 수도 있다.

그러한 직업에는 본래 남성의 전유물이었고, 특별한 경우 여성의 것이 아니었던 직업(법조계, 기계 분야나 경영 분야의 직업)도 해당할 수 있다. 그러나 어려움에 처한 사람을 간호하는 일, 교육하는 일, 그리고 가정에 적합하고, 특

---

54) A. Scherer, 위의 책, p. 49 이하.

히 여성의 조건에 부합하는 과제를 수행하는 직업들이 여성에게 먼저 돌아갔다.

이 모든 경우에 여성들이 처음부터 아예 결혼하지 않겠다고 결정하는 일은 드물다. 나아가 직업의 친화력은 결혼에 대한 단념이 아니라, 긍정적 결단으로 이해되어야 한다. 그러므로 누군가 젊은 여성의 그러한 취업 준비를 단순히 사회의 구조적인 변화를 통해서만 설명하고, 이전처럼 여성이 선호했던 직업에만 한정해서 여성의 취업을 살펴보며 그러한 준비를 단지 상황이나 외적 조건에서 유발되었다고 이해한다면, 그것은 아주 잘못된 것이다(우리는 이미 수차례 이러한 잘못된 진단에 대해 경고한 바 있다). 분명 사회 구조적인 동기도 부정할 수는 없다. 그러나 여성의 입장에서, 그것은 변화된 여성의 자기이해에 근거한 것이며, 그리고 우리가 분석한 것처럼 여성의 취업은 인간론적인 변화와 관련된 고유한 경향에 따른 것이다.

평등권의 원칙에서 최종적으로 표현되는 여성의 자기이해는 직업 활동을 통해 상대적인 독립을 얻어 결혼하지 않는 방향으로 나아가는, 다음과 같은 두 가지 형태로 나타난다.

첫 번째 형태는 여성이 남성과의 관계에서 자신을 독립적인 사람으로 이해할 때 나타난다. 그 관계는 가정과 부모의 역할에서 뿐만 아니라, 다른 삶의 영역, 특히 전문 직업에서 드러난다.

여성이 자신을 남성과 평등한 상대로 이해하는 것은 원리적으로 남성과 분리될 수 없는 관계라는 측면에서 이루어져야 하고, 부분적인 영역에 제한되어서는 안 된다. 그때 여성과 남성의 평등에 대한 헌법 및 법 제정이 뒤따라오게 된다. 따라서 여성이 직업을 가지는 경향은 결코 피할 수 없으며, 직업에 대한 "요구"는 사회가 주는 "혜택"과는 완전히 다른 것을 의미한다. 나아가 그것은 어떤 한편이 다른 한편에게 일방적으로 환원될 수 없음을 의미한다.

여성의 동등함에 대한 주장은 **처음에는 직업의 세계에서** 공격적으로 등장했고, 여성의 대학교육의 요구와 함께 진행되었다. 그것은 낭만주의 시대부터 준비되었고, 위대한 여성이 중요한 사례로 제시되면서 진행되었다.[55] 동시에 이것과는 독립적이지만, 어떻든 인간학적인 공통 뿌리에 근거하면서 노동자와 농민계급의 운동 안에서 프롤레타리아적 여성운동이 수행되었다.[56]

가족 이외의 영역에서 여성의 새로운 자기이해를 정당화하려는 첫 번째 시도는, 남성처럼 거드름 피우는 행동 때문에 결혼 생활이 어렵다고 보였던 1세대 여성재판관들을 대표적 사례로 삼아 간혹 부정적으로 평가되었는데, 그것은 제대로 된 평가라 할 수 없었다. 독일의 여성주의 운동가 헬레네 랑게(Helene Lange, 1848-1930)[57]와 게르트루트 보이머(Gertrud Bäumer, 1873-1954)[58] 같은 여성들은 이런 희화적 평가와는 완전히 달랐을 뿐만 아니라, 아주 분명하게 남녀의 기계적인 동등함, 그리고 그와 관련된 여성의 남성화에 대해 경고했다.[59]

평등을 위한 투쟁의 목소리가 무엇보다 직업의 세계에서 일어났다는 것은 오히려 전략적인 배경을 가진다. 자신의 목소리를 공적으로 낼 수 있는 위치에 있는 신뢰받는 여성 대표자만이 새로운 자기이해를 제시하고 관철할 수 있는 위치에 있었기 때문이다. 가정주부들은 그럴 만한 위치에 있질 못했다. 이제 우리는 본다. 여성이 직접 활동을 하면서, 결혼하지 않을 수 있는 첫 번째 형태는 남성을 동등한 상대로 아는 의식의 성숙함이 모든 삶의 영역에서

---

55) Caroline v. Humboldt, Caroline Schlegel, Rahel Varnhagen 등. 우리에게 잘 알려진 Schleiermacher가 작성한 「여성을 위한 교리문답서」(Katechismus für Frauen)는 여성에 대한 열 번째 계명을 다음과 같이 말하고 있다. "남성의 교육, 예술, 지혜 그리고 존경을 갈망하라!

56) Lily Braun, 『한 여성사회주의자의 기억』(Memoiren einer Sozilistin, 전2권, 1909/11).
57) Helene Lange, 『삶의 추억』(Lebenserinnerungen, 1924).
58) Gertrud Bäume, 『전환기의 삶』(Lebensweg durch eine Zeitwende, 1934).
59) H. Lange는 자신의 어떤 저술에서 "남녀 사이의 지적인 경계선"을 분명하게 언급하고 있다. Scherer, Sp. 190.

제3장 남녀관계의 이해에 관한 인간학적 변천 **291**

관철될 때 주어지는 것을 말이다.[60]

두 번째 형태는 여성의 새로운 자기이해가 "단지 남성을 기다리는 것", 그리고 여성과 어머니로서의 어떤 직업을 대기실에서 준비하는 것을 참지 못해서 생겨난다. 오늘날 젊은 여성들은 그러한 상태에 대해 억울한 감정을 느낀다. 그러한 감정은 남성의 직업을 가지게 된 것이 우연이었다든가 또는 계획하고 노력해서 얻는 결과라는 설명에 의해 해소되지 않는다. 그때 여성은 어떤 상태에 수동적으로 남아 있을 수밖에 없고 자기 책임을 가지고 삶을 개척한다는 만족을 느낄 수 없기 때문이다. 단지 그것만이 아니다. 그보다 더 중요한 두 가지 요인이 있다.

첫째, "(카드 경기에서) 카드 한 장에 모든 것을 걸어야 하는" 방식은 삶의 여정마다―젊은 시기에도―지속적으로 느끼는 불안과 그것을 해결하기 위한 안정성의 요구에 강하게 배치된다.

둘째, 직업은 없지만, 배우지 못한 여성노동자의 수준보다 조건이 좋고 태생과 소질에서 좋은 조건을 가진 미혼 여성이 우리 사회에서 특권의 희생을 강요당하면서 더 어려운 상황에 처해 있으며 자신의 권리를 제대로 발휘하지 못하고 있다. 결국, 미혼 여성은―적어도 당시의 시대적인 상황에 따라―미성숙한 시대의 여성과 비슷한 처지에 놓인다. 적어도 예전에는 나름대로 미혼 여성들에 대한 존경과 사랑이 있었지만, 이제 그런 것은 다 사라져 버렸고, 심지어 오늘날 미혼 여성은 동정의 대상이 되었다. 여성을 독립적인 상대로 여기고 그에 따라 동등한 역할을 기대하는 시대에, 미혼을 결함이 있는 것으로 평가하는 주변의 시선 때문에 미혼 여성은 여론 사회에서 이편에도 저편에도 속하지 못하고, 결혼에서도 직업에서도 여성적 실존이 마땅히 누려야 할 임

---

60) 이러한 과정을 통찰하기 위해서는 여성운동가가 중요하다. 참조, H. Lange, G. Bäumer(편집), 『여성운동 편람』(*Handb. d. Frauenbewegung*, 1901-06), Renate Ludwig, *RGG*, 2판, II, p. 1077 이하.

금을 받지 못하고 있다.

상황은 근대 이전의 시대보다 더 심각하다. 예전에는 미혼 여성은 예외적이고 부득이한 상황으로 이해되었고, 다른 **모든** 여성도 미혼 여성을 위로했다. 예전에 "결혼하지 않은 아줌마"(unverheirateten Tante)의 신분은—특히 신앙과 관련해서—봉사하는 직분으로 어느 정도 삶의 만족을 얻을 수 있었다. 그러한 신분은 당시의 시대적 가치척도에서 삶의 위기로 여겨지지 않았으며, 단지 **피해야 할** 부정적인 측면으로 제시되었다. 따라서 결혼하려는 여성이나, 결혼을 가능성으로 두고 어쨌든 결정적으로 결혼을 부정하지는 않는 여성들은 (그들의 지위나 자기의식으로 인해 배우지 못한 여성 노동자의 직업을 원하지 않는 한) 직업교육을 받으려고 노력한다.

따라서 남성과 동등한 상대로서 자신을 이해하는 여성은 두 가지 측면을 추구한다. 첫째, 직업과 직업에 바치는 진정한 **열정**을 통해 남성과의 동등한 관계를 추구한다. 둘째, 직업교육과 직업을 통해 "안정"을 추구한다. 다시 말해 그 안정이란 직업에 열정적으로 종사하면서 나오는 것이 아니라 단지 미혼 여성, 곧 "혼자된 이모" 또는 "노처녀"란 결함을 벗어난 상태를 의미한다.

중요한 것은 일반화된 우리 시대의 가치 척도 안에도 사실상 독신을 단지 부정적인 상태(일반적으로 인정되는 가치의식 안에서 어떤 등가물도 주어지지 않는 상태)로만 보는 견해가 있다는 것이다. 부정적인 입장(객관적으로 이런 입장은 옳지 않지만)은 미혼 여성의 삶의 성취를 어쨌든 **긍정적이고**, 나아가 아주 타당한 (하나의 단순한 차선의 선택이 아닌) 가능성으로 이해하는 것과 대립되는 일반적인 인식의 경향이다.

우리는 여성의 실존적 삶의 성취를 위한 역사적 과정에 대한 분석과, 그 과정에서 발생한 가치 기준을 신학적인 물음과 직접 연결했다. 우리가 제기한 물음은 미혼 신분이 앞서 설명한 **세상적인** 의미에서(단지 영적인 결단의 목적이 아닐지라도) 결혼의 창조 질서에 맞는 긍정적이고 타당한 삶의 성취일 수 있는가다.

결혼할 의지는 있지만 결혼하지 못한 여성이 독신을 하나님 앞에서 어떻게 이해해야 하는가의 문제는 신학적으로 결정적인 질문은 아니다. 이 물음(그것이 여성 인구 과잉이라는 통계적 사태에 의한 것이든지 또는 개인적 삶의 운명에 의한 것이든지 관계없이)은 비교적 쉽게 대답될 수 있으며, 또한 이전에 다루었던 윤리적·신앙적 상담과 관련해서 생각해본 문제에 속한다.[61] 오히려 여기서 문제되는 것은 고난이라는 특수한 경우인데, 이것은 견디라고 명령된 것이지만 그 위에는 약속이 주어져있다. 그 약속은 하나님께서 모든 인간적 현존재의 운명 속에 축복을 감추어두시고, 보상을 준비하시며, 과제를 주시고, 그것을 성취하게 인도하시며, 믿는 자에게 "그분의 최고로 좋은 것"을 예비하셨다는 것을 뜻한다(롬 8:28). 고통으로서 경험되는 독신에 대한 약속은 다음과 같은 점에서 특별하다. 성경은 자연적인 삶의 은사를 절대화하는 것을 경고하며, 나아가 하나님께서는 믿는 자들에게 아주 다른 가능성도 열어놓고 계심을 알려준다.

이사야 54:1 이하에서 이스라엘은 수많은 후손을 가져야 함에도 결혼하지 않고, 과부로 머물러 있으며, 잉태하지 못하는 여인과 비교되고 있다. 마찬가지로 예수님은 자신을 따라왔던 각 사람에게 그들이 버렸거나 원래 자연적으로 소유했던 것보다 더 많은 친구와 친척 그리고 형제를 더 풍성히 선물로 받을 새로운 가능성에 대해 말씀하셨다(막 10:29 이하).

---

61) 유감스럽게도 오늘날에도 여러 측면에서 이 물음이 기독교 윤리학에서 유일한 물음으로 남아 있다. 예를 들어, Schlatter, 『기독교 윤리』(*Christl. Eth.*, 3. Aufl., 1929), p. 402.

영적으로 독신을 결정한 사람에게 주어진 약속은, 독신을 하나님의 특별하신 섭리에 의해 정해진 신분으로 이해하고 영적으로 긍정하는 경우에는, 자발적으로 결혼하지 않은 자에게도 적용된다. 그때 예외적인 신분과 거기에 담긴 긍정적인 의미는 독신을 헌신으로 여기는 영적인 결단과 같은 것이기 때문이다. 그 헌신은 처음부터 그런 의도를 가져야 한다고 반드시 전제하지는 않는다. 숙명적이거나 원하지 않은 상태가 나중에 긍정되고, 고유한 성취의 내용을 가지게 될 때, 그것은 적법한 의미에서 헌신이 될 수 있다.[62] 그점에서 믿음 안에서 견디어지고 사명이 된 강제적 독신은 신학적으로 "영적인 결단"에 속한다. 성경은 그것에 대해 분명히 말하고 있다.

이에 반해 어떤 사람은 세상적이고 현실적인 이유, 예를 들어 직업적인 이유로 독신을 추구할 수 있지만, 그렇게 독신의 삶을 사는 것이 신학적인 의미에 맞는 긍정적인 삶을 충족하는 것인지에 대한 물음은 전적으로 다른 의미를 가진다. 이때 독신이 영적인 결단에 의해 앞서 의도된 것인지 아니면 직업적인 삶 속에서 발견한 어떤 의미를 위한 것인지의 문제는 하위 질서에 놓인 역할만을 담당한다. 그 결과 그 사람의 직업을 향한 결단에 따르는 부차적 작용만 발생하게 된다.

결혼으로 부르심을 받는 것 또는 다른 삶의 질서로 부르심을 받는 것이 선택의―그것도 정당한―가능성의 대상으로 여기고, 그 둘을 일종의 경쟁적 관계로 보는 것을 우선적으로 반대하는 입장은 결혼이 창조 질서로서 인간을 위한 보편적인 질서이며, 그 질서에 대해 다른 모든 질서는

---

62) 이러한 희생의 형태가 가지는 어려움은 헌신하는 자가―이솝 우화에 나오는 여우와 신포도의 이야기처럼―자신의 어려움에서 벗어나기 위해 덕을 행하는 것인지, 아닌지에 대해 철저한 자기 비판적인 물음을 지속해서 제기해야 하는 데 있다. 즉 우리는 이러한 신분에 대해 가해지는 비난과 조롱을 알고 있다. 사실 그것들은 "헌신하는 자"가 자기비판을 하지 않고, 도덕적인 안정과 자기만족을 위해 그런 신분을 이용할 때 나오는 소리다.

이차적인 성격을 가진다는 생각에서 나온다.[63] 그렇다면 "결혼"이라는 창조 질서의 보편적 특징은 **의무**인가?

이 물음에 대답하기 위해서는 네 가지 예외적인 가능성을 인식하는 것이 중요하다. 이 예외적인 가능성에서 창조 질서(나아가 일반적 질서들)의 상대화가 일어날 수 있으며, **정당한** 예외로서 그러한 질서들의 절대적·의무적 성격을 의문스럽게 만들 수 있다.

1. **종말론적** 상대화: 앞서 말한 대로, 사람들은 "하나님 나라"를 위해 독신을 선택한다. 복음서와 바울의 저서에서 볼 수 있듯이, 그리스도인은 영적인 결단을 내려서, 스스로 예외적 존재가 될 수 있다.

2. **경험적** 상대화: 통상적으로 "여성 인구의 과잉"이 남녀 성비율의 균형을 깨뜨려서 남성과 여성의 수적 차이가 발생할 때 일부일처제를 당연한 것으로 생각하는 것은 결혼에 장애를 가져온다. 그리고 여기에는 개인이 상황적(병 같은 요인들) 경험과 법적 조건의 경험으로 결혼을 하지 않는 경우도 포함된다.

3. **존재론적** 상대화: 역사의 현실적 구조는 서로 다른 개별 질서 사이에서 지속적인 갈등을 보여준다. 그 갈등은 더는 성스럽지 않은 세상의 징후들이며, 그래서 신학적인 해석이 요구된다.[64] 예를 들어, 직업의 질서는 항상 상부에서 부여하는 의무와의 충돌 속에 등장한다. 국가의 질서는 많은 역사적인 상황에서(예를 들어 정치적 전체주의에서) 다른 삶의 영역들, 다시 말해 친권 또는 직업 질서의 의무들과 충돌을 빚는다.[65] 이러한 당혹스러운 긴장의 무수한 사례들은 항상 문학을 통해 묘사되었으며, 비극의

---

63) *ThE* I, §1852 이하, §2144 이하, *ThE* II, 2. Reg., "창조 질서."

64) 우리는 그 갈등을 "타협"과 "한계상황"에 관한 분석을 통해 상세하게 다루었다(*ThE* II, 1 §147 이하, §688 이하).

65) *ThE* II, 2 §503 이하, §2302 이하, §2414 이하, §2450 이하, §3763 이하.

끊임없는 소재가 되었다. 우리의 맥락에서 그 갈등 상황을 세속적 존재의 존재론적 특징으로 규정하는 것은 중요하다. 왜냐하면 질서들의 교차적·경쟁적 관계 속에서 지속적인 상대화가 명확하게 드러나기 때문이다. 질서가 더 이상 자명하고 절대적이며 논란의 여지가 없는 것으로 여겨지지 않는 것은 타락 이후의 세상의 특징이다.

4. **신학적** 상대화: 다양한 국면으로 제시되는 질서들의 현상학은 각각 신학적 배경을 가지고 있다. ("결혼"의 창조 질서를 포함해서) 질서들이 절대적인 것으로 여겨지지 않는다는 사실은 종말론적 상대화의 관점에서 이미 제시되었을 뿐만 아니라, 또한 질서 자체의 신학적 근거에서도 나타난다.[66]

질서들은 성경적으로 볼 때 불변적인 자연의 상수처럼 자기 목적적으로 등장하지 않으며, 오히려 하나님의 구원 계획을 위한 "수단"이다. 질서들은 물리적인 것의 존재적 전제이며, 동시에 역사의 지속을 위한 조건이다. 그렇지 않을 경우 역사는 타락 사건에서 돌출된 인간의 자기애를 통해 혼돈에 빠졌을 것이다. 질서들은 하나님의 은혜로우신 보존 의지 때문에 제도적으로 현실화된다. 질서들은 위험에 처한 세상을 그대로 두어 자멸하도록 내버려두지 않으시려는 하나님의 징표, 곧 무지개 아래 놓여 있다(창 8:21 이하; 9:1 이하).

그러나 그렇게 제기되는 "역사"에 관한 주제에서 우리는 역사 자체의 지속성을 주장하지 않는다. 역사는 부르심의 공간이며, 구원의 때와 기회이기 때문에 지속된다. 그 점에서 하나님 자신이 역사의 주제(Thema)이시다. 따라서 역사의 물리적 진행을 위한 존재적 조건인 질서들은 바로 이 주제의 맥락에 참여한다. 다시 말해 질서들은 단순한 "수단"으로서 "목적"에 의해 통제되고 있으며, 목적에 따라 상대화된다.

---

66) *ThE* I, §1825 이하.

여기에는 다음과 같은 사상이 신학적 배경을 이룬다. 곧 하나님께서는 인간을 부르시기 위해 자연적 (질서의) 조건을 **벗어나는** 가능성도 가지고 계신다. 예를 들어 그분은 결혼 질서에 기초해서 인간을 부르시는 것이 아니라, 그런 기초를 벗어나 바로 "영적 결단"으로 결혼을 포기할 것을 요구하시고, 이것을 부르심의 내용에 포함할 가능성도 가지고 계신다. 하나님의 나라에 봉사하라는 부르심, 곧 근본적인 의미에서 이웃에게 봉사하는 존재가 되라는 부르심은 "정상적인" 상태의 존재 조건을 뛰어넘고 그것을 파열시키는 것이다. 왜냐하면 그 존재의 조건들이란 단지 "조건"에 불과하며, 하나님 자신은 보존을 위한 조건적 수단에 매이지 않으시기 때문이며, 그분은 질서의 주인이시기 때문이다.

이와 관련해서 하나님의 질서 의지를 받아들이지 않는, 그 질서에 대한 허용될 수 없는 불신에는 기본적으로 두 가지가 있다.

첫째, 불신은 그 질서를 **우상화**하는 것이다. 우리의 주제와 관련해서, 결혼이나 에로스에 대한 생물학적 우상화가 그것이다. 자기 목적적으로 우상화된 질서는 구원의 수단으로서 자신을 헌신하는 사람의 투명한 마음을 설명할 수 없다. 그런 우상화된 질서는 표면적인 것에만 마음을 **빼앗기며**, 단지 인간의 자기애만 확인할 뿐이다.

두 번째 불신의 형태는 질서를 **혐오**하는 것이다. 그것은 영적인 견지에서 볼 때 "열광주의"(Schwärmerei)라고 불릴 수 있다. 이것은 인간이 하나님 나라를 부당하게 탈취하여, 모든 질서와 지배권 그리고 공권력—결혼을 포함하여(마 22:30)—이 가진 종말론적인 지양을 이미 이 세대 안에서 수행하려는 경우에 발생한다.[67] 그러나 이런 질서의 혐오는 어떻게든 자기 주장을 관철시

---

67) 고전 15:24. 열광주의자에 대해서는 *ThE* II, 2, §3511 이하를 보라.

키려는 어떤 질서가 힘을 잃어버릴 경우에 대단히 세속적으로 나타날 수 있다. 질서에 대한 그러한 혐오는 실존주의의 영역에서 나타날 수 있다. 이때 질서는 단지―사르트르의 경우처럼[68]―자기 존재의 전개를 방해하는 이질적인 것으로 이해된다. 또한 그러한 혐오는 여성의 권리에 대한 논의에서도 나타날 수 있다. 이때 평등권의 과도한 확대는 여성이 자기를 부정하고 남성처럼 보이려는 왜곡으로 이어지기도 한다.

질서의 우상화와 혐오는 앞에서 말한 상대화와는 원칙적으로 다르다. 여기서는 상대화가 누구의 **이름**으로 이루어지는가가 중요하다. 상대화는 인간의 이름으로 이루어지는 것이 아니다. 인간은 주어진 질서를 따르는 자다. 오히려 상대화는 그 질서를 부여하신 하나님의 이름으로 이루어진다. 다시 말해 하나님께서 규정하신 인과율의 질서들, 곧 인간의 물리적 실존 가능성을 그의 때(카이로스)의 공간으로 확정하시는 질서들은 모든 질서의 유효한 적용 영역에 대한 기준이 된다. 하나님의 부르심의 자유에는 어떤 한계도 없다. 인간의 자유는 하나님의 그러한 자유를 따를 뿐이다. 인간의 자유는 그 부르심에 응답하고 뒤따르는 것이며, **이러한** 근거에서만 질서를 상대화할 수 있다.

여기서 질서에 대한 (열광주의적인) 혐오는 위의 질서 안에서는 근본적으로 생길 수가 없다. 왜냐하면 주님의 이름으로 그 부르심을 따르는 자는 명령을 수행하는 자이며, 그가 비록 특별한 의미에서 주님에 의해 질서의 명령으로부터 면제되었다고 하더라도, 하나님의 은혜로운 명령, 곧 질서를 지키라는 명령을 무시해서는 안 되기 때문이다. 그 면제는 예외적인 것이지, 규칙을 혐오하라는 것은 아니다.

앞서 살펴본 질서를 상대화하는 네 가지 가능한 형태는 이제 다시 새

---

68) *ThE* I, §1972 이하를 참조하라.

로운 물음을 제기한다. 그 물음들은 (꼭 여성에게만 국한되는 것은 아니지만, 특히 여성이) 직업 때문에 독신을 선택할 수 있는지, 그리고 창조 질서인 "결혼"을 의도적으로 지나치는 것은 단지 인간 실존이 결여된 상황인지 아니면 자기실현을 위한 독자적이고 적극적인 방식인지, 나아가 정당한 목적이 될 수 있는지에 관한 것이다. 이런 물음들은 두 가지 부분적인 고찰을 통해 대답될 수 있다.

첫째, 하나님 나라의 이름으로 독신을 선택한—신학적으로도 문제가 되지 않는—"영적 결단"과 직업 때문에 독신을 선택한 "세속적" 결정이 구별될 수 있느냐는 물음이 제기된다. 이 두 가지를 구별할 때, 세속적인 것과 영적인 것을 뚜렷히 나눈다는 것은 대단히 의문스럽고 주저되는 일이 아닌가? 어떤 공간을 나누는 것처럼, 그 둘을 구별된 공간으로 나눌 수는 없지 않은가? 예를 들어, 한편으로 그런 시도는 "세속적인 것"(weltlich)과 "속된 것"(profan)을 동일시하고, 다른 한편으로는 "영적인 것"(geistlich)과 "성스러운 것"(sakral)을 동일시하지 않는가? 본회퍼의 짧은 생애에서 우리는 기독교적 순종에 대한 "세속적" 이해, 분명히 말해서 기독교적 선포의 "세속적" 해석과 형식을 이미 배우지 않았는가? 루터는 부르심에 대한 이해[69]와 관련해서 하나님을 위한 기독교인의 헌신을 세속적 상황 안으로 옮겨놓지 않았는가? 세속적인 직업도 부르심의 장소로 이해된다. 그리고 그것은 질서에 속하는 것일 뿐만 아니라, 질서를 주관하는 **주님**과의 직접적인 관계를 포함하는 가치를 지닌 것으로 이해된다. 지속적이며 잘 알려진 질서(결혼과 같은 질서)에서 벗어나는 임무로 부르심을 받는 것은 원칙적으로 가능하며, 기독교적 자유에 속한다.

여기서 질서의 상대화는 정당한 결과로 인정된다. 곧 질서 **안으로** 부

---

69) Holl, *Ges. Aufsätze*, III (1928), 189, Wingren, *Luthers Lehre v. Beruf* (1952)를 참조하라.

름받은 것과 마찬가지로 질서 **밖으로** 부름받은 것은 두 경우 모두 부르시는 **동일하신** 분의 지시로 이해되어야 한다.

스스로 부르심을 깨닫는 형식은 어떤 초자연적인 인식, 예를 들어 부르심의 체험 같은 것을 거의 전제하지 않는다. 오히려 그 형식은 이곳 저곳에서 자신의 최고의 수행 능력을 활용하여 재능을 펼치고, 의미 있는 봉사의 길을 찾아 하나님 앞에서 책임적 사명을 떠맡는 것에서 가장 분명하게 확인될 수 있다.

이 책임은 "예외"의 권리를 비판적으로 검증하는 것까지 포함한다. 거기서 질서의 "규칙"(지금은 결혼)은 무조건적인 혐오의 대상이 되지 않는다. 이렇게 하나님 앞에서 이루어지는 자기검증이 긍정적인 결과에 이른다면, 이때 선택한 독신은 결여된 양식의 의미로 이해될 수 없으며, 오히려 삶의 과제를 "부르심"의 의미에서 긍정적으로 이해하기 위한 수단이 된다. 따라서 세속적인 직업의 목적은 우리가 하나님의 나라를 위한 "영적 결단"이라고 언급한 목적과 근본적으로 동일한 차원에 놓이게 된다.

그와 같은 결단의 상황에 있지 않고, 질서를 주관하는 주님의 이름으로 질서의 상대화를 수행할 수 없는 기독교인에게도 이것은 근본적으로 다르지 않다. 그 역시 이미 인간적인 책임을 준비하고 있으며, 결혼에 상응하는 가치를 가진 윤리적 가치 기준의 층을 가지고 있기 때문이다. 또한 그는 책임져야 할 선택의 과제 앞에 서 있으며, 그에 따라 질서를 우상화할 것인지 아니면 혐오할 것인지, 그리고 이기적인 태도를 가질 것인지 아니면 이타적 태도를 가질 것인지, 나아가 내키는 대로 할 것인지 아니면 책임 있는 태도로 할 것인지에 대한 가능성에 노출되어 있다. 그 사람이 책임을 지고 선택한 것─여기서는 결혼이나 직업─은 어떤 경우든 하나의 지위가 된다. 기독교적 선포는 그 지위를 부르심에 가능한 장소로서, 그리고 부르시는 자의 손으로부터 그에게 위임되는, 곧 그에게 요청되는 하나의 공적 임무라고 말할 수 있다.

둘째, "유기적"으로 이해된 남녀평등이 성경적 인간론의 노선에 서 있다면(우리는 그렇기 때문에 이 인간론이 케리그마로서 구속력을 가지며 시대적·역사적으로 상대화될 수 없다는 것을 제시하려고 했다), 직업상의 과제도 풍성하게 주어질 수 있다. 여기에는 그 과제를 남성에게 특권으로서 먼저 부여할 수 있는 신학적 근거가 없기 때문이다.

앞서 언급한 근본적인 결단은 제외하고, 그 외에 등장하는 모든 이의 제기는 실천적인 영역에서 발생한다. 곧 다양한 직업 중에서 어떤 것이 여성에게 "적합한가" 하는 물음이 그것이다. 남성의 직업생활은 분명히 결혼과 충돌하지 않는 반면, 가정과 직업에서 요구되는 여성의 이중적인 위치는 실천적인 면에서 훨씬 어려운 상황에 있다. 그러나 이러한 상황에서도 결혼하길 원하는 여성에게는 직업을 가진 여성으로서, 또는 부업 활동을 하는 어머니로서 다음과 같은 자기 비판적인 숙고가 필요하다.

근본적으로 여성에게는 삶을 성취하는 직업적 가능성이 주어져 있다. 나아가 원치 않는 독신의 신분에서 분명히 벗어날 수 있을 뿐만 아니라, 또한 삶의 긍정적 사명을 성취하는 대가로 독신을 선택할 수도 있다.

직업에 대한 신학적 또는 철학적 논의에서 성별의 차이는 기본적으로 어떤 역할도 하지 않는다. 분명한 것은 우리가 직업의 논의에서 일반적으로 (주부, 어머니, 간호사와 같은 공공연히 여성적인 직업을 제외하고) 남성의 주도적인 상을 염두에 두고 있다는 사실이다. 그러나 "남성과 직업"에 대한 주제는 보통 특별한 물음을 제외하고는 별 의미가 없다. 그런데도 여성과 직업이라는 주제가 의미 있게 여겨지는 것은 앞서 설명했던 이유와 관련된다. 곧 여성에게 직업과 결혼의 통합이 남성보다 훨씬 더 문제가 되기 때문이다. 분명한 것은 이러한 문제에 대한 심각성이 적게 느껴질수록, 그러한 결함과 함께 등장하는 세월의 평준화는 우리에게 그만큼 더 우려스럽게 보인다.[70]

창조 질서인 "결혼"은 인간이 임의로 선택할 수도, 하지 않을 수도 있는 동등한 명분을 가진 많은 가능성들 중의 하나가 아니다. 특히 여성의 직업에 대한 문제는 결혼의 가능성과 불가능성에 대한 편견이나, 결혼과 직업 사이에서 흔들리는 사람들의 선호도에 의해 해결될 문제가 아니다. 그러나 결혼은 계속해서 그러한 결정들에 대해 기준으로 작용했고, 다른 삶의 가능성과 쉽게 병립 가능한 것으로 여겨지지 않았으며, 그러한 것들과의 경쟁 대상이 아니었다.

그러한 결정의 물음이 은밀히 제기되었든 아니면 개방적으로 제기되었든지 간에, 아주 드문 경우에만 창조 질서와 결혼의 존경받아야 하는 가치의 질문이 공개적으로 제기되었고, 그것에 대한 숙고를 통한 윤리적 또는 신학적 증명이 감지되었다. 일반적으로 미혼 여성의 결혼에는 결혼에 대한 시각이 현실적 기준으로 작용한다. 젊은 여성들의 "여성의 고유한 직업"(결혼도 마찬가지다)에 대한 성향은 그러하지만, 결혼을 직업에 상응하는 기회로 열어놓으려는 본능도 여전히 남아 있다. 하지만 이런 생각은 결혼을 다른 가능성 중 하나의 가능성으로 평가절하하지 않기 위해 먼저 "결혼"을 창조 질서로 설명하려고 노력하지 않는다. 윤리적으로 강조된 물음은 한계상황에서만 제시된다. 그러나 그 한계를 극복하기 위해서는 반성이 필요하다.

마지막으로 결혼을 창조 질서로 인식하면서도 결혼하지 않고 직업을 선택하는 경우 역시 생각되어야 한다. 의지적으로 그러한 결정을 내렸다고 할지라도, 그 결정이 결혼을 원하는 의지와 분리될 수 있기 때문이다. 이것은 결혼과 미혼 사이에 적법한 중립지대가 없다는 사실을 의미한다. 이 점에서 미

---

70) 공산주의 가족법을 참조하라.

혼 여성의 성 문제 역시—교육, 모성애, 부성애 등과 같은 것을 통해 에로스를 승화시키는 경우를 제외하고는—그와 관련된 심각한 결과를 논의하지 않고서는 해결될 수 없다. 마찬가지로 입양을 거치지 않고 미혼모로 아이를 키우는 경우에도, 어머니의 존재는 당연히 자녀의 염려에 굴복할 수밖에 없다. 한 부모 가정의 아이에 대한 대우가 개선되어 이전보다 좋아지고 있다고 해도, 그 사실에는 더 이상의 설명이 필요하지 않을 것이다.

4. 부연설명: 여성 목사

여성의 목사직 허용에 관한 논의는 반드시 여성의 변화된 사회적 지위와 함께 논의되어야 한다. 교회가—적어도 평등권에 대한 "유기적" 이해에서—평등권의 원리를 원칙적인 것으로 받아들이면서도, 성경에 전제된 사회질서를 케리그마적으로 구속력이 있는 것으로 여기지 않는다면, **교회**는 이 원리가 교회 안에서도 타당하다는 사실에 대해 반대 논증을 해야 하는 곤란함에 처한다.

사실 교회는 여성을 위한 많은 성직이 있음을 잘 알고 있고, 그러한 성직 중 몇 가지는 의심할 여지없이 변화된 여성의 사회적 지위에 따라 먼저 관철되었다.[71] 유일하게 반대가 컸던 것은 여성에게 교회의 정규 목사직을 허용할 것인가의 문제였다. 평등권의 원리가 잘 적용되다가, 갑자기 왜 **여성** 목사직의 문제 앞에서는 주저하는지의 이유는 쉽게 인식될 수 있다. 우선 여성이 목사직을 맡는 것에 반대하는 "신학적" 정당성의 추구와 같은 어떤 것은 실증주의적 성경 주석(positivistische Schriftexegese)에 근거한다.

---

71) 이것을 위해 공의회와 교회 관리를 위한 여성의 참여를 들 수 있다. Schwarzhaupt, 위의 책, Sp. 1077를 참조하라.

물론 그러한 주석에 대한 성경적 근거는 분명치가 않다. 조금만 더 깊이 살펴보면, 여기에는 상당히 의심스러운 성경주석의 원칙 한 가지가 전제되고 있다. 스웨덴 신학자 보 예르츠(Bo Giertz, 1905-1998)는 자신의 논제 8번과 9번에서 그것을 다음과 같이 말한다. "하나님의 말씀 안에 어떤 정해진 상황에서만 타당한 많은 것이 있다는 사실이 우리에게 하나님의 명령을 변경할 권한을 주는 것은 아니다." 사람들은 예르츠의 주장에 대해 즉각 다음과 같이 반문하고 싶어 할 것이다. 우리의 상황이 아닌 과거의 상황, 예를 들어 과거의 사회적인 상황과 관련된 명령이 더 이상 통용될 수 없다면, 도대체 왜 하나님의 명령을 바꾸는 것이 불가능한가? 마치 그것은 성경을 무조건 일반적으로 해석하는 것처럼, 달리 말해 완전히 율법적인 것에 매여 모든 해석학적 과제를 무시하는 것과 같다. "성경에서 '구원의 물음'과 '질서의 물음' 사이에 경계선을 만들고, 성경은 단지 구원의 물음을 위해 모든 시대에 필요한 대답을 준다고 말해서는 안 된다."[72]

여기서 말하는 실증주의적인 성경 사용은 단순히 주석을 위한 수단일 수도 있다. 그런데 이에 근거해서 스웨덴의 룬드 대학교(Lunds Universitet)와 웁살라 대학교(Upsala Universitet)의 신학자들은 "소위 교회에 여성 목사의 도입(!)이 신약의 관점과는 맞지 않다"는 부정적인 견해를 주장했다. 그들에 따르면 "예수님의 제자 선택은 물론 교회에서 여성의 지위에 대한 바울의 언급은 원칙적인 의미를 가져왔고, 시대적으로 제한된 견해와 맥락으로부터 독립되어 있다."[73] 사람들은 그들의 이런 판단이 정말 올바른 판단인지를 알고 싶을 것이다! 잘 알려진 신약학자가 전문 영역의 문헌을 제시하면서 그렇게 말할 때 당혹감은 클 수밖에 없다.

전문가들이 그 문제에 대해 어떤 차이를 보이는지에 대해 내용적으로 설

---

72) *Th*. 9.
73) *Th*, 위의 책, Sp. p. 184.

명하기는 힘들고, 우리는 외적인 관점을 통해 그것을 추측할 수 있다. 사실 그 것을 주장하는 학자 중 한 사람인 웁살라 대학교의 신약학 교수인 보 라이케 (Bo Reicke, 1914-1987)[74]는 주석과는 다른 이유를 제시한다. 곧 신약학자들 은 미리 결정된 자신들의 입장을 가지고 스웨덴의 국가교회가 세속적인 평등 권의 사상이라는 내용으로 여성 목사직을 허용했던 것을 반대했다. 그들은 그 러한 허용이 "국가기관을 통해 계획된 행동"이라고 보았다. 국가교회의 책임 있는 신학자들이 외부에 의해 교회가 타율적으로 행동하는 것에 민감하게 반 응하는 것은 너무도 당연하다(당연히 반응해야 한다!) 하지만 신학자들이 근거 없는 성경 주석을 사용했다는 수단은 정당하지 못했다.

사실 성경을 직접 인용하여 이러한 물음에 대해 분명한 견해를 얻기란 쉽지 않다. 우리는 이 물음과 관련된 구절을 이미 다른 맥락에서 살펴보았 고, 여기서는 관련 주제에 대해서만 언급하고자 한다. 무엇보다 교회에서 여 성은 "잠잠해야 한다"는 권고, 다시 말해 여성이 말씀선포를 위한 성직을 맡 아서는 안 된다는 권고가 문제된다(고전 14:34 이하; 딤전 2:12 이하). 이미 우 리는 이와 같은 권고의 범위에 대해 논의할 기회가 있었다. 달리 말해, 여성 에게 주어진 "동등한 축복권"(남녀에게 공통으로 주어지는 유일한 은총)은 평 등한 방향으로 진행하는 세속적 삶의 질서를 중단시킬 수 없음을 의미한다. 그 주장은 한편으로는 오늘날은 물론이고 앞으로도 타당할 것이지만(그것은 열광주의의 지속적으로 새로운 변주 형태와 함께 언제나 새롭게 주장되어야 한 다), 그러나 또 한편으로는 다른 사회적 상황에서 그 확정의 결과는 각각 다 를 것이다.

교회에서 "잠잠하라"는 여성에 대한 명령은 당시 여성의 정신적 성숙이 교회에서 남성 상위의 질서를 폐기시킬 수 있는 힘을 가지지 못했다는 것을

---

74) 이상하게도 그가 서명한 문서가 어떻게 나오게 되었는지도 잘 알려지지 않았다. 위의 책, p. 186.

의미한다.[75] 앞서 말한 그러한 권고를 여성 하위를 사회적으로 인정하지 않는 시대에 그대로 적용하는 것은 현실성이 없는 행동이다. 따라서 하나님 앞에서의 동등성과 인간 앞에서의 차등성의 구별을 우리는 다른 삶의 영역에서 진지하게 고민해야 한다. 그러한 차별화가 오늘날 우리 삶의 영역에서는 심각한 문제가 되고 있기 때문이다.

여성이 교회에서 말씀을 전하는 일을 금지하는 것과는 별도로, 신약은 말씀에 순종하고 말씀을 전하는 여성을 분명하게 보여주고 있다. 아굴라의 아내 브리스길라는 아볼로가 회당에서 전하는 하나님의 말씀을 들었다. 그녀는 아볼로가 요한의 세례만을 알고 있다는 것을 알고 난 후, 자기 남편 아굴라와 함께 "그(아볼라)를 데려다 하나님의 도를 더 자세히 풀어주었다"(행 18:26). 마찬가지로 여성이 예언의 은사―또한 말씀의 은사―를 가질 수 있다는 것은 당연한 것으로 언급되고 있다(고전 11:5; 행 21:9). 그 외에도 교회에서 여성은 협력자와 "동역자"로 알려졌다(예, 빌 4:3; 롬 16:1 이하; 16:12).

성경의 진술들도 말씀선포를 위한 여성의 봉사, 또한 그와 함께 목사직의 허용을 "말씀에 어긋나는 것"으로 말하지 않는다.[76] 이것은 아주 분명하다. 이런 분명한 사실은 기독교인들이 성경 인용의 실증주의적 오용을 피하고, 성경을 자기 입맛대로 잘못 사용하지 못하게 할 것이다. 그 외에도 우리가 문제의 핵심적 측면을 설명하기 위해서는 그런 태도에서 반

---

75) 여성이 남성 아래 있다는 딤전 2:12 이하의 구절이 단순히 시대적 제한 속에서 이해되지 않고, 오히려 타락의 역사에서 여성의 역할에 근거하여 **신학적으로** 정당한 것으로 받아들여질 수 있다고 한다면, 우리는 그러한 주석이 가진 한계를 의식해야 할 것이다. 우리가 그 원인을 살펴본다면, 그 구절은 시대 역사적인 범주에 사로잡혀 있는 저자에게 주어진 여성의 신분에 근거한다(이런 범주는 바로 오늘날의 상황에 대한 시각에서 **현대적** 범주로 바뀌어야 한다!).
76) (어쨌든 이 물음의 영역과 관련해서) 개신교의 이해를 따른다면, 교회의 성례를 관장하는 것과 관련해서 말씀선포를 제외하고는 근본적으로 다른 문제가 없다.

드시 벗어나야 한다.

성경은 여성 목사직을 명령으로 제시하지 않고, 성경과 관련된 교리도 새로운 논의를 주도하지 않기 때문에, 이와 관련된 문제는 상황에 대한 사실적 판단으로 해결할 수밖에 없다. 물론 이런 판단이 본질적으로 유일하게 옳은 판단일 수는 없다. 경험이 말해주는 것처럼, 여성 목사직의 문제에는 지금까지 일치된 해결책이 주어지지 않았으며, 각 교회마다 다르게 처리하고 있다. 우리가 이 문제를 다룰 때마다 성경으로 소급해간다고 해서 어떤 변화를 기대할 수는 없다. 그것은 효력이 없는 주석이 사실적 판단을 위한 규범을 줄 수 없기 때문이 아니라, 사실적 상황판단이 이미 주석을 조종했기 때문이다.[77]

윤리학자는 상황의 구조를 분석하고, 그 구조에 맞는 규범적인 사실을 있는 그대로 제시해야 하지만, 그러나 보통 그 사실에 근거해서 결정을 앞서 내릴 수는 없다. 그러므로 엄밀한 의미에서 우리의 과제는 여기에 적합한 상황판단의 근거를 마련하는 것에서 성취된다. 그 밖에 그러한 상황판단에 대해 일정한 역할을 담당하는 몇 가지 관점들을 알아둘 필요가 있다.[78]

---

77) 앞에서 인용한 스웨덴의 사례는 유일한 것이 아니라, 단지 이런 과정에서 나온 특별히 극단적인 사례다.

78) 이 문제에 대한 교회의 입장을 보기 위해 다음과 같은 것에 유의할 필요가 있다. 여성 신학자들의 목사직 허용에 관한 여부를 결정하는 공의회들은 신학적 논의를 통해 제시된 근거에서 분명한 주장이나, 통일된 의사 형성을 이끌어내지 못한다. 상황판단이 적용되는 가능한 해결책의 다양한 변수는 공의회의 의견을 갈라지게 한다. 이런 상황에서는 교회 질서를 규정하는 다수결 외에는 방법이 없다. 고백적인 성격이 아니라, "단지" 질서가 문제가 될 경우에, 제도화된 질서는 이러한 물음에 직면해서 다른 상황판단을 내리는 사람들의 양심을 함부로 무시해서는 안 된다. 질서는 존중받아야 하며, 특히 교회가 이 점에서 제도적인 통일성을 가지고 질서를 다루어야 하는 것은 분명하다. 그러나 가능하다면, 그 질서는 지역 교회를 넘어 넓은 틀에서 적용되어야 한다. 자율적인 개교회 역시 그에 상응하여 공의회에서 정한 결정에 (그대로!) 순응해야 할 것이다.

우리는 이와 관련해서 본질적으로 세 가지 관점을 제시할 수 있다.

첫째, 순수한 실용적인 관점. 우리가 계속해서 관찰하고 신학적 배경을 가지고 제시해야 할 예배 공동체의 **여성화**가 성직의 영역에서는 여전히 정체되고 있다. 그 이외의 영역에서는 여성에게 많은 책임을 부여하는 미국의 교육기관처럼 독일에서도 유사한 발전이 진행되고 있다. 유럽에서도 이와 비슷한 경향이 보인다(남자 아이들이 거의 배타적으로 **여성**의 지배적인 영향에 노출될 때, 그것은 중대한 결과를 초래할 수 있다. 그러한 영향은 공적으로 인식되고 있고 어떤 위험으로 나타난다기보다는, 오히려 초기 단계에서는 정신분석학에 더 많이 연관된다). 한때 여성에게 일반적으로 그리고 거부감 없이 개방되었던 설교 강단도 아마도 그러한 과도한 여성적 영향력에 대한 우려로 뒤덮힐 수 있다(이것은 근본적인 관점이 아니라, 여기서는 **양적인** 관점이 결정적이다).

여성화의 정신적·영적·심리적·사회적 영향은 큰 우려를 낳고 있다. 오늘날 이미 그렇게 보이는 것처럼, "경건함"조차 주로 여성에게 훨씬 더 적합한 태도로 여겨지기 때문이다. 그러나 남성의 아성(전통적 의미에서)을 무너뜨리려는 적지 않은 여성의 경향은 영적인 이유보다는 특별히 평등권의 원리에서 나온 것임을 알아야 한다. 이 원리는 이 투쟁에서 여성들이 무조건적으로 성직의 선포자를 선택하는 쪽으로 인도하지는 않았다. 다른 한편, 남성들은 이전부터 저지른 죄를 교회에서 계속 반복하고 있다. 남성들은 적지 않은 영역에서 여성의 헌신에 의존하고 있으면서도, 여성을 미성숙한 상태로 취급하고 있다(이것은 그밖의 현대 세계 안에서는 도무지 찾아볼 수가 없다). 여성이 이런 모습에 대항하는 것은 당연하다. 일반적인 경향으로서의 여성화와 관련해서 말해지는 우려가 여성의 목사직 허용의 가능성을 배척해서는 안 된다.

둘째, 취향의 문제가 등장한다. 관습적으로, 사람들은 여성이 특히 큰 공간에서 공개적으로 연설하는 것을—그것이 익숙한 일이라고 해도—문제 삼을 수 있다. 제단에서 여성이 여성의 목소리로 노래하고 말하는 행위가 어떤 제의적 취향의 갈등을 일으킬 때 그 문제는 신학적으로 해결되기 어렵다. 그러나 그런 갈등은 실제로 존재한다.

셋째, 그와 같이 신학 외적인 것이지만, 그러나 결코 사소하지만은 않은 우려에 직면하여, 교회가 목사직을 기본적으로 남성에게 우선적으로 주는 것은 상징적 의미 때문일 수 있다. 그런 상징은 성의 창조에 따른 차이(좁은 의미에서의 성적 차이를 넘어서)를 기계적으로 평준화한 것이 아니며, 오히려 "유기적"으로 이해한 평등권의 원리의 의미에서 존중받아야 하는 것이다. 시대정신에 너무 개방적이어서도 안 되겠지만, 그와 같은 기계적 평준화의 흐름을 거부하는 것은 교회가 해야 할 가치 있는 일이다. 그리고 항상 그런 것은 아니지만, 목사직에 대한 남성과 여성의 차별적인 가치는 상징적인 의미를 가질 수 있다.

앞서 다룬 남녀의 창조 질서에 관한 논의는 그와 같은 질서에서 법적인 명제를 도출하거나, 상황판단에 맞지 않은 교리적 결정을 하도록 허락하지는 않는다. 따라서 우리는—그러한 교리적 결정에 이르지 않기 위해—훌륭한 여성 목사가 평범한 남자 목사보다 훨씬 더 낫다는 것에 동의해야 한다. 문제는 그것이 가능한지 그렇지 않은지—당연히 가능하다!—가 아니고, 이런 가능성이 **일반적인** 규칙으로 정립될 수 있는 충분한 근거를 의미할 수 있는지 없는지다.

우리는 여성의 목사직에 대해 "일반적"이며 "선입견 없는" 허용—목사 직분자의 성에 대해 절대 묻지 않는 허용—에 반대하면서, 간접적으로 "예외"의 가능성도 제시했다(우리는 반복해서 이 개념에 대한 신학적인, 소위 "이율배반적"인 의미를 언급할 기회를 가졌다). 모든 목사직의 봉사가 여성에게 개방되어 있음에도 여성 목사직의 허용과 관련해서 제한된 형태로, 다시 말해 여러 목사가 한 교회에서 사역하는 곳에서만 여성 목사를 허용하는 경우가 그것이다. 그리고 한 교회에서 한 명의 여성 목사를 허용하는 것에 어느 정도 반대하는 것을 존중할 수밖에 없는 경우도 마찬가지다.

그 밖에 교회의 유기적 구조(고전 12:12 이하)는 아주 다양한 은사들, 특별히 남성과 여성 모두의 은사가 작용하기 위한 공간을 제공한다. 여기서 목사라는 은사는 분리되어 있지 않아서 원칙적으로 여성에게 의존적인 지위, 그리고 남성에게 우월적인 지위를 부여할 수 없다.[79] 또한 남녀 사이에 지도자와 협력자, 또는 정신적인 지도자와 보조자와 같은 경쟁적 분할 관계가 있을 수 없다. 다양한 형태로 나타나는 역할의 비중은 분명 형성되어가는 것이며, 기본적으로 통계적인 것이지 법적 특권의 의미는 없다. 따라서 교회가 여성의 목사직 허용에 직면해서—급진적이고, 교리적인 거부는 아닐지라도—소극적 태도를 보인다고 해도, 그것이 여성을 부당하게도 뒤처진 자리에 앉히는 것을 뜻하지는 않는다.*

---

79) 그러므로 예를 들어, 여성 목사를 "여성 부목사"라고 부르거나, 영적인 지위에서 상위의 위치를 주지 않으려는 것은 사실상 내용에 맞지 않는 것이며 잘못된 것이다. 전적인 영적 직분을 위해 소명을 받은 여성이 감독 또는 주교가 되는 것을 거부하는 어떤 신학적, 또는 내용적 근거도 분명히 없다. 반대로, 상징적 소명은 여성이 교회의 목사직을 위임받는 것에 대한 어떤 선입견도, **원칙적** 성격을 가진 것도 아님을 분명하게 보여준다.

* 1966년 유럽의 상황임을 참고해야 한다. – 편집자 주

제4장
이혼과 재혼

I. 이혼

우리는 이미 이혼의 문제를 주석적인 관점과 역사적인 관점에서 살펴
보았다. **주석적**인 관점에서는 신약성경에 나오는 이혼과 관련된 내용을
언급했고, 신약성경이 결혼에 대한 본질적인 이해를 보여주면서 이혼에
반대하는 태도를 보인다는 것도 살펴보았다. **역사적**인 관점에서도 이혼
문제를 다루었다. 이혼 문제가 인간학적인 변천, 특히 인간의 개성과 관
련해서 변화된 이해와 개인적인 에로스로부터 영향을 받았다는 점을 다
루었다. 따라서 우리는 지금까지 도출한 결과를 체계적으로 평가하기 위
해서 그 결과들을 정리하고 본질적으로 중요한 사항들을 발전시키는 것
이 필요하다.

　1. 예수님은 인간이 하나님의 근원적인 창조 질서를 의미하는 결혼을
함부로 해체할 수 없다고 선언하셨다. 그리고 그분은 재혼을 간음으로 규
정하셨다(마 5:32 이하; 막 10:1 이하; 19:1 이하; 눅 16:18).

　2. 이러한 예수님의 입장은 초대교회 전통에서 그대로 유지되었다. 다
음과 같이 좁은 의미로 제한된 예외적인 경우들은 이혼을 정당하다고 말

한다. 아내의 간음[1]과 믿지 않는 자와의 결혼에서 믿지 않는 상대가 이혼을 요구하거나 이행하는 경우다(바울이 고전 7:15에서 그렇게 말한다).

3. 위의 두 진술은 항상 서로 모순된 것으로 파악되었다. 이혼을 조건적으로 허용하는 두 번째 진술은 첫 번째 진술을 약화시키는 것으로 간주된다. 예를 들어 예수님은 무조건적인 요구를 주장하시면서 새 시대를 선포하셨다. 새 시대에 "하나님의 근원적인 뜻은 다시 모든 사람에게 율법이 된다." 반면, 초대교회는 "예수님의 재림(Parusie)이 지연되자 현실에 적응해야만 하는 새로운 상황"에 직면했다.[2] 하지만 이런 설명은 개연성이 적다.[3] 왜냐하면 하나님의 나라에서는 "장가도 아니 가고 시집도 아니 가기" 때문에(막 12:25), 새 시대를 위한 결혼 질서의 선포는 애초부터 고려되지 않았다. 그리고 새 시대에 대한 근본적인 태도는 결혼의 새로운 질서를 동반하지 않고, 오히려 독신의 헌신을 요구한다(마 19:12). 따라서 우리는 이 두 진술—원칙적으로 결혼을 파기할 수 없다는 진술과 예외적인 경우에 이혼할 수 있다는 진술—을 다르게 종합해야 한다.

4. 결혼이 창조 질서라는 예수님의 상기는 그분이 이 시대의 법을 폐지할 것을 제안하시고 새로운 세계의 근본적인 법을 제정하셨다는 법적인 의미로 이해하면 안 된다. 오히려 예수님의 도전은 이 시대의 법적 질서에 지배를 받는 사람들에게 회개하라고 호소하셨음을 의미한다.

5. 회개하라는 호소는 인간이 법적 질서를 통해 스스로를 이해해서는 안 된다는 것을 의미한다. 다시 말해 인간이 법을 통해 자신을 이해한다면, 그는 자신이 무흠하다는 착각에 빠지기 쉽다. 왜냐하면 인간은 그런 법적 질서를 충족할 수 있기 때문이다. 그러나 인간이 법적 질서를 충

---

1) 여기 인용된 말씀은 통상적으로 마태의 저작에 해당하는 것으로 알려졌다. 마 5:32; 19:9.
2) J. Jeremias의 견해, Bornkamm의 인용, 위의 책, 284.
3) Bornkamm의 주장도 이와 같다.

족할 수 있다는 사실은 법이 인간―타락한 인간, 곧 무질서한 인간(*homo inordinatus*)―의 몸에 쓰였다는 사실, 그리고 법이 인간의 타락한 실제-존재(*sosein*)에 순응하도록 만들어졌다는 사실에 기인한다. 다시 말해 이 혼법을 포함해서 모든 법은 인간의 "마음의 완악함"에 적합하도록 만들어졌다. 따라서 인간이 자기이해의 기준으로 법을 받아들인다면, 그는 하나님의 뜻을 향할 수 없을 것이다. 그리고 인간은 자신이 하나님의 뜻을 충족시키지 못하고, 하나님께서는 실제로 그의 삶을 부정하고 계신다는 사실도 가장 우려스러운 방식으로 숨길 수 있다. 따라서 회개하라는 예수님의 외침은 하나님이 만드신 "진정한" 창조 질서를 기억하라는 외침이다. 예수님은 인간들을 그들이 선택한 안전장치로부터 끄집어내서 그들을 깜짝 놀라게 했고, 하나님의 뜻과 이 시대 및 이 시대의 법 사이의 파괴된 관계를 보여주셨다. 회개하라는 외침은 이 시대의 질서들이 창조 질서가 아니라 인간의 죄성 때문에 "긴급히 필요한 질서"이며, 그래서 하나님의 **진정한** 뜻과 동일하게 해석될 수 없다는 것을 의미한다.

6. 그러나 이 시대의 법 질서에 대립하여 본래적인 하나님의 뜻을 선포하는 것은 그 뜻이 법 질서를 **대신해야** 함을 의미하지 않는다. 더 낮게 말해서, 하나님의 뜻을 가지고 이제 **새로운** 법과 **새로운** 법 조항을 만들어야 한다는 것이 아니다. 이것은 아주 잘못된 생각이다. 산상설교가 모세 율법을 더 근본적(Radicalisierungen)으로 해석한다고 해서, 법 질서를 세우는 새로운 법이 도출될 수는 없다. 그러한 근본적인 해석은 결코 "법적인 것"이 아니다(마 5:21 이하; 5:27 이하; 5:33 이하; 5:38 이하; 5:43 이하). 회개하라는 외침과 창조 질서를 다시 회복하라는 설교의 의미와 목적은 이 시대의 법 구조를 제거하려는 것이 아니라 상대화하려는 것이다.

7. 결국 조건적인 이혼의 허용 그리고 창조 질서의 근원성(Radikalität) 사이의 "모순"은 이 시대와 하나님의 본 뜻 사이의 깊은 "모순"을 보여주

는 하나의 징후일 뿐이다. 하나님의 본 뜻에는 이 시대의 법 조항이 포함되어 있다. 동시에 그 모순은 창조 세계에 부여하신 하나님의 원 명령(창 1:28)과 홍수 이후 세상을 재창조하시면서 노아와 맺은 언약(창 9:1 이하) 사이에 존재하는 "모순"의 변주다.[4]

8. 이러한 모순이 유지되어 예수님이 회개하라는 요청을 할 수 있는 근거를 마련했기에, (우리가 이 두 구절을 삽입된 것이라고 가정한다면) 마태복음 5:32과 19:9에 "삽입"된 구절들은 "율법의 영역에서 예수님의 금지명령을 적합하게(sachgemässe) 해석한 것"이다.[5] 이 해석은 이 시대의 매개물이 하나님의 근원적인 뜻을 파괴하는 것을 잘 보여준다. 파괴는 두 가지 방식으로 진행된다. 첫째, 그것은 사람들이 존엄한 하나님의 뜻을 "낯선 것"으로 여기는 태도로 드러난다. 둘째, 그것은 본래적인 척도로서의 근원적인 하나님의 뜻을 법의 규범과 동일시하는 잘못으로 드러난다.

9. 따라서 조건적인 이혼의 허용은 예수님의 금지명령을 적합하게 해석한 것으로서 그것은 이혼의 불가능성이 하나님의 "근원적인" 뜻(voluntas propria)임을 선언한다. 만일 예수님의 금지명령이 이혼의 불가능성을 의미한다면, 이미 법적으로 이루어진 이혼을 정당한 것으로 이해하기는 불가능하다. 반대로 이제 법은 파기된 결혼에 **항상** 내재하고 이혼으로 표현된 **모든** 사례에 있는 잘못을 은폐하는 수단이 될 수 없다.

10. 신약성경에서 이혼을 예외적으로 허용하는 것은 "마음의 완악함", 곧 타락과 최후의 심판 사이에 있는 인간의 실제 조건 때문이다. 따라서 이혼의 예외성은 비상 질서에 기초해 있다. 비상 질서란 하나님께서—창조 질서, 곧 그분의 본래 의도에 담긴 규범을 의문스럽게 만들지 않으시면서—인간의 실제 조건과 인간이 사는 세계의 현실적인 조건을 고려하

---

4) *ThE* I, §692: II, 1, §655: II, 2, §3023.
5) Bornkamm, 위의 책, 284.

심을 뜻한다. 이와 같이 하나님께서는 구체적인 현실을 인간과 함께 하시는 하나님의 역사 안으로 편입시키신다. 이것은 개성과 인간적 에로스를 신학적 맥락에서 이해하는 중에 발생한 인간학적인 변화 과정도 앞에서 하나님께서 고려하시는 구체적 현실 안에 포함되어 있다고 볼 수 있는 권한을 의미한다.

여기서 다음과 같은 것이 드러난다. 개인적 특성을 지닌 에로스는 결혼 공동체를 묶는데 크게 공헌할 수 있다. 플라톤의 신화에 등장하는 구형의 인간이 상징하는 것처럼, 두 배우자가 서로를 보완할 때, 그렇게 공헌한다. 동시에 에로스는 두 배우자에게 심각한 위기를 초래하는 원인이 되기도 한다. 에로스는 다음과 같은 세 가지 방식으로 나타난다.

첫째, **에로스**의 황홀경은 두 구성원이 "서로 조화를 이루지 못한 상태"를 숨길 수 있다. 에로스의 작용이 "맹목적"인 한에서 그러하다. 소위 "첫눈에 반한 사랑"은 그 순간에게 정지할 것을 명령하고, 그 순간을 삶의 공동체로 확장하려는 특성을 갖는다. 하지만 그것은 결코 예언자적인 통찰력을 갖지 못하고 사람을 맹목적으로 만든다고 알려져 있다.

둘째, 개인적인 에로스는 위기의 원인이 된다. 에로스의 감정적인 특성이 "열정과 무관심"뿐만 아니라 "매력과 혐오"의 리듬에 공간을 부여하기 때문이다. 결론적으로, 에로스는 가치 있는 결혼이나 가치 없는 결혼의 기준이 될 정도로 결혼 자체의 지속성을 위협할 수 있는 불안정한 국면에 지배받기 쉽다.

셋째, 배우자 두 사람이 가진 성향 사이에 발생하는 거친 불화뿐만 아니라, 두 사람 사이의 다양한 정서적인 색깔도 긴장을 초래할 수 있다. 물론 이것은 개인이 가진 성격의 성숙함의 정도와 그와 함께 커지는 파괴적 부담에 대한 민감성에 의존한다.

따라서 개인적 에로스를 밖으로부터 지배하는 특성, 곧 두 사람을 하나로 맺어주는 긍정적인 잠재력은 서로가 상처를 함께 나눌 수 있는 정도와 밀접한 관련이 있다. 하지만 결혼이 보여주는 친밀한 인간관계와 관련해서, 상처는 서로에게 가하는 잠재적 도발이나 실제적인 "잘못-행함"을 뜻한다. 그래서 결혼은 단지 에로스에 근거한 것일 수만은 없다. 우리는 에로스를 성적인 것으로만 이해하려는 견해를 신중하고 적절하게 회피해야 한다. 지금 기독교 윤리학은 우상화된 에로스의 지배를 단호히 거부하고 다음을 분명히 한다. 곧 에로스는 인간의 마음을 열 수 있지만, 그것을 완고하게 할 수도 있고, 그래서 개인적인 에로스의 증대는 아주 새롭게 현대적인 완악함으로 인간의 마음을 변형시킬 수 있다.

에로스와 마음의 완악함의 긴밀한 결합은 다음을 정당하게 해준다. 곧 고통을 주고 파국으로 치닫게 하는 두 사람의 성향 사이의 "파탄"과 불화는 마음의 완악함이라는 기준 아래로 포함된다. 이 기준이 예외적 가능성인 이혼 여부를 결정한다. 분명히 이혼은 에로스의 리듬이 "정상적인" 상태에 있지 않은 한계상황에서 발생한다. 곧 이혼은 두 사람에게 서로를 이해시키고, 용서하며, 두 사람을 찾도록 하는 아가페의 모든 시도가 그 목적을 이루지 못할 때 발생한다. 이 경우에 사람들은 결혼의 위기에 인간 마음의 완악함이 참여했다고 고백한다. 물론 배우자 한쪽만의 완악함을 의미하지는 않는다. 이것은 에로스가 가져오는 종류의 분열이 자연적인 것으로 해석될 수 없고, 소위 에로스의 법칙이라는 은폐물에게 책임이 있으며, 하나님의 계명의 요구로부터 벗어났다는 것을 뜻한다. 개인적인 에로스가 부부의 위기 상황에서 부분적인 역할을 수행한다는 사실은 신약성경에 나오는 하나님의 "본래의" 뜻과 "낯선" 뜻, 곧 하나님의 고유한 의지(*voluntas Dei propria*)와 하나님의 낯선 의지(*voluntas Dei aliena*) 사이의 관계에서 새로운 변주를 등장시키는 것을 뜻한다. 하지만 그 등장이 잘 알려진 "현대 인간"의 전적으로 새로운 상황이라는 이름으로도 하나님의 본래의 뜻에 대한 이해를 지양하지 못하며, 소멸시키지도 못한다.

우리는 역사적으로 달라진 상황과 성경적으로 직접 예증할 수 없는 상황을 성경의 케리그마와 조화를 이루게 하려는 시도를 계속 했고, 그 의도는, 비록 개인적인 에로스로 고조된 위기가 생성되고 등장하였다고 해도, 지속되어야 한다. 그렇다면 다음의 통찰이 진지하게 주목되어야 한다. 근본적으로 말해서 예외적인 "새로운 상황"이란 존재하지 않는다. 변화했다는 미심쩍은 주장에도 불구하고 다만 옛 주제의 변주만이 존재할 뿐이다. 변주란 하나님을 향해 창조된 인간이 자기 자신을 추구하는 것이다. 그러나 하나님께서는 그러한 인간에 대해 인내하시며, 그를 끝까지 찾으신다.

인간이 자신을 추구하고 자기애(*amor sui*)를 실현하는 수단은 변할 수 있다. 그런 수단은 유대인이 바라는 표적과 그리스인들이 쫓던 지혜일 수 있지만(고전 1:22), 또한 그것은 개인적인 에로스일 수도 있다. 하지만 어떤 경우에서든, 그것은 항상 선물이고 재능이며 기회다. 이렇게 얻은 기회에서 인간은 무너지고 잘못 행동한다. 에로스도 우리에게 주어진 선물이고 재능이며 기회다. 남용을 이유로 에로스를 배척하거나 악마화하는 사람, 그래서 에로스를 원칙적으로 사이비 기독교적인 죄의 목록에 기록하는 사람은 그것을 기독교적으로 올바르게 해석하지 못하는 것이고, 비기독교적인 지혜의 감옥 속에 자신을 감금하는 것이다.

11. 에로스의 역사에 나타난 새로운 상황도 여전히 창조 질서의 요구와 판단 아래 남아 있다는 사실은 또 다른 관점을 통해서도 분명해진다. 우리는 분리될 수 없는 "한 몸"(창 2:24)으로 이루어진 남녀가 이 하나 됨이 근거하는 창조 질서와 일치하지 않을 때, 비상 질서로서 이혼이 필요하다고 말했다. 그렇다면 분명히 두 사람을 하나로 합쳐주신 하나님이 이혼을 만드신 것이 아니다. 오히려 그리스 신화에 나오는 모이라(운명의 여신)와

티케(행운의 여신)가 실수로 혼란을 일으켜서 이혼을 만든 것이 분명하다. 그러나 이런 주장은 창조 질서가 개별적인 부부의 이혼에 적용되지 않는 다거나, 그런 개별적인 경우가 창조 질서의 밖에서 벌어진다는 것을 뜻하지는 않는다.

반대로 하나님이 두 사람을 합쳐주신 것이 아닐수도 있다는 주장은 다만 다음을 의미한다. 그렇게 결합된 결혼은 그것의 진행 과정 중이 아니라, 오히려 그것의 시작점에서 창조 질서에 상응하지 못했고, 그 결과 창조 질서를 성취하지 못한 것이 심판에 이르게 되었다는 것이다. 따라서 이 관점에서도 이혼은 여전히 죄책 아래 있다. 그것은 죄책이 헤어지는 행위 자체에 있다거나, 그래서 헤어지지 않으면 죄책이 적다거나 혹은 전혀 죄책에 이르지 않는다는 점에서 그러한 것이 아니다. 오히려 그 죄책은 헤어짐의 행위가 결혼 상태 자체의 한 징후일 뿐이라는 데서 온다. 다른 말로 표현하면, 죄책은 다음에 있다. 그와 같이 잘못된 결혼의 당사자들은 자신들의 실수를 인정하면서도, 자신들이 창조 질서 밖에 있고, 그래서 하나님의 계명에 대해 중립적이며, 그와 동시에 선과 악 너머의 공간에 위치하고 그들의 상황이 "목회자"보다는 오히려 "정신의학자"(물론 이 사람은 결코 재판관이 될 수 없다!)의 영역에 속한다고 말한다.

그러나 절대 그럴 수 없다. 사람들이 단순히 인간적인 잘못일뿐 어쩔 수 없이 고의로 잘못한 것이 아니라고 말하더라도, 심지어 삶의 방황이라고 말하는 것도 창조 질서의 요구를 만족시키는 데 실패한 책임에서 벗어날 수 없다(물론 책임의 정도는 매우 다양할 것이다). 하나님 앞에(coram Deo) 서 있는 사람들은 다음과 같은 것을 이해할 때 죄의식이 더욱 커진다. 곧 하나의 제도를 파괴했다는 사실과는 별개로 결혼은 처음부터 파멸의 씨앗을 가지고 있는 것이며, 부부가 서로에게 점점 더 잘못을 저지르고, 서로가 서로를 괴롭히며 고통을 주다가 폭력으로 이어질 때 죄의식은 더욱 커진다. 여기서 예수님은 다시 창조 질서를 언급하신다. 그 언급은 구체적인 율법과 율법의 의미에서 스스로 의롭게 된 모든 것에 이의를 제기하고, 율법이 자기 칭의의 수단으로 사용되는 것을 허락하지 않으신다. 그리고 그 언급은 사람들이 결혼의 파탄을 단순히 심리적인 것, 그래서 윤리적으로 가치 중립적인 문제로 간주할 수 없도록 한다. 이런 점에서 **예수님의 명령은 모든 시대와 직접 관계된다. 단지 시대마다 그분의 명령을 적용하는 방식과 형식에 차이가 있을 뿐이다.**

12. 결혼이 시작부터 파경으로 치달아 파괴되고 있고, 창조 질서의 명령과 하나님의 심판에 지배를 받으며 죄를 나타낸다는 사실은 죄의 신학적 개념을 포함한다. 이 신학적 개념은 법적인 용어로 적절하게 표현될 수 없고, 실제 이혼법이 죄를 표현할 수 있다는 것은 신학적 개념을 부분적으로라도 재판에서 사용할 수 있다는 의미가 아니다. 죄를 법적인 개념으로,[6] 특히 이혼법과 관련해서 표현하지 못하는 어려움은 법이 죄의 개념을 도입해야 한다는 것을 말한다.

법은 다음과 같이 죄의 요소를 도입할 수 있다. 곧 결혼의 특별한 위기의 상황을 짐을 덜어주는 운명과도 같은 어떤 것으로 이해하고, 그 다음에 근본에서는 죄책의 질문과 어떤 유사성도 갖지 않는다는, 결혼의 파괴나 허무의 형식을 수용하는 것이다. 법적 문제에 죄가 도입되는 것을 실제로 방해한 예외적 상황의 극단적인 예가 제2차 세계대전에 있었던 "대리결혼"(Ferntraung)이다.[7] 전쟁이라는 특수한 상황에서, 연인들은 상대에 대해 인격적으로 전혀 알지 못하면서도, 서로 어울리는 사람인지에 대한 조심스런 검증 없이 결혼했다. 심지어 두 연인이 멀리 떨어져 있음에도 결혼 절차가 진행되었다. 사람

---

6) 이에 대해서는 이 책의 법에 관한 장을 참조하라.
7) Dölle, 위의 책, p. 10 이하.

들이 이렇게 불확실한 결혼을 하려는 지배적 동기가 연금을 타려는 경제적인 이유나 안전을 위한 다른 동기만이라고 할 수는 없다. 오히려 전쟁으로 인한 죽음과 파괴에 직면해서 상대방에게서 느끼는 안전성, 온화함, 유대감에 대한 강력한 욕구가 결혼의 동기였다. 전쟁이 끝난 이후에 삶이 정상화되었을 때, 부부가 자신들의 결혼이 실수였다며 이혼하는 것을 죄의 관점에서는 판단하기 힘들다. 마찬가지로 남자들이 전쟁 포로로 오랜 수감생활을 하다가 돌아왔을 때, "낯설어진 감정" 때문에 이혼하는 것도 불가피한 것으로 분석되었다. 이런 경우 재판관들은 운명과 같은 비도덕적 요소들은 죄와 무관한 것이며, 비도덕적 요소들에게 법적인 죄를 묻는 것은 의미가 없다고 여겼다.

오해를 피하고자 우리는 다음과 같은 것을 분명하게 말해야만 한다. 곧 지금 우리가 다루고 있는 "하나님 앞에서의 죄책"은 신학적으로 정의하기가 거의 불가능하고, 일반화된 용어로 표현할 수도 없다. 물론 죄의 형태는 거대한 범위를 갖는다. 그래서 당사자들은 물론 기독교 외부에 있는 사람들은 죄의 범위에 대해 결코 정의할 수 없다. 다만 그리스도인들도 하나님께서 인간의 "감추어진 허물"을 마지막 날에는 분명히 드러내실 것이라는 기도의 형태로만 죄의 전체적인 범위를 말할 수 있다. 이 감추어진 허물은 최후의 심판 때까지는 실제로 드러나지 않는다(시 19:13; 130:3; 욥 9:3).

하지만 법도 죄책의 관점을 도입할 수 있다. 곧 법은 결혼 문제와 관련해서 한쪽 배우자가 다른 배우자에게 저지른 죄를 평가해서 그에게 유죄를 선고할 뿐만 아니라 다른 배우자에게는 무죄를 선고하면서 이혼시킬 수 있다. 사실 배우자 중 한 사람의 죄가 더 크거나 그 사람만 죄를 지었음을 확인하는 것이 가능한 경우가 있다. 하지만 죄를 따지는 이런 식의 노력은 결정적인 한계를 갖는다. 그 한계에 대한 신학적 의미가 명확한 것은 아니지만, 신학적 설명은 어떤 법률적인 반성을 촉발시킨다.

비록 배우자 중 한 명이 법으로 설명할 수 있는 죄를 분명하게 지었어도,

예를 들어 가정을 유기하거나 지속적인 불륜을 저질렀어도, 윤리적인 문제— 이런 질문은 재판으로는 해결할 수 없는 문제다—는 여전히 남아 있다. 그것은 결혼을 의도적으로 파괴하는 행위가 다른 배우자에 대한 심각한 불만족에서 나온 반응은 아닌지의 질문이다. 예를 들어 그런 반응은 배우자가 성적 매력을 주지 못하거나, 편안한 분위기를 만들지 못하거나, 의사소통에서 어떤 비이성적인 행동을 보이는 것에 대한 불만족이다.

따라서 결혼의 친밀한 영역을 통찰해야 하는 목회자는 죄와 관련해 사실에 근거해서 판결을 내려야만 하는 재판관과는 완전히 다른 관점에 도달한다. 이와 동일한 이유로 이혼한 사람들이 재혼할 때, 교회가 그들에게 요구하는 이혼증명서는 죄의 문제와 관련해서 실제로 어떤 사실을 명료하게 밝히지는 않는다(재혼하는 사람 중 한 사람이 실용적인 이유로 제출한 이혼증명서에 이혼 사유를 숨기고, 수정하고, 많은 경우에 자기를 변호하는 내용으로 기재하는 것은 별개의 문제라고 할지라도 말이다). 일반적으로 더욱 깊은 것을 들여다보려는 사람은 두 사람 모두가 깨어진 결혼에 대해 죄가 있고, 또 외적으로 죄가 없어 보이거나 상대편과 비교할 때 아주 가벼운 죄가 있는 사람도 결혼의 파기에 강력하게 관여되어 있음을 발견할 것이다. 법률 용어로 결혼과 관련된 죄를 정의하는 것은 깨어진 결혼의 두 당사자가 서로 매우 다르고, 촉성재배된 개성 안의 비이성적인 요소가 매우 강할 경우, 더욱 출구가 없다.

이것은 (결혼에 관련된) 죄와 법률의 개념이 양립할 수 없는 원리여서 법은 죄의 개념을 간단히 무시하고 배제해야 한다는 뜻이 아니다. 오히려 우리는 죄의 법적 개념에 어쩔 수 없는 한계가 있다는 것을 인정하는 것이다. 이것은 법의 개념이 인간 현실에서 나타나는 죄를 설명할 수 없기 때문이 아니라, 죄책의 관점에 대한 근본적인 포기가 사람들로 하여금 결혼을 임의로 아주 손쉽게 조작하도록 하여, 무수한 결과들을 초래할 수 있기 때문이다. 다시 말해, 남녀는 쉽게 이혼할 수 있다. 왜냐하면 그들은 더 이상 서로를 좋아하지 않고, 따라서 적절한 조정 기간을 가진 이후 성격이 맞지 않는다는 이유로 이혼 서류를 작성할 수 있기 때문이다. 다만 법적인 관점에서 살펴보아도, 결혼은 임의적인 조작에 넘겨줄 수 없을 정도로 높은 가치를 가진다는 것이 분명하다.

그래서 법률적인 죄의 개념은 처방보다는 예방의 의미를 가진다(이것이 바로 결혼법의 한계다). 이것은 위협적인 의미를 가질 뿐만 아니라, 잔인한 배우자의 횡포에서 연약한 자나 "보다 선량한 자"를 보호한다는 점에서 중요하다. 하지만 법률은 죄 개념을 상대화하고, 결혼의 파괴나 성격이 맞지 않는다는 사실을 더 강하게 고려한다. 신학적 윤리학에서 이런 진술을 발견한다는 사실은 우리에게 놀라움과 이질감을 불러일으킬 수도 있다. 왜냐하면 신학은 죄에 대한 사고를 보다 강하게 요구하는 것처럼 보이기 때문이다. 신학은 실제로 죄에 대한 사고를 강조한다. 다만 신학이 문제삼는 것은 지금까지 계속 법률 용어로 죄의 근본적인 이해가 적절하게 표현되지 못했다는 사실이다. 물론 때로 희미한 유비로 표현되기는 했다. 반대로 목회자가 죄의 개념에 근거해서 이혼법을 편파적으로 강조하는 것은 필연적으로 위선적인 행위로 귀결되고, 캐묻고 염탐하는 것보다 더 수치스러운 행위로 귀결된다. 죄라는 단어의 충분한 의미와 관련해 죄의 질문은 법질서가 아니라, 목회자의 권한에 속한다. 목회자는 율법과 복음의 관점에서 붕괴하는 결혼을 치료하는 데 관심을 가져야 한다(분명히 목회자의 직책에 대응하는 특별한 인본주의적 유비도 있다). 이때 죄의 질문은 회개의 외침으로 등장한다. 그 외침은 법의 영역 안으로 울려 퍼지지만, 그러나 단순히 법적으로 제도화될 수는 없다.

어떻게 법이 이런 제한적인 죄의 개념을 세부적으로 논의할 수 있는지에 대한 문제는 신학적 윤리학의 능력을 넘어선 것이다. 우리는 다만 법적인 죄의 관점의 한계를 확실히 넘어선 잘못된 법의 사례를 지적해볼 수 있다. 그러한 사례는 독일에서 새로운 가족법을 제정하는 과정에서 등장했고, 부분적으로는 여전히 논쟁 중이다.

이런 잘못된 사례는 예외적인 경우 부부의 성격 차이로 인해 결혼이 이혼으로 이어지지만, "그 피해가 부부 중 한 사람의 죄에서 생기는 경우, 오직 다른 배우자만 죄를 지은 배우자에게 이혼 소송을 제기할 수 있다"는 조항에서 표현되어 있다.[8] 이 경우 선입견을 가진 죄의 질문이 이미 재판 과정 자체를 결정하고 있다. 이외에도, 죄가 배우자 두 사람에게 있는지 아니면 의심할 여지없이 단 한 사람에게만 있는지는—그것이 미리 앞서 결정된 경우에—오직 결혼에 영향을 준 심각한 잘못들과 관련해서만 이해될 수 있다. 그러나 이런 잘못들은 이혼 과정이 시작되면서 법적 증거의 효력을 상실한다. 따라서 이혼 과정이 진행되면서 어느 정도 이런 결혼의 잘못들이 어느 쪽 배우자의 책임과 관련되었는지, 책임이 있다면 부분적으로 있는지 또는 전체적으로 있는지를 재판 과정 안에서 해명하기란 불가능하다.

물론 이 경우에 입법자가 앞서 말한 고소권을 취하함으로써 의도하는 것은 분명하다. 다시 말해 그는 결혼법 55조의 오용을 막으려고 한다. 그 법에 따르면 부부가 3년 동안 가정에서 친밀한 관계를 맺지 않고, 정상화될 수 없을 정도로 서로에게 심각한 피해를 주며, 그로 인해 결혼의 본질에 상응하는 공동체적 삶의 회복을 기대할 수 없을 때, 당사자는 이혼을 원할 수 있다. 이 규정만 따로 떼어 자세히 들여다보면, 부부 중 한 사람이 다른 사람을 떠나 있으면 3년 후에는 자연스럽게 이혼할 수 있다. 우리가 비록 결혼을 법적 산물로서 정당화할 수 없다고 말했지만, 지금 여기서는 결혼의 상태를 임의로 조작하여 법적 효력을 발생시킬 수 있는 공간이 제공되고 있다.

이러한 법의 오용을 막기 위해 입법자는 결혼 파탄에 죄가 없거나 없는 것처럼 보이는 자에게만 고소권을 허용하는 방법에 의존하면 안 된다. 그 대

---

8) Dölle, 위의 책, p. 26 이하, p. 32 이하.

신 법은 자의적이고 죄의 의도를 가진 결혼 조작에 대응하기 위한 다른 가능성을 제공해야 한다. 곧 일방적이거나 과중한 죄를 가진 부부 중 한 사람이 3년 동안 고의로 별거해서 자의적으로 이혼신고를 하지 못하도록 만든 법은 그 고소인(매우 명백한 몇 가지 근거로 그러한 절차를 밟으려고 하는 자)이 결혼을 파기하는 데 전적으로 또는 부분적으로 책임을 져야 하는 상황이라면, 다른 배우자는 이혼을 거부할 수 있다고 말한다.

여기서 문제가 되는 죄의 물음은 조작되거나 오용의 수단이 되어서는 안 된다(한 명의 배우자가 나쁜 의도로 다른 배우자가 인생을 새로 출발하려는 것을 막으려고, 죄의 물음을 교묘하게 조작해서 불리한 법적 상황을 만들어내는 것을 반대하는 경우를 말한다). 따라서 "결혼의 본질과 전체적인 부부관계에 대한 올바른 판단에 따라 결혼의 유지가 도덕적으로 정당화될 수 없는 경우", 입법자는 피고인과 피의자가 이의를 제기해도 그것을 고려하지 않을 수 있을 가능성을 염두에 두어야 한다(48조 2항).

여기에 덧붙여 언급하고 넘어가야 할 것은 죄의 관점을 고려하는 최소한의 법적인 요구는 마땅히 있어야 하지만, 그것이 최소한의 정도를 넘어서는 안 된다는 사실이다. 곧 임의로 맺어지고 조작될 수 있는 계약보다는 결혼의 "본질"이 훨씬 더 높은 가치를 가진 것으로 여겨져야 한다. 그 가치에 따라서 부부 중 상대적으로 죄가 가벼운 사람에 대한 권리도 가능한 한 보호되어야 한다(물론 세상의 법은 이것을 과제로 삼고 있다).

반대로 성격의 불일치(Zerrüttungsgesichtspunkt)라는 개념은 신학적으로 정당화될 수 없는 개념이다. 이것은 결혼을 하나의 제도로 (신학적인 의미에서) 법률화하려는 개념이다. 수정된 법률 48조는 법을 오용하는 예외적인 한 가지 경우를 제외하고는 피고가 된 부부 중 한 사람이 제기한 문제를 항상 중요하게 생각한다고 선언한다. 하지만 이런 개정된 법에 따르면 결렬된 결혼도 거의 자의적으로 유지될 수 있으며, 이혼이 법적으로 불가능한 나라들에서는 온갖 변칙적인 방법들(예를 들어, 비합법적인 "결혼"에서 생겨난 자녀들을 구제하기 위해 비합법적으로 이루어진 중혼과 같은 것)이 생겨난다.

어느 정도 한계가 있다는 사실이 인정되어야 하는, 결혼에 관한 가톨릭의 견해가 세속적인 법의 영역에 영향을 주었을 수도 있다. 세속적인 법에 반영된 가톨릭의 견해가 다른 교파들의 견해와 관련해서 검토되지 않는다면, 그것은 양심의 갈등과 잘못된 제도를 만들어낼 수도 있다. 개인적인 경우에 이런 양심의 가책을 이론적으로 피하는 것은 가능하지만, 실제로 이런 갈등을 피할 수 있는 법적 가능성은 거의 없다("법의 오용"으로 인해 법적 힘이 상실되는 것을 볼 수 있다). 가장 불행한 것은 이혼 문제에서 결혼의 현실적인 상황에 대한 물음이 고려되지 않고 있다는 사실이다. 인위적으로 유지되고 형식적으로 타당하게 여겨지는 거짓 결혼은 법적으로도 정당하지 않으며, 심지어는 처벌까지 받을 수 있는 사기와 같다.

그 밖에 법에 나타난 죄의 사상을 결혼이라는 개인적인 관계에 적용하는 어려움을 제쳐놓더라도, 결혼은 다른 경우와 비교할 수 없는 특별한 법적 형태를 취한다. 결혼은 법적 계약이다. 그러나 이 계약은 형법처럼 상호 간의 권리와 의무를 내용으로 가진 것이 아니라, 인격적인 질서의 관계를 맺는다. 결혼이라는 인격적인 질서는 권리와 의무를 내포한다. 이와 같이 결혼이라는 행위는 형식과 내용과 관련해서 법의 영역과 맞닿아 있다.

형식적인 측면에서 그 외의 모든 계약―사물적인 관계를 규정하고, 인격적인 질서와 관련 없는 계약―은 어떤 조건을 형식으로 제시한다. 그 조건에서 계약이 성립하며, 그 조건이 빠질 경우 그 계약은 소멸하거나 변경된다. 그에 반해 결혼은 결혼하는 남녀가 이러한 조건적인 의미에서 맹세하는 것이 아니다. 다시 말해 배우자 중 어떤 사람도 결혼을 깨지 않으며, 결혼에 방해되는 중대한 실수를 저지르지 않는 한에서만, 결혼 계약이 성립한다는 조건을 계약서에 집어넣지 않는다. 그러나 이혼법에는 그러한 가능성이 있다. 하지만 혼인계약 자체에서는 그 가능성이 고려되지 않는다. 결혼 계약에서 이혼의 사유를 논의하는 것은 가능하지 않으며, 그에 상응하는 과정도 확립되어 있지 않다. 따라서 이혼은 결혼 자체의 본질에 놓여 있는 가능성이 아니다. 다른 계약들은 고려될 수 있는 모든 가능성을 상정하고, 명시적으로 그럴 가능성을 일반적으로 언급한다. 하지만 우리는 결혼 계약이 그럴 가능성을 전혀 고려하지 않는다는 것을 분명히 알 수 있다. 이런 형태로 결혼 계약은 조건 없이 법의 영역에 다다른다.

결혼 계약은 법의 내용과 관련해서도 법의 영역과 맞닿아 있다. 적어도 기독교가 생각하는 결혼과 관련해서는 그러하다. 결혼 계약에서 일어나는 특별히 구분되는 특징은, "하나님께서 남자와 여자를 한 몸이 되게 하셨고, 이러한 연합을 이루는 과정에서 그분이 직접 일하신다"는 것이다.[9] 이런 개념이 우리의 세속적인 결혼법에 반영되어 있고 그것이 기억이나 전통 또는 오늘날의 보편적인 규범으로 나타나고 있어서, 결혼은 오늘날의 법의 형태에서도 결코 단순한 계약의 성격이 아니고, 그와 비슷한 다른 계약에서 도출될 수 없는 특권이 있다. 그것은 결혼 계약이 간단하게 철회될 수 없으며—배우자 두 사람의 동의가 있어도 철회될 수 없고—계약이 파기될 수 있는 토대가 무엇이든지 간에 결혼 계약은 어떤 조건도 포함하지 않는다.

법의 영역의 경계선과 맞닿아 있는 결혼 계약의 이런 예외적인 입장은 다음 사실에 기인한다. 곧 결혼한 두 사람의 연합 안에 놓인 손댈 수 없는 부분에 제 삼자가 개입한다고 여겨지는 것이다. 그 제삼자는 하나님이시다. 결혼 계약에서 그분의 이름은 공식적으로 언급되지 않는다. 하지만 그분은 많은 다른 암호와 상징에서 나타나신다(예를 들어, 그분은 도덕적 관점, 일반적인 양심의 기준, 전통이라는 규범, 서양 문화에서 통용되는 상식과 같은 것에서 나타나

---

9) Dombois, *Materialdienst* (1962), 1, p. 2.

신다). 하지만 하나님께서는 우리가 손댈 수 없는 것의 대표자로서도 항상 현재하신다.

따라서 우리는 아마도 재판관의 이혼 선고는 효과적인 조치로서의 의미가 있는 것은 아니고(마치 재판관이나 다른 사람이 결혼을 끝내는 것처럼 말이다), 선언적인 의미를 가진다고 말할 수 있다. 그러므로 이것은 다음과 같이 주장할 수 있다. 지금 일어나는 것은 타락한 세계에서 일어날 수 있는 가장 예외적인 상황이다. 곧 결혼이 깨어지고, 배우자 한 사람이나 두 사람에 의해 결혼이 좌초되었고, 그래서 두 사람이 분리되었다. 결혼은 가장 먼저 결혼을 시작했던 인격들에 의해서만 분리될 수 있다(결혼과 이혼의 경우 하나님의 이름이 다른 방식으로 판결과 관련된다. 결혼의 경우 하나님의 이름은 창조 질서의 주님과 관련된 것이고, 이혼의 경우 그것은 "긴급한 질서"의 주님과 관련된 것이다). 재판관은 단순히 이혼이 이루어졌다(또는 이혼을 부정한다)는 사실을 선언하고 이를 합법화한다. 하지만 재판관 자신이 실제로 "이혼을 시키는 사람"은 아니다.

13. 우리는 축복받은 결혼이 이혼에 이를 경우 교회가 협력하여 도와주기를 원한다는 사실과 그 이유를 일반인의 결혼 형태와 관련해서 다루었다.[10] 이것은 단지 목회상담과 관련된 것이었다. 부부는 혼인서약을 할 때 하나님의 축복을 요청하고 그것을 하나님께 받았다는 사실을 간과해서는 안 된다. 하나님의 이름으로 주어지는 축복이 선언되는 현장에서, 부부는 하나님의 축복에 근거한 삶을 살고, 결혼의 의무를 지킬 것과 하나님의 충고를 지혜롭게 받아들여 유혹에 빠지지 말아야 할 것을 요구받는다. 위기에 처한 결혼은 이러한 축복 아래에서만 보존될 수 있다.

이혼한 사람들이 재혼하는 경우, 교회는 재혼을 축복할 것인지, 하나

---

10) 참조. Schlatter, 위의 책, 400.

님 앞에서 재혼을 허용할 것인지에 대한 어려운 물음에 봉착한다. 교회가 초혼 이후 이혼한 사람들을 목회적으로 돕는 것은, 교회가 신중하지 못하게 결혼을 축복했고, 생각 없이 간단하게 축복을 반복한다는 생각을 어느 정도 막아준다.

1) 부연설명: 목사의 이혼

목회 사역을 감당하는 사람의 이혼이라는 문제는 우리가 추가로 다루어야 하는 특별한 문제다. 목회자의 직책은 만인제사장주의와 관련해서는 어떤 특별한 "특성"을 가지고 있지 않아서, 목회자가 어떤 특별한 규정 아래 있는 것으로 볼 수 없다. 그런데도 그가 이혼이라는 주제와 관련해서 어떤 특별한 취급을 받는 것은 다음과 같은 사실과 관련이 있다. 곧 목회자가 이혼하면 그의 사역, 특히 결혼식에서 거행되는 그의 축복이 믿을 만한 가치가 없는 것으로 여겨지는 위험이 발생한다. "죽음이 너희를 갈라놓을 때까지"라는 말에 담긴 의무를 이행하거나 충족시키지 못한 사람이 그런 말을 하는 것은 모순된 행동이다. 그리고 그는 교회의 축복이 인습적인 허례의식이라는 오해를 불러일으킬 수 있다. 만일 사람들이 목회자의 결혼 생활에 문제가 있다는 것을 알고, 그가 비난받을 정도로 잘못했다면, 사람들은 개인적으로 목사에 대해 분노할 뿐만 아니라 교회의 결혼 제도에 대한 존경을 상실할 것이다. 따라서 교회는 그 역할을 계속해 나갈 수 없게 된다. 다른 경우와 마찬가지로 이 경우에도 형식적인 법을 준수해야 할 뿐만 아니라, 목회상담의 책임을 져야 하는 교회의 가르침은 의심을 받는다.

그러나 비록 목사가 법적인 관점과 관련해서 "죄 없는 이혼"을 했더라도, 그가 계속 직분을 수행한다면, 그는 자신과 자신이 섬기는 교회를 시험에 빠뜨릴 수 있다. 이것은 경시될 수 없는 문제다. 법과 관련된 죄 없음의 개념에 대한 신학적 논의는 배제하더라도(우리는 이 문제에 대해서 앞에서 다루었다),

공적인 업무를 담당하는 사람은 "외부의 눈"을 고려해야 하기 때문이다. 이때 그것은 외식적인 것 이상의 의미를 가진다. 공적인 임무를 수행하는 사람은 자신에게 발생한 문제에 대해 그럴듯한 설명을 하거나, 이보다 더 중요한 것, 곧 자신의 사생활과 관련된 전후 사정을 모든 사람에게 보여줄 수 있는 상황에 있지 않다. 반대로 그는 자신의 사생활(이혼의 경우처럼)이 대중들에게 노출되는 위치에 처해 있고, 대중들이 그의 사생활을 마음대로 해석하고 자신에게 일어난 일의 전후 사정을 임의로 판단하는 일을 통제하지 못하며, 대중들이 자신의 직책과 자신이 전하는 메시지를 불신하는 것을 막을 수 없는 위치에 처해 있다. 그래서 그리스도인, 특히 영적인 일을 담당하는 그리스도인은 자신의 자유를 임의로 사용해서는 안 되며, 오히려 다른 사람에게 피해를 주지 않도록 배려해야 한다(고전 6:12; 10:23).

단순한 예를 들자면, 물론 목회자도 윤리적으로 문제가 될 수 있는 외설 영화를 볼 자유가 있으며, 그것을 봐야 할지 말아야 할지를 스스로 판단할 수 있다. 하지만 만일 그가 외설 영화를 봤을 때, 남들에게 그것을 본 이유를 설명하기는 쉽지 않을 것이다. 또한 그가 그런 영화를 보는 것으로 인해 생길 수 있는 오해의 소지를 막거나, 자신이 맡은 직무에 대한 불신을 해소하기도 어렵다. 그러므로 행동의 결과가 행동의 방향을 이미 규정하고 있어서, 목회자가 외설 영화를 보았을 때 대중들이 자신에 대해 불신하는 판단을 내리는 것은 그릇된 판단으로만 생각될 수 없다. 목사가 이혼하는 것은 우리 시대에 자주 일어나는 일이다. 또한 목사의 이혼은 시민적·법적으로 반하는 것은 아니지만, 우리가 앞서 살펴보았던 것처럼, 그것은 제어할 수 없는 상황에 부닥치고, 그와 함께 좋지 않은 소문, 곧 분명 교인들이 잠재적으로 그가 가진 성직을 의심하게 할 것이다.

다른 한편, 불행한 결혼 생활을 하는 목회자가 일반 그리스도인과 달리 자신이 가진 직분으로 인해 외견상 정상적인 결혼 생활을 유지해야만 한다면, 이런 모습은 영적으로 인정될 수 없는 율법적인 외식이 될 것이다. 아무도 목회자의 이런 율법적인 외식을 모른다고 할지라도, 그것은 복음이 문제 삼는 속임수와 거짓으로 발전할 수 있다.

그러므로 이런 경우, 곧 시민사회에서 법적으로 "무죄"인 경우라도 목사는 자신의 성직을 포기하거나 포기를 종용받는 상황에 직면한다. 항상 그런 것은 아니지만, 적어도 전근은 피할 수 없어진다. 그렇게 전근을 간, 알려지지 않은 새로운 환경에서 그는 적어도 예상되었던 제어 불가능한 요인들과 화를 면할 수 있기 때문이다. 그러나 우리는 비난받을 정도로 알려진 죄가 없는 이혼과 그로 인한 사역의 품위 때문에, 교회가 성직을 포기하는 목회자를 비방하거나, 목회자가 교회와 관련된 다른 영역에서 새롭게 일할 수 없다고 생각해서는 안 된다.

2) 부연설명: 일부다처제에서의 이혼[11]

선교지에서는 다음과 같은 질문이 반복적으로 제기된다. 곧 일부다처제로 사는 사람들의 세례와 관련해서, 특히 여러 부인을 데리고 사는 남자에게 세례를 주어야 하는지의 문제다. 우리가 잘 알고 있는 것처럼 이 문제는 주목할 만한 문제인데, 아직 뚜렷한 신학적 반성의 대상이 되지는 못하고 있다. 이런 문제는 즉흥적으로 답변이 제시되거나, 아니면 세례를 받기 위해 일부다처제를 포기하고 일부일처제를 받아들이도록 요구하는 교리적 형식주의의 문제로 남는다. 그러나 조직신학적 윤리학은 이런 공공연한 난제에 직면하여 "최종적인 답변"을 제시할 수 있는 능력을 보여주지 못한다. 최종적인 답변을 제시하기 위해서는—다른 모든 것은 별도로 하고—장소와 시간에 의해 결정되는 차이에 따른 사정을 면밀하게 검토할 만한 경험이 절실히 요구된다. 우리

---

11) 이에 대해서는 "일부일처제-일부다처제"에 관한 장을 참고할 것. *ThE*, §2045 이하.

는 지금 선교학과 관련된 매우 중요한 임무를 마주하고 있다. 이 문제를 해결하기 위해 결정적으로 중요한 몇 가지 신학적 기준을 제시하고자 한다.

첫째, 우리는 독일의 선교학자 발터 프라이탁(Walter Freytag, 1899-1959)이 저술한 (적어도 신학에서는) 결코 시대에 뒤떨어지지 않는『동방교회 개척에서 나타난 초기 기독교』(*Die junge Christenheit im Umbruch des Osten*, 1938)가 제시하는 몇 가지 강조점을 살펴보려고 한다.

1. 일부다처제는 기독교화 된 이후에 곧바로 금지되었다. 복잡하고 구조적으로 개혁하기 힘든 오랜 관습을 가진 사회도 일부일처제를 받아들였다. 이런 변화는 여성을 한 인격으로 대하면서 시작되었다. 부부 사이의 신뢰를 결속시켜주는 아가페가 일부일처제와 일치한다.

2. 인격적 결합은 돈을 주고 신부를 사던 관습이 거부되면서 나타났다. 신랑이 신부에게 주던 예물 또는 신부 대금(Brautpreis)은 기독교화가 이루어진 초기에도 여전히 다양하게 나타났다.[12] 교회는 그것을 공공연히 묵인했다. 그것이 결혼과 관련해서 일종의 안전을 보장했기 때문이다. 우선 신랑의 집안이 신부 대금을 신부의 집안에 지급하고 신부의 집안은 신부 대금을 받을 때, 그것은 결혼이 단순히 두 개인이 부부가 되는 것만이 아니라, 두 집안이 동맹을 맺는 것을 보여주는 상징을 의미한다. 그런 결혼 역시 좋고 나쁨을 넘어서, 그리고 기복이 심한 감정의 모순을 벗어나 객관적으로 본질적인 요소를 가지고 있다. 따라서 결혼은 개인을 넘어 공동체에 기초한다.

그러나 기독교화가 이루어진 이후, 신부 대금을 지급하는 행위가 시간이 흐르면서 점차 사라졌다는 것이 매우 중요하다. 신부 대금이 사라진 이유는 크게 두 가지다. 첫째, 신부 대금은 이기적인 것이며, 인격적인 용어로 이해될 수 없기 때문이다. 또한 돈을 많이 가진 사람이 신부 대금을 더 많이 지급할

---

12) Freytag, *Die junge Christenheit im Umbruch des Osten*, p. 240 이하.

수 있고, 당연히 그가 더 큰 권리를 갖게 될 것이다. 따라서 신랑은 자신의 인격이 아닌 소유자로서 신부의 배우자가 된다. 그래서 그는 자신의 아내를 구매한 물건으로, 자신이 그동안 모은 재산의 일부분으로 생각하고 결국 아내를 사고팔 수 있는 대상으로 이해하게 된다.

둘째, 기독교화가 이루어진 이후 배우자의 인격을 존중하고 신뢰에 기초한 결속이 생겼다. 그와 동시에 일종의 보조적인 법적 안전장치로서 작용했던 신랑과 신부 집안 간의 결속이 붕괴했다. 바울의 표현을 들어 말한다면(롬 5:20; 갈 3:19), 복음이 사람들을 자유롭게 할 때까지, 곧 두 사람이 아가페에 기초해 자유로운 관계를 형성할 때까지, 율법이 부부에게 "시행된다."

복음이 가진 인격성이 새로운 실존의 토대를 제공하도록 충분히 발전하지 않아서, 선교사들도 율법이 결혼 생활을 유지하는 일을 선교지에서 허용했다. 복음이 유효하게 되자마자, 집안이나 혈통이 더 이상 결혼의 책임과 지속을 보장해주는 것이 아니라, 이제 예수님의 몸에 접붙인 교회, 곧 인격 공동체가 결혼을 보장한다.

신부 대금의 문제는 우리가 다루는 주제, 곧 기독교를 받아들인 이후 일부다처제와 관련된 이혼의 문제와 관련해서 매우 중요하다. 다시 말해 신부 대금의 문제는 단순히 율법적으로, 무뚝뚝한 교리적 형태로 다룰 수 있는 문제가 아니다. 그것은 복음의 역사를 통한 성숙 과정이 필요하고, 그 이후의 경험을 통해 해결될 수 있다. 그 문제는 책임 있는 자유의 과제다. 따라서 우리는 그 관점에서 우리의 문제를 해결하고자 한다.

3. 생긴 지 얼마 안 된 그리스도의 교회가 그리스도의 인격성에 기초해서 오래된 일부다처제의 관습 및 종족구도의 혼인관습을 외면했던 것과 마찬가지로, 오늘의 신생 교회들은 정반대의 위험을 인식한다. 그것은 세속화된 서구세계가 자신들에게 강요하는 결혼의 위협이다. 필리핀의 동북부 고지에 사

는 어떤 교육받은 바타크족 사람은 다음과 같이 보고했다.[13] 신생 교회는, 기독교 이전의 비인격적인 결혼 형식을 반대한다. 그 바타크족 사람은 비인격적인 결혼 형식을 특별히 "극장 결혼"이라고 말했다. 그뿐만 아니라 신생 교회는 교회 내의 젊은 사람들이 따르는 현대적 경향의 결혼도 반대한다. 그 바타크족 사람은 다음과 같이 말했다. "에로티시즘이 결혼의 토대가 아니다. 그리스도인의 결혼은 더 깊은 어떤 것에 기초한다. 곧 부부간의 신뢰에 기초한다." 그는 그리스도가 지배하시는 양심 아래서 인격적인 원리가 출현한다고 말했다. 이런 양심은 부족의 오래된 전통, 곧 일부다처제 등과 같은 것을 반대하고 또한 서구의 에로티시즘을 반대한다. 그 바타크족 사람은 이것과 관련해서 다음과 같이 말했다. "우리 바타크족은 여전히 이전의 결속을 필요로 한다." 인격적인 관계를 확고히 할 만큼 강하지 못한 어린 그리스도인의 경우에는 기독교 이전에 있었던 부족의 법이 허용되어야 한다. 그 경우 다른 종교가 가져오는 에로스의 비인격적인 관계를 막을 수 있기 때문이다. 우리는 그의 주장을 이해할 수 있다. 이전의 종교적·부족적인 관계는 분명 세속주의가 보여주는 허무한 에로스보다 더 우월하다. 왜냐하면 그러한 관계는 최소한 결혼을 유지하는 법을 보유하고 있기 때문이다. 극장의 사랑은 감정과 이기주의라는 불안정한 성질의 지배를 받는다. 이제 복음의 힘 아래에서 성장하거나 쇠퇴해야 하는 것과, 법으로 제정되었지만 법에서 제거하면 안 될 것에 대한 주의가 필요하다. 새로운 삶―그리고 새로운 질서―은 하나님의 자녀들이 누리는 자유에서 생겨나야만 한다. 그렇지 않을 경우 하나님의 자녀가 아니라 노예가 생겨나올 수 있다. 만일 그렇게 되면, 대부분의 기독교 질서가 하나님과 인간 사이의 새로운 교제를 표현하는 것이 아니라, 오히려 교제를 침해하고 내부에서 그것을 파괴할 것이다.

---

13) Freytag, 위의 책, p. 242.

그렇다면 우리는 선교지에서 볼 수 있는 일부일처제와 일부다처제의 문제를 결정할 수 있는 다음 결론을 끌어낼 수 있다.

1. 일부일처제는 율법이 아니라 복음 아래서 생긴다. 일부일처제를 향하는 사람들의 성향은 사람들이 그리스도 안에서, 그리고 아가페 안에서 성장하고, 다시 사랑을 이해하는 것에 비례해서 성장한다.[14]

2. 만일 이런 개념이 정확하다면, 그것은 세례를 받을 대상자들의 일부다처제 문제와 관련해서 주목할 만한 매우 중요한 개념이다. 일부일처제는 "율법"으로 이해될 수 없고, 또한 우리가 성경적으로 명확한 지침이라고 확인할 수도 없으며, 오히려 그것은 기독교 전통(영적 근거를 가진 전통)이기 때문에, 일부일처제가 그리스도인이 되는 데 필요한 필수불가결한 조건은 아니다(이것은 우리가 판단할 수 없는 어떤 특별한 예외적인 상황과 관련해서 이야기될 수 있다).

일부일처제가 율법이 아닌 복음에서 나왔다는 사실은 그것이 "열매"로 성장해야만 한다는 것을 의미한다. 그것은 복음에 의해 규정된 아가페에서 생긴 것이다.[15] 선교의 임무는 일부일처제를 설교하는 것이 아니라 오히려 복음을 선포하는 데 있다. 물론 선교사들은 미전도 종족이 복음을 받아들이면서, 일부일처제를 받아들이기를 기대한다. 만일 복음을 선포하면서 일부일처제의 문제가 등장한다면, 그것은 아가페가 의미하는 것과 아가페의 결과가 어떤 것인지를 구체적인 용어로 설명해야 하는 하나의 예가 등장한 것이다.

3. 만일 일부일처제가 오직 복음을 선포하면서 나오는 일종의 부산물이고, 그래서 그리스도교적 실존에 속한 하나의 구성요소가 되어야 한다면, 일부일처제는 성숙의 목표로 이해되어야 한다. 하지만 일부일처제가 그리스도

---

14) 이러한 성숙에 관하여, 엡 4:15; 벧후 3:18; 그리고 *ThE* I, §1097 이하, R. Hermann, 『루터의 논제』(*Luthers These*), "의와 죄"(Gerecht und Sünder zugleich), 1930, p. 234 이하를 참조하라.

15) 이러한 "성장"의 의미에 대해서는 *ThE* I, §254 이하를 참고하라.

인이 되는 조건이 되어 세례의 행위와 연결된다면, 그것은 율법의 특성을 갖게 된다. 이럴 때 율법은 사람을 죽인다. 복음이 새로운 것을 성장시키고 "유기적으로" 발전될 수 있는 신뢰의 공간을 남겨두는 대신에, 율법은 옛 질서를 파괴하기 때문이다. 우리는 율법과 복음을 구별하지 못한 방법, 곧 기독교 고유의 전통과 유럽 국가들의 전통을 혼합하여 제시한 어떤 특정한 선교 방법들이 얼마나 파괴적인 결과를 가져왔는지를 잘 알고 있다. 일반적으로 토착민들의 전통에 가해진 이런 종류의 비합법적이고 비기독교적인 폭력은 토착민들 2세대, 3세대가 기독교에 맞서 지속적으로 폭동을 일으키게 했다.[16]

4. 더욱이 일부일처제가 그릇되게 그리고 부정의하게 율법의 차원에 놓인다면, 그것은 아가페에게 폭력을 행사하고 아가페가 가진 규범적 특성을 빼앗는다. 다음과 같은 사실이 그 증거다. 곧 일부일처제가 율법의 지배 아래 놓인다면, 일부일처제의 의미와 내용은 뒤바뀐다. 다시 말해, 일부일처제는 실존하는 혼인관계와 책임을 파괴하는 폭력적인 힘이 된다.[17]

이것은 선교현장에서 아주 구체적으로 드러난다. 만일 일부일처제가 세례의 전제조건이 된다면, 그것은 일부다처제의 결혼 생활을 하는 세례대상자가 한 명의 아내를 남겨두고 다른 모든 아내를 떠나보내야 함을 의미한다. 가장 젊은 아내는 남겨두고, 다른 나이 든 아내들은 쫓아내야 하는지와 같은 유혹을 세례 대상자에게 주는 문제는 제쳐놓고, 그런 요구는 집을 떠나야 하는 아내들에게 무자비한 고통을 준다. 현존하는 대부분 부족의 구조 속에서 집을 떠나야 하는 아내들은 남편과 어떤 관계도 다시 맺지 못하거나 어떤 보호도 없이 버려진다. 그리고 대부분의 경우 창녀로 전락한다. 더욱이 세례의 요구는 일부다처제가 가진 모호한 특성에도 불구하고 그것이 발전시킬 수 있는

---

16) Søe, 위의 책, p. 294 이하를 참조하라.
17) *ThE* I, §552 이하, §624 이하, W. Joest, 『법과 자유』(*Gesetz und Freiheit*, 1956), 21 이하를 참조하라.

부부 사이의 내적 결속도 없앨 것이다.

5. 따라서 다음과 같은 것이 현실적으로 유일하게 가능한 일반적인 규칙으로 여겨진다. 곧 현존하는 일부다처제는 세례대상자가 세례를 받을 때, 그가 자신의 일부다처제 결혼을 해체하는 것이 정당한지, 정당하다면 어느 정도 정당한지를 결정하는 문제는 세례 대상자의 자유에 맡겨야 한다. 결혼하지 않은 세례 대상자는 복음 아래서 작동하는 성숙한 법과 관련해서 일부다처제를 허용하지 않는 질서를 의무로 따른다. 이것은 복음의 선포가 세례와 함께 주어지고, 그것은 결과적으로 일부일처제의 의미를 이해했다는 것과 이에 더하여 아가페에 근거하는 기독교의 인격성 개념에 대한 한 가지를 예시하는 것을 전제한다.

결론적으로 우리는 민족학적으로 규정된 인간론의 관점에서 여기서 제시한 일부일처제의 개념에 반대하는 한 가지 이의제기를 생각해 볼 수 있다. 즉, 민족학적인 사실은 남성과 여성이 다른 성향을 가졌고, 남성은 일부다처제의 성향을, 여성은 일부일처제의 성향을 가졌음을 보여준다는 것이다. 그러나 이런 사실은 의심할 여지없이 남성과 여성의 본성과 행동에는 대단히 변하기 쉬움과 가변성이 있다는 것도 보여준다.[18] 무엇보다 매우 다양한 관습들이 있다! 우리는 남녀가 가진 특수성, 특히 여성의 특수성은 인격이라는 특별한 개념에서만 나온다는 것을 보여주면서, 그런 반대 의견을 반박할 수 있다. 개체성이 아직 형성되기 전에는 개성에 대한 인격적 속박은 별로 날카롭지 않다. 그때는 당연히 개인화된 불멸성의 이론도 생기기 어렵다.[19] 개체성이라는 개

---

18) 에로스와 아가페에 관한 장; Margaret Mead, 『세 원시사회에서의 성과 기질』(Sex and Temperament in Three Primitive Society, New York: William Morrow & Co., 1936), W. G. sumner, 『사회과학 I』(The Science of Society, New Haven: Yale University Press, 1927), Vol 1을 참조하라.

19) W. Baetke, 『게르만의 존재양식과 믿음』(Art und Glaube der Germanen, Hamburg, 1934), p. 250 이하를 참조하라.

념은 물론 기독교 밖에서도 생겨날 수 있다. 하지만 인간의 "낯선 존엄성"이나 독일 신학자 아돌프 폰 하르낙(Adolf von Harnack, 1851-1930)이 말한 "인간 영혼의 무한한 가치"라는 것이 아가페라는 규범 아래에서 생겨난다는 것은 대단히 확실하다.

2. 재혼

첫째, 교회가 이혼한 사람들의 재혼을 승인하고 결혼식에서 그들을 축복해야 하는지에 대한 문제는 교회가 이혼의 가능성을 긴급한 질서라는 의미의 한계상황으로 인정할 것인지에 달려 있다. 예를 들어, 어떤 경우 두 사람을 결합시킨 것은 하나님이 아니었고, 오히려 연인들이 잘못해서 또는 조심하지 않고, 실수로, 맹목적으로 결혼했다. 그런 경우에 그들은 창조 질서에 대해 죄를 범하면서 그들 스스로가 하나로 결합한 셈이다. 우리는 이런 가능성이 한계상황임을 보여주려고 노력했다.

둘째, 이혼한 사람들의 재혼에 대한 교회의 승인은 예수님과 초기교회가 의문시한 부정적 태도를 극복할 수 있는지에 달려 있다. 우리는 앞에서 주석적인 설명을 하면서, 남편에게 버림 받은(이러한 이혼의 형태는 역사적으로 각각의 시대와 관련이 있다) 여자의 결혼이 부정될 때 복음이 추구하는 의도에 주목했다. 만일 어떤 남자가 간음한 이유로 이혼한 여자와 결혼한다면, 그는 자신의 결혼으로 그녀가 저지른 행위를 용인해주는 것이다. 만일 그가 임의로 이혼당한 여자와 결혼한다면, 그는 자신의 결혼을 통해 어떤 불법적인 상황을 괜찮다고 인정하는 것이다. 간음 자체만이 간음을 인정한다.

따라서 그와 같은 재혼의 죄는 그것이 그 자체로 창조 질서와 일치하지 않는다는 사실에 근거하지 않는다. 반대로, 이런 식의 의문 제기는 조금도 등장하지 않는다. 재혼의 죄는 오히려 다른 데에 있다. 곧 결혼을 파괴하는 간음이나 아내를 임의로 버리는 것에 의해 창조 질서를 파괴하는 데 있다.

재혼을 금지하는 법적 구속력은 완전히 다른 조건, 곧 완전히 달라진 이혼법과 관련이 있다. 달리 말해 옛 판결은 초혼 파괴를 죄로 인정하는 데, 재혼이 이런 옛날의 판결에 지배받는지가 문제다. 오직 이것만이 신학적으로 적합한 질문이다. 어쨌든 그것은 초기교회에서 널리 행해지고, 그 시대의 특별한 조건이 부분적으로 나타나고, 어떤 특정한 목적을 위해 의도된 모든 "율법주의적인" 이해의 법칙을 배제한다.[20] 그것은 또한 필연적으로 율법주의로 이어지는 신학적으로 정당화되지 않는 결혼의 존재론도 배제한다.[21] 정당하지 않은 결혼의 존재론은 율법주의로 이어진다.

국가가 이혼한 사람들도 새로운 결혼을 시작할 수 있다고 법으로 허용한 권리가 재혼보다 앞서는 이혼을 도덕적으로 인정하는 것인지, 인정한다면 어느 정도 인정하는지를 살펴보는 것은 지금 필요하지 않다. 비록 이혼이 결혼을 파괴하는 죄의 결과이지만 말이다. 법이 일반적으로 완전하지는 않지만, 최소한이라도 죄의 개념을 타당한 것으로 수용하고, 이혼한 사람들을 죄인이라고 말할 수 있는 권한을 가진다면, 법은 이혼이나 결혼과 반대되는 것(예를 들어, 별거)을 인정하고 이혼을 단순히 혼인 서류를 백지상태(*tabula rasa*)로 되돌려놓는 개념으로 생각하는 것을 막는 어떤 방파제를 법의 영역에 세울 것이다. 법이 허용하는 이혼은 그것 자체에 윤리적인 정당성까지 포함하지는 않는다. 사회가 이혼한 사람에게 가지는 선입견―때에 따라 다르겠지만 부정의하거나 바리새인과 같은

---

20) "오늘날의 교회가 정해진 상황과 경우들에서 초대교회가 공적으로 허용하지 않은 두 영원히 타당한 법조문처럼 강요될 수는 없기 때문이다. 초대교회는 예수님의 말씀을 그런 것으로 곡해했다." G. Bornkamm, 위의 책, p. 285를 참조하라.

21) F. K. Schumann, *RGG*, 3. Aufl., II, Sp. 338.

사람으로 생각되기도 한다—은 법적인 것과 윤리적인 것을 분리해서 생각한다는 징표다.

따라서 법이 초혼과 관련한 이혼을 도덕적으로 인정하는지, 재혼을 허가하면서 초혼에 일어난 죄를 인정하는지의 문제는 쉽게 긍정적으로 대답할 수 있는 문제가 아니다.

하지만 우리의 문제는 그게 아니다. 오히려 문제는 **교회**가 재혼을 하나님이 허락하시고 하나님 앞에서 맺어질 수 있는, 그래서 그분의 이름으로 축복받을 수 있는 결혼으로 인정할 수 있는지의 질문이다. 나아가 교회가 재혼을 인정하는 경우, "반복된" 축복 행위로 인해 축복의 가치가 상실되는 것에 대해 어떤 조처를 취할 수 있는지가 문제다.

이 문제에 대한 답변은 신약성경이 비난하는 행동과 관련된 이혼한 사람들의 결혼을 축복하는 것이 재혼에 선행하는 이혼을 "인정하는" 결과가 되어야만 하는지, 그래서 교회가 의문스러운 사실들 위에 서게 되는 것인지에 달려 있다.

이 물음을 이론적으로 제기하기는 상대적으로 쉽지만, 실천적으로 대답하기는 어렵다. 그것은 이론적으로 쉬운 것은, 교회는 자신의 존재와 동반하는 선포를 통해 원칙적으로 재혼의 축복을 막을 수 있고, 초혼에 앞선 이혼을 창조 질서의 심판 아래 둘 수 있다고 생각되기 때문이다.

독일 괴팅겐 대학교에서 실천신학과 조직신학을 가르쳤던 볼프강 트릴하스 (Wolfgang Trillhass, 1903-1995)[22]는 이러한 주장을 반박한다. 그는 "실제적인 경우와 관련해서 개인이 지속할 수 없는, 결혼 생활이 파경에 이르는 불가피한 사정"을 인정한다. 그뿐만 아니라 "이혼한 사람의 재혼도…부정되어서

---

22) Bornkamm, p. 269.

제4강 이혼과 재혼 **341**

는 안 된다"고 말한다. 하지만 트릴하스는 "이혼한 사람의 결혼이 마치 기독교적인 규칙과 의미를 따르는 결혼처럼 교회의 승인"이 필요하지는 않다고 주장한다. 이혼한 사람들의 결혼은 오직 그것이 기독교적 결혼이라고 규정되지 않을 때만, 허용될 수 있다.

이러한 입장을 지지하기 위해서 트릴하스는 주석적인 근거(이것은 해석학적으로 살펴본 것은 아니다)에 더하여 다음과 같은 중요한 주장을 한다. 곧 결혼은 파괴될 수 없는 것이므로, 실제로 존재하는 유일한 방법은, 비록 법이 결혼을 해체했지만 결혼을 계속 지속하는 것으로서 "별거"가 있다는 것이다.[23] 그래서 그는 "이혼"(Scheidung)과 "별거"(Trennung)를 구분하는 가톨릭의 입장을 옹호한다. 물론 그는 가톨릭과는 다른 이유를 가지고 있지만 말이다. 이런 방식으로 화해의 가능성이 열린다. 하지만 화해는 "이혼한 사람이 다른 사람과 결혼하자마자 근본적으로 그리고 영원히 차단된다."[24] 결국 이혼한 사람의 재혼은 엄밀한 의미에서 별거를 이혼으로 만드는 것이다. 이 사실은 교회가 재혼을 승인하면 안 된다는 것을 보여준다. 왜냐하면 그것은 되돌릴 수 없는 이혼을 인정하는 것과 같기 때문이다. 재혼이 초혼과 관련한 이혼을 최종적으로 확정하는 것이라는 트릴하스의 주장은 의심할 여지없이 옳다. 하지만 그런 확정이 없다고 해서 화해의 가능성과 (법적 이혼 이후에) 초혼의 회복과 소생이 실제로 남아있다고 추정하는 것은 비현실적이라고 생각된다.

초혼이 "치유 불가능"할 정도로 파괴되었다고 확신할 때, 교회는 분명히 이혼을 "승인"할 수 있는 자유를 가지고 있다. 그리고 이러한 진단을 내리기 위한 결정적인 확실성이 제시될 수 있는 경우와 없는 경우가 있다. 예를 들어, 제삼자의 개입을 통해 결혼이 파괴되고 그로 인해 재혼이 성립되는 빈번한 경우가 그러하다. 이 경우에 "죄 없이" 이혼한 결혼 상대자가 재결합하는 것

---

23) 위의 책, p. 268.
24) 위의 책, p. 269.

이 불가능할 경우, 곧 재혼을 반대한 트릴하스의 주장대로 될 경우, 우리는—기독교적으로 이해되는—새 결혼을 영원히 반대할 수 있는가?

우리가 이러한 상황에 대해 언급하는 것은 공허한 결의론 때문이 아니다. 트릴하스가 제기한 논지는 나름대로 신학적인 입장을 가지고 논의될 필요가 있다. 다시 말해, 그의 문제 해결 방식이 정말로 현실적인 재결합의 가능성을 염두에 두고 이혼자의 재혼 승인을 차단하려는 것인지(재결합이 더는 논의될 수 없을 때, 그는 자신이 앞서 언급한 경우를 승인해야 한다), 아니면 그가 앞에서 프리드리히 카를 슈만(Friedrich Karl Schumann, 1886-1960)이 자신의 견해와 관련한 근거를 제시하기 위해 고안한 "결혼의 존재론"—우리는 이와 관련해 주석적 의문점을 제시하려고 했다—을 말한 것인지 분명하게 구분해야 한다.

이론적으로 교회는 이혼한 사람들의 재혼을 축복하면서 "값싼" 승인을 하고 창조 질서를 부정한다는 수치스러운 인상을 목회자들의 설교와 목회상담을 통해 차단할 수 있다고 생각한다. 하지만 실제로 이것을 실현하는 데는 많은 문제가 있고, 그것을 일반적인 교회 법규들 안으로 통합하는 것이 어렵다는 것을 인정해야만 한다.

이 문제에 대한 결정은 (앞서 논의한 것처럼) 우선 초혼이 파경에 이른 책임은 일반적으로 부부 **두 사람**에게 근거한다는 전제에서 시작해야만 한다. 그때 부부 두 사람 사이에 있는 과실의 비율을 같다고 말하거나 두 사람 중 오직 한 사람에게만 잘못의 책임을 돌리는 일은 극히 드물다. 마찬가지로 유죄와 무죄와 관련된 가정법원의 판결은 우리에게 결혼의 파경과 관련된 올바른 정보를 주지 못한다. (단순히 법적 관점을 넘어서는) 윤리적 관점에서 "죄 없이" 이혼당한 사람이 자신의 배우자와 재결합을 원하는 매우 예외적인 경우를 제외하면, 교회는 결혼이 파경에 이른 책임이 항상 부부 두 사람에게 있다는 전제에서 출발해야 한다. 따라서 교회는 부부 중 한 사람에게만 유죄를 인정하는 법적 판단을 자신의 판단 근거로 채택하지 않을 수 있다. 비록 나중에 두 사람 중 한 사람에게만 이혼한 죄의 원인이 있다고 밝혀지더라도 말이다.[25]

하지만 교회가 재혼을 축복할 수 있는지의 결정이 위의 전제에서 시작한다면, 그때 교회는—사람들이 교회가 재혼을 축복하고 승인하는 것을 미심쩍게 여기도록 만들지 않고서는—결혼이 하나님이 만드신 창조 질서를 완수하는 데 실패하고, 하나님께서 초혼에서 선언하신 축복이 인간의 죄로 파괴되었다는, 걸림돌이 되는 문제를 건너갈 수가 없다. 교회는 어떻게 이 문제를 극복할 수 있을까?

이 질문을 토대로 만들어진 연구서[26]는 명백한 교회적 법규를 추천하는 경향이 있다. 한편으로 교회의 법규는 부부가 초혼에서 있었던 죄에 대해 인정하고 회개할 수 있도록 재혼하는 사람들에게 목회상담을 제안한다. 목회자가 재혼하는 부부와 개인적으로 목회상담을 하는 것임에도 불구하고, 이것은 교회의 승인이기 때문에 목회자 개인에게 유일한 책임이 있다고 말하지 않는다. 이런 대책을 제시하는 이유는 결혼 당사자들이 원하는 축복의 가치가 "인간적인 약속"이나 나아가 "인간적 관계"로 규정

---

25) 재혼을 축복하기에 상대적으로 문제가 없어 보이는 무죄의 경우와 관련해서 『재혼상담을 위한 지침서』(Entwurf für eine neue Trauungsagende, 5 Landeskirchentage Württ., Beilage 14, Nov. 1955, 이하에는 AG로서 인용할 것임, 95)는 다음과 같이 언급한다. "전쟁 중 결혼한 부인이 오랫동안 전쟁 포로로 잡혀 있는 남편으로부터 멀어져 이혼하려고 할 때, 돌아온 남편은 이 결혼의 파괴에 죄가 없으며, 재혼을 원할 수 있다. 또는 어떤 남편이 나쁜 의도로 자신의 가정을 떠나 외국으로 사라졌을 때, 남겨진 부인은 자식들에게 더 좋은 부양자를 얻을 수 있다. 또는 어린 소녀가 부모에 의해 나이 많은 남자와 강제로 결혼하고, 그 남자의 이기주의로 인해 관계가 끊어질 때 소녀는 다른 남자와 재혼할 수 있다. 또는 부부 한쪽이 치유할 수 없는 정신병으로 인해 현실적인 결혼 생활을 할 수 없을 때도 재혼할 수 있다."

26) 이러한 숙고는 앞서 말한 AG와 그 밖에 수많은 문서가 있지만, 그 외에 무엇보다 루터교 통합 공의회(VELKD)에서 1953년 공포되고, 같은 해 루터교 사제회의에서 채택된 "기독교적 결혼과 교회 결혼식에 관한 기독교적 삶의 지침"에 잘 나와 있다(VELKD의 소식지, 1953년 5월, 63). Luther, Rundbl. 1954, 6/7, 79 이하를 참조하라.

되었다는 인상을 피하는 데 있다. 교회의 책임 대신에 목회자 개인의 임의적인 판단을 중요하게 생각한다는 오해 이외에도, 우리는 인간의 연약함을 언급할 수 있다. 인간적인 연약함으로 목회자도 심각한 도덕적인 압박이나 사회적인 압박을 받을 수 있는 상황에 부딪힐 수 있다. 그뿐만 아니라 그는 재혼한 사람들에게 "인간적으로, 너무도 인간적으로" 공감할 수 있는 상황에 직면할 수도 있다.

결혼의 축복은 사람들이 출석하는 "각" 교회의 제도적인 활동이어서, 결혼한 사람들을 축복하는 행동은 율법 및 복음과 관련된 사실일 뿐만 아니라 또한 교회의 행위라는 사실이 약화될 수 있다. 그래서 축복하는 행위가 목회자 한 사람의 결정이 아니라 교회, 곧 예수 그리스도의 공동체의 결정이라는 것을 사람들에게 분명히 알리는 일이 필요하다. 그렇게 알리는 것을 어떻게 현실화할 수 있는지에 대한 물음, 곧 회중교회의 위원회나 교회의 최고 결정권자가 축복을 승인하는 데 참여해야만 하는지의 질문은 부차적인 물음이며, 근본적인 숙고의 대상은 아니다.

목회상담에서 진행될 대화의 방향과 재혼과 관련된 교회의 법적인 "승인"을 결정하는 문제에 대한 신학적 입장은 분명하다. 하지만 초혼과 관련된 죄의 용서를 구하는 기도, 죄에 대한 고백, 죄 사함의 선언 등에 특별히 예식적인 행위가 필요한지의 물음은 답변하기 몹시 어렵다.[27]

이 문제가 어려운 이유는 그에 대한 일반적인 형식이 반드시 있어야 할 뿐만 아니라, 아주 특이한 어떤 경우에 대해서는 다만 조건적으로 적용할 수밖에 없기 때문이다. 그러나 모든 죄의 고백은 희화화되거나 비양심적으로 행해져서는 안 되며, 단지 일반적인 형식으로 고백되어도 안 된다(이런 경우 죄의 고백은 교회의 예배에서 가능해진다. 일반화된 진술을 특별한 상

---

27) 이를 위해 *AG*는 하나의 형식을 제공한다. p. 98.

황에 적용하는 것은 신자 개인에게 맡겨진다). 아니면 죄의 고백은 특별히 개인적인 삶만을 드러내는 것일 수 있다(이런 경우는 참회의 형식으로 나타난다). 이런 두 가지 형식이 하나로 혼합되는 것은 특별한 경우를 위해서만 필요하고, 다양한 개별적인 경우를 위해서는 적합하지 않아 원칙적으로 잘못된 것이다.[28] 이런 방향에서 만들어지고, 그렇게 형식화되어 거행되는 실험적인 예식은 분명히 행하여지지 말아야 하는 것이다.

따라서 교회가 이혼한 사람들의 재혼을 축복하기 위해 의무적인 조건으로 유일하게 고려할 수 있는 것은 교회의 다른 기능으로부터 시작되는 목회상담이다. 물론 목회상담은 죄의 고백을 차단하지 않는다. 목회상담은 축복을 원하는 남녀가 이전에 결혼을 파괴한 죄를 고백하고 용서를 구할 준비가 되었을 때, 시작할 수 있다. 목회상담은 개인적인 죄의 고백을 확증하는 시간이 되고, 제삼자가 참여하는 특성을 가진 "결혼(초혼)상담"과는 다르다. 그래서 그것은 죄의 고백과 죄 사함이 모호한 일반화의 차원에 머무르지 않도록 한다.

이혼한 사람들이 자신들의 과거를 참회하고 용서받은 새로운 삶을 시작할 가능성을 상징적으로 보여주는 방식은 그들이 재혼하기 전 성찬식에 참여하는 것이다. 재혼하는 사람들은 성찬식에서 일반적인 형식으로 죄를 고백할 수 있다. 이것은 목회상담에서 분명하게 죄를 고백하는 것과 관계가 있다. 하지만 성찬식에 참여해서 죄를 고백하는 것은 의무가 아니라 단지 권고의 대상이다.

교회에 결정적인 것은 재혼과 관련한 축복이 결혼과 관련된 교회의 메시지의 신뢰성을 해치지 말아야 한다는 것과, 그렇기 때문에 재혼의 축복은 분명한 유보 조건 아래서만 행해져야 한다는 것이다. 하지만 누군가

---

28) 나 역시 이 경우에 그렇게 제안된 형식을 적용할 수 없다고 생각한다.

가 교회에 그런 조건을 수행한 증거를 공개적으로 제시하라고 요구하기란 불가능한 일이다. 오히려 그러한 유보 조건의 실행 여부에 대한 요구는 재혼하는 한 쌍에 대한 상징적 행위에 제한되어야만 한다. 그러한 유보 조건을 실행한 특수한 경우를 공표하면서 그것이 결혼의 파기 불가능함을 보여주는 것이라고 말하는 것은 국가교회에서는 분명히 불가능하다. 왜냐하면 "우리 교회의 상황이 그리스도인들에게 바리새인과 같은 교만을 가져오지 않는, 영적으로 아주 성숙한 이해를 과연 전제하고 있는지"가 매우 의심스럽기 때문이다.[29]

이런 점에서 볼 때, 루터교회의 "삶의 지침"에서 나오는 중요한 진술 중 하나는 성경적 관점에서는 물론 (그 진술은 바울이 고린도전서 7:12 이하에서 주장하는 것처럼 이혼하는 것과 이혼을 당하는 것의 차이를 명확하게 구분하지 않는다. 바울은 이혼을 당한 자에게 구애[拘礙]받을 것이 없는 자[οὐ δεδούλωται, 고전 7:15]라고 확신시키고 있다), 위에서 트릴하스가 동일하게 제기한 물음처럼, 결혼의 분명한 근거가 되는 "결혼의 존재론"과 관련해서도 문제가 된다. 그 진술은 다음과 같다. "교회는 다음과 같은 사실을 입증해야만 한다. 곧 성경은 이혼한 사람들이 자신들의 초혼관계로 다시 돌아가거나, 아니면 결혼하지 말 것을 요구하고 있다. 그래서 교회가 이혼한 사람들의 결혼을 부정하는 것이 규칙이 되어야만 한다." 그러나 이런 진술은 결코 루터교회의 전통에 따른 것이 아니다. 오히려 그것은 교황의 권위와 수위권에 대한 조항에 나와 있는 진술을 기억나게 한다. 그것에 따르면, "죄가 없는 사람이 이혼 이후 재혼을 하지 못하도록 하는 것은 잘못된 전통이다."[30] 슈만은 이러한 진술을 분명히 따르고 있다. "죄 없이 이혼한 사람의 새 결혼을 금지하는 것이 '부당'한 것이라

29) *AG*, p. 97.
30) *LBK* 494 이하.

면, 사람들은 그 사람이 새 결혼을 위해 교회에서 결혼식을 올리는 것을 원칙적으로 거부할 수 없을 것이다."[31] 어떤 경우에서든 이 진술은 우리가 앞서 다루었던 예방책과 관련해 타당한 것으로 여겨진다. 루터는 "그리스도인의 결혼 축시"(christlich epithalamion)에서 이와 유사한 것을 표현한다(이것은 루터가 1523년 작센 주의 세습장군인 한스 뢰저[Hans Löser]와 그의 부인 우르술라 포르치히[Ursula Portzig]의 결혼을 위해 지은 "결혼 축시"로, 고린도전서 7장을 해석한 것이다). "배우자가 상대 배우자에게 비기독교적으로 살 것을 요구하거나, 그와 이혼하려고 할 경우, 그는 상대 배우자에게 사로잡혀 있어서는 안 되며, 그와 결합해서도 안 된다. 그가 상대 배우자에게 사로잡혀 있지 않으면, 자유롭게 벗어날 수 있다. 자유롭게 벗어나 있으면, 그 배우자가 죽은 것처럼 여기고 자신도 변화시킬 수 있다."[32] 그는 이와 같은 것을 1530년에 저술한 『결혼에 관하여』(Von Ehesachen)에서 말하고 있다. "따라서 나는 부부 중 한 사람이 결혼을 파괴하고, 다른 한 사람이 이혼해 자유롭다는 것이 확인되면, 그 다른 한 사람이 또 다른 사람과 재혼할 수 있다는 것을 막을 수 없다."[33]

프로이센의 일반법과 프로이센 교회 당국의 태도는 법적·교회적으로 이혼한 사람이 재혼할 때 현명한 대처를 할 수 있도록 중요한 지침을 준다.[34] 프로이센 국가법[35]에 따르면 죄가 없는 사람뿐만 아니라 죄가 있는 이혼자도 국가의 특별한 허가 없이 재혼할 수 있다. 하지만 죄가 있는 사람은 이혼했던 그 사람과는 결혼할 수 없다. 그러나 1803년 3월 15일의 칙령은 다음과 같이 규정하고 있다. "이럴 때 추기경은 현명한 사면권"을 행사할 수 있으며, 이때 그 사면권은 "비도덕성의 사면을 통해 좋은 결과에 이를 수 있는지"에 대

---

31) 위의 책, SP, 338
32) WA 12, 123.
33) WA 30, 3, 241.
34) 이것과 관련된 논의에 대해서는 Anneliese Sprengler, 위의 책 II를 참조하라.
35) Preuß. Landr. Tit. 1 Tl. II, 732.

한 판단에서 도입되어야 한다.[36] 여기서 중요한 것은 일반적인 기준이 법적으로 확정되었다는 사실이다. 예외적 경우의 승인이 일반적인 기준을 약화시켜서는 안 되며, 그것은 성직자의 특별사면에 근거해야 한다. 법은 질서의 관점을 중요시해야 하며, 비도덕성의 범람을 억제할 수 있어야 한다. 예외적인 사면으로 인해 일반적인 기준이 파괴될 때에는 법적인 관점을 적용해야 한다.[37]

목회상담과 교육적인 기준을 중요하게 여기는 교회의 지침도 이런 문제를 해결하기 위해서 그와 같은 법적 규정의 틀 안에서 움직이고 있다. 이에 대해 1856년 2월 11일에 열린 베를린 개신교 상임자문위원회는 다음과 같은 지침을 준다. 곧 우리는 16세기의 이혼의 모델로 갑자기 돌아갈 수는 없다. 오늘날의 윤리적 상황을 고려하는 신중한 교육이 있어야 한다. 잘못하면 이전 상황처럼 될 수 있다. "이에 따라 제시된 방법은 결코 추상적 규범이어서는 안 되며, 병의 치유를 위해 구체적인 개별사례들에 적용될 수 있을 뿐만 아니라, 미래를 고려한 것이어야 한다."[38] 이것을 위해 교육에 대한 관심이 점점 높아지고 있다. 교리적인 문제를 윤리적인 상황에 적용할 때, 항상 교육이 고려되기 때문이다.

이러한 근본적인 노선을 따라서 1859년 2월 15일 추기경 회의는 회칙[39]을 공포했다. 우선 그것은 "엄격한 방향"을 제시한다. 이 방향은 성경에 기초해서 오직 간음과 악의적으로 배우자를 버리는 행위를 이혼의 사유로 인정한다. 하지만 법령은 다른 방향을 제시한다. 그 방향은 물론 "하나님의 말씀에 순종한다. 하지만 우리는 하나님의 말씀에서 율법이 아닌 지혜롭고 온유

---

36) P. 270, P. J. Vogt, 『프로이센 왕국에서 가톨릭과 개신교의 교회법과 결혼법』(Kirchen und Eherecht der Katholiken und Evangelischen i. d. Königl. Preuß. Staaten, 1857), p. 20 이하에 나온 칙령에 관한 부록에 기록되어 있다.

37) 『신학적 윤리학』에 나오는 법을 다룬 장 가운데 정의의 절대화에 관한 주제를 참조하라.

38) 『개신교 상임자문위원회 문서』(Aktenstücke aus der Verwaltung des Ev. OKRs), Bd. 3, 1, p. 69 이하, Sprengler, 위의 책, p. 277.

39) Sprengler, 위의 책, p. 278.

한 삶의 관계를 적용할 수 있는 원리를 발견해야 한다. 이 원리는 결혼을 성스럽게 유지할 뿐만 아니라 인간을 구제하고 법을 유지할 수 있다." 우리는 "이런 두 가지 근본 이해 중 국가와 교회의 역사적인 과정과 현재 상황의 관점에서 후자의 관점을 더 진지하게 고려해야 한다고 믿는다."

오늘날 우리는 보다 "안전한" 신학적인 용어로 지금 의미하는 것을 확실하게 표현할 수 있다. 왜냐하면 우리는 "역사과정"이나 자연신학과 유사한 논쟁과 관련해서 몇 가지 나쁜 경험을 했기 때문이다. 그런데도 각 시대의 신학적인 용어를 통해서 그 시대를 보고 들으려고 하는 사람은 아주 분명하게 다음과 같은 것을 이해할 것이다. 곧 자신들이 지금 교육받는 것에는 "율법과 복음"이라는 주제가 포함되어 있고, 그것은 올바른 자유라는 이름을 호소하고 있으며, 교회법은 목회적인 목적에 근거해야만 한다고 말한다.

교회법의 과정은 점진적인 과정을 결정하는 "가능성의 기술"을 추구하는 정치적인 관점이 아닌, 인간 마음의 완악함(*sklerokardia*)을 인식하고자 한다. 물론 이런 인식도 정치적인 측면을 가지고 있고, 나아가 교회 정치적인 측면에 영향을 미친다.

3. 특별한 경우: 신앙이 다른 사람들 간의 결혼[40]

가톨릭과 개신교 모두 믿음이 서로 다른 신앙인과 결혼하는 것을 경고하고 그것의 위험성을 지적한다. 이러한 배경에는 분명히 교회가 부모처럼, 자기 신앙을 가진 자녀를 잃어버릴 것에 대한 염려가 자리한다. 어떤 경우에 이런 동기가 작용한다고 할지라도, 그것은 하나의 종교적인 "포교활동"으로 무시되면 안 된다. 마치 교회들이 자기 교단의 유지와 성장에만

---

40) 이것과 관련해서는 성례적인 결혼 이해를 설명하는 절(§2190 이하)을 참고하라.

관심이 있는 것처럼, 서로 다른 신앙인과 결혼을 하지 말라는 가르침을 단순히 사회학적으로나 정치권력으로 해석하지 말아야 한다. 오히려 우리는 그 가르침을, 믿음의 식구가 "진리"를 따르는 삶을 살 수 있게끔 하려는 염려의 표현으로 이해해야 한다.

하지만 이것이 서로 다른 신앙인의 결혼에 대한 경고 이면에 있는 유일한 동기가 아니라는 것은 확실하다. 아마도 지속적인 믿음의 공동체를 통해 생기는 결혼의 내적 동질성(그리고 그것에 따른 안정성)에 대한 염려가 더 강할 것이다. 나아가 그런 동기에는 기독교적 가정생활과 자녀의 신앙적 결속에 대한 염려가 포함되어 있다. 왜냐하면 부부의 신앙적 차이나 부모 중 한 사람의 신앙적 무관심으로 자녀교육에 일관성이 없어지고 분명한 규범적 통제가 상실되면 안 되기 때문이다.

삶의 영역에서 서로 다른 신앙인과 결혼하는 문제는 실제로는 개신교와 가톨릭 신자 사이의 결혼 문제다. 특히 이러한 형태의 결혼에 대한 다양하고 상이한 이해가 그 어려움을 가중시킨다. 우리는 결혼에 대한 가톨릭의 성례적인 결혼 이해와 개신교의 "세속적" 결혼 이해를 논의하면서 이런 차이의 근본적인 특징을 이미 분명하게 정의했다. 지금 우리는 구체적인 결혼, 곧 다른 신앙인과 맺어진 결혼 공동체 내부에서, 그 차이가 어떻게 가장 중립적인 관점에서 현실적으로 실현될 수 있는지의 문제에 관심이 있다.

서로 다른 신앙인과 혼합된 결혼에 대한 가톨릭교회의 견해는 무엇인가? 다시 말해, 두 사람이 이미 세례를 받았지만, 결혼 당사자 중 한 사람만 가톨릭교회에 속할 경우 성례적인 결혼 이해에서 문제가 되지 않을까?(우리는 문제의 핵심에 우리의 논의를 제한할 것이다)

1918년 유월절에 가톨릭의 개정교회법이 공포될 때까지, (가톨릭) 교인과

"이교도" 사이의 결혼은 성례적인 관점에서 타당한 것으로 여겨졌다. 그러나 1918년 유월절 이후 모든 것이 단번에 바뀌었다. 비가톨릭 교인과의 결혼은 결혼으로 여겨지지 않았다. 그러나 그 결혼은, 최소한 결혼을 의도했고 또 그렇기 때문에 어떻든 "결혼과 유사한" 관계로 보인다는 점에서, 동거와는 구별되었다(슈마우스).

이런 결혼에 성례적인 특성이 없다는 논의를 통해 그 결혼을 부정하기란 쉽지 않다. 왜냐하면 결혼에 참여하는 사람들이 결혼이라는 성례의 사제들이며, 적어도 이것에 기초해서 그 성례가 집행될 때, 가톨릭교회의 협력 작용이 필요하지 않기 때문이다. 그래서 그 부정의 근거는, 성직자의 참석과 교회의 축복이 결혼의 완전한 유효성을 위해 **교회법적으로** 없어서는 안 될 조건이라고 선언될 때만, 성립될 수 있다. 교회법에 대한 가톨릭의 신학적 이해에 따르면, 이 법은 기술적으로 만든 "인간의 부속물"이 아니라, 가시적이며 형태를 가진 교회의 구조적 요소로서 하나님이 직접 정하신 것이다. 따라서 사제의 참여와 교회의 축복은 혼인성사의 근거가 되거나 구성 요건이 되지는 않는다. 그러나 이 두 가지는 결혼의 완전한 유효성을 위해 동시에 필요한 조건이다. 왜냐하면 결혼은 성례적인 성격을 지니기 때문에 직접적으로 교회의 일이며, 나아가 결혼은 교회가 그리스도의 머리와 하나임을 대표하기 때문이다.[41] 따라서 교회는 결혼의 질서에 관여할 뿐만 아니라, 또한 그렇게 하는 것 자체가 의무이기도 하다.

교회법에 따르면 이런 내규가 성례를 집행하는 외적 형식보다 더 중요하다. 이 법규는 질서를 갖추어야 할 사안에 없어서는 안 될 필수조건이다. 여기서 오인의 소지없이 드러나는 성례전 개념의 최종적 불명확성은 1918년의 가톨릭의 교회법 개정 이전에는 존재하지 않았다. 이제는 만연한 이교도와의 결

---

41) G. Reidick, 위의 책을 참고하라.

혼을 교의학적으로 강력하게 억제하기 위해, 이 불명확성이 감수되어야 한다.

우리는 가톨릭교회의 불명료함을 다음과 같이 정리할 수 있다. 곧 사제의 참여와 교회의 축복은 혼인성사를 위해 구성적인 성격도, "효력을 발생하는" 성격도 갖고 있지 않고, 단지 선언적인 의미만 갖는다. 그러나 교회의 이런 선언은 교회법적인 질서를 통해 다시 구성적 의미를 획득한다. 왜냐하면 교회가 선언하지 않은 결혼은 교회가 인정하는 결혼일 수 없기 때문이다. 엄격한 의미에서 결혼은 교회가 성례에서 질문한 것에 대한 긍정적인 답변을 근거로 하여 결혼 서약을 성립된 것으로 "승인"하고, 그 서약을 확인해줄 때 한해서 성립된다. 반면 비기독교인에게 유효한 결혼—나아가 신앙적으로 서로 다른 사람들 간의 결혼 역시—은 법절차에 따른 결혼이다. 그러나 1918년 이후 그런 결혼은 가톨릭교회의 의미에서는 타당한 결혼이 아니다.

이러한 가치의 전도를 통한 전통의 파괴는 분명하게 인식된다. 이 파괴는—어떤 해석이 허용된다면—분명히 결혼이 성립되는 과정에 대한 실용적 관심과 무관하지 않다. 어쨌든 토마스 아퀴나스(Thomas Aquinas, 1225-1274)는 성례적으로 타당한 결혼에 대한 그러한 교회법적인 유보조건을 전혀 고려하지 않았다. 그에 따르면, "믿는 사람이 세례받은 이교도와 결혼한다면, 비록 그가 이교도임을 알고서 결혼을 했을지라도, **그것은 참된 결혼이다. 그 결혼은 무효가 될 수 없다.**"[42] 마찬가지로 피우스 11세(Pius XI, 1857-1939)도 1930년 그리스도인의 혼인에 관한 회칙인 『정결한 혼인』(*Casti Connubii*)을 발표하고 다음과 같이 말했다. "성례는 그리스도교적 결혼과 너무도 밀접하게 연결되어 있어서, 세례받은 자들 사이의 어떤 결혼도 그 자체로 이미 성례가 아닌 것이 될 수 없으며, 어떤 결혼도 참된 결혼이 아닌 것이 될 수 없다."[43]

---

42) Thomas Aquinas, *Comm. in IV. libr. Sent.*, d. 39 q. 1 art. 1; 굵은 글씨는 원문에 강조되어 있지 않다.
43) Denzinger, 2237.

가톨릭교회의 법규에 따라 맺어지지 않은 결혼은 결혼이 아니라고 선언
하는 것은 엄청난 실천적 결과를 가져올 것이 분명하다. 이런 선언은 짐작하
건대 의도적인 것이다(비록 공정하게 생각한다면 통속적인 가톨릭적 실천의 의
도, 예를 들어, 어떤 열성적인 사제가 다른 신앙인과 가톨릭 신자의 결혼에 개입
하여 그 결혼을 망치려는 의도가 포함되어 있다고는 생각할 수 없지만 말이다).
가톨릭교회의 개정교회법[44]이 제시하는 것처럼, 다른 신앙인과의 결혼을 파
기하는 것은 고린도전서 7:12 이하의 본문에 과도하게 의지하고, 심지어 그것
을 "바울의 특권"이라는 용어로 정당화하는 것이다. 비록 가톨릭교회가 그런
정당성을 추구한다고 할지라도, 그러한 결혼에 대한 신학적 모욕(그러한 결
혼은 논쟁 중이 아니라, 객관적인 실상이다)인 세속적인 성향을 막아서는 안 될
것이다. 그런 성향은 다른 신앙인과의 결혼을 "결혼이 아닌" 것으로 평가한
가톨릭의 평가를 "융합된 결혼"(aufgelösten Ehe)으로 이해하려고 한다. 이런
세속적 이해를 오해라고 한다면, 우리는 그것이 아주 **수긍이 가는** 오해라고
말해야 한다. 우리는 매우 첨예한 신앙적 대립을 원하지 않기에, 앞에서 분명
하게 언급한 것 이외에 더 이상의 증거자료를 제시하지 않을 것이다.

다행히 다른 신앙인과의 결혼에 대해 가톨릭과 개신교 신학자들의 대
화는 끊이지 않고 있다. 진리의 문제는 제쳐놓고, 그런 대화는 가톨릭과
개신교의 목회적인 의무를 위해서도 필요하다. 그 대화는 개인의 영혼과
가족, 그리고 또한 자녀들에게도 중요한 것이기 때문이다.
가톨릭교회와 개신교회 사이에서 충돌하지 않는 두 가지 사실이 있다.
첫째, 서로 다른 신앙인과의 결혼에 대한 원칙적인 유보가 존재한다.
우리는 이에 대한 이유를 이미 언급했다(다른 신앙인과의 결혼을 하나님이 원

---

44) Canons 1120 이하.

치 않는 것이라고 말할 수는 없다!). 둘째, 교회가 규정을 지키면서 결혼하는 남녀에게 축복을 줄 권한을 가져야 한다는 사실에는 이견이 없다. 부모들이 교회의 축복을 원하는 한, 믿음의 자녀들을 교육할 권리도 여기에 포함되어 있다.

어떤 경우든 질서에 따라 서로 다른 믿음을 가진 남녀 사이에서 맺어진 결혼도 **정당한** 결혼이다. 자신들이 다니는 교회에서 엄숙하게 결혼예식을 진행했거나 축복받고 결혼한 부부에게 교회가 부과할 수 있는 어떤 가능한 조치도—우리가 언급하는 것은 의심할 바 없이 분명하다!—참된 결혼(*matrimonium verum*)으로 인정한 것을 조금도 파기할 수 없다. 기본적인 전제들을 해결하지 않은 채, 다른 신앙인들과의 결혼을 함부로 취급하는 것은 용납될 수 없다. 여기서 1918년의 개정교회법 도입 이전의 가톨릭의 전통은, 가톨릭 신학이 이 문제를 극복할 수 있는 가능성을 보여준다.[45]

---

45) 참조, Sucker, Lell, Nitzschke, 『다른 신앙인 사이의 결혼: 개신교의 영적 상담을 위한 소책자』(*Die Mischehe: Handbuch für die evangelische Seelsorge*, Göttingen, 1959).

제4부

한계상황들

앞으로 우리는 한계상황들을 다룰 것이다. 전체 체계에서 한계상황들이 제시하는 목적은 그다지 큰 의미를 갖지는 않는다. 파악하기 어렵거나, 파악할 수 없는 예외적 상황들을 전부 제시하는 것은 별로 중요하지 않기 때문이다. 마찬가지로 우리는 특히 고통스럽거나 문제가 많은 주변의 영역을 자세히 살펴보려는 결의론적 관심 때문에 이러한 예외적 상황들을 거론하는 것도 아니다. 그런 주변 영역에서 독자들은 아마도 윤리학의 조언을 몹시 필요로 할 것이다(물론 이와 관련된 목록에서 아무 것도 얻지 못하는 헛수고를 할 수도 있다). 그래서 우리는 『신학적 윤리학』에서 검토하고 전체적으로 적용한 실천적인 관점, 곧 "한계상황이 지식을 얻는 적절한 장소"가 된다는 사실을 따르고자 한다.[1]

우리는 이유와 원인을 찾지 않을 수 없게 만든 한계상황들을 살펴보고, 그 한계상황에서 규범을 찾고, 그리고 주변에서 시작해 중심 부분을 이해하는 방법을 사용할 것이다. 산아제한(Geburtenregelung)의 문제가 결혼의 본질에 대한 물음을, 임신중절의 문제는 **생명**의 본질에 대한 물음을, 동성애의 문제는 성의 양극성의 본질을, 그리고 인공수정의 문제는 부모의 본질에 대한 물음을 탐구하도록 우리를 이끈다.

우리는 이런 물음들을 연관된 주제들의 다른 맥락에서 이미 간략히 언급하였다. 이제 우리는 관점을 일종의 "통제-테스트"의 시각으로 변경한다. 그때 그러한 "뜨거운 감자"와 같은 주제들의 주변에서 어떤 결의론

---

1) Paul Tillich, *Religiöse Verwirklichung. ThE* II, 1에서는 아주 자세하게 한계상황들을 다루고 있다. *ThE* II, *Th*, §2149 이하에서도 그것들이 언급되고 있다.

적인 설명이나 몇 가지 "쓸만한 조언"이 부스러기로 떨어진다면, 그것은
환영할 만한 부수입이 될 것이다. 하지만 그것이 우리의 의도의 중심에
속하는 것은 아니다.

제1장
산아제한과 임신중절

I. 산아제한(불임의 문제)

산아제한의 문제는 구체적인 성관계에서 발생한다. 다시 말해, 그것은 결혼 문제에 대한 체계적인 연구라기보다는 특별한 개인적 및 전체 역사적인 상황에서 발생한다. 산아제한은 그것을 다급하게 만드는 어떤 분명한 "원인"에서 발생하고, 특정한 갈등 아래 놓인다. 이것이 산아제한의 문제가 단순히 **이론적인 열심**만 가지고 탐구하면 안 되는 이유다. 따라서 신학적인 반성은 산아제한을 시행하는 구체적인 원인들과 그 원인이 발생하는 배경을 항상 고려해야만 한다.

　이것은 우리의 방법론과 관련해서 중요하다. 상황의 해석이 일반적인 가치 판단에 의존하기 때문에, 산아제한의 상황들과 산아제한 문제의 긴밀한 연결은 교의학적 판단과 일반적 판단 사이에 매우 첨예한 변증법적 긴장을 가져올 것이다.

　산아제한 문제의 갈등을 일으키는 역사적인 원인에는 일차적으로 다음과 같은 세 가지가 있다. 1. 혼전 성관계 및 혼외 성관계, 2. 아내 또는 (잠재적인) 어머니의 사회적 상황과 건강 문제, 3. 인구의 급속한 증가, 특히 개발도상국에서의 급속한 인구증가. 우리는 문제가 발생한 "존재적" 방식에 상응하여 이런 상황들의 문제를 "인식론적"으로 다룰 것이다. 이 것은 우리가 오직 실증적인 분석을 통해 남녀의 성과 결혼을 이미 살펴보 았기 때문에 방법론적으로 가능하다. 그렇게 하지 않았더라면, 우리는 시 작부터 매우 불안정하고 다루기 힘든 출발점을 선택해야만 했을 것이다.

1) 혼전 성관계 및 혼외 성관계

우리는 합법적으로 결혼하지 않은 (또는 합법적인 관계가 될 수 없는) 연인이 부부처럼 깊은 관계를 맺는 "비극적인" 한계상황을 생각해볼 수 있다. 이 문제에 대한 질문은 다음과 같다. 혼전 성관계나 혼외정사는 대부분 긴장 의 완화나 쾌락을 추구하는 것, 곧 리비도를 충족시키는 것이어서, 여기에 빠진 사람들은 그것에 상응하는 희생도 하지 않고, 그것에 동반되는 책임 도 지지 않으려고 한다. 그들이 희생과 책임을 지지 않는 만큼 성의 본질 적인 목적 중 하나가 부정된다. 곧 그들은 지속되는 특성을 지닌, 그렇기 때문에 분리될 수 없는 인격적인 관계를 부정하고, 부모의 직무를 기꺼이 받아들이려는 마음을 부정한다. 사람들이 그 결합을 단순히 일시적이고 순간적인 쾌락으로 생각하는 만큼, 그리고 그 결과로 그들이 책임과 인격 성의 원리를 배제하는 만큼, 부모가 되는 것을 준비하는 마음은 소멸한다.

인간의 영역에서 리비도는 흔히 "이데올로기적인 상부구조" (ideologischen Überbau)를 구성하곤 한다(이 개념이 여기에 아주 적합하다!). 그래서 본성이 완전히 원시적이지 않은 사람도 리비도 관계에 깊은 사랑 이 존재하거나 심지어 어떤 인격적인 관계가 있다는, 생리적으로 조종되 는 착각에 빠진다. 리비도는 인간에게 이러한 욕망의 상들을 끊임없이 생 산해낸다. 그 이유는, 한편으로는 리비도의 황홀경의 충족이 단순히 다른 사람의 부분적인 신체(또는 신체의 특정 부위들)가 아닌 **전체**를 향할 때 도달될 수 있기 때문이며, 다른 한편으로는 인간의 기본적인 성향이 이런 종류의 상상으로 이루어진 의사소통을 불러일으키기 때문이다.

인간의 성이 파트너의 인격성을 존중하지 않고(본래 의미의 "사랑"을 하지 않고), 결혼 이외의 관계에서 성관계가 이루어지고, 그런 관계를 맺은 사람들이 부모가 되는 것을 예비하기를 거부할 때, 인간의 성은 자신의 가장 중요한 본질을 상실한다. 이 상실은 다음을 암시한다. 곧 혼외 성관계에서 사용하는 피임은 훨씬 더 심각한 문제에 대한 하나의 징후일 뿐이다. 따라서 피임의 문제는 고립된 문제로 다루어져서는 안 된다.

2) 피임에 대한 사회적·의학적 지침

피임 문제가 신학적·윤리적으로 중요한 것은 그것이 앞에서 말했던 "결혼"의 근거들로부터 생기기 때문이다. 이 문제를 다루는 적절한 출발점을 확보하기 위해, 우리가 결혼의 문제를 다루면서 도달했던 분명한 결론들을 상기할 필요가 있다.

우리는 가족[2], 곧 부모와 자식의 관계 및 부부 사이의 혼인관계가 창조 질서[3]라고 확정했다. 물론 창조 질서가 타락한 세계, 곧 이 세계(aion boutos)에서도 자신의 권리를 주장하고 있고, 여기서 (창조 질서가 지속되는 문제가 아니라) 구체적으로 실현되는 과정 중에 창조 질서가 어떤 변화를 겪는다는 사실이 간과되어서는 안 된다. 창조와 역사는 "긴장" 관계 안에

---

2) 사회에 관한 장에서 그것에 관한 절, §244 이하를 참조하라.

3) 칼 바르트가 "생육하고 번성하라"(창 1:28)고 한 명령에서 언급된 창조 질서가 "그리스도의 탄생 이후에 종결된" 지시라고 말하듯이, 우리에게 "무조건적인 계명"(KD, III, 4, 301, 참조. 158 이하)이라는 것은 없다. 이러한 진술은 Barth처럼 (창조)"계명"과 "율법" 사이의 구별을 포기할 때에만 가능하다(참조. 필연적 구별에 대해, ThE I, §691 이하). 그는 이제 더 이상 창조 계명으로 이해되지 않는 부모의 자격을, 새 시대에서는 지양된 율법으로 이해한다. Barth와의 논쟁적 담화에서는 근원적 상태의 개념이 문제되고 있다(참조. 그것과 관련된 율법과 복음의 구별에 대한 Barth의 논쟁, ThE I, §554 이하).

있다. 이 관계는 하나님께서 이 세상의 파편화된 역사를 버리지 않으시고, 오히려―우리가 보았던 것처럼―노아와 맺은 언약의 "긴급한 질서" 안에 신실하게 머무시는 하나님의 길이 참는 인내에 속한다.[4] 예를 들어, 타락 이후(*post lapsum*)의 역사에서 창조 계명의 변화는 인간에게 허용된 예외적인 이혼의 가능성에서 등장한다. 창조 계명은 "인간 마음의 완악함" 때문에 변화한 것이다. 하지만 이혼의 가능성은 "질서를 벗어난" 것이고 하나님의 본래의 뜻과 일치하지 않는 것으로 고정되어 있다.

성서 자체가 예견하는 긴장, 곧 창조와 역사 사이, 하나님의 명령과 그 명령에 적합하지 않은 상황 사이의 긴장은 피임의 문제와도 관계된다. 지금 "생육하고 번성하라"는 창조 계명은, 이 계명이 적용되고 실현되는 것을 거부하는 구체적인 상황과 대립한다. 특별히 이런 상황들은 대부분 이미 개인이 바꿀 수 있는 능력을 훨씬 넘어섰다. 그러나 이런 상황에는 구체적인 사실과 관련하여 어떤 예외적인 경우들이 있을 수 있다. 예를 들어, "산모가 심각한 질병이나 허약한 건강, 어려운 생활 형편에도 불구하고 많은 아이를 출산했거나[5] 심각한 유전적 질환에 시달리거나 그녀가 최대한 검소한 삶을 살아도 다른 자녀를 양육하는 것이 허용되지 않는 경제적 상황들", 학생들의 경우 이른 나이의 결혼, 주택문제, 취업난 등이 그런 예외적인 상황이다.

우리가 예수님이 "인간 마음의 완악함"을 고려하시고 창조 질서를 뒤돌아보면서 적용하셨다는 것을 생각하면, 예수님의 뒤돌아보는 생각과 위에서 언급한 예외적인 상황들의 고려 사이에는 다음과 같은 유사점 (*tertium comparationis*)이 있을 수 있다. 그것은 어떤 개인이 창조 질서를 완전히 적용하는 데 어려움을 겪어 이 시대를 창조 질서라는 "이름으로"

---

4) 참조, *ThE* II, 1, §642 이하.
5) Bovet, *Die Ehe*, 161.

살아갈 수 없고, 오직 너그러운 **하나님의 인내**의 "이름으로" 살아갈 수밖에 없는 구체적인 상황이 있다는 것이다.

이 생각을 좀 더 확장하자면, 인간 마음의 완악함을 고려하신 예수님의 생각과 이 예외적 상황들에 대한 우리의 생각 사이에 있는 어떤 유사점은 단지 "구체적인 상황들"에만 국한된다고 말할 수 없다. 우리는 다음과 같이 질문할 수 있다. "인간의 완악함은 질병과 사회적인 비참의 구체적인 상황과 관련이 있지 않을까? 원죄와의 관계 안에서가 아니라면, 이 시대의 무질서는 어떤 방식으로 해석될 수 있을까?"[6]

이러한 수사적인 질문은 상황에 대한 우리의 이해가 그 상황의 현실을 기준으로 삼아 실용적으로 창조 질서를 왜곡할 수 있다는 것을 의미하지 않는다. 오히려 상황에 대한 우리의 이해가 창조 질서의 주장과 판단 아래서 수행되어야 한다는 것을 의미한다. 예를 들어, 우리가 피임을 허용하는 문제에 이 이해를 연결한다면, 그것은 우리가 "인생이란 그런 것이야"(*c'est la vie*)라고 주장하기 때문이 아니다. 오히려 우리는 고통이 가득한 상황에서 자녀를 출산하는 것이 창조 질서에 맞는 결혼 관계를 단지 **일면**만 수행할 뿐이며, 이것은 "태초부터"(ἀπ' ἀρχῆς, 마 19:8) 없었던 **갈등**이 창조 질서에 들어왔기 때문임을 알기 때문이다. 그리고 지금 우리는 하나님께서 "합하신 것"을 인간이 "나누었다"는 것도 알게 된다. 이런 방식으로 말하면서 우리는 창조 질서의 요구를 존중하고, 예상할 수 없는 경우를 대비하는 방파제로 삼을 수 있다. 예상할 수 없는 경우는 우리가 측정당하는 대신 우리의 현실을 기준으로 삼아 스스로 측정하려고 할 때, 즉시 나타난다.[7]

---

6) Helmut Thielicke, 『죽음과 삶: 기독교적 인간론 연구』(*Tod uund Leben. Studien zur christlichen Anthropologie*, 1946), 부록, p. 213 이하를 참조하라.

7) *ThE* II, 2, §692 이하와 이전의 절들을 참조하라.

위의 문제를 상세하게 다루기 위해 두 가지 신학적인 기준을 제시할 수 있다. 하나는 결혼의 본질이고, 다른 하나는 그 본질을 침해하는 것의 허용 또는 불허다.

첫째, 결혼의 창조 질서는 배우자와의 친밀한 교제와 부모의 역할을 하나로 묶는다.

이와 관련해서 우리는 피우스 11세가 『정결한 혼인』에서 공포한 교황회칙에 동의할 수 있다. "가톨릭의 교리문답서가 가르치는 것처럼, 남편과 아내의 내면의 성장, 서로를 완성하려는 끊임없는 노력이 결혼의 첫 번째 이유이자 목적이다. 그때 우리는 결혼을 좁은 의미에서 자녀의 출산과 훈육을 위한 장치가 아니라, 오히려 넓은 의미에서 충만한 삶의 **공동체**로 이해해야 한다."[8] 이것은 교황의 회칙이 단순히 서로 다른 목적인 부부의 친밀한 교제와 부모의 역할을 통합시킨다는 말이 아니다. 오히려 그것은 결혼의 근본 목적을 **친밀한 교제**로 정의하고, 부모의 역할이 부부 사이의 교제를 충만(*pleroma*)하게 하는 한에서 자녀 출산은 친밀한 부부 사이의 교제에 포함된다(창조자는 부부가 이런 충만을 누리기 원한다). 결론적으로, 자녀 출산은 단지 결혼의 부분적인 구성 요소다. 이 구성 요소는 중요 목적, 곧 "남편과 아내의 내면의 성장"에 포함되고 거기서 파생된다. 이것에 따르면, 결혼의 목적으로 자녀 출산의 의무는 창조 질서로부터 독립된 계명이 아니라, 오히려 혼인관계의 중요 목적과 관련된 한에서만 의무로 간주된다.

이러한 차등 관계는 (우리가 이것을 정확하게 해석하는 것이라면) 피임에 대한 완전히 다른 입장의 가능성을 제공한다. 그리고 그 가능성은 우리에게는 상이한 이유로 무시되는 것처럼 보인다. 이러한 "단절"에 대한 에른스트

---

8) Casti Comnubi, Denzinger 2232.

미셸(Ernst Michel)의 말은 의미가 있다. 하지만 그는 유감스럽게도 부부의 친밀한 교제에 대한 책임과 출산에 대한 책임 사이에 존속하는 "이 두 책임 사이의 내적 관계"를 또다시 빠뜨리고 있다. 만약 두 목적—중요 목적과 부수적인 목적—이 갈등 관계에 처하고, 출산이 (창조 질서에 따라) 부부의 친밀한 관계를 돈독히 하기보다 오히려 (구체적인 예외적 상황들에서 있을 수 있는 것처럼) 그 관계를 위협한다면, 두 책임 사이의 관계에 대한 물음이 반드시 제기되어야 한다.

창조 질서의 해석에 관한 위의 두 측면 사이에 갈등이 발생할 때, 다시 말해 출생할 자녀가 부부의 친밀한 교제를 더욱 완성시키는 것이 아니라 짐이 되거나 위협이 될 때, 우리는 부부의 친밀한 교제가 자녀를 **고려하지 않고도** 지속될 수 있는 어떤 본질적인 가치를 가지고 있는지의 물음을 제기할 수 있다.

분명히 이 물음에 단순히 부정적으로, 곧 그런 부부관계는 본질적인 가치를 가지지 못한다고 답변할 수 없다. 이것은 누구도 자녀를 가질 수 없는 사람들의 결혼을 비난하지 못한다는 사실에서 분명히 알 수 있다. 그래서 우리는 다음과 같이 더욱 정확하게 질문할 필요가 있다.

1. 부부에게 자녀가 없는 것이 원칙적으로 결혼의 충분한 의미와 목적에 문제가 되지 않을 때, 자녀 출산을 원하지 않는 것이 **일시적인 것**이 아니라 **영원한 것**이라면, 이것은 문제가 되지 않을까?

2. 부부가 처한 외적·내적 상황으로 인해 자녀에 대해 책임을 지는 것이 매우 어렵거나 불가능할 때, 자녀 출산을 원하지 않는 것은 당연한 일이 되는가? 우리는 신체적인 문제보다는 외부로부터의 강제에 의해 "비자발적으로" 자녀를 출산할 수 없다고 말하게 되는 것이 아닐까? 예를 들어 그것은 비록 누군가 어떤 것을 원하지만, 그것을 갖는 것이 허용되지

않는 어쩔 수 없는 "비자발성"의 형태가 아닌가?

첫 번째 문제와 관련해서 지속적으로 자녀를 포기하는 것은 확실히 창조에서 말한 결혼의 의미가 축소된 것이고, 하나님께서 합하신 것을 분리하는 행위다. 결국 자녀를 원치 않는 마음은 하나님이 원하시는 뜻(*voluntas Dei propria*)과 일치하지 않는다.[9] 이것은 두 번째 문제, 곧 부부가 기본적으로 그리고 지속해서 자녀 갖기를 거부하는 것이 어쩔 수 없는 상황 때문인지 아니면 부부의 마음 이면에 놓인 이기심(예를 들어, 편안해지려는 욕망, 책임에 대한 두려움, 또는 더 높은 기준의 삶을 살려는 욕망)에서 비롯된 것인지의 문제를 더욱 긴급한 문제로 만든다.

자녀 갖기를 거부하는 두 번째 동기, 곧 이기심은 창조 질서를 침해하는 것이라는 주장에 대해 논증을 더 제시할 필요는 없다. 그러나 첫 번째 경우와 관련해서 윤리적 문제는 더 어렵고 일반화에 의해서 결정될 수 없다.

우리가 **어쩔 수 없이** 자녀 출산을 포기하는 힘든 상황이 있을 수 있음을 인정하더라도, 그런 힘든 상황으로 인해 자녀 출산의 일시적인 포기와 영원한 포기의 구분을 무조건적으로 지지하기는 힘들다. 왜냐하면 당사자는 그런 어려운 상황에 있는 장애들(예를 들어, 어머니의 질병, 사회적인 고통 등)을 스스로 제거할 수 있을지, 또는 그런 장애들이 언제 해결될지 예측할 만한 능력이 없기 때문이다. 부부가 결혼서약 **이전에** 그러한 장애들을 분명하게 인식할 수 있거나 확실하게 예측할 수 있었다면, 그들이 왜 그런 상황에서 결혼하는 것이 정당한 결혼인지의 물음을 벗어나기란 불

---

9) 가톨릭의 윤리신학은 부부가 자연주기법(*observato temporum*)을 사용해 피임할지라도, 단호하게 지속적인 피임을 금지한다. 그리고 그것은 자연주기법으로 피임하는 것을 부부의 자위행위(onanismus conjugalis)라고 표현한다. Jos. Mayer, 위의 책; Stelzenberger, 위의 책, p. 232.

가능하다. 부부가 신중하지 못한 결혼을 했다는 의구심을 떨쳐버리기 위해서는 그것에 대한 아주 개인적이고 심각한 이유를 분명히 가지고 있어야만 한다. 그러한 물음이 심각하게 제기되는 상황에서는 감정적으로 사고하기 쉽고 "부적절한" 측면이 아주 많이 나타날 수 있기 때문에, 누군가 이런 유사한 경우에 처하게 될 경우에는 감정적으로 개입하지 않는 어떤 외부의 결정기관—목회자—의 도움을 받는 것이 현명하다.

자녀 출산을 근본적으로 포기하는 문제와 관련해서, 우리는 우리의 물음을 아주 복잡하게 만드는 "현대적" 요소를 간과하지 말아야 한다. 이것은 일하는 아내의 상황을 가리킨다. 일하는 아내의 상황은 아내가 자녀 양육의 책임을 제대로 감당하지 못하게 할 수 있다(논리를 극대화해서 아내의 상황을 이해하면, 그것은 자녀를 출산하는 것도 허용하지 않을 것이다). 직장에서 일하는 것이 단지 즐거움만을 위한 것이라면, 만일 그 일이 단지 선호하는 일에 불과하다거나, 일의 목적이 물질적인 편안함이나 사회적 특권을 획득하는 데에만 있다면, 우리는 그것을 이기적인 동기에서 자녀 출산을 거부하는 것으로 판단할 수 있다.

다른 경우도 분명히 있을 수 있다. 우리가 일하는 아내에 관한 장에서 가능한 것으로 제시한 것처럼, 그런 경우는 직업이 "소명"을 의미하는 경우다. 직업이 소명인 경우에 결혼하는 것이 정당한 것이냐는 물음이 제기된다(일하는 아내의 문제를 미혼 여성의 신분과 연결해서 고려한 것은 우연이 아니다). 소명을 가진 여인이 결혼을 무조건 포기해야 하는지는 미리 결정할 수 없다. 비록 그녀의 전제조건이 자녀를 근본적으로 포기해야 한다고 해도 말이다. 이런 차원에서 결혼이라는 존재가 더 큰 "의미-공간"으로 채워질 수 있을까?

그것이 가능하다고 해도, 앞서 제기한 질문은 더욱 날카롭게 제기된다. 그것은 창조 질서가 정말로 분리될 수 있는가의 물음이다. 달리 말해,

우리는 원칙적으로 그리고 자발적으로 창조 질서의 한 부분을 무시할 수 있는지 또는—현재 상황(*rebus sic stantibus*)이 단순히 피할 수 없는 것이라면—창조 질서의 포기가 우리의 상황에 오히려 요청되고 있는 것은 아닌지를 질문할 수 있다.

창조 질서의 "분리" 가능성에 대한 물음은, 어떤 **의미**에서 분리되어야 하느냐는 물음 없이 대답될 수 없다. 우리는 이러한 분리 가능성 중 **하나**를 앞에서 이미 거부했다. 그 가능성은 결혼하지 않고 자녀를 출산함으로써, 곧 창조 질서에 따라 아버지나 어머니가 되는 것이 아니라 소위 미혼 상태에서 자녀를 가지려는 것이었다(미혼이고 직업활동을 하는 여성이 남편 말고 자녀만 원하는 경우가 그것이다). 이렇게 부분적으로 실현된 창조 질서에 이제 다음과 같은 **대립하는** 분리 형식이 상응한다. 곧 사람들은 단지 배우자만 원하고, 부모가 되는 것은 원하지 않는다. 두 가지 분리 방식이 동일한 윤리적인 지반 위에 있는 것은 아니다. 결혼하지 않고 낳은 자녀의 상황(자발적이거나 또는 불가피한, 그러나 어떻든 "필연적"이지는 않은 상황)은 자녀가 없는 부모들의 상황과 아주 다른 문제점을 안고 있다.

특히 자녀를 임의로 출산하지 않는 것이 아니라 어쩔 수 없는 비자발적인 경우라면, 그러한 상황적인 제약에서 제기되는 물음은 다음의 물음에 의해 좌우된다. 그것은 칸트가 "윤리적 필연성"(moralische Notwendigkeit)이라고 말한 것—양심이 거부할 수 없는 것—이 생물학적 불임과도 같은 "자연의 필연성"(Naturnotwendigkeit)에 버금가는 동일한 강제성을 가질 수 있느냐는 것이다. 윤리적 필연성에도 자연의 필연성에 버금가는 동일한 강제성이 있다고 한다면, 자녀 출산의 포기에 대한 신학적·윤리적인 정당성도 인정되어야 한다.

그러한 동일한 강제성이 있을 수 있다는 사실은 "자연의 침해에 대한 허용"을 다루는 다음 단원의 임신중절에서 설명될 것이다. 이 논의를 계속할 수 있는 전제는 결혼의 인격적인 관계를 창조 질서의 중심점으로 이해하고, 그것에 고유한 가치를 부여하는 것이다. 그 고유한 가치는 리비도와 관련된 자녀의 출산 및 결혼의 기능과 연결되어 있다. 우리는 결혼에 관한 장에서 이런 고유한 가치를 상세히 다루었다. 결혼의 고유한 가치는—중심점으로서!—부모와 자녀를 포함한 창조 질서 전체를 훼손하지 않고 유지하는 것이다. 전체와 관련해서 하나의 중심점을 주장하는 것은 이 전체를 임의로 분리 가능한 것으로 여기는 것을 불가능하게 만든다.

하나의 중심점을 **찾아야만 하는** 이유는 우리의 개인적인 의지가 개입하지 않은 구체적인 상황들이 창조 질서와 갈등을 일으킬 수 있다는 데 있다. 예를 들어 필연적이거나 부득이하게 자녀가 없는 결혼이 문제가 될 때, 이런 갈등은 일어난다. 우리가 앞서 제시한 것처럼, 가톨릭의 윤리신학(『정결한 혼인』의 교황회칙에 나타난 것처럼)은 자녀가 없는 가능성의 물음을 결코 제기할 수 없지만, 앞서 말한 중심점을 제시할 수는 있다. 가톨릭 신학은 불임으로 인해 자녀를 출산할 수 없는 결혼에 대한 개념과 상황을 규정한 이후에 그 문제를 다루고 있다. 그와 함께 인격적인 공동체의 중심점이 간접적으로 확정되고 있다.[10] 만약 특별한 상황의 제약으로 인해

---

10) 중심점에 대한 이러한 간접적인 제시와 나아가 『정결한 혼인』의 교황회칙에 대한 피우스 12세의 입장(1951년 10월 29일, 그의 인사말[Herder-Korr, VI, 117]에서)은 우리에게 명확하지 않다. "결혼의 첫 번째 목적과 가장 내적인 목적으로 창조자의 뜻에 따른 자연의 장치로서 부부의 인격적인 완성이 아니라, 오히려 새로운 생명의 출산과 양육이라는 것은 진실이다. 자연은 다른 목적들도 요구하지만, 그 목적들은 결코 첫 번째로 높은 등급에 속하지 않고, 낮은 등급에 놓인다. 비록 결혼을 통해 자녀를 생산하지 못한다고 할지라도, 이것은 모든 결혼에 적용된다." 마지막 문장 대신에 자녀가 없는 결혼은 결혼이 아니라는 결론을 덧붙이는 것이 우리에게 더 명확한 것처럼 보일 수 있다. 왜냐하면 그 결혼은 가장 중요한 목적을 달성하지 못했기 때문이다(그러나 이러한 가톨릭의 입장은 아주 의심스러운 주변 상황으로도 옮겨갈 수 있다). 영국의 철학자 Bertrand Russell(1872-1970)은 유사하게—물론 사회적인 측면에서—자녀가 없는 결혼을 결혼이 아닌 것으로 취급하고 있다. 그에 따르면, "합리적인 윤리에서 결혼에 자녀가 없다는 것은 고려되지 않는다. 자녀를 낳지 않는 결혼은 쉽게 해체될 수 있다. 왜냐하면 결혼은 자녀를 통해서만 성립되기 때문이다. 그런 점에서 성관계는 사회를 위해

자녀가 (중심점의 의미에서 이해되는) 결혼을 만족시키기보다는 저해할 수 있다는 물음이 등장할 때, 이런 중심점은 모든 경우에 대해 방향을 잡기 위한 수단으로서 중요하다.

두 번째 신학적 기준은 자연에 개입하는 것이 허용될 수 있는지의 문제다. 전체적으로 창조 질서는 결혼과 자녀 출산의 축복을 포함하지만, 인격적인 연합을 중심점으로 강조한다. 인격적인 연합은 성적 결합과 부모 됨을 결정하는 생물학적인 자연 질서와 단순히 같지 않다. 이미 인간은 창조에서 단순한 자연적인 존재로서 이해되지 않고, 자연과 구별되어 하나님께 응답하는 상대자로 이해된다. 따라서 인간과 자연은 위에서와 같이 동일한 것으로 허용될 수 없다. 이미 언급했듯이, 인간은 "그렇게 되라"는 하나님의 명령의 수동적인 결과가 아니다. 창조자 하나님은 약속과 명령으로 인간과 대화하신다. 인간은 하나님이 책임을 지도록 자유를 허락하신 하나님의 인격적인 상대자다.[11]

나는 단순히 기능적으로 자연의 질서를 따르는 것이 아니라, 오히려 창조자 앞에서 순종할 것을 결정하고 자연의 결정을 떠나는 한에서, 창조 질서를 따른다. 창조 질서의 요구는 자연 질서를 초월하고 그래서 자연 질서와 창조 질서의 동일성은 허용되지 않는다.

사실 창조 질서의 요구가 고려되지 않는 곳에서도, 인간 존재는 언제나 그렇게 자연을 초월하는 의미로 이해된다. 인간 존재가 자연에 순응하는 것이 아니라 오히려 자연에 반하는 주장을 하면서 존재한다는 것이 모든 윤리의 공리다. 배고픔, 갈증, 성충동에 굴하지 않고 거부하면서, 나는 자연을 초월한다. 결혼한 부부 사이의 성관계와 관련해서도 자연의 성격

중요시되고, 합리적인 제도에 의해 인정될 수 있다. 『결혼과 윤리』(*Marriage and Morals*), p. 125. 그런데도 여기에는 비교할 수 없는 긴장이 있는 것처럼 보인다.
11) *ThE* I, §706 이하; 776 이하; II, 1 §1247 이하.

과 관련된 분명한 논란이 있다.

예를 들어, 동침하고 새 생명을 출산하는 문제에 인간이 개입하는 것이 허용되는지와 관련한 논란이 있다. 만일 자연 질서와 창조 질서가 동일하다면, 출산 문제와 관련된 모든 것은 우연에 맡겨져야 한다는 잘못된 가정이 생긴다. 이 우연은 흔히 "종교적으로 '섭리에 맡기는'" 것으로 미화된다.[12] 하지만 "일을 되는대로 내버려두라"는 것은 창조 질서의 요청에 대해 응답하고 책임지는 태도가 아니라, 오히려 "종교적으로 은폐된 자연에 속박"되는 것이다.

이것에서 다음과 같은 결론이 나온다. 우리가 이 세상의 제약 조건들 아래서 우리의 생각으로는 자녀 출산에 대해 극복될 수 없는 방해 조건들이 놓여 있다고 인식했을 때, 우리는 실존의 제약 조건들을 무시하고 "고집스럽게" 부부관계와 부모의 역할은 일치한다고 주장하고, 그래서 자연 질서의 의미에서(손실은 전혀 상관이 없다!) "일을 되는 대로 내버려두라"는 식으로 창조 질서의 요구를 이해할 수는 없다. 오히려 창조 질서의 요구는 교리에 대한 그러한 잘못된 이해가 아니라, 자연 질서에 **맞서** 책임을 지라는 호소로 들려야 한다.

신학적으로 볼 때, 창조 질서의 요구가 여러 방향으로 나타나는 이유는 다음 사실과 관련이 있다. 곧 타락 이후의 이런 "완악함"의 시대에 창조 질서의 두 가지 통합적 원리가 서로 대립하게 되었기 때문이다. 다시 말해 한편에서는 결혼과 부모의 역할이 대립하게 되었고, 다른 한편에서는 새 생명의 출산과 그에 대한 책임이 대립하게 되었다. 원래 상태, 곧 하나님과 인간 사이의 관계가 깨지지 않은 세상에서는 이런 대립이 없었다. 그곳에서는 창조의 목적과 책임이 계속해서 일치했다. 하지만 원 상태에

---

12) E. Michel, 위의 책, 189.

서의 하나님의 율법을 아무런 변경 없이[13] 타락한 이 시대 안으로 옮겨 오려는 사람은 "새로운 세상"이라는 급진적인 주장을 취해서 그것을—산상수훈에서 나타난 요구처럼—윤리적·법적인 규범으로 제정하고, 이 시대에 직접 적용하는 "광적인" 행동을 한다. 이것은 시원론적(protologish)이며 **동시에** 종말론적인 의미에서 열광주의적 행동이라고 할 수 있다.

따라서 창조의 완전한 질서가 불완전한 세계에 의해 상처를 입었을 가능성이 고려되어야 한다. 모세가 말한 이혼 증서도 창조의 완전한 질서에 속한 요소들이 이 시대를 통과할 때 갈등을 일으킨다는 것을 증거한다. 이 시대에 부부관계와 부모의 역할이 무조건적으로 일치한다고 주장하면서 창조 질서와의 갈등을 열광주의적으로 부정하는 것은—사람들이 진심으로 원하는—창조 질서에 대한 순종이 아니라 오히려 자연 질서에 속박되는 것이다. 에른스트 미셸에 따르면, 이것은 자연 질서를 "종교적으로 미화하는 것이다."

따라서 타락한 시대의 현재를 살아가는 우리가 다음과 같이 질문하는 것은 적절하다. 나는 현재 상황(rebus sic stantibus)에서도 책임 있게 자녀들을 축복으로 받아들일 수 있을까?(우리가 의식적으로 자녀의 "축복"이라고 표현할 때, 그것은 자녀를 축복으로 간주하고 처음부터 짐이나 저주와 같은 것으로 생각하지 않아야 한다는 사실을 가리킨다. 다시 말해 축복으로 이해된 은혜로운 선물 개념이 부모 됨의 예비 단계에 전제되어야 한다.) 마찬가지로 정반대의 물음도 제기되어야만 한다. 곧 현재 상황에서, 나는 자녀를 갖지 않는 일에 대해 책임질 수 있을까?

지금 언급되는 책임은 두 방향을 가리킨다.

첫째, 이 세상에서 자녀를 출산하는 것과 관련된 책임이다. 물론 자녀

---

13) 유사한 문제들이 자연법에서 나타난다. *TbE* I를 참조하라.

에게 견딜 수 없는 존재의 고통을 안겨주거나, 결혼의 창조 질서에 상응하는 자녀 양육이 불가능해지는, 참을 수 없는 어려움을 주는 예외적인 상황이 있을 수 있다(우리는 유형론에 따라서 그런 예외적인 상황을 열거했다).

둘째, 부부 자체와 관련된 책임이다. 부부의 인격적인 연합이 자녀를 전혀 갖지 못하거나 더 이상 자녀를 "갖지" 못하는 상황, 또는 자녀를 갖는 것이 아내의 건강을 위협할 수 있는 상황이 있을 수 있다.

그러므로 아이를 출산하는 일이 무책임한 행동이 될 수 있는 특별한 상황들이 있을 수 있고, 실제로 그런 일은 반복적으로 일어난다. 이런 경우에는 칸트가 "윤리적 필연성"이라고 말한 결정(단순히 창조 질서를 반대하는 것이 아니라, 현재 상황에 직면해서 책임을 지는 결정)이 요청된다. 이 "윤리적 필연성"은 단순히 자연에 순응하는 것과 자연의 필연성에 반하여 작용한다. 나는 단순하게 자연법칙에 이끌리어 "일을 되는 대로 내버려두라"고 할 수 없다. 자연을 초월한 자로서 나는 또한 의지적인 행동으로 자연을 초월하도록 부름을 받았다. 그리고 두 번째로 이 "윤리적 필연성"은 내가 마음대로 결정하는 것을 반대하도록 작용한다. 오히려 "의무"가 나를 아주 분명한 방향으로 나아가도록 인도하고, 그것은 나에게 내가 좋아하는 것을 행하는 자유를 주는 것이 아니라 오히려 내가 좋아하지 않는 것을 할 수 있도록 내 자유를 속박한다.

이것을 분명하게 이해할 수 있을 때, 우리는 생물학적인 불임과 마찬가지로 비자발적으로 어쩔 수 없이 부부가 자녀를 가질 수 없는 아주 곤란한 예외적인 상황에서도 "윤리적 필연성"의 결정이 내려질 수 있다는 것을 알 수 있다. 불임의 경우와 자녀를 가질 수 없는 예외적으로 곤란한 상황 사이의 유사점은 다음과 같다. 곧 두 경우 모두에서 자녀를 포기하게 만드는 것은 방종이나 이기심이 아니라 오히려 근본적인 필연성이다. 한 가지 경우는 (불임처럼) 강제의 필연성이고, 다른 하나는 (상황에 따르는 책임처럼) "의무"의 필연성이다.

우리가 어떻게 책임 있게 자녀 출산(또는 더 이상의 자녀 출산)을 포기할수 있느냐의 질문과 관련해서, 어떤 분명한 신학적 근거를 확보하기 위해이 논의는 계속 진행해야 한다.

다음과 같은 가능성을 생각해볼 필요가 있다.

1. 동침의 포기. 성관계는 고립된 것이 아니라 (외모, 목소리, 몸짓과 같은)미묘한 표현들을 산출하는 성적인 분위기에 둘러싸여 있어서, 동침을 거부하는 것은 성관계라는 최종적인 육체 표현뿐만 아니라 또한 그런 모든것의 다가옴을 포기함을 의미한다. 이와 관련해서 네덜란드 의학자 판 드벨데(van de Velde, 1873-1937)의 말을 인용하는 것은 가치가 있다. 그는 영구적인 금욕이 요구된 모든 부부 중에서 그 요구를 만족시킨 부부를 보지못했고, 그 요구 조건 때문에 헤어지지 않은 부부도 단 한 번도 보지 못했다고 말한다.[14] 물론 이것은 자연적인 이유(질병, 월경 등)나 영적인 이유(고전 7:5), 그리고 삶의 리듬과 관련해서 어떤 한정된 시간 동안 성관계를 절제하는 경우에는 해당되지 않는다. 그러나 원칙적인 금욕은 근본적으로다르다. 그것은 사실상 창조 질서에 따른 성적 연합을 침해한다. 그리고우리가 말했던 것처럼, 만일 결혼의 핵심이 인격적인 연합에 놓여 있다면, 금욕은 혼인관계의 핵심을 공격한 것이다(동침이 부부관계의 핵심이기 때문이 아니라, 동침의 부재가 성적 연합 전체에 영향을 미치기 때문이다). 동침의 부재가 가져오는 잘 알려진 심리학적인 결과는 억압의 형태로 나타나는데, 이것은 파괴된 관계의 징후다.

---

14) Van der Velde, 『결혼에서 임신의 가능성』(Die Fruchtbarkeit I. d. Ehe), 1929, p. 9;
    Bovet, 『결혼』(Die Ehe), p. 162; Emil Brunner, "결혼한 상태에서 금욕은 하나의 과정일지도 모른다. 그렇지만 그 과정은 육신과 영혼에 치명적인 억압을 의미할 수도 있다." 『계명』(Das Gebot), p. 354.

2. 질외사정. 의학적 견해는 질외사정의 방법을 만장일치로 거부한다. 왜냐하면 "이런 방법은 쾌락의 상승곡선이 절정에 도달하기 전 갑자기 가파르게 추락하고", 완전히 둔감하지 않은 사람에게도 앞으로 심신장애를 일으킬 수 있기 때문이다.[15]

3. 피임법. 피임은 자연 과정에 다소간에 능동적으로 개입하는 것을 의미한다. 가톨릭의 윤리신학은 임신을 예방하는 모든 물리적인 장치나 약의 처방을 거부하고, 소위 자연주기법(observatio temporum)의 준수만을 허용한다. 그 신학은 이 방법을 조건부로 "그 자체로는 악하지 않은 것"이라고 판단한다. 조건은 자연주기법이 불임에 대한 일시적 선택이어서 자녀를 영원히 갖지 않겠다는 바람의 표현이 아니어야 한다는 것이다. 이 양보는 결혼의 본질적 가치와 결혼의 인격적인 연합을 보존하는 관점에서 허용된다.

사실상 그것은 단지 양보에 불과할 뿐이다. 1880년 6월 16일 로마 교황청 내사원(Paenitentiaria Apostolica)[16]의 목회적 결정은 "임신이 훨씬 어려웠던 시절에 이용하던 방법을 오늘날의 결혼에 허용하는 것이 가능한가?"(An licitus sit usus matrimonii illis tantum diebus, quibus difficilior est conceptus)라는 질문에 다음과 같이 대답했다. 세부적으로 기술된 특정 조건 아래에 있는 배우자들은 염려하지 않아도 된다(inquietandos non esse). 그런 공식적인 결정은 그 방법을 오직 "목회적인 긴급한 해결책"으로 제시했다. 비슷한 방법으로, 『정결한 혼인』의 교황회칙은 "비가임기의 준수는 자연 질서를 반대하는 것이 아님"을 주장한다. 만일 그런 행위의 본성이 중요 목적에

---

15) Bovet, 위의 책, 167.

16) Stelzenberger, 위의 책, p. 232; 내사원은 로마 교황청에 있는 세 법원 가운데 하나다. 내사원은 주로 사면 조치를 다루는 법원으로 가톨릭교회 내에서 죄의 탕감과 관련된 문제들을 담당한다.―편집자 주

제1장 산아제한과 임신중절 377

종속되어 있다는 것이 분명하다면 말이다(정확하게 자연적인 방식으로 자신들의 권리를 사용하는 배우자들은 자연의 질서를 반대하는 행동을 하는 사람들이 아니다. 비록 시간이나 몸의 어떤 결함과 관련된 자연적인 이유로 그 방법으로는 새로운 생명이 탄생하지 않을지라도 말이다).

어떻든 주목해야 할 것은 자연 과정에 어떤 개입이 허용된다는 사실과 자녀 출산을 계획하는 것이 가능하다는 사실이다. 이것은 자녀 출산을 결혼의 주된 목적으로 여기지 않아야만 이해될 수 있다. 게다가 이것은 창조 질서를 자연 질서와 완전히 동일한 것으로 여기지 않아야만 이해될 수 있다. 왜냐하면 "목회적인 긴급한 해결책"이 창조 질서와의 불일치 안에서 행해질 수는 없기 때문이다. 오히려 그 해결책은 결혼에 속한 한 가지 가치의 양보로써 합해져야 하는데, 그것이 하찮은 것일 수는 전혀 없다. 그 가치를 침해하는 것은 문제가 약간 있는 양보보다 더 부정적인 것임이 틀림없다. 우리가 이미 살펴보았듯이, 가톨릭의 결혼 규범 자체는 단지 부분적으로만 이런 견해를 허용한다. 그와 함께 인위적인 불임시술에 대한 견해에서 간접적으로 확인되는 것과 동일한 해석이 이 견해에서도 확인될 수 있는 가능성이 제시된다.

여기서 드러나는 균형을 맞추기 힘든 인식의 차이는 다음 물음에서도 나타난다. 곧 누군가 자연 과정에 개입해서 다른 피임법으로 자녀 출산을 계획하는 것을 어떻게 신학적으로 정당화시킬 수 있을까? 달리 말해, 가톨릭교회는 기술적인 피임법 사용을 분명히 비난하면서 어떤 권리로 자연주기법으로 피임하는 것을 허용할까? 엄밀한 의미에서 그 두 가지 피임법은 "자연적인 방법이 아니다." 왜냐하면 그것들은 자연을 맹목적으로 따르지 않기 때문이다. 달력을 보면서 가임기와 비가임기를 계산하는 일이 그렇게 쉬운 것도 아니고, 고안된 피임 수단들을 사용하는 것보다 사람들에게 더 공감을 불러일으키는 것도 아니다. 이 둘 사이에는 기껏해야 정도의 차이만 있을 뿐이고, 그 둘의 신학적인 관계도 판단하기 힘들다. 그러나 앞서 보았던 것처럼, 신학적인 판단은 완전히 **다른** 관점에서 내려진다.

우리가 실용적인 관점에서 개별적인 피임법을 살펴본다면, 여러 다양한 가치 판단이 생기는 이유를 이해할 수 있다. 자연 과정에 최소한의 자발적인 영향을 주는 자연주기법(사실 자녀 출산이 결혼의 중요 목적이라고 주장하는 교리적인 진술도 확실하게 자연주기법을 제안한다)이라고 할지라도, 그런 최소한의 양보도 어쨌든 법을 어긴 것이고, 자연주기법을 최소한 준수하는 것도 이론적으로나 실천적으로 매우 유동적이어서, 두려움을 불러 일으킨다.

이런 이해는 비록 우리가 교리적인 전제, 곧 결혼에 대한 창조 질서의 이해를 공유하지 않을지라도 매우 진지하게 고려되어야만 한다. 다음 장에서 우리는 "산아제한의 가능성"을 논의하면서, 다양한 피임법의 사용을 허용하는 우리 입장과 가톨릭적 윤리신학과의 유사점과 차이점을 살펴볼 것이다.

3) 인구 "폭발"

산아제한의 문제를 다급하게 만드는 세 번째 요인은 지구 상의 인구, 개발도상국들과 특히 아시아 국가들의 급격한 인구증가에 있다. 영국의 경제학자 토머스 로버트 맬서스(Thomas Robert Malthus, 1766-1834)는 1798년에 인구가 기하급수적으로 증가할 것이라는 사실을 이미 예견했다.[17]

---

17) 맬서스 이론(Umbricht, 위의 책, p. 312)은 자연본능을 따르는 인간의 수는 현재의 식량 수급 가능성보다 훨씬 더 빨리 증가한다고 말한다. Malthus는 인구의 자연 증가는 기하급수적으로 증가하지만, 식량의 생산은 산술급수적으로 증가한다는 것을 주장했다(만약 Malthus의 이러한 계산이 옳다면, 지구 상의 인구는 엄청나게 늘어날 것이다). 그래서 Malthus는—도덕적 불행을 포함한—엄청난 불행을 예견했으며, 인구의 과잉과 식량 공급의 조화는 오직

그가 예측했던 인구증가가 정확하게 일어나지는 않았지만―그러나 오늘날 통계학자들은 이런 묵시록적인 예언이 성취될 것이라는 유사한 운명을 점치고 있다![18]―오늘날 의학, 특별히 위생학의 발달은 일반 사망율과 함께 유아와 소아의 사망자 수를 감소시켜, "폭발"적인 인구증가를 두렵게 가속하는 어두운 뒷면을 가지고 있다.

맬서스의 주장처럼 기아와 전쟁으로 인한 인구감소를 예상할 수 있지만, 앞서 언급한 예측적인 증가는 국가가 인구 수를 계획하고, 산아제한 정책을 계획하도록 만든다. 특히 인도처럼 경제적으로 개발도상국이면서 인구가 많은 나라는 산아제한이 시급하다. 그런 나라들은 교육, 홍보 활동, 피임도구의 무료 보급 등을 통해 다가오는 심각한 위협에 대비해야 한다.[19]

확실히 다가온다고 말할 수 있고 그 규모도 어느 정도 예측될 수 있는 대 참사의 상황에 직면하여, 결함이 있는 규범을 무조건 강조하는 것은 무모하고 잘못된 것이다. 만일 가톨릭의 윤리신학이 교리에 근거해서 우리가 앞서 언급한 내용을 강요한다면, 그것을 실행하는 자들은 상당한 어려움에 봉착하게 된다. 우리가 어떤 전쟁을 정의로운 전쟁[20]이라고 주장하면서 전쟁에서 이루어지는 살인을 합법화할 수 있는지를 질문해야 하는 것처럼, 대규모 인구 폭발의 참사를 대비하고자 새 생명의 탄생을 방해하거나 제한하는 것을 정당화할 수 있는지의 질문도 반드시 허용되어야 한다.

우리는 정의로운 전쟁과 인구 폭발의 예방 사이의 유사점을 의도적으

자연의 방식, 곧 기아, 전염병, 전쟁 등을 통해서만 이루어질 수 있다는 두려움을 표현했다. 이와 관련해 그는 단지 도덕적인 금욕에 의한 자녀 수의 제한을 제안했다. 반면, 신맬서스주의자들(1850년경)은 출산조절을 위한 보다 급진적인 대안(인위적인 낙태와 불임시술을 포함하는 대안)을 권했다.

18) 통계들에 대해, "대중"에 관한 절을 참조하라.

19) *Universitas*, (1960,) 6, p. 685 이하를 참조하라.

20) *ThE*, II, 2, §3273 이하를 참조하라.

로 선택했다. 그것은 교의학이 전쟁 중 살인의 경우에 "아니오"를 말하지 못하면서, 산아제한의 경우에 "아니오"를 말하는 것이 얼마나 어려운지를 보여주기 위해서다. 전쟁의 경우에는 항상 살인이 문제가 되는 반면에, 전략적인 산아제한에서는 그렇지 않다. 다만 양육의 재앙 때문에 대단히 높은 확률로 죽게 될 것으로 예측되는 생명이 생성되지 않도록 하는 것이 문제될 뿐이다. 이러한 한계상황은 우리가 그 문제에 계속해서 더 근본적으로 개입하도록 만든다. 다시 말해 그것이 자연이든, 우리의 헌법이든, 또는 법조문이든, 우리를 개입하게 만든다.

여기서 다음과 같은 신학적·윤리적 문제가 제기된다. 곧 어떤 규범적 가치의 보존이 다른 규범적 가치를 위협하는 **순간**에 일어난다. 달리 말해, 규범적 가치 사이에 갈등(가치의 충돌)이 생기는 순간에 문제가 발생한다.[21] 우리의 경우, 규범적 가치로서 부부관계와 부모 역할의 일치를 강조하는 것이 새롭게 생성될 다음 세대의 삶을 보장하기 위한 최소한도의 보존을 위협할 수 있다.

이 문제와 관련된 입장에는, 우리가 앞에서 언급했던 "산아제한"의 주제와 관련해 서로 다른 교리적 결정들이 반영되어 있다. 미국의 가톨릭 사제들은 자료를 통해 미국의 외국원조가 인구과잉의 개발도상국에 보급되는 것에 의문을 제기했고, 분명히 부정적인 태도를 취했다. 우리는 가톨릭이 교리적인 관점에서 이 문제를 분명하게 이해하지 못한다는 이의를 제기할 수 있다. 그리고 우리는 그들이 앞서 언급한 갈등의 문제와 그것의 신학적 연관성을 분명하게 파악하지 못했다는 유감과 아쉬움을 표현할 수 있다. 그러나 그들이 제시한 성명서에 나온 실용적인 부분은 주목할 만하며, 오히려 우리 자신의 입장에서

---

21) *ThE* II, 1, §721 이하를 참조하라.

내린 결단의 기준들을 다시 살펴보아야 한다. 성명서는 다음과 같다. "시기적으로 식량보다 인구가 더 많아서 굶주린 사람들이 발생하는 상황에 대처하는 논리적인 방법은 인구의 감소가 아니라, 오히려 식량 생산의 증대라는 것을 그들(인구조절에 책임이 있는 사람들)은 중시하지 않는 것처럼 보인다."[22]

의사이자 『기아의 지리학』(Geopolitique de la faim)의 저자이며, 식량과 농업을 위한 유엔기구의 회장을 맡았던 브라질 출신의 기아퇴치 운동가 호세 드 카스트로(Josué de Castro, 1908-1973)는 1952년에 하나의 연구를 시도해서 다음과 같은 결론에 도달했다. 인구과잉이 기아를 유발하는 것이 아니라, 오히려 기아가 인구과잉을 유발한다. 그에 따르면, 한편으로 식량이 충분치 못한 시대를 사는 사람들은 자신의 자손으로 대를 잇고 싶어 하는 본능이 증가한다(중국, 인도, 필리핀 등에서 자녀 수의 증가). 다른 한편으로 재산(상속의 문제가 발생하는 재산)의 형성과 삶의 질의 향상은 자녀 수를 감소시킨다(그러므로 신맬서스주의자들이 원하는 것처럼, 인구증가를 억제하고, 열심히 신생아 출산을 통제하며, 지구 상에 살아 있는 모든 사람이 생산 활동에 참여할 수 있도록 노력하더라도, 세계는 생존을 위한 길을 발견하지 못할 것이다. 세계에 인구가 너무 많아서 기아와 비참함이 존재하는 것이 아니라, 식량을 소비해야 하는 사람이 너무 많고, 생산 활동을 하는 사람이 너무 적기 때문에 기아에 시달리고 비참해지는 것이다). 전문적인 분석에 기초해서 기아와 인구과잉의 인과관계를 전환한 이런 생각은 우리로 하여금 숙고하게 만든다. 과도한 산아제한과 관련한 기본적인 제재, 예를 들어 종교적인 또는 그 외의 제재를 가하지 않고, 인구과잉의 확실한 해결책으로 산아제한을 추천하는 윤리적 무관심주의는 앞서 말한 인과관계의 전환을 좀처럼 진지하게 고려하지 못한다.

개신교에서는 샌프란시스코 미국감독교회의 제임스 A. 파이크(James

---

22) *Universitas*, p. 685.

A. Pike, 1913-1969)와 뉴욕의 유니온 신학교 학장인 존 C. 베네트(John C. Bennett, 1902-1995)가 이 문제와 관련해 성명서를 발표했고, 개신교, 성공회, 정교회를 포괄하는 에큐메니칼 운동에 참여한 신학자들도 마찬가지로 입장을 표명했다(맨스필드 보고서). 이 두 가지 성명서는 "부모의 책임"이라는 의미에서 산아제한을 한정적으로 실행하는 것을 찬성한다는 공통적인 입장을 보여준다. 파이크 감독에 따르면, 미약한 경제의 과도기에 처해있으며 이 문제가 특별히 긴급한 개발도상국들에 한정된 산아제한이 허용된다. 이 외에도 맨스필드 보고서는―물론 정교회는 이런 주장에 동의하지 않았다―인위적인 피임 기구의 사용법과 자연주기법 사이에 가치에서 윤리적인 차이가 없다는 것을 강조한다.

물론 결혼에 대한 이해와 그에 따른 신학적 갈등의 문제에 관한 우리의 통찰은 우리가 인구 폭발을 막기 위한 피임기구의 사용을 원칙적으로 거부하는 것과 관련해서 어떤 분명한 결정을 내리도록 도움을 주지 못했다. 그러나 우리는 매우 다른 종류의 신학적인 반대 의견을 말하고자 한다. 그 반대 의견의 최선의 표현은 아마도 "영적-목회적 관점으로부터의 우려"일 것이다. 그것에는 다음과 같은 세 가지가 있다.

첫째, 산모가 임신을 하지 못하도록 국가가 대규모로 통제하는 대책과 선전은 창조 질서의 근본적인 구조를 아주 모호하게 만들 것이다. 무엇보다 우리는 산아제한이 창조 질서의 요구 그리고 또한 심판 아래서 실행될 때, 그리고 그것이 창조 질서의 책임 안에서 위에서 말했던 "윤리적 필연성"에 속할 때, 산아제한을 윤리적으로 받아들일 수 있다. 보편적으로 피임을 허용하거나 피임을 법적인 의무로 만드는 것은 창조 질서를 왜곡하는 것이고, 개인이 책임 있는 결정을 내리지 못하게 만든다. 그때 결혼 안에서 (또한 밖에서) 브레이크 없는 리비도가 왕좌에 앉아 통치한다. 그때

제한되는 것은 리비도 자체가 아니라, 다만 그것의 결과들뿐이다.

그렇다면 이것은—책임 있는 부모에게 허용되고 또 명령된 것처럼—인간이 자연을 초월한 것이 아니라 성관계에 있어서 자연을 초월하는 모든 인간적 요소들이 자연화되었음을 의미한다. 대규모의 전략적인 산아제한의 확대에 책임이 있는 사람은 그런 반대를 결코 간과해서는 안 된다. 이 문제가 어떻게 극복될 수 있을지, 국가의 대책은 어떤 형태여야 하는지, 그리고 어느 정도까지 정당화될 수 있을지의 물음은 시야에 들어오지 않는다. 그러나 그런 반대 의견은 가톨릭의 윤리신학이 설명한 근본적인 거부처럼 한정적인 결과를 가진다. 비록 신학적 토대가 완전히 다를 수 있지만 말이다.

둘째, 동일하게 중요한 반대가 근본적인 성향에서 일어난다. 이 성향은 기술이 인간적·생물학적인 영역을 침범하고 "모든 것을 조작할 수 있다"(der Machbarkeit aller Dinge)는 열정이 산출되는 모든 곳에서 관찰된다.[23] 기술의 의미는 인간에게 땅을 정복하라는 창조 규정에 분명히 참여한다. 그러나 인간이 하나님을 대리하고 사명에 순종해서 땅을 정복하는 것이 아니라, 자신의 이름을 내세우면서 땅을 정복할 경우, 기술은 다른 한편으로 위협적인 것이 된다. 그때 인간은 모든 것이 자신의 조작에 넘겨져 있다고 생각하고, 창조 질서에 따라 그에게 주어진 한계를 더 이상 존중하지 않는 오만함에 빠진다. 창조는 이제 그에게 규범적인 틀이 아니라, 오히려 자기실현을 위한 재료, 곧 인간이 자신의 고유한 형상을 주조하는 행위의 재료일 뿐이다.[24]

따라서 피임은 인간이 자연을 초월하는 책임적 존재라는 사실의 징표로부터 이제는 인간이 자연을 무책임하게 제거할 수 있다는 징표가 될 수도 있다. 인간의 손에 부여된 기술적인 가능성(그리고 이것들은 산아제한의

---

23) W. Schöllgen, 『행동: 도덕 문제』(Act. Moralproblem, 1955), p. 457 이하를 참조하라.
24) ThE I, §1972 이하를 참조하라.

특정 방법이 포함된다)은 자연을 초월하는 인간의 능력뿐만 아니라, 또한 자연을 제거할 수 있는 위험을 강화하기도 한다. 그것들은 인간에게 창조를 무한대로 조작할 수 있고, 자녀 출산은 인간이 마음껏 생산량을 늘리거나 줄일 수 있는 물건의 생산 과정과 유사하다는 환상을 불어넣는다. 전략적으로 확대된 피임은 이러한 묵시록적인 측면을 열어젖히며, 인간이 자신을 생물학적인 프로메테우스로 여길 수 있다는 신학적 우려를 불러일으킨다.

셋째, 피임은—개인 상황에서도, 고도로 전략적인 대규모 계획에서도—항상 윤리적 그리고 영적인 결정과 관련된 두 가지 문제에 직면한다.

1. **영적인** 질문은 다음과 같다. 우리가 자연 과정에 이성적으로 계획하면서 개입할 때, 하나님을 신뢰하고 믿는 것보다 우리의 안전이 더욱 우선시되어야 한다고 계산하는 것은 아닐까? 자녀 출산은 언제나 예측할 수 없는 모험과도 같다. 곧 임신하는 것에는 위험이 없을 수가 없고, 위험 요소 없이 자녀를 양육할 수도 없다. 외부 환경에서 발생하는 어려움은 **항상** 있기 마련이다. 이런 "가능성"에서 불안이 발생한다. 이 불안은 우리의 믿음을 성장시키는 재료가 되든지(시 73:23-28), 아니면 미래의 안전을 정확하게 계산해서 불안에 대처하도록 우리를 유혹한다. 두 번째 대응의 위험은 그것이 악마적인 요소를 지닐 수 있다는 것이다. 곧 그것은 (믿음이 결여되었다는 의미에서) 불신앙의 모습을 드러낼 뿐만 아니라, 또한 자신을 책임 있는 믿음으로 포장하거나 위장하기도 하며, 그 점에서 "광명의 천사"(고후 11:14)의 가면을 쓸 수도 있다. 부작위의 행동(예를 들어, 출산)에 스스로 책임진다고 생각하는 것은 실상 맹목적이며, 안전에 대한 과잉된 욕구에서 나타나는 불신앙적인 불안에 불과하다.

책임 있는 믿음에서 나온 안정(믿음은 행동의 결과를 예상하지 않는 것이 아니라 당연히 예상한다)과 불신앙에 근거한 안정을 위한 욕구의 경계는 매우 불분명하다. 산아제한은 절실하게 **자기** 통제의 물음 앞에 선다. 왜냐하면 우리가―흔히 말해지듯―낳을 아이들이 살게 될 바로 그 삶의 위험과 불확실성("세계-내-존재"[25]의 증상)은 끊임없는 불안의 원인이며, 그래서 그것은 우리가 새 생명을 낳지 않을 권리를 갖고 있다는 것에 대한 무수히 많은 이유를 제시하기 때문이다.

칼 바르트는 아주 훌륭하게 다음과 같이 말했다. 믿음은 언제나 또 다시 "포기의 가능성을 포기하면서"[26] 스스로를 증명한다. 일반적인 산아제한의 규정 중에 그러한 포기의 형태에 열린 기회를 갖지 않는 것은 없다. 이것은 그런 일반적이고 전략적인 규제와 같은 산아제한의 규정이 조금이라도 가능한지, 생각에서만 가능한 어떤 일반화된 형태를 사용해서 가능한 영적 존재를 그 뿌리부터 제거하는 것은 아닌지, 그래서 산아제한은 무신론적 활동이 믿음에 가하는 위험보다 더 큰 위험은 아닌지와 같은 물음을 제기한다. 이 질문을 제기하면서 우리는 어떤 "수사학적인" 의미 이상을 얻어낼 수 없음을 고백한다.

2. 피임 방법과 관련된 (좁은 의미의) 윤리적인 문제는 기술적이고 전략적으로 대규모의 산아제한이 손쉽게 실현된다면, 좀 더 광범위하게 피임을 진행하려는 유혹이 일어나지 않을까 하는 것이다. 이것은 공포가 아니라, 예상된 인구 폭발로부터 재난이 일으켜지는 것이 아닌가 하는 불안의 문제다. 재난에 대한 불안은 의사의 진단 과정이 끝나기도 전에 환자들이 치료와 관련해서 느끼는 심리적인 상태의 불안과 같은 것이다. 다시 말해, 불안은 사람들이 상황에 침착하게 대응하는 능력과 객관성을 빼앗는다. 더 심각한 것은 사람들이 조직적인 산아제한을 언제든지 처방이 가능한 치료와 같은 것으로 이해한다는 것이다. 그러한 치료를 성급하게 시행

---

25) Heidegger, 『존재와 시간』(*Sein und Zeit*, 1921), p. 63 이하.
26) *KD* III, 4, 305.

하는 것은 최소 저항의 법칙과 관성의 법칙에 따른 행위다.

일이 그렇게 되는 것은 기아와 인구증가의 인과관계에 관한 질문이 마지막까지 침착하게 검토되지 않았고, 그 질문이 사람들의 관심을 불러일으키지 못했으며, 교리적·이데올로기적 선입견에 의해 미리 앞서 거부되었기 때문이다. 그러나 바로 이 자리에서 결정적으로 현실-정치적인 질문이 제기된다. 인구 폭발은 사실은 개발도상국에서 삶의 질을 높이고 소유의 교육을 확대할 때, 가장 효과적으로 대처하게 되는 것이 아닌가?

여기서 가톨릭의 윤리신학과 같은 태도가 가진 경험적 산물이 등장한다(개신교의 맹목적인 열의가 그 경험적 산물을 분명하게 보지 못하도록 우리를 방해해서는 안 된다). (개신교가 수용할 수 없는) 가톨릭의 교리적 근거는 최소 저항의 법칙을 원칙적으로 차단하고, 산아제한을 계획하는 것으로 인구 폭발을 해결하려는 유혹에 지배받지 않는다. 그때 가톨릭의 윤리신학은 치유의 단서를 발견하고자 인구 폭발을 지속적으로 진단하고 반성하게 된다. 성급하게 인구를 조작하는 것보다 이런 검사에서 더 견고한 사회학적·경제적인 통찰이 제시된다.

우리가 모든 피임 기술에 대한 가톨릭의 반대가 어떤 유익한 성과를 보여주고 있다는 사실에 침묵한다면, 그것은 공정하지 못한 것이다. 그리고 이런 의미에서 우리는 의견의 충돌 속에서도 울려 오는 가톨릭의 경고를 과소평가해서는 안 된다. 우리의 교리적 출발점은 가톨릭의 교리적 출발점과 다르고, 우리의 교리는 우리에게 자유를 책임 있게 사용할 수 있는 더욱 큰 영역을 줄 수 있다. 하지만 어느 누구라도 가톨릭의 윤리신학이 열어 보여준 역사적 국면을 간과한다면, 그는 큰 실수를 한 셈이 된다. 만일 우리가 다른 결정에 도달하고자 한다면, 먼저 검증이라는 집중포화를 통과해야 한다. 그 과정은 좋은 의미에서 행동을 지연시키는 결과를 낳게 될 것이다. 그리고 그 과정은 모든 경우에 산아제한의 문제에 직면하여 우리가 여기저기서, 이 장소 저 장소에서, 그러나 어쨌든 보아야만 했던 저 경계선을 기억나게 해 줄 것이다. 그 경계선을 준수하지 않는 것은—다시 한 번 반복한다면—자연을 초월하는 것이 아니라 자연을 제거하는 것이다. 창조 질서를 자연 질서와 동일시하는 것이 잘못인 것처럼, 그것들을 따로 분리하는 것도 잘못이고, 자연을 무시하는 것이 창조 질서를 해치는 것임을 간과하는 것도 마찬가지로 잘못이다.

가톨릭의 윤리신학과 대화하는 중에, 또한 다른 경우에서도 반드시 관찰되어야 하는 현상이 나타났다.[27] 그 현상은 우리와 가톨릭이 각각 가진 신학적 원리의 차이점이 무조건 구체적인 행동의 영역에서의 차이를 불러오지는 않는다는 사실이다. 그래서 "세상"에 대해 어떤 공통된 그리스도인의 행동 지침을 만들 가능성이 보다 더 높아졌다.

개신교와 가톨릭은 개인 삶의 문제와 관련해서는 다른 결정을 내렸다. 하지만 창조 질서의 기준은 (비록 서로 다르게 적용했지만) 여기서 책임이 문제되는 한계상황에 대한 공통적인 지식을 불러일으켰고, 그 점에서 어떤 공통점을 마련하였다. 개신교와 가톨릭의 입장은 인구 정책과 산아제한의 질문을 통해 생기는 개인적인 문제에 관련해서는 각각 상이한 근거에도 불구하고 매우 근접한다(당연히 우리는 이 책이 보여준 개신교적 입장을 지지한다. 그래서 개신교와 로마가톨릭의 입장이 매우 유사하다는 진술은 개신교 신학의 맥락과 이름으로 설명되는 모든 경우에 적용될 수는 없다).

후기

지금까지 설명된 원리와 관련해서, 불임수술의 문제는 명확히 드러내어 다루어지지 않았다. 불임수술의 문제는 지속적인 피임의 결정을 포함하기 때문에,

---

27) *ThE* II, 2 §3950 이하.

피임의 문제보다 훨씬 더 중요하지만, 그러나 근본적으로 다르지는 않다. 사람들이 불임수술을 받으려는 동기가 무엇인지에 대한 질문이 긴급하다.

다음의 물음은 특별히 입법자와 관련된다. 입법자는 불임수술이 개인이 자유롭게 결정할 문제인지, 아니면 법이 그 문제를 제한해야 하는지를 결정해야 한다. 비록 심한 유전적인 질병으로 사회생활이 불가능하거나 또 반사회적인 사람이 자녀를 출산하지 못하게 예방할 수 있는 사회의 권한이 필요하다는 데에는 논란의 여지가 없지만, 국가가 예방한다는 명분으로 그 사람들의 의지에 반하여 그들의 성 본능에 개입할 권한을 갖는다는 것은 불가능한 일이다.[28]

그렇게 된다면 어떤 생명은 "가치 없는 삶"(lebensunwerten Leben)이라는 이데올로기가 입법과정에서 실제로 받아들여질 수밖에 없다. 국가사회주의(Staatssozialismus)가 보여주었던 세계관적 우생학은 우리에게 경고를 주는 사례가 되어야 한다. 국가가 이 문제와 관련해 보여줄 수 있는 적법한 반응은 겨우 안전대책이나 보호시설을 제공하는 형태에 그친다. 그러나 이 최소한의 권리는, 비정상적인 개인과 반사회적인 개인들이 건강한 사람들보다 더 많은 자녀들을 가진다는 사실과 관련해서, 사회가 스스로를 보호해야 하기 때문에 논란의 대상이 될 수 없다.[29]

정상이 아니거나 특별히 비극적인 상황에 있는 사람뿐만 아니라, 정신적·도덕적으로 결함이 있는 사람도 불임수술을 원할 수는 있다. 그러나 국가는 불임수술의 결정이 개인의 의지에 달려 있다는 전제에서 출발해서는 안 된다. 오히려 국가는 모두가 불임수술이 자신들에게 초래하는 결과를 충분히 알고 있지는 않다는 사실을 신중히 고려해야만 한다(남성의 자발적인 불임과

---

28) 『정결한 혼인』(*Casti Connubii*, Denzinger 2245). 지금 사람들은 "사법부의 장관들이 과거에는 결코 가질 수 없었고 합법적으로 결코 가질 수 없었던 (어떤) 권력을 그들에게 위임하려고 한다."

29) Stelzenberger, 위의 책, p. 337.

는 달리, 여성의 불임시술은 원상복귀가 거의 불가능하다).[30] 그렇기 때문에 국가의 불임수술 정책과 관련해서 거부권을 행사할 수 있는 전문위원회가 개입해야 한다.

독립된 위원회의 승인을 받아 강제적으로 불임수술(또는 거세)이 시행될 수 있는 유일한 예외적 상황은 지적장애인들의 상황이다. 지적장애인들은 보호자의 보호를 받으며 살아가는데, 그들의 성 충동이 주위 사람들에게 위험을 초래하거나, 지적장애인들끼리 서로 결혼해서 지적장애인 자녀를 출산할 수 있는 위험을 가지고 있다. 두 상황이 충돌할 때─다시 말해, 중병에 걸린 생명의 출산에 대해 책임져야 할 보호자가 책임질 능력이 없는 경우, 국가가 그 책임을 져야 하지만 국가마저 그 책임을 수용할 수 없는 경우, 다른 일에는 "해를 끼치지 않는" 지적장애인을 평생 요양원에 감금하는 가혹한 일이 회피되기 어려운 경우 등이 중첩될 때─미성숙한 지적장애인의 보호자가 국가에 지적장애인의 불임수술을 제기하는 방법도 논의해볼 수 있다.

물론 오용을 막기 위해 사용될 수 있는 조치는 "법치국가에서 제시된 강제 불임수술"(거세)의 개념에만 엄격하게 제한되어야 한다. 왜냐하면 국가는 전지전능한 힘을 행사해서는 안 되며, 그러한 조치를 위한 주도권을 가져서도 안 되기 때문이다. 책임질 능력이 없는 지적장애인이 당면한 결단의 주체가 될 수 없을 때, 우리는 국가가 그를 대신해서 결단할 가능성을 생각해볼 수 있다. 그러나 국가 자체는─정당으로서, 잠재적인 이데올로기적 국가로서─지적장애인의 대표자가 될 수는 없고, 보호자의 의지와 독립적인 위원회들의 전문적 평가에 의존해야 한다.

우리는 이러한 제안에 대한 최종적인 신학적·윤리적 근거를 창조 질서의 관점에서 찾아야 한다. 다시 말해 그러한 조치는 우생학적인 지침에 따른 임

---

30) Bovet, 위의 책, p. 167 이하.

신중절을 막는 데 도움을 줄 수 있다. 임신중절(다음 절을 보라!)은 일반적으로 창조 질서에 반한 가장 심각한 공격을 의미하기 때문에 그러한 행위에 대한 성향과 유혹을 (백지화시킬 수는 없지만) 감소시키는 모든 조치는 엄밀한 의미에서 살펴보아야 하는 "가치 있는" 윤리적 권리를 가진다.

이와 관련하여 **거세**(Kastration)는 많은 논의가 필요한 아주 특별한 예외적 경우다. 그런 경우는 국가의 고유한 힘이 미치는 범위를 벗어나 있어서, 불임수술에서 언급한 것처럼, 드물게 필요한 긴급한 상황에서 극단적으로 집중된 감독과 통제 아래서만 허용될 수 있다.

가톨릭의 윤리신학은 피임조치의 거부에서 제시된 것과 유사한 근거들로부터 불임이나 거세의 모든 시도를 거부한다.[31]

2. 임신중절(인위적인 낙태의 문제)

어머니의 태중에 생겨난 새 생명에 대한 처치는 인간의 생명 탄생이―피임의 문제처럼― 방해받아도 되느냐의 물음이 아니라, 오히려 인간의 생명이 살해되어도 되느냐의 문제다. 두 물음의 차이는 결정적으로 중요하다.

특별한 경우에, 인간의 생명이 시작하는 시점에 생명이 시작되지 못하도록 방해하는 것은 다음과 같은 논증에도 이용될 수 있다. 곧 그것은 결정적으로 중요한 순간에 조건적으로 임신중절을 허용하는 것은 인위적인 낙태를 통해 원하지 않는 생명을 죽이려는 유혹을 완화할 수 있다는 논증이다. 그러나 이렇게 논증할 때, 조건적인 임신중절의 허용이 무조건적인

---

31) 참고문헌, Jos. Mayer, 『정신병자의 법적 불임 조치』(*Gesetzliche Unfurchtbarmachung Geisterkranker*), 1927. A. Niedermeyer, 『목회의학』(*Pastoralmedizin*), IV, p. 145 이하. Pius XII., 『담화』(*Anspr*). v. 29. Okt. 1951, Herder-Korr. VI, 115, Nr. 27. 『개신교의 입장』 (*Evang. Stellungnahmen*) Bovet, 위의 책, p. 167 이하. Søe, 『기독교 윤리』(*Chirstl. Eth*), 2. Aufl., 1957, p. 500 이하.

낙태 금지를 강조하는 셈이 된다. 이런 논의 자체는 우리가 조건적으로 피임을 허용한 것이 인간 행동의 방종을 보여주는 것이 아니라, 하나님의 계명의 엄격함이 결정적인 지점에 집중되어야 한다는 사실을 보여준다. 그 결정적인 지점은 생명이 싹트는 것을 포함해서 생명 그 자체의 존엄함이다. 누가 어떤 권리를 가지고 이제 막 존재하기를 시작하려는 생명을 방해하는 것과, 이미 존재하기를 시작한 생명을 죽이는 것을 윤리적으로 구분할 수 있을까?

우리는 지금까지 "이 시대"의 조건에서 어떤 대립이 창조 질서 안에서 발생했다는 것을 살펴보았다. 그것은 창조 질서의 한쪽 측면이 가진 의미와 목적―곧 오직 인간에게만 허용된, 하나님과 인격적이고 책임 있는 관계를 맺으라는 인간의 소명―이 창조 질서의 다른 측면이 가진 의미와 목적―곧 결혼 생활과 부모 역할 사이에 만들어진 관계―에 대립할 수 있다는 것이다. 이 대립하는 사실과 관련해서 우리는 방금 단순히 표현한 것 외에 어떤 논의를 할 필요가 없다. 왜냐하면 임신이 이루어진 이후 부부는 부모 역할의 **가능성**과 관련한 책임을 논의할 필요가 없기 때문이다. 그 부부는 이미 부모가 **되었다**.

중요한 것은 우리가 항상 인간 생명의 파괴라는 관점에서 임신중절의 문제를 보아야 한다는 것이다. 하지만 우리는 임신 초기 아이의 생명을 생각할 뿐만 아니라, 이미 존재했던 부모 역할의 지위도 생각해야만 한다. 부모 역할의 지위는 아버지 역할과 어머니 역할이라는 "책무"가 부모에게 위임되었다는 것을 의미할 뿐만 아니라, 부부는 지금 자신들에게 위임된 것을 지키도록 의무로 지워진 영역에 들어와 있다. 나아가 부부에게 주어진 그 의무는 감사와 신뢰로 받아들여야 하는 축복이다. 비록 그 축복이 두려움으로 표현될 수 있는 축복이고, 신뢰는 노력으로 얻을 수 있는 신뢰이지만 말이다.

이런 이해에서 다음이 분명해진다. 문제는 우리가 제공된 선물을—피임의 문제처럼—책임감 있게 받아들일 수 있는지가 아니라, 오히려 하나님이 부여하신 선물을 거절할 수 있는지, 감히 우리가 이미 펼쳐진 하나님의 팔을 뿌리칠 수 있는지다. 그렇기 때문에 지금 임신중절의 문제에서 창조 질서는 피임의 경우와는 완전히 다른 방식으로 침해받을 수 있다.

이런 이유로 태아(Fötus)에게 영혼이 주어지는 것(Beseelung)에 대한 가톨릭의 이론은 임신중절의 문제와 관련해서는 필요하지 않다(너무 많이 언급되기는 하지만 그래도 물음의 심각성에는 의문의 여지가 없다). 이 이론이 말하려고 하는 것은 분명하다. 그 이론은 인간 생명이 싹트는 것은 어린아이와 어른의 생명이 발전하는 것과 동일한 지위를 갖는다는 것을 분명히 증언하려고 한다. 배아(Embryo)에서 인간으로 성장하는 과정에 대한 설명을 돕는 이런 생각의 존재론적 구조[32]는 때때로 환상적인 생각으로 이어지는 질문을 일으키고, 때로는 그런 생각이 가진 신학적인 의도를 은폐하거나 불신하게 만드는 질문을 제기한다.

첫째, 태아의 영혼화(Beseelung)의 질문은 태아의 생명이 일으켜지는 방식을 질문하게 한다. (알렉산드리아의 클레멘스[Clement of Alexandria, 기원후 150?-215]와 락탄티우스[Lactantius, 기원후 240?-320?]가 주장한 것처럼) 태아의 생명은 하나님이 개별적으로 창조를 하셔서 "창조적으로" 발생하는 것인가? 아니면 (테르툴리아누스[Quintus Septimius Florens Tertullianus, 기원후 155-230]와 아폴리나리오스[Apollinarios, 기원후 310-390]가 주장한 것처럼) 태아의 생명은 부모의 영혼이 아이에게 유전되어 "유전적으로" 발생하는 것인가? 후자는 부모의 영혼이 아이에게 전가(*tradux*)되는 것이다.

---

32) *ThE* I, §1148를 참조하라.

마찬가지로 태아의 영혼이 "언제" 발생하는지에 대한 질문에도 답변이 주어져야 한다. 발아된 배아의 생명에 **언제** 개입할 때, "무죄한 살인"이 되는가?[33] 아리스토텔레스에서 유래한 스콜라주의가 부분적으로 이 질문의 해결에 영향을 주었다. 그에 따르면, 남자의 태아는 수정이 이루어진지 40일 이후에 영혼을 가진다. 반면에 여자의 태아는 수정이 이루어진지 80일 이후에 영혼이 생긴다. 여기서 영혼이 있는 태아와 영혼이 없는 태아가 있다는 이론은 거부되고 있다.[34] 근대 가톨릭에서 이런 종류의 이론은 이제 아무런 역할도 하지 못한다. 그러나 그 이론은 정자와 난자가 수정되는 특정한 시점(48시간)을 측정하는 데, 그리고 (강간처럼) 특별한 경우 성교 이후 여성의 질에서 정자를 세척하고 살정제를 사용해서 여성의 임신을 제어하는 데 필요한 시간을 측정할 때 사용된다.[35]

개신교가 이러한 낯선 질문을 허용하지 않고 그 문제들에서 파생되는 교리적인 이론들에 매이지 않으려는 것은 확실히 잘한 것으로 보인다. 그러나 그러한 논의의 **의도**에는 진지하게 받아들일 점이 있다. 다시 말해, 그것의 의도는 현실적인 생명과 잠재적인 생명을 구분하고, 허용되지 않은 수정 방해와 임신중절 사이에서 죄와 무죄를 명확하게 한다. 우리는 태아의 영혼화에 관한 이론에서 어떤 신화적인 암호를 읽을 수 있다. 즉 태아의 생명은 완전한 인간의 생명과 이미 동일하며, 모든 인간의 생명을 보호하는 것처럼 태아의 생명도 보호되어야 한다. 하지만 이러한 논제를 주장하는 모든 사람은 이와 관련된 근거를 제시해야 한다(비록 그 주장이 앞에서 완벽한 부모의 역할 그리고 부모의 책무의 수용 등에 관한 논의 뒤에 숨는다고 해도, 근거는 제시돼야 한다). 그 근거는 어떤 영혼론도 필요로 하지 않는다. 오히려 매우 명확

---

33) 『정결한 혼인』, Herder 64.
34) Innozenz XI., Errores varii, 1679, Denz. 1184 이하.
35) *Lex. d. kathol. Lebens,* Sp. 592.

한 생물학적 사실들을 언급하는 것이 필요하다. 비록 태아가 산모의 유기체와 밀접하게 관련이 있지만, 태아는 단순히 유기체로서 한 부분이 아니라, 독립적인 생명을 가진다. 배아가 죽을 경우에도, 산모는 배아와 다르게 계속 살 수 있다. 제한된 시간에 배아가 자라서 유아로 성장하는 동안, 반대로 산모가 죽는 경우도 있을 수 있다. 태아와 산모라는 두 유기체가 서로 구분된 삶과 죽음의 가능성을 가진 것처럼, 또한 태아와 산모는 서로 전혀 관계없는 질병을 가질 수도 있다. 태아는 자신의 순환기관과 뇌를 가진다. 이렇게 주요한 생물학적인 자료들은 태아가 인간 존재의 지위를 가졌다는 것을 확증하기에 충분하다.

산모와 태아를 이렇게 구분하는 두 경우의 인식은 낙태를 (자기 자녀살해나 영아살해의) 실형으로 처벌할 수 있는 세상의 법에게 영향력을 미칠 수 있다.[36] 물론 기독교 메시지의 심판 설교는 다음과 같은 몇 가지 점에서 형사처분이 함축하는 죄책 개념의 범위를 넘어선다.

첫째, 기독교의 메시지는 법을 극단화 한다. 살인은 실제 살인의 행동과 함께 시작하는 것이 아니다(마 5:21 이하). 그러므로 살인은 배아를 죽이는 행위에서 시작하는 것이 아니다. 오히려 살인은 배아를 갖고 싶어 하지 않는 것, 곧 배아를 없애고 싶어 하는 마음에서 시작한다(*orgizomenos to embruo!*). 여기서 우리는 하나님이 주신 선물과 그와 함께 부과된 책임을 거부한다. 여기서 "너는 해야 한다"라는 하나님의 위탁에 대한 불순종뿐만 아니라, "너는 할 수 있다"라는 담보물에 대한 "감사하지 않음"이 발생한다. 나에게 맡겨진 아이를 통해 주어지는 하나님의 특권에 대해 감사하지 않는 것이다.

---

36) 참조. 독일의 형법 218조.

둘째, 하나님의 판결은 인간의 법보다 더 근본적일 뿐만 아니라, 인간의 심판보다 더 자비롭다. 기독교의 이런 영적인 측면이 세상의 법 개념을 초월한다. 하나님의 판결은 (전문 의사나 돌팔이 의사를 포함해서) 태아를 직접 낙태한 행위자를 책망할 뿐만 아니라, 개인의 죄책을 전체 죄책 안에 편입시킨다. 또한 그 무거운 죄가 한 사람만의 책임이라고 말하기에는 너무나도 자비가 많다(인간의 법적인 판결은 대부분 범죄를 저지른 가해자 개인과 관련해서 그 죄책을 문제 삼는다). 영원한 재판장이신 하나님은 훨씬 엄격하신 동시에 긍휼하신 분이다. 그분은 한 개인이 저지른 어떤 특별한 죄에 인간 전체의 죄가 함께 작동했음을 고려하신다는 점에서 훨씬 엄격하시다. 그분은 죄를 저지를 유일한 사람으로서 개인을 보지 않으시고, 전체 사람 가운데 누가 감히 그 사람에게 돌을 던질 수 있는가를 물으시며 (요 8:7) 항상 다른 사람들에게 죄를 물으신다는 점에서 훨씬 긍휼하신 분이시다. 그리고 그분은 그 개인을 용서하신다.

아이를 낙태한 산모의 행동과 관련해서, 낙태라는 죄는 "무책임하고, 아무 생각 없는 남자의 성행위와 도덕적인 경솔함, 또는 억압하는 경제적 염려"와 관련이 있다.[37] 낙태의 유혹은 이렇게 공동체 전체가 함께 책임져야 하는 경제적·사회적 조건들로부터 발생할 수 있다. 여기서 기독교는 단순히 "개인 윤리"의 관점에서 낙태와 관련된 상황을 대처하는 것이 아니라, 보조적인 수단들을 통해 범죄를 일으킬 수 있는 상황을 변화시키고 구조적인 죄의 원인을 제거해야 하는 의무를 제시해야 한다.

인위적인 낙태를 정당화하려고 인용한 가장 중요한 "**지침들**" 중에서 "사회적 지침"은 이미 부적절한 것임이 드러났다. 외부에서 발생하는 ("사회적인") 긴급 상황이 낙태의 정당한 동기가 될 수 없다. 그것은 개인적으로

---

37) Piper, 위의 책, 240.

견디기 힘든 경제적 상황, 곧 직업이나 거주지의 문제로 인한 경우에도 적용될 수 있을 뿐 아니라(이 경우에는 직접적·개인적인 형태의 이웃의 도움이나 간접적·제도적인 형태의 도움이 필요하다), 또한 입법자가 인구 과잉을 막고 생산과 소비의 균형을 유도하기 위해 낙태를 허용하는 상황에도 적용된다(이 경우에는 실용적인 고려가 삶과 죽음의 문제 위에 군림하게 된다).

후자와 관련된 대규모의 실험이 소련에서 있었다. 소련은 1917년부터 1936년까지 낙태를 국가적으로 허용했다. 1920년에 공공보건위원회는 낙태허용과 함께 승인된 의사들만 낙태를 시술하며, 동시에 무상으로 하라는 엄격한 지침을 공포했다. 1924년 낙태로 인해 병실이 부족해지자 공공보건위원회는 긴급한 정도의 등급에 관한 지침을 공포했다. 이 규정에는 실용주의적인 관점이 분명하게 반영됐다. 곧 생산에 참여하는 여성들이 가장 먼저 낙태의 고려 대상이 되었다.[38] 그 결과는 참혹했다. 1921년에 100명 중 21명의 여성이 낙태했고, 1926년에는 100명 중 90명의 여성이 낙태했다. 그 후 소련은 해당 법률을 바꾸고, 모든 낙태를 엄격한 형벌로 다루었다.[39]

신학적 윤리학은 국가가 허가한 임신중절 정책의 불가능성을 경험적으로 입증할 목적을 위해, 곧 임신중절의 사회적 결과와 인구정책적 결과가 실제로 어땠는지를 보여주기 위해 이런 재앙의 통계를 인용해서는 안 된다. 그런 시도는 실용주의적 척도 자체를 통해 실용주의적 사고를 반박하는 셈이 될 뿐이다! 그러나 여기서 우리는 실용주의적 범주가 임신중절과 관련해 전혀 부적절하며, 인간 생명의 가치에 대한 질문에 어떤 역할도 할 수 없다고 주장한다.

---

38) 공포문 수록, Soph. Bennfey-Kunert, 「출산하지 않은 생명의 권리」(*Das Recht ungeborenen Lebens*) in *Hamb. Akadem. Rundsch*. 1947/48, p. 44 이하.

39) A. Jores, 위의 책, p. 9; August Mayer, 「소비에트 공화국에서 임신중절의 허용으로 인한 경험들」(*Erfahrungen mit der Freigabe der Schwangerschaftsunterbrechung in der Soujetrepublik*), in *Beiheft z. Zeitschr. f. Geburtshilfe u Gynakol.*(Stuttgart, 1933).

우리는, 의학적·심리학적·정치적으로 완전한 해결책을 제시하는 방법이 존재한다고 해도 여전히 산모의 배 속에 생긴 태아의 생명을 침해할 수 없음을 주장했을 것이다. 이런 통계적인 사실들은 우리가 지시하는 한계를 갖지만, 그러나 그것들은 어떤 예시하는 증언의 능력도 갖는다. 곧 그 통계적인 사실들은, 창조 질서가 침해당할 때 역사의 심판이 복수하며,[40] "죄는 백성을 파멸시킨다"(잠 14:34)는 사실을 보여준다.

인간 생명의 생성은 인간의 권력이나 "이성적인", 곧 실용주의적인 이해가 침입할 수 없는 성스러운 영역이다. 모든 실용주의적 개입을 반대하는 생명에 대한 이런 침해 불가능성은 창조 질서에서 생겨난 것일 뿐만 아니라(창조 질서 스스로 경이로움을 실현하고, 침해당할 경우 스스로 복수한다), 또한 그리스도께서 "비싼 값을 주고" 인간을 사시고 인간에게 "낯선 권위"(dignitas aliena)[41]를 부여하신 것처럼 구원의 질서에서 생겨난 것이다. 이 "낯선 권위"는 다음 사실을 표현한다. 곧 인간에게 등급을 주는 것은 인간이 "선한 일"과 기능적인 숙달, 실용적인 효용성을 창출하는 인간 자신의 가치 등이 아니라 오히려 하나님께서 "인간에게 주신" 것, 즉 하나님께서 인간에게 쏟으신 희생적인 사랑이다(신 7:7 이하).

따라서 이 "낯선 권위"는 인간 자신의 고유한 가치가 의심받고, 그의 기능적 가치가 업적과 생산의 사회적인 시장 거래에서 더 이상 드러나지 않으며, 그가 "살아가기에 부적절한" 생명이라고 선언되는 지점에서 자신을 실현한다.[42] 그러한 "낯선 권위"는 인간이 태아로서 아직 실용적으로

---

40) *ThE* II, 1 §2205 이하를 참조하라.
41) *ThE* II, 1 §705, §836 이하, §1147, §1258.
42) 법에 관한 장에서 안락사에 관한 절, §1519 이하를 참조하라.

중요한 가치를 갖지 못한 곳, 또는 부담되고 불쾌한 "원수"[43]로 간주되는 곳에서 실현된다.

대부분 책임 있는 의사들은 태아의 생명을 침해할 수 없다는 것, 곧 독일 형법 218항의 엄격한 집행을 옹호하고, "사회적 지침"을 반대하는 것을 적극 지지한다. 그들은 "낯선 권위"와 같은 기독교적인 개념이 직접 영향을 주는 것이 아니라, 단순히 기독교 이후(nachchristlichder)—비그리스도인으로서—의 인간성 개념이 동기를 주는 곳에서 그렇게 한다. 하지만 지금 이런 생각도 사회적 지침들이 경우에 따라서는 "어느 정도" 의학적인 지침에 개입할 수 있다는 사실을 반복해서 확인할 뿐이다. 왜냐하면 "우리는 인간을 부분적으로 판단하는 것이 아니라 전체적으로 판단해야" 하기 때문이며, 그 판단에서 사회적인 비참과 정신적·신체적 작용들이 해체될 수 없이 서로 혼합되어 있기 때문이다.[44]

우생학적인 지침이 부차적인 역할을 하고 있기에, 신학적 윤리학은 **의학적 지침**에 집중해야 한다. 우리는 산모의 생명과 태아의 생명 사이에서 어느 한쪽의 생명을 살릴지 또는 산모의 생명만 살릴지 아니면 산모와 태아 **두 사람**을 모두 죽게 내버려둘지를 결정해야만 하는 한계상황에 처할 수 있다. 이런 한계상황에서 의학적 침해(인위적인 낙태)를 엄격하게 금지하는 것은 견딜 수 없이 가혹한 결정일 뿐만 아니라, 우리가 논의한 근거에 따르면, 창조 질서의 계명을 따르는 데도 올바르지 않다.

이런 한계상황을 검토하면서, 우리는 가장 중요한 자기통제가 요구된

---

43) 예를 들어, 이것은 태아를 "부당한 침략자"로 간주하는 "정당방위 이론"(Notwehrtherie)에서 역할을 한다. 『정결한 혼인』에 기록된 교황회칙은 "정당방위 이론"을 분명하게 거부한다.
44) Jores, 위의 책, p. 53.

다는 것을 깨닫는다. 곧 우리가 단호하게 낙태를 거부했던 사실의 뒷문을 열어 중립화시키지 않기 위해서는 자기통제가 필요하다.

우리는 몇 명의 어린아이가 있는 한 가족의 어머니가 죽을 위험에 처해 있고 (아마도 법적으로는 아니지만, 그러나 신학적으로는) "금지된 침해"의 수단을 쓰면 그 어머니가 살아날 수 있다는 경우와 같이 인간적인 측면에서 각색된 경우를 세부적으로 기술하지 않을 것이다. 어떤 윤리적 요구의 가혹함이 그 윤리적 요구의 타당성을 지양할 수는 없고, 어떤 특정한 윤리적 가치들을 유지하기 위해 인간 **생명**의 희생이 요구될 수도 있다. 그렇기 때문에 우리는 존중받아야 하는 감정을 잘 지켜야 하며, 근본적 질문 곁에서 엄격하게 문제의 핵심에 머물러야 한다.

우리가 그렇게 접근할 때, 그 문제는 다음과 같이 자신을 드러낸다. 곧 내가 무죄한 생명을 죽일 수 있는 상황이 있을 수 있을까? "자연"이—우선 이렇게 중립적으로 말하기로 하자—산모와 태아의 생명을 경쟁 관계 안에 두었을 때, 내가 심판관으로서 그 상황에 개입할 수 있을까? 이것은 단지 임신중절의 문제와 관련해서만 긴급한 문제가 아니다. 그런 문제는 우리가 국가사회주의의 강제수용소와 정신병을 앓고 있는 사람을 죽이는 문제에 집중할 때도 제기된다. 곧 수천 명의 생명을 구하기 위해서 몇 사람을 희생시키는 것이 가능한가?[45]

이러한 갈등의 가능성이 "가치대립"의 징후로서 존재한다는 사실에는 논란의 여지가 없다. 그 갈등이 더 이상 "거룩하지" 않은 세상이라는 개념을 사용해야만 하는 해석을 요구한다는 사실을, 기독교 신학자들만이 타락 이야기에 기초하여 알고 있는 것이 아니다. 또한 비극 시인들도 그것을

---

45) 우리는 이러한 경우를 특히 "한계상황"의 분명한 모델로서 정확히 조사했다. "생명과 생명 사이의 갈등"에 관한 절, *ThE* II, 1, §739 이하, 특히 §744의 주와 거기에서 나오는 문헌자료를 참조하라.

알고 있다.[46] 하지만 인간이 그 갈등에 개입할 수 있는지, 그리고 인간의 판단에 따라 그것을 해결할 수 있는지가 문제다. 물론 인간을 그 갈등에 직면하도록 만든 것이 자연인가 또는 역사인가는 문제가 되지 않는다.

우리는 인간의 그러한 개입을 원칙적으로 거부했던 가톨릭 윤리신학의 굉장히 멋지고 외관상으로도 훌륭한 개념에 존경을 표한다. 가톨릭의 윤리신학은 "무죄한 사람의 직접적인 살인"을 정당화하는 데 어떤 충분한 이유도 결코 있을 수 없다고 주장한다.[47] 그래서 그것은 오직 간접적으로 시행되는 인위적인 낙태만을 허용한다. 이것은 태아를 살해하는 것 외의 다른 목적으로 취해지는 치료 방법을 의미한다(예를 들어 산모를 치료하는 방법이 있다). 하지만 이런 치료 방법에서도 낙태가 결과적으로 발생할 수 있고 심지어 낙태가 일어날 수 있다는 것이 예측될 수 있다.[48] 어머니와 자녀의 생명 중 하나를 선택해야 하는 비극적인 갈등 상황에서도 어머니는 자녀를 출산할 거룩한 의무가 있다. 이런 주장과 관련해서 우리에게 "중요한" 것은 가장 극단적인 결과를 수용하려는 의지이며, 또한 모든 실용적인 생각을 가장 엄격하게 반대하는 것이다.

그러나 그런 실용적인 가치를 고려하는 이유는 갈등이 발생하는 곳에서 다음과 같은 질문이 불가피하게 발생하기 때문이다. 즉 가족을 돌보고 자녀들을 양육하고 교육하는 데 책임을 지는 어머니의 생명과, 생명의 완전한 확증 이전의 상태에 남아 있고 어떤 생산적인 가치를 주지 못하며 단지 하나의 짐으로 여겨질 수 있는 태아의 생명 중 어떤 생명이 더 "가치 있는가?" 우리가 가톨릭의 윤리신학을 정확하게 이해한다면, 그것은 산

---

46) *ThE* I, §1330 이하를 참조하라.
47) 『정결한 혼인』의 교황회칙 외에 피우스 12세 v 29. 10과 28. 11 1951, *Herder-Korr.* VI, p. 113과 p.171를 참조하라.
48) H, Noldin-G. Heinzel, 『윤리신학』(*Summa theologiae moralis*), (1952), II, p. 328 이하.

모와 태아의 생명의 우선순위와 관련된 물음을 단순히 거부하지 않을 것이다. 그것은 그 질문의 답변에서 다른 결과들을 도출할 수 있다. 달리 말해, 가톨릭의 윤리신학은 아마 논란의 여지없이 산모의 생명이 더 중요하다고 생각할 것이다. 산모는 윤리적인 인격체로서 자기 스스로 결정하고 자신의 삶을 희생할 수 있기 때문이다. 반면 무의식적인 태아는 자신에게 가해지는 적대적인 조작의 대상이 된다. 정말로 인간의 이런 상대적인 우선순위는 엄밀하게는 희생할 수 있는 자신의 능력, 자기 스스로 결정을 내릴 수 있는 주체의 특성으로 이루어진 것이 아닐까?

우리는 이러한 논쟁들을 언급한 가톨릭의 저작을 발견하지 못했고(그런 저작이 없다는 말은 아니다), 어쩌면 그들의 입장을 과도하게 해석한 점도 있다. 하지만 우리가 이런 가톨릭의 입장과 대화를 하지 못하는 어려움은, 가톨릭이 자신의 견해만 내세워 대화하려고 하기 때문일 것이다. 그러나 상황의 심각성은 우리에게 상대방의 입장과 최선을 다하여 만날 것을 요청한다. 그러므로 우리는 가톨릭의 윤리신학이 차가운 교리를 통해 인간의 마음을 지배하려고 한다는 식의 손쉬운 감정적 대응으로 만족해서는 안 된다.

어쨌든 우리가 가정하려는 것은, 가톨릭의 윤리신학에는 완전히 다른 대단히 "인간적인" 생각이 그 배경에 존재한다는 것이다. 다시 말해, 그것은 죄 없는 생명을 그 자리에서 죽게 하는 대신에 자신을 희생시키는 더 높은 의무—노블레스 오블리주(Noblesse oblige!)—의 요구가 있다는 것이다. 이런 더 높은 지위를 가진 사람은 (사회에서 더 중요한 사람이라는 것을 인정하는) 어떤 특권을 갖게 되면서 존경을 받는 것이 아니라, 오히려 더 높은 **의무**를 받아들이면서 그 자신을 입증해야만 한다. 이것이 바로 우리가 가톨릭의 견해는 모든 **실용적인** 가치의 극단적인 반대를 보여준다고 말한 것의 의미다.

논의를 더 발전시키기 전에 우리는 희생에 대한 그런 생각을 반대할 이유가 없다는 것을 미리 밝혀둔다. 물론 **하나**의 예외적인 조건은 있다. 그 조건은 그 희생이 국가의 법으로도 교회의 법으로도 명시되지 말아야 한다는 것이다. 우리는 희생이 법으로 명시되어야 한다는 주장을 반대한다. 가톨릭교회는 일체의 경우에 인위적인 낙태를 엄격하게 금지하기에 산모의 희생을 **요구한다.** 더 높은 지위를 가진 사람의 희생은 희생의 의미를 아주 간단히 상실하게 될 수도 있다. 왜냐하면 이런 법적 규제를 통해서―엄격한 가톨릭 신자인 의사나 간호사들은―산모에게 의학적인 치료를 제공하지 않기 때문이다. 이런 상황의 결의론적인 획일화는 자유를 지양하는데, 이 자유는 더 높은 지위의 사람이 가진 더 높은 의무의 근거가 될 수 있는 유일한 것이다.[49] 이와는 반대로 자유가 허락된다면, 다시 말해 산모가 자신의 자유 안에서 자기 생명의 위험을 감수하면서까지 자신의 아이에게 위험을 허용하지 않는 것을 결정한다면, 기독교 윤리학은 그것을 다만 존중할 수밖에 없다.

당연히 그런 희생을 강요하는 교묘한 형태의 제도화되지 않은 형식주의가 있을 수 있고, 그것은 그러한 희생의 의미를 위협한다. 다시 말해 창조 질서라는 교리의 이름으로, 그리고 그것의 억압 아래서 산모 자신이 희생하는 것을 결정한다면, 그것은 결코 허용될 수 있는 행동이 아니다.

이것과 관련해서 원래의 주제와 관련된 문제, 곧 피임의 문제처럼 **특별한** 관계를 맺는 문제를 마주한다. 우리는 어느 정도, 어떤 방식으로 창조 질서를 따라야만 하는가? 이 질문은 다음과 같은 질문과 관련이 있다. 곧 우리가 이제는 "거룩하지" 않은 타락한 세계의 현실 안으로 창조 질서를 옮겨와 직접적으로 적용하는 것은 "열광주의적"인 행동이 아닐까? 만

---

49) 결의론의 문제에 대해서는 *ThE* III, 3; II, 2 §4354 이하를 참조하라.

일 예수님이 원래 상태의 시원론적인 법과 하나님 나라의 종말론적인 법을 이 시대의 법으로 삼지 않으시고, 오히려 그 두 개의 법을 문제가 있는 것으로 이해하고 서로 **수정되어야 할 것으로** 생각하셨다면,[50] 창조 질서의 신학적인 의미는 어디에 있을까? 지금 우리가 논의하는 살인의 물음에 직면했을 때, 창조 질서의 요구의 "파괴"[51]에 관한 물음이 잠재적인 생명의 탄생을 저지할 수 있는가 하는 물음보다 더 조심스럽게 다루어져야 한다는 사실은 특별히 강조될 필요가 없다.

창조 질서의 요구에 대한 물음과 관련해서, 우리는 창조와 죄[52]의 관계와 관련한 가톨릭과 개신교의 가르침 사이에서 근본적인 차이점을 발견한다. 가톨릭 신학이 가르치는 것처럼, 죄로 인한 타락을 단순히 자연의 훼손 상태로 환원하는 것은 원래 상태의 규범들과 타락한 세계의 규범들 사이에 어떤 유비와 연속성을 가능하게 한다. 자연법 이론은 이렇게 지속하는 규범적 공리들을 형성하고 체계화한다.[53] 자연법 이론의 전제에 따르면, 타락은 창조 질서의 구조를 우연히 파괴했을 뿐이고, 인간은 윤리적인 규범을 확립하면서—어느 정도 강조해서 표현하자면—거의 "타락을 넘어설 수 있다." 개신교는 이런 주장을 반대하고 죄가 세상의 구조에 가져온 근본적인 변화를 강조한다.

따라서 개신교는 가톨릭과는 다른 질서론에 도달한다. 개신교는—결혼과 가족의 원형(Urbild)을 제외한—질서를 창조 질서로 이해하지 않고, 오히려 타락한 세계에 긴급히 필요한 질서로 이해하고, 하나님께서 타락

---

50) 종말론적이고 시원론적인 권고들은 플라톤이 말하는 에토스의 주변 현상이 아니라, 오히려 역사적으로 직접 나타나는 현상을 다룬다. 이에 대한 근거를 우리는 정치윤리학에서 상세하게 다루었다. 참조. *ThE* II, 2, "산상수훈", 특히 §562 이하; §665-668.
51) 근원적인 "자연법"을 이 시대의 상황으로 옮기는 것이 어떻게 가능한가에 대한 주제 논의는 *ThE* I, §2054 이하.
52) *ThE* I, §1001, 특히, §1014.
53) *ThE* I, §2010 이하.

한 세계를 보존하기 위해 제공하시는 후속적인 대책으로 이해한다.[54]

임신중절에 대한 의학적인 지침과 관련해서, 원래 상태와 이 시대의 조건들 사이의 파괴는 삶과 삶 사이의 대립이 원래의 창조 질서에서는 발생할 수 없는 것이고, 그래서 창조 질서를 통해서는 그런 대립에 대한 어떤 직접적인 해결책도 경험될 수 없다는 것을 분명히 보여준다. 이것은 소위 정의로운 전쟁의 예에서도 분명하게 드러난다. 정의로운 전쟁은 오직 그것의 목적이 국가의 보호를 위해 위탁된 생명을 보호하는 한에서만 정당화될 수 있다. 하지만 그 전쟁은 다른 사람의 생명을 파괴해서만, 어떤 생명을 보호할 수 있다.

이러한 전쟁의 비유는 오직 제한된 의미로 적용될 수 있다. 가톨릭뿐만 아니라 우리의 입장에서도 그러하다. 정의로운 전쟁은 죽임을 당해야만 하는 생명을 전제한다. 죽임을 당해야 하는 생명은 우리 국가를 침략한 사람의 생명이고, 그래서 "죄 있는" 사람의 생명이다. 하지만 태아는 이런 의미의 침략자로 이해될 수 없고, 죄 없는 생명으로 여겨져야 한다.[55] 제삼의 관점에서 볼 때, 전쟁과 임신중절은 결코 죄와 침략, 죄 없음의 관계와 비교될 수 없다. 오히려 그것들은 창조 질서를 거부하는 부정적인 특징을 공통으로 가지고 있다. 곧 근원적 상태의 생명은 서로 대립하지 **않고**, 바로 혼돈("대립"!)을 벗어난 질서 정연한 우주에서 공존한다. 모든 생명은 "하나님 아래" 종속되며, 그분과 관계를 맺는다. 그래서 생명은 "서로" 평화로움 가운데 인접해 있다. 수직적인 차원의 질서가 보존됨으로써, 수평적 질서가 유지된다. 우리는 창조자에 의한 평화**와** 창조된 것들의 평화 사이의 수직적 서열 관계, 창조자의 평화를 벗어남**과** 창조 자체의 내부에 있는 평화의 부재 사이의 관계에 지속적으로 몰두했고, 성경의

---

54) *ThE* I, §2144 이하.

55) 『정결한 혼인』의 교황회칙, Herder-Ausg. 64.

제1장 산아제한과 임신중절 **405**

토대를 제시했다.[56]

　이러한 상호 관계에서 우리는 세계 안에 있는 무질서를 단순히 하나님의 창조와 그분의 세계통치와 직접 관련시킬 수가 없다. 세계에 전쟁이 있다는 것은 하나님이 그것을 통해 우리를 통치하고 계신다고 말할 수 있다. 그러나 그것은 하나님이 전쟁을 "원하신다"거나, 하나님의 **창조 계획** 안에 전쟁이 포함되었다는 것을 의미하지 않는다. 고통과 질병이 존재한다면, 그것을 **하나님의 올바른 뜻**(*voluntas Dei propria*)이 실현된 것으로 이해해서는 안 되며, 오히려 그것은 하나님의 뜻이 전도된 것을 의미한다. 분명히 하나님은 소외(Entfremdung)의 한가운데에서도 그분의 뜻을 강력하게 행사하시며, 소외된 형태들을 "선한 것으로 이용하실 수" 있다(롬 8:28).

　성경의 종말론적인 강조점은 세상에서 사악함이 작동하는 것이 하나님의 **실제 뜻**이 아니라는 것을 분명하게 보여준다. 예수님이 병자를 고쳐주신 것은 다음 사실을 의미한다. 곧 그것은 하나님 나라에서는 어떤 고통도 울부짖음도 그리고 눈물도 더는 없을 것이라는 사실을 보여준다. 그분의 부활은 "마지막 원수"에 대한 승리를 나타낸다(고전 15:26). 자녀의 출산과 소아마비, 봄에 꽃이 개화하고 자라는 것을 무차별적으로 창조자의 직접적인 뜻으로 돌려서는 안 된다(물론 우리는 가톨릭이 이렇게 했다고 책임을 묻는 것은 아니다). 그것은 창조 질서의 주님을 단지 제일 원인이라는 철학적 유령으로 만드는 셈이 될 것이다.[57]

　여기서 다음과 같은 물음이 제기된다. 어떤 어머니가 병에 걸린 채 임신한다면, 그녀에게 치명적인 위험이 발생할 수 있다. 이럴 때 우리는 지금 발생한 일이 창조 세계 안에서 하나님의 뜻에 기인한 것이라고 단순하게 말할 수 있을까? 생명과 생명 사이에 갈등이 발생했을 때, 우리는 그것

---

56) 예를 들어, *ThE* II, 1, §2222 이하; §2234 이하.
57) Thielicke, 『죽음과 생명』(*Tod und Leben*), 3. Aufl., p. 213을 참조하라.

을 복종해야 할 하나님의 뜻으로 단순히 이해할 수 있을까? 이 모든 것은 하나님의 본래 의지에 직면해서 부정되어야 할 존재 상태의 징표가 아닌가? 질문을 바꾸어 다음과 같이 말할 수도 있다. 만일 우리가 고통, 질병, 생명을 위협하는 요소들, 생명 간의 대립을 하나님의 뜻으로 이해한다면, 의료 활동은 하나님께 거역하는 셈이 되지 않는가? 이것은 의료 활동이나 간호사의 돌봄이 하나님의 뜻을 무시하고 하나님의 뜻이 실현되는 것을 방해하는 행동임을 의미하는 것은 아닐까?

이런 질문을 하는 것은 의료 활동이 하나님의 뜻을 반대하는 것이 아니라고 말하기 위해서다. 창조 질서는 산모와 태아의 생명이 서로 대립하는 질병 상황을 미리 계획하지 않았다. 나는 창조 질서의 계획과 질병을 "직접" 연결할 수 없다.

하지만 여러분은 나에게 다음과 같이 말할 수 있다. 당신은 적어도 창조 질서와 질병을 부분적으로 연결하거나, **어떤** 특별한 관계가 있는 것으로 연결해야 하지 않을까? 예를 들어 우리는 하나님께서 자신이 창조하신 것을 직접 유지하시고, 그 창조된 것에 적기(*kairos*)를 주셨다는 것을 배우지 않았는가? 여러분이 말하는 것은 사실이다. 하지만 하나님에 의해 창조된 두 생명이 치명적인 **경쟁** 상태에 있다면, 이것이 의미하는 것은 무엇인가? 우리의 질문의 핵심은 사람들이 그런 대립하는 상황과 관련해서 창조 질서에서 답을 추구하는 것이 문제가 많다는 것을 보여주는 데 있다. 만일 상황의 갈등이 없다면, 우리가 창조 질서에 직접적인 답변을 요구하는 것은 당연하며, 임신중절에 대한 금지는 논의할 필요가 없이 확고한 것이다. 그러나 이 시대의 조건과 창조 질서가 서로 완전히 달라서 비교할 수 없다면, 창조 질서에서 답을 요구하는 것은 모호한 행동이다.

지금 우리는 다음과 같은 양자택일의 상황에 직면한다. **첫째**는 이 타락한 세상의 상태를 하나님이 우리를 심판하신 것으로 단순히 받아들이고, 산모가 태아 대신에 죽는 것이 그러한 심판의 숙명에 대리적으로 참여하는 것이라고 이해하는 것이다. 그때 우리는 **창조 질서**에 개입하는 일을 회피하게 되지 않는가? 이런 모든 일이 발생한다면, 그것은 실제로 창조 질서가 심판의 질서 안에 포함되어 작용하는 것이 아닌가? 그래서 하나님의 심판을 그대로 허용한다면, 오히려 우리는 **심판**의 질서에 개입하는 것을 회피하는 것이 되지 않을까? 오히려 우리는 창조 질서를, 그것의 원상태를 가지고 이 타락하고 부패한 세상을 의문스럽게 만드는 방식으로 이 세상을 심판하는 법으로 이해할 때, 창조 질서에 최고의 경외를 표하게 되는 것이 아닐까?

둘째는 앞의 선택과 다른 대안이다. 이것은 의학적 도움에게 세상에 대한 하나님의 본래적 질서(물론 깨졌지만)를 상징적으로 나타내고, 손상되지 않은 창조와 약속된 미래 세계를 어느 정도 상기시켜주는 사명을 부여하는 대안이다. 의사의 사명인 치료는 실제로는 창조 세계를 파괴하고 어지럽히는 것에 대항해서 싸우는 상징이 아닐까? 그리고 싸움의 무기들(약제들과 의학 기술)은 창조의 창고 안에 남아 있는 것들 중에서 가져온 것이 아닌가? 의사가 병과 싸우는 모습에서 세상의 비밀이 드러나는 것은 아닐까? 곧 이 시대 안의 갈등이 창조 질서 자체에 이르기까지 영향을 미치고 있고, 우리 자신이 행동하기 시작할 때 그 사실은 언제나 소여성으로 발견된다는 비밀이 드러나는 것은 아닐까? 달리 말해, 가치들의 대립은 창조 요소들의 대립 안에서 스스로를 드러내고, 의사들은 창조의 **이름**으로 창조 안에 있는 **수단**을 가지고 창조의 테두리 안에서 등장하는 소외된 것들과 싸운다는 비밀이 드러나는 것은 아닐까? 곧 자연이 자연과 맞선다는 비밀이 드러나는 것은 아닐까?

지금 우리는 우리 자신에게 질문해야 할 것 같다. 왜냐하면 우리는 지금 최대의 한계상황에 도달했기 때문이다. 우리는 예외적인 상황들 안에 놓였고 신학적인 사유들도 한계에 이르렀다. 그곳에서는 어떤 교리적인 공리에 종속된 어떤 하위 주제들도 더 이상 진행되지 못하고, 창조 질서의 개념도 효력을 잃는다. 우리는 신학적 사유가 이렇게 위기에 도달한 이유와, 우리가 어떻게 여기서 계속해서 신학적으로 논쟁할 수 있는지를 말할 수 있어야 한다. 가치의 투쟁은 창조 질서 안으로 침입하여 그 질서를 혼란케 한다. 우리는 그러한 가치의 투쟁을 등장시키는 왜곡된 관점을 한계상황에서 예시할 수 있었다. 우리는 이 모든 것을 신학적으로 토론하고 진술할 수는 있다. 그러나 동일한 방식으로 토론을 계속하는 것에 의해 그 갈등을 "해결"할 수는 없다. 우리가 이런 방식으로 진행할 수 있으려면 창조 질서가 직접적으로 적용할 수 있는 척도가 되어야 한다. 하지만 창조 질서는 그 척도가 아니다.

창조 질서가 그 척도가 되려면, 우리는 죄를 개혁자들이 이해했던 것과 같이 그렇게 극단적으로 이해하지 말아야 한다. 다시 말해, 우리는 죄라는 중간 사건을 원상태와 타락한 세계 사이의 연속성을 저해하지 못하는 것으로 보아야 한다. 우리가 그와 같은 거의 파괴되지 않은 연속성을 수용하고 그에 상응하는 원죄론을 도입한다면,[58] 연속성을 가진 두 상태는 통약(通約)가능하고, 창조 질서는 비판적 척도이자 기준으로 취해져서, 우리 세계의 현실성에 거의 직접적으로 적용될 수 있다. 이런 실험은 가톨릭의 자연법 이론으로 구체화되었다.[59]

하지만 우리가 창조 세계의 원래 상태와 타락한 이 시대의 상태 사이의 통약가능성이 어떤 한계상황에서 거의 완전히 파괴되었다는 죄의 개

---

58) *ThE* I, §991 이하; §1366 이하.
59) 창조 질서의 규범들이 우리의 세계에 적용된다면, 변형 없이는 전적으로 불가능하다. 또한 절대적인 자연법과 상대적인 자연법의 구별이 필요하다. 그런데도 이러한 구별은 개신교의 신학과는 아주 다른 형태를 가진다. *ThE* I, §2016 이하를 참조하라.

넘을 받아들인다면, 우리는 창조 질서의 요구를 직접 주장할 수 없다. 창조 세계와 타락한 이 시대 사이의 통약가능성을 주장하려면, 그것에 맞게 "실천할 수 있는" 윤리신학이 있어야 한다. 왜냐하면 그때 우리는 확실한 법률적인 추론을 가지고 "우리들이 지금 어떤 상황에 있는지"를 알아야 하기 때문이다. 그래야 우리는 실천적 기준들을 결정할 수 있다. 비록 그 적용이―임신 중절을 절대적으로 금지하는 경우와 같이―실천적으로 극단적인 가혹함과 생명을 존중하지 않는다는 교리적 비난에 부딪친다고 해도, 그러하다. 실천적 규범의 골격이 굳게 서고, 모든 사례들이 그 안에 위치될 수 있게 된다면, 그것은 물론 실천 가능성의 승리라고 할 수 있다.

이러한 가톨릭적 개념 전체가 다만 실천 가능성 때문에 고안되었다거나, 그것이 실용주의라는 흑막을 배후에 감추고 있다고 비난하려는 것은 결코 아니다. 오히려 우리는 그런 가톨릭적 개념에 있는 인상적인 명료함과 마지막 결과에까지 이르는 엄격한 일관성을 존중한다. 그리고 우리도 "그와 같은 것을 갖고 싶어한다"―왜냐하면 직접적으로 지시하는 명확한 규범을 가진다면, 우리가 결정을 내릴 때 위험은 감소할 것이기 때문이다.―**그러나** 우리는 왜 그러한 모든 개념을 포기해야만 하는지에 대해 숙고한다.

오히려 실천 가능성에 대한 소망, 곧 창조 질서를 손쉽게 도덕적·신학적으로 적용하고 싶은 소망은 진리의 물음에 의해 양육되어야 한다. 진리의 물음은 다음과 같다. 우리는, 창조 질서와 타락한 세상 사이의 이런 연속된 유사성을 받아들일 수 있고, 통약가능성이 두 세계 사이에 존재하며, 그래서 창조 질서가 직접 적용 가능한 기준이 될 수 있는 것과 같은 방식으로 죄를 이해할 수 있을까? 우리는 죄를 그렇게 이해할 수 없다.[60]

---

60) 이것과 관련한 가장 분명한 이유는 죄론에서 다루었다. 우리는 로마가톨릭 신학과 지속적인 논의를 하면서 죄론을 발전시켰다. *ThE* I, Reg를 참조하라.

죄를 그렇게 이해한다면 그것은 다음과 같은 것, 곧 (생명이 다른 생명과 경쟁 관계에 놓인 한계상황이라는 매우 제한된 범위 안에서) 우리가 이제 신학적으로 엄밀함과 정확함을 가지고 다음과 같은 양자택일의 질문 가운데 어떤 것이 근본적인 선택인지를 결정할 수 없음을 뜻한다. 어머니가 자신을 희생해야 하는가, 아니면 태아가 희생해야 하는가? 우리는 분리된 세상의 숙명을 수동적으로 견뎌내야 하는가, 아니면 상징적인 의료 활동의 이름으로 투쟁해야 하는가? 우리는 창조 질서를 심판의 법으로 받아들여야만 하는가? 아니면 우리는 창조 질서가 원하는 생명을 최소한 부분적으로, 경우에 따라서는 다른 생명이 희생되더라도 구원해야 하는가?

어느 누구도 우리 대신에 이런 결정을 내려주지 못한다는 것은 매우 분명하다. 신학적 윤리학은 어떤 대안들이 있는지를 보고 결정할 수 있는 자료를 준비해준다는 점에서 우리에게 도움을 준다.

이런 딜레마가 발생하는 구체적인 상황에서 필요한 설명은 우리가 신학 세미나 공간에서 흔히 만들어내는 추상적인 형태로 제시되면 안 된다는 사실이 우선 언급될 필요가 있지 않을까? 그래서 우리는 방금 충분히 검토했던 것을 다음과 같이 매우 단순하게 중대한 상황에 대해 질문할 수 있다. 곧 젊은 어머니가 태어날 아이를 위해 자신을 희생하는 것이 하나님께 순종하는 삶인가? 아니면 그녀는 자신의 아이를 포기하고 사랑하는 가족을 위한 삶, 그리고 새로운 봉사를 위한 삶을 다시 한 번 수용해야 하는가? 아니면 그녀는 삶의 욕구와 원초적 자기유지 본능으로부터 그녀의 태아를 수술로 제거해야 하는 암덩어리로 취급해야 하는가? 또는 태아가 자신의 아이임을 알면서도, 그녀가 어머니로서 다가가야 할 다른 자녀들을 위해 태아의 희생을 감수해야 하는가? 이런 질문들이 목회자가 성도들을 돌보는 상황에서 제기된다. 하지만 목회자는 그런 질문들을 올바로 제기하기 위해 유약한 마음(또는 예민한 성격)을 긍휼의 표현이라고 단순히 여겨서는 안 되고, 신학적으로 자세히 살펴보아야 한다. 그런 긍휼은 바른 저항의 길을 최소한도로 위축시킨다.

한계상황에서 우리가 이런 문제에 부딪칠 때, 이론적인 엄밀함만으로는 어떤 결정도 내리지 못한다. 그리고 그런 문제의 어려움은 언제나 그렇듯이 다음에서 매우 분명하게 드러난다. 곧 우리는 그 상황을 다만 용서할 수 있을 뿐이다. 우리는 한계상황에 순조로운 해결책이 있을 수 없음을 안다. 이론적으로도 실천적으로도 그런 것은 없다. 우리가 무엇을 하든지 간에 우리는 죄에 대한 책임을 져야 한다. 우리는 의학적 결정이 내려진 한계상황에서 산부인과 의사들이 낙태 시술을 하고, 죄책감으로 충격에 빠지는 것을 이해한다. 그들은 태아의 생명을 빼앗는 것을, 더 나은 표현이 없기 때문에 "형이상학적 죄책 체험" 또는 "생명에 죄를 짓는 것"이라고 표현한다. 산부인과 의사들은 달리 어떻게 행동해야 할지 모른다. 하지만 죄책감에서 자유롭고자 낙태 시술을 하지 않고 산모가 죽도록 내버려둔 의사는 이런 "형이상학적 죄책 체험"에서 자유로울 수 있을까?

이 모든 것은 다음과 같은 것을 보여준다. 곧 죄는 어떤 특별한 결정에 국한된 것이 아니라는 사실과, 또 다른 선택은 그저 죄를 피해가는 것이라는 사실이다. 또 그것은 우리가 죄가 가득한 세상에서 살고 있다는 사실과, 그 누구도 죄를 짓지 않고 세상을 살아갈 수 없다는 사실을 분명하게 보여준다.

이것은 신학자들이 기억하기에 아주 먼 아담의 시대부터 시작된 원죄론을 다시 한 번 설명하려는 시도에 지나지 않는다. 원죄론에서 신학자들은 죄가 우리의 행동뿐만 아니라 우리의 모든 행동에 선행하는 우리 존재에 깊이 뿌리내리고 있다고 말한다. 다시 말해, 죄는 인간 개인의 실존에 선행하는 이 시대의 사회적 상태에도 동일하게 깊게 뿌리내리고 있다. 원죄론은 죄가 개인을 넘어 보편적으로 존재한다는 사실을 주장해왔다.

그렇기 때문에 신학의 임무 중 하나는 이런 개인을 넘어서는 ("질서들"을 의미하는) 사회구조들이 창조와 타락의 중간 영역에 존재한다는 것을 보여 주는 것이다. 그리고 그러한 사회적 질서들은 하나님의 뜻의 객채화일 뿐만 아니라, 또한 (더 이상 거룩하지 않은 세상의 대표자인) 인간의 자기-객체화로도 해석되어야 한다.[61]

이런 관점에서 출발할 때, 우리는 죄인의 칭의로부터 살아가는 것이 무엇인지, 그리고 루터가 말한 것처럼 "최고의 삶에서도" 우리의 행위는 헛된 것이라는 사실을 알고 위로받는다는 것이 무엇인지를 깨달을 수 있다. 한계상황에서 우리는 지금 행하는 것이 무엇인지, 해야만 하는 것이 무엇인지 "알지" 못한다. 정말로 우리의 앎과 무지는 용서를 필요로 한다. 그러나 우리가 용서로부터 살아간다는 사실이 우리에게 규율이 필요없다는 것을 의미하지는 않는다(롬 6:15). 오히려 우리는 새로운 속박(δουλεία, 종의 신분)에 기초해서 행동해야 한다.

우리는 경험적 관찰에서 유래하는 또 다른 생각을 이런 근본적인 신학적 이해에 연결할 수 있다. 아마도 그것은 우리가 구체적 결정을 내려야 하는 상황에 도움을 줄 수 있을 것이다. 예를 들어, 그런 생각은 어떤 특정한 상황에서 일어나는 "산모의 생명을 구할지 아니면 태아의 생명을 구할지"와 같은 가혹한 선택의 어려움을 완화해 줄 수 있다. 하지만 그것이 우리가 한계상황의 압박에서 근본적으로 벗어나도록 도움을 주지는 못한다.

우리가 살아 있는 인간과 맺는 관계와 이제 막 산모의 배 속에서 싹이 트는 인간적인 생명과 맺는 관계는 분명한 차이가 있다. 예를 들어, 이런 차이

---

61) 우리는 질서에 관한 이론에서도 이것을 보여주려고 시도했다. *ThE* I, §2144.

는 다음 사실에서 분명히 드러난다. 많은 사람이 안락사와 사형을 거부하는 것을 당연하게 생각한다. 하지만 산모의 생명과 태아의 생명 사이에서 대립이 발생했을 때, 그들은 태아의 생명을 희생시키는 것으로 결정한다. 태아는 이미 "인간 존재"라는 신학적 주장과 (가톨릭 윤리신학의 주장에 따르면) 임신이 이루어진 순간에 태아의 영혼이 존재한다(animatio foetus)는 주장은, 사람들에게 단순히 경고나 충고로서 그리고 본능과 현상에 반대된 것으로서 다음 사실을 보여준다. 사람들은 이제 막 시작한 생명이 인간성(humanitas)을 소유했다고는 생각하지 않는다. 그들은 의심할 바 없이 인격적 대상이나 심지어 갓난아기에게도 인간성이 있다고 생각한다. 우리가 크게 실수하는 것이 아니라고 한다면, 사람들은 배아도 상대적으로 고유한 생명을 가진다고 생각한다는 느낌을 받는다. 하지만 그들은 배아를 다만 산모의 몸의 일부분으로 생각하고, 산모와 태아의 생명이 대립하는 상황에서 몸 전체가 몸의 일부분보다 우선한다고 생각하는 일반적인 "정서"를 가지고 있다. 그래서 산모의 생명이 구조를 받아야 한다고 말한다.

이제 우리는 이런 정서가 올바른 것인지, 그리고 전체와 부분의 관계가 정확한 것인지의 문제에 대답해야 한다. 확실하게도 그런 정서는 올바르지 않다! 전체와 부분의 관계에 대한 그런 생각을 거부하기 위해 어떤 특별한 영혼론이 필요한 것은 아니다. 오히려 우리는 명백한 생물학적 사실을 지시한다. 태아는 자신의 자존성을 갖고 있다. 이 자존성에 근거해서 새로운 생명은 이미 주어져 있는 인간성(humanitas)을 발전시키는 것으로 해석되어야 한다. 그러나 그 해석은 그 이상의 구분이 필요한지의 질문을 제기한다.

이제 우리는 그 문제와 관련된 경험적인 관찰을 살펴보아야 한다. 정상적이고 건강한 산모는 흔히―비슷한 성향이 동물들의 영역에서도 관찰된다―자신의 생명을 희생하여 아주 작은 태아를 보호하려고 한다. 그리고 산모의 생명과 태아의 생명이 대립하는 상황에서도, 산모는 자신의 생명이 "더 가치"

가 있다고 여기지 않으며, 자신이 살아남아야 한다는 결론을 도출하지 않는다. 여기서는 흔히 어떤 실용주의적인 관점에도 영향받지 않은 결정이 갈등의 상황에서 아주 분명하게 내려지곤 한다.

그러나 산모가 태아를 위해 자신을 희생하려는 분명한 의지는 절대적이고 무조건적이지는 않다. 이 사실은 매우 중요하고, 반대의 경우는 아이러니하게도 토론될 필요가 없는 반면에 (누가 우리가 앞서 다루었던 결의론적인 윤리신학 안에서 이 주제를 발견할 수 있을까?) 이 문제는 적어도 논의될 수밖에 없다. 사람들은, 첫 번째 문제는 논의의 주제가 되지만 두 번째 문제(산모가 태아를 위해 스스로 희생하는 경우)는 마치 당연한 것으로 받아들인다. 이것의 차이는 무엇일까? 우리는 이 차이를 **이미 태어난** 아이의 생명과 어머니의 생명이 서로 대립하는 상황은 극히 드물다는 식으로 설명해서는 안 된다 (만일 자신의 자녀가 물에 빠졌다면, 어머니는 언제 물속에 뛰어들어 자신의 자녀를 구출할지 고민할까? 그런 일이 발생했을 때, 자신의 자녀를 구출하기 위해 물속에 뛰어드는 것은 윤리적인 반성과 결정의 외부에서 발생하는, 본능에 따른 자발적 행동이 아닐까?).

아주 분명한 것은 제2차 세계대전 동안에 공습과 긴급한 피란(避亂) 상황이 무수히 많은 생명의 대립을 발생시켰다는 것이다. (기아, 동상, 구타, 그리고 구금과 같은) 매우 처절한 상황에서 어떤 어머니는 본능적으로 자신의 자녀를 구하는 것이 아니라, 의식적인 결정을 내리고 자녀를 구했다. 그런 위기의 상황들이 빈번하든 드물든 관계없이, 우리는 충분히 그것들을 마음속에 그려볼 수 있다.

우리는 두 가지 상황—어떤 어머니가 이미 태어난 아이를 위해 당연히 자신을 희생할 것이라고 생각하는 일반적인 성향과 산모가 아직 태어나지 않은 태아를 위해 자신을 희생해야 하는지의 질문—의 차이에 대해 진지하게 고민해야 하지 않을까? 따라서 비록 아직 생명 초기의 영역은 신성 불가침의 영역이고, 오직 의료상의 치료만이 허용될 수 있는 영역이라고 주장하더라도, 우리는 이미 태어난 아이와 태어나지 않은 아이를 어떻게 **정당하게** 구분할 수 있을까?─좀 더 분명하게 말해, 단지 두 생명 사이의 근본적인 양자택일이 문제되는 두려운 갈등에 직면했을 때만 양자를 구분해야 하는가? 그런 구분의 정당성이 신학적으로 설득력 있게 예시되지 못했는데도, 이런 구분은 가능한가? 만일 어머니의 본능이 여기서 다르게 반응한다면, 그리고 우리가 그 반응을 명확한 창조 질서에 무조건적으로 불성실한 것은 아니라고 해석한다면, 그것은 정말로 "자연신학"의 유죄판결 아래 떨어지는 일일까?

다시 우리는 이런 **물음**의 형태로 제기되는 논쟁을 통해 극단적인 한계상황에 도달한다. 그 물음의 형태는 여기서 다루어지는 문제 자체에 의해 규정된다. 우리는 추론 불가능한 영역에 있고, 창조 질서와 세상 질서 사이의 통약이 극단적으로 불가능한 한계영역에, 그와 함께 용서가 가장 필요한 영역에 우리 자신이 위치해 있다는 것을 발견한다. 심지어 우리의 생각조차 한계상황에 이르렀다.

우리는 다음의 질문과 함께 계속 나아간다.

우리는 의료법과 형법이─동일한 경험적 토대 위에서─처음 생명의 표식과 그 이후 진행되는 운동 상태에 따라 방금 착상된 배아와 약간 성장한 태아를 일반적으로 구분해 그 결과 태아를 낙태하는 것을 배아를 낙태하는 것보다 더욱 심각하게 여기는 것에 대해 더 진지하게 고민해야 하지 않을까? 사람들은 출산 전에 이미 인간이 **되어간다는** 표현을 사용하지만, 착상과 함께 인간이 되었다는 표현을 사용하지는 않는다. 그렇다면 단지 인간이 **되어간다는** 관점에서 완두콩만 한 배아를 9개월 된 태아나 어머니와 "동일한" 의미에서 인간으로 간주할 수 있을까?

물론 완두콩만 한 배아도 인간 생명이 문제가 되며, 모든 인간의 생명에 부여된 신성함을 가진다는 것에는 의문의 여지가 없다. 그러나 한계상황의 갈등은 다음 특징을 갖는다. 그 갈등은!—가톨릭의 윤리신학처럼—결정되지 않을 경우에는 거부의 방식으로라도 통과해야 할 양자택일적 상황 앞에 있다. 선택할 수밖에 없는 상황에서 질적 관점(인간의 생명은 어떤 형태에서도 신성하다)과 함께 양적 차이(어떤 형태의 생명이 더 신성한가 하는 문제)도 중요하게 고려되어야 한다. 생각과 윤리적 판단에만 결코 맡겨질 수 없는 한계상황의 갈등이 바로 그것이다. 여기서 질적 범주와 양적 범주를 함께 고려할 때, 다른 어떤 판단이 인식될 수 있다. 이러한 한계상황을 통해 생겨나는 인식론적 문제를 고려하는 것은 중요하다.

비록 우리 자신이 그러한 결정의 영역 전체로부터 아주 얇은 "참람함"의 벽("형이상학적 죄책")에 의해서만 겨우 분리될 수 있고, 그러한 모든 결정들이 품어주는 은총의 그림자 속에서만 내려질 수 있다는 것을 의식할지라도, 앞에서 말한 양적 차이들은 윤리적인 책임을 파괴하기보다는, 책임을 포함하는 것으로 보인다. 여기에 탈선의 위험이 도사리고 있다는 것은 분명하며, 동시에 양적 기준들의 적용이 실용적인 관점들에 의해 주도될 수 있다는 것도 아주 명백하다.

그러나 이러한 위험들은 자유의 공간 속에 항상 주어지곤 한다. 그러나 그 위험들이 반박의 이유가 될 수는 없다. 반박을 피하려는 사람은 마치 가톨릭의 영혼론처럼 단지 굳어 있는 교리를 통해서만 그렇게 할 수 있다. 임신 중인 태아에 영혼이 내재한다는 가톨릭의 영혼론은 양적 측면을 원칙적으로 고려하지 못하게 만든다. 그런 점에서 그 이론은 구체적인 경우에 어떻게 행동할 것인지, 어느 쪽이 순종인지를 결정해야 하는 부담을 덜 갖는다. 이 물음은 앞서 그 이론을 통해 이미 결정되어 있기 때문이다. 부담은 오직 내가 이미 그렇게 결정된 것을 **실행**할 것인가 말 것인가의 물음에만 연결된다. 그러나 힘들기는 마찬가지다. 어머니의 희생을 요구한다는 것이 얼마나 힘든 일인가! 다른 한편 그것은 부담을 덜어주는 것이기도 하다. 곧 위급한 결정의 상황에서 결단을 쉽게 해주고, 그리고 인간적 본성의 연약함에 대해 법적·교리적인 해결책을 제시하기 때문이다.

우리가 모든 관점에서 **논쟁적**으로 말하는 이유는 자유주의적 방식으로 한계상황을 경시하거나, 그냥 경솔하게 처리하기를 원치 않아서다. 만일 영혼의 내재화에 관한 이론을 받아들이지 않고, 원칙적으로 제시된 인간 생명의 신성함에서 양적 차이를 고수하려고만 할 경우에 그런 일이 벌어질 수 있다. 더 큰 자유는 더 큰 부담을 주며, 부담을 경감시켜주지는 않는다. 그밖에도 자유는 우리가 추구하는 것이 아니라, 우리에게 주어지는 것이다. 우리가 자유롭도록 저주받았다고 하는 프랑스 철학자 장 폴 사르트르(Jean Paul Sartre, 1905-1980)의 말[62]이 그것을 예시적으로 보여준다. 물론 우리는 그러한 인식으로 이끄는 그의 길에 동의할 수 없다. 우리는 모두 본성적으로 그와 같이 부담을 경감시켜주는 법, 곧 결정에 따르는 책임의 짐을 덜어주는 법을 찾는다. 그러나 그런 법은 엄격한 요구라는 더욱 무거운 하중을 우리 위에 얹어놓을 뿐이다.

이러한 법의 지배에 대항해서 우리는 두 가지 출구를 찾을 수 있다. **우선**, 자유주의적 자유의 길이다. 그것은 최소저항의 법칙에 따라 행하는 것이며, 모든 구속을 벗어나는 길이다. **그렇지 않을 경우**, 속박된 자들의 자유의 길이 있다. 이 길은 순종 속에서 길을 찾는 것을 의미한다. 곧 내가 선택한 길이 아니라 나를 선택하신 분의 길이며, 앞서 제시된 법의 길이 아니라 나의 죄짐이 아무리 무겁더라도 나를 의롭게 해주시는 분의 길이다.

의심할 여지없이 우리는 지금까지 임신에 대한 의학적인 지침에 따라 자유를 이해하려고 했다. 그것은 값싼 것이 아닌 값비싼 자유다. 오직 이 관점에서만 앞서 언급한 양적 고려가 생각될 수 있다. 그리고 양적 고려는 오직 어

---

62) *ThE* I, §1975를 참조하라.

머니와 태어날 자녀 사이에 생명을 둘러싼 근본적인 경쟁이 결정의 물음을 허용할 뿐만 아니라 또한 제시하는 곳에서만 생각될 수 있다.

제2장
인공수정

I. 인공수정의 문제

인공수정은, 단순히 이 문제의 결의론적 측면에 포함된 것보다 훨씬 더 근본적인 질문을 제기하는 한계상황들에 속한다. 인공수정은 성 공동체, 특별히 부부를 "극단적" 질문 앞에 세우면서, 결혼의 본질에 대한 질문을 강요한다. 인공수정은 부모 역할의 주변적인 가능성을 논의하면서, 그 주변의 경계선이 중심으로부터 구성되도록 강요한다.

첫째, 우리는 인공수정의 사실들을 고려해야 한다. 인공수정은 기구를 사용해 남자의 정자를 여자의 질이나 자궁에 집어넣는 것을 의미한다. 그런 수단을 사용하는 목적은 신체적인 이유나 심리적인 이유로 정상적인 성행위를 통해 아이를 갖지 못하는 사람들의 바람이나, 성행위를 원하지 않으면서 아이를 출산하길 원하는 사람들의 바람을 만족시키는 데 있다. 첫 번째 경우의 원인은 남자의 성기능장애(발기부전)나 성기관 장애에서 찾을 수 있다. 정상적인 부부라 할지라도 Rh의 혈액인자가 서로 다를 경우 불행히도 불임이 될 수 있다. 혈액구성요소가 일치하지 않으면, 어린아이의 생명은 출생 이전이나 과정 중에 그리고 그 이후에도 심각하게 위험할 수 있다.[1] 그래서 수정을 위해 생리적으로 문제가 없는 다른 남자의 정자를 사용하는 것이 요구될 수 있다.[2] 두 번째 경우 성관계를 원하지 않는 이유는 아내의 불감증이나 윤리적·사회적 억압과 미혼 여성의 다른 억압에서 찾을 수 있다.

인공수정에서 사용되는 정자는 남편의 것일 수도 있다. 따라서 부부는 의료적 시술의 도움으로 남편의 정자가 자기 아내에게 주입되어 아이를 출산할 수 있다. 우리는 이것을 "배우자 인공수정"(*homologe Insemination*)이라고 부른다. 다른 경우, 다른 기증자의 정자가 사용될 수도 있다. 우리는 이것을 "비배우자 인공수정"(*heterologe Insemination*)이라고 부른다.

인공수정의 문제에 대해 지금까지 알려진 견해들은—의사와 변호사의 견해이든지, 가톨릭 신학자나 개신교 신학자들의 견해와 상관없이— 혼란스러울 정도로 다양하고 또 서로 대립했다. 이런 혼동된 의견들은 종류에 따른 통계 자료를 통해 확인할 수 있다. 의학적인 측면에서는 배우자 인공수정과 비배우자 인공수정이 **동시에** 주장된다. 반면, 배우자 인공수정은 법적인 측면에 의해서는 선호되고, 신학적인 측면도 이것을 부분적으로 인정한다. 그러나 비배우자 인공수정은 법학자들에 의해서는 대부분, 신학

---

1) 우리가 잘 아는 ABO 혈액의 경우, 적혈구막 표면에 A형 항원(=응집원)이 있는 사람(A형 혈액형)의 혈장에는 B(beta)형 항체(=응집소)가 있다. B형 항원이 있는 사람인 경우에는 혈장에 a(alpha)형 응집소가 있다. A형 환자(a응집소)에게 B형인 사람의 피(a 응집소)를 수혈하면 응집원과 응집소가 만나면서 응집반응(적혈구끼리 서로 엉겨 혈구덩어리 형성)을 일으키기 때문에 위험해진다. 이와 마찬가지로 Rh+ 혈액형(Rh 응집원 함유)과 Rh−(Rh 응집원 비함유) 혈액이 있는데, ABO 혈액형과 달리 Rh−혈액형에는 선천적으로는 Rh 응집소가 없다. Rh− 환자의 피가 Rh+의 피(항원)에 노출되면 "항원−항체반응"에 의해서 항체가 형성되게 된다. Rh− 산모가 Rh+ 아이를 임신했을 때 아기의 Rh+ 적혈구가 태반이 떨어져나간 상처난 자궁벽을 통해 모체의 혈관벽으로 빨려들어가 면역기구를 자극하여 Rh 항체를 만든다. 그녀가 Rh+ 둘째를 가지면 모체의 Rh 항체에 의해 응집반응이 일어날 수 있어서 산모는 임신이 불가능하거나 임신 초기에 임신을 유지하더라도 사산할 확률이 높다. − 편집자 주
2) 이러한 난점은 물론 현대의학을 통해 감소하고 있다.

자들에 의해서는 근본적으로 거부된다.

이렇게 다양한 의견은 임의로 선택된 두 개의 진술로 명확하게 설명될 수 있다. 미국의 한 보고서는 다음과 같은 말로 끝마친다. "인공수정은 지금까지 불임으로 고통받아온 불임여성들에게 어머니가 되고자 하는 소원을 계속해서 더 많이 이루어주고 있으며, 수많은 부부에게 큰 행복을 가져다주고 있다."[3] 반대로 덴마크의 한 보고서는 어떤 특별한 인공수정 사례에 대해 다음과 같이 보고한다.

"인공수정을 통해 출산한 한 아이의 아버지는 알려지지 않은 생식세포의 기증자다. 결혼한 부부가 생식세포 기증을 원했다. 부부는 남편의 불임으로 자녀를 출산할 수 없었기 때문이다. 그런데 임신 기간 동안 남편은 아직 태어나지도 않은 뱃속의 태아에게 증오 콤플렉스를 드러냈다. 그 사례를 담당했던 아주 유명한 산부인과 의사는, 그 아이가 '남편의 약점을 보여주는 상징'이 되었다고 말했다. 그것은 결혼 생활에 불화를 초래했고, 결국 부부가 이혼하는 것으로 이어졌다. 이제 그 아이는 원치 않는 아이가 되었고, 아버지 없는 한 부모 가정의 아이로 세상에 태어났다. 부부에게 인공수정을 권했던 의사는 그런 경험을 한 이후에 다른 부부에게는 결코 인공수정을 제안하지 않았다고 말했다."[4]

우리가 예상할 수 있는 것처럼, 인공수정을 반대하는 이유들은 그것을 변호하려는 주장보다 훨씬 다양하다.

1. **의학적인** 측면은 근친결혼의 위험을 강조한다. 비배우자 인공수정에서 정자 기증자는 (산모가 생물학적인 아버지와 심리적인 관련을 맺지 않게 하

---

3) Ratcliff, p. 118.
4) 「프랑크푸르트 알게마이네 차이퉁」(*FAZ* 1953, Nr. 237), 5.

려고) 익명으로 남는다. 그렇기 때문에 태어난 아이는 자신의 이복형제 또는 이복자매와 결혼하게 될 수도 있다. 따라서 영국의 의사들은 한 남자가 기증한 정자를 백 명의 자녀까지만 출산하도록 제한하는 기괴한 대안을 제시했다.[5]

2. 신학자들이 제안한 **윤리적** 반대는 다음과 같다. 인공수정은 성관계에서 누릴 수 있는 육체적·정신적인 일체감을 파괴한다. 그런 일체감 안에 있는 인격적인 요소는 단순한 생물학적 과정을 통해 상실된다. 나아가 인공수정은 생명을 기계적인 것으로 만든다. 그리고 생명을 기계적인 것으로 만들면서, 사람들은 창조를 반대할 뿐 아니라 자연도 거스른다.

3. 인간의 **상상력** 역시 인간 존재들이 인위적으로 증식해서 거주하는 세계—영국 작가 올더스 헉슬리(Aldous Huxley, 1894-1963)가 자신의 소설 『멋진 신세계』(*Brave New World*, 1953, 소담 출판사 역간, 2015)에서 그려낸 종류의 세계—를 반대할 수 있다. 또한 인간의 상상력은 다음 소식을 들을 때, 극도의 불쾌감을 느낀다. 실제로 미국은 제2차 세계대전 중에 전선에서 전쟁을 벌이는 20,000명의 병사에게 자신들의 정자를 담은 작은 병을 고향에 있는 아내들에게 보내도록 지시했다. 병사들이 자신의 아내에게 자녀를 임신시키도록 돕기 위한 것이다. 이런 사실은 미국의 한 전쟁보고서에 기록되어 있다.

4. 마지막으로 우리가 **형이상학적인 취향**이라고 부를 수 있는 것이 인공수정과 관련된 전문적인 용어에 피로를 느낀다. 예를 들어, 인공수정과 관련된 용어는 "시험관 아기",[6] 저온 냉동고에 정자를 보존하고 유지하는 "정자은행" 등이 있다. 사람들은 정자은행에서 머리카락과 피부 색깔, 지적·육체적 특성에 따라서 아버지의 유형을 찾을 수 있고, 원하는 아기 유

---

5) Ratcliff, 같은 곳.

6) Dölle, *Gegenwart*, p. 367.

형을 종합적으로 결정할 수 있다. 그것을 막기 위해 많은 남자의 정자를 (기증자의 익명성을 확보하기 위해) 섞어놓을 경우, 사람들은 그것을 "정자 칵테일"이라고 부르며, 기증자를 "정자 인간", 남성의 생식능력의 사용을 "산란산업"이라고 부른다.[7]

어떻든 우리는 다음을 생각해 볼 수 있다. 한때 사람들은 기차가 세상에 처음 출현했을 당시, 기차가 건강을 해치며, 눈과 신경에 장애를 가져다줄 것으로 의심했다. 그러나 사람들은 그런 모든 의심과 비합리적인 방해에 대해서 회의적이었다. 이것은 우리가 가능한 한 명확한 근거를 제시하고, 문제의 근원까지 파고들어야 한다는 것을 보여준다.

이 이해로부터 우리는 인간, 그리고 성 공동체에 관한 신학적 이해로 향한다. 이와 관련된 신학적 논의에서 법률 문제는 다루지 않을 것이다. 마찬가지로 결혼하지 않은 여자의 인공수정이 심판의 대상인지의 질문도 다루지 않을 것이다. 교회는 이 물음에 대해 일치된 입장을 보여주고 있기 때문이다. 또한 비배우자 인공수정에 대해 논할 때, 이 물음도 의미 있게 다루어질 것이기 때문이다.

우리가 마주한 문제는 다음과 같이 정리할 수 있다. 사람들은 인공수정을 동물에게는—세부사항을 도외시 한다면—일반적으로 시행하고, 논쟁의 여지없이 인정하고 있다. 그런데 인간과 관련된 인공수정에 대해서는 왜 이렇게 격렬하게 논쟁을 벌일까? 우리가 올바르게 인식한다면, 인간이라는 이름으로 제기된 반대들은 두 가지 본질적인 요점에 집중된다.

첫째, 앞서 이미 언급했던 것처럼 인공수정은 부부관계의 육체적·정신적 일체감에서 나오는 자녀출산의 생물학적 과정을 없앨 우려가 있다. 이것은 부부관계의 인격적인 특성을 침해하는 것처럼 보인다. 왜냐하면

---

7) Dölle, *Samenübertragung*, p. 241.

인공수정은 인격적 특성의 본질적인 자기표현, 그리고 본질적인 의미 요소들 전체인 육체관계를 박탈하기 때문이다. 육체관계는 내적 관계가 외적·상징적으로 되도록 만들고 부부가 "일체감"을 이루도록 한다. 그리고 이런 부부의 특징적인 표현은 함께 한 명의 자녀를 갖기를 소망하는 의지에서 완성된다.

우리는 자녀를 가지려는 의도가 결혼의 목적이라고 말할 수는 없다(그 이유를 우리는 이미 밝혔다). 그렇게 말할 경우에 결혼은 하나의 단순한 수단으로 전락한다. 모든 인간관계는 그 자체 안에 목적을 담고 있다. 결혼에 대한 창조의 계명은 두 사람이 서로 연합하여(대립의 통일성, 창 1:27) "한 몸"(창 2:23, 24)을 이루는 것이며, 하나 됨 **안에서** "생육하고 번성하라"는 창조의 명령을 수행하는 것이다. 그래서 남편, 아내, 자녀라는 창조 질서에 따른 인격적 통일체는 자녀출산이라는 생물학적 행동이란 부분이 고립될 때, 파괴될 수 있다. 인공수정의 경우, 이러한 반대는 더 심각하게 고려되어야만 한다. 왜냐하면 우리는 비인격화가 시대적 질병으로서 공격해오고, 그런 성향이 우리의 결혼 생활을 침해하고 우리의 생물학적인 삶과 좁은 의미에서의 "인간" 실존의 분열을 조장하는 시대에 살고 있기 때문이다.

둘째, 이런 반대는 독일 개신교 목사인 오토 디벨리우스(Otto Dibelius, 1880-1967)[8]의 말과 관련이 있다. 디벨리우스에 따르면, 모든 인공수정은 자연을 거스르는 행위다. 왜냐하면 인공수정이 인간 생명의 심오한 신비를 기술 과정으로 전락시키며, 여성의 정신적인 삶을 깊은 나락으로 떨어뜨리기 때문이다. 우리가 위의 진술에서 자연과 기술, 생명과 기계화 사이에 있는 일반적 대립의 표현만 이해하는 것이 아니라, 또한 "자연"이라

---

8) Dölle, *Retortenkinder*, p. 368.

는 용어를 **인간** 본성으로, 디벨리우스의 선언을 인간 본성에 관한 진술로 간주할 때, 우리는 그의 말을 적절히 해석하게 된다. 그때 과학과 기술, 특히 응용생물학이 다루는 출산이 생명의 근원적인 신비를 침해한다는 디벨리우스의 주장은 바르게 이해된다.

사실상 이러한 신비에 대해 바르게 말할 수 있으려면, 우리는 비합리적이고 불명료한 판단을 벗어나야 한다. 여기서 신비의 의미는 엄밀하게 정의될 수 있기 때문이다. 곧 비밀은 인간의 의사소통의 인격적 행위―이것의 의미는 사랑이다―그리고 새 생명의 생물학적 생성 사이의 신비롭고 이성적으로 설명될 수 없는 결속을 말한다. 새 생명의 탄생은 이런 결합의 증거물이다.

우리가 일반성에 머물지 않고 인공수정의 개별적인 형태 사이에 있는 차별성을 정확하게 이해할 때, 우리는 위의 두 가지 반대 견해에 대해 적절하게 평가할 수 있다. 그래서 우리는 배우자 인공수정과 비배우자 인공수정을 각각 따로 논의한다.

2. 배우자 인공수정

이 경우는 남편의 정자가 아내에게 인위적으로 전달되는 것으로 정의된다. 배우자 인공수정은 앞에서 설명한 이유처럼 부부 사이에 정상적인 성관계가 불가능할 때, 하나의 방안으로서 사용된다. 이 경우는 생식과정을 위해 의사의 도움이 필요하다. 이것과 관련된 심각한 반대는 거의 없다. 배우자 인공수정은 정상적인 생식 행위를 가능하도록 돕는 의사의 모든 시도가 아무런 소용이 없을 때 사용되기 때문이다. 이런 문제를 가진 부부는 철저하게 결혼에 일치하는 인격적 관계와 성관계를 유지할 수 있다. 우리가 굳이 어떤 잘못된 개념을 찾는다면, 배우자 인공수정의 유일한 결함은 자녀를 가지는 데 필요한 육체적인 부분의 일부, 또는 심리적인 조건의 문제다. 이것이 아주 분명한 것으로 보이지만, 배우자 인공수정과 관련해서 여전히 다양한 문제점이 제기되고 있다. 그 중에서 우리는 심각한 반대를 표명하는 견해와 상대적으로 약한 반대 견해를 논의할 것이다.

1) 배우자 인공수정을 심각하게 반대하는 견해들

첫째, 부부가 자녀를 갖지 못하는 원인이 우리가 앞서 언급했던 육체적 결함이나 심리적인 결함에 있지 않고 오히려 결혼 생활의 무질서에 기인한다면, 배우자 인공수정은 할 수 없다. 예를 들어 우리는 다음과 같은 경우를 생각할 수 있다. 부부가 서로에게 전혀 에로틱한 감정을 느끼지 못하는 상황에 있다면, 그런 감정으로 부부는 결국 성관계를 맺지 못한다.[9] 인간이 출산에 필요한 전제조건을 실천하지 않는다면, 출산 과정을 **도와주는 것**도 당연히 문제가 된다. 도움을 주는 대신에, 인공수정이 성관계의 대체물이 될 수 있다. 이런 한계상황에서 우리는 교리적인 비난을 각오하지 않고서는, 인공수정의 결정을 내리기 어렵다. 실제로 이 문제가 여기서 첨예화되기는 하지만, 그럼에도 그러한 종류의 친밀한 인격적 영역이 법률로 단속될 수 있는지 그리고 단속되어야만 하는지의 물음이 남아있다.

출산과 관련된 의료적 도움은 단지 결혼생활에 필요한 친밀함의 조건에 문제가 없을 경우에만 제공될 수 있고, 또 오직 결혼 생활의 문제점을 제거하는 경우에만 적용되어야 한다는 사실에는 논란의 여지가 없다. 부부의 육체적·심리적 상태를 살펴보고, 부부 문제에 대한 자신의 의견을 이야기하고 그들을 치료하는 것은 의사의 의무다. 하지만 법적 규정으로

---

9) 이것의 가장 극단적인 예가 동성애를 하면서 결혼 생활을 유지하는 우애결혼(Kameradschafts-ehe)을 들 수 있다. 이 경우에 결혼의 본질에 속하는 육체적·정신적 일체감이 결여되어 있다.

의사에게 의무를 부과할 수는 없고, 부부가 인공수정을 원할 때 인공수정의 시술 여부를 전적으로 의사 개인의 결정에 맡겨서도 안 된다. 특별히 다음 경우에는 더욱 안 된다. 그것은 배타적으로 **의학적인** 기준을 넘어서는 때다. 또 의사의 결정이 부부의 친밀한 영역, 그리고―신학적으로는 그 자체로 정당한―부부의 영육의 전체성을 탐구하여 입장을 표명하는 것이 되어서도 안 된다. 결혼 생활의 친밀함은 결혼 생활에 대한 종교적 당위 규정처럼 법률로 규정될 수 있는 것이 아니다. 그것은 법과 규율의 지배를 받지 않는다. 제삼자의 결정, 곧 보건청이나 여러 측면에서 결정기관으로 추천되는 국가 소속의 위원회[10]의 결정도 이 두 영역을 지배할 수 없다.[11] 여기서 모든 종류의 제도화는 부적절하고 무능하거나, 더 좋게 말해서, 인격을 반대하는 것이다. 인격의 영역에서 행해질 수 있는 유일한 것은 결정을 내리는 데 책임을 지도록 도움을 주는 것이다. 물론 결정은 부부 **자신들**이 내려야 한다.

성적으로 만족하지 못하거나, 다른 여러 가지 이유로 불안정한 결혼을 유지하는 부부도 아이를 가지면서 서로가 새로운 관계를 맺을 수 있다는 희망을 꿈꿀 수 있다. 따라서 그들은 통상적인 사랑의 원인-결과의 순서를 바꾸어서 아이를 가지면 사랑이 생길 것이라고 생각할 수 있다. 하지만 사람들은 일반적으로 이런 희망이 하나의 꿈에 불과하고, 성취하기가 드문 예외적인 상황이라고 생각할 것이다. 따라서 누가 감히 확률만 가지고 개인적인 모험에 착수하겠는가? 어느 누구라도 여기서 할 수 있는 일은 기껏해야 극단적인 결과에 대해 경고하면서 자신은 책임지지 않으려는 것뿐이다.

이때 배우자 인공수정을 반대하는 사람들이 중요하게 생각하는 인격

---

10) 스웨덴의 경우, Dölle, *Samenübertragung*, p. 236 이하.
11) 소위 "목회 의료"의 문제가 여기에 해당된다.

자체가 아주 심각한 위협을 받게 된다. 인공수정을—법률적 허가를 전제한다면—결정하는 권한과 책임이 부부 이외의 다른 제삼의 기관에 위임되기 때문이다. 의학적인 측면만 생각하더라도, 의사도 부부 사이의 결합이 제거될 경우에 자연스러운 방법으로 자녀가 출산될 수 있다는 사실을 전제하고서 인공수정을 시행하게 되는 셈이다. (기독교적인 의미에서 이해된) 인격성의 요청과 이런 인격성에 의해 결정된 성생활은 인공수정을 **반대**할 뿐만 아니라, 인공수정의 **토대**를 철저하게 재검토할 것을 요구한다.

둘째, 배우자 인공수정에 대한 반대 견해는 자연수정이 원칙적으로 불가능하지는 않지만, 일시적으로 수정이 안 되는 경우에 인공수정을 하는 것을 **반대한다**. 우리는 이 견해를 무시할 수 없다. 예를 들어, 이런 경우는 앞서 인용했던 전선에 있던 미국의 병사들처럼 원거리 인공수정과 관련이 있다. 배우자 인공수정 반대자들은 전선에 있는 군인들의 생명이 위험하다는 것과 병사들이 죽음을 대비해 후사를 남겨두기 원한다는 것을 고려하지만, 이 경우에도 단 하나의 예외적인 경우만 인정될 수 있다. 그것은 생식 활동이 "불가능한" 상황으로 사람들에게 입증된 경우다. 인공수정은 생식활동의 "가능성"에 대한 위협을 예방하는 안전조치일 수 없다. 미군들의 특별한 예는 인공수정 "가능성"의 가정을 위해 중요하다.

다시 말해, 단순한 "가능성"이 인공수정을 적법하게 만드는 일이 철저하게 거부되지 않는다면, 심각하게 왜곡된 측면이 나타날 수 있다. 사람들이 오랜 외국 여행이나 장기간의 이별을 생각할 때, 사고나 서로 소원해질 것을 고려해서 나중에 출산할 수 있도록 정자은행에 자신들의 정자를 보관해주는 보험회사가 생겨나는 것을 볼 수 있다. 우리는 삶에 대한 불안이 증가하는 만큼 안정에 대한 욕구가 커질 수 있음을 생각해야 한다. 사람들은 정자를 담아둔 병(Sperma-Ampulle)을 삶에서 일어나는—가장 세밀하고 은밀한 범위를 포함한—모든 일에 대한 안전을 보장하는 장치로 여기게 될 수 있다. 만일 우리가 순수한 "가능성"의 숙명적인 역할이 완전히 차단된 비슷한 예를 찾으려고 한다면, 사형선고를 받은 정치범을 생각할 수 있다. 그는 결혼은 했고 자녀가 없어 후사를 원하지만, 자신의 아내와 성관계를 나누어 자연적으로 자녀를 출산할 수 있는 상황이 아니다.

2) 배우자 인공수정을 약하게 반대하는 견해들

1. 영국에 있는 몇몇 교회는 캔터베리 대주교가 소집한 위원회가 인공수정을 조건부로 찬성한다는 성명서에 반대했다. 인공수정에 필요한 자위행위가 기독교의 도덕법에 반대된다고 생각했기 때문이다.[12] 이런 반대 의견은 비배우자 인공수정에 해당한다. 이후에 살펴보겠지만, 낯선 정액 기증자의 역할은 상당히 문제가 될 수 있다. 하지만 자위행위의 문제로 배우자 인공수정을 반대하는 것은 어렵다. 그것은 분명히 정당하지 않은 신학적 행위 이론에 근거하고 있기 때문이다. 개신교적 사유에서 어떤 "행위"의 가치와 무가치는 독립된 행위 그 자체에 있지 않고, 인간이 행위하기 전에 하나님과 관계를 맺은 인간의 상태, 나아가 그 행위에서 인간이 추구하는 의도와 관련이 있다.

그래서 바울은 우상에게 제물로 바쳐진 고기(고전 8:8 이하)가 두 명의 그리스도인에게 서로 다른 의미를 가진다고 말했다. 첫 번째 기독교인은 영적으로 미성숙하고, 여전히 우상의 존재와 우상의 힘을 믿는다. 그런 속박 아래 있는 자가 그 고기를 먹는다면, 그는 주님을 부인하고, 사탄의 제단을 의지하는 것이다. 또 다른 그리스도인은 아마 우상이 "존재하지 않는 허무한 것"이라는 것을 아는 성숙한 사람일 것이다. 분명히 이 사람은 양심의 거리낌 없이 그

---

12) *Church Times*, 25. 3. 49, S. 182.

고기를 먹을 수 있다. 그는 그것을 먹으면서 바로 우상을 경멸하고 주님을 찬양할 것이다. 이렇게 어떤 사람에게는 부정적인 행위가 다른 사람에게는 아디아포라(*adiaphora*), 곧 윤리적으로 가치 중립적인 행위이고, 결코 악한 행위가 아니다. 따라서 우상에게 바쳐진 제물을 먹는 것 "그 자체"가 선한 행위나 나쁜 행위라고 말할 수는 없다. 중요한 것은 **누가** 먹는가, 그리고 **무엇을 위해** 먹는가 하는 것이다. 두 사람이 똑같은 행위를 했다고 해도, 그것은 동일하지 않다.

이러한 것이 자위행위의 문제에도 적용될 수 있다. 자위행위는 통상적으로 다음과 같은 이유에서 잘못된 것이다. 첫째, 무엇보다도 자위행위는 성관계가 보여주는 나와 너의 연합 관계를 떼어놓고 그 관계의 표현과 완성인 의미를 없앤다. 둘째, 성적 판타지가 실제 상대자와 관계되어 있지 않기 때문에 통제되지 않고 방황한다. 셋째, 나와 너의 연합의 상실은 일반적으로 육체적·심리적인 무절제로 이어진다. 말하자면, 신체적 기능이 모욕당한 것이―신체 영역에서는 신학적인 기준보다는 취향과 청결 등과 같은 것이 전혀 다르게 작용한다―윤리적으로 중요한 것이 아니라, 자위행위의 근거가 되는 인격적 상황이 윤리적으로 중요하다. 다시 말해, 그것은 루터가 자기 안으로 한없이 기울어져 있는 존재(*homo incurvitas in se*)라고 말했던, 자기 신뢰로 가득 찬 죄인의 상황이다. 하나님과 내 이웃이 아닌 나 자신의 자아와만 관계된 모든 행위는 죄를 저지르는 것이다. 이것은 우리가 앞서 언급했던 타락의 세 단계로 옮겨진다.

우리는 배우자 인공수정을 목적으로 하는 자위행위의 인격적 상황은 원칙적·근본적으로 다르다는 것을 인정해야 한다. 자위행위는 실제 성관계 분위기에서 행해지는 것이고, 그것은 바로 그 성 공동체의 성취와 목적으로 이끈다. 만약 그것에 대해 논란을 벌인다면, 성행위 중에 질외사정을 하는 행위도 위생적인 문제와 윤리적인 문제 때문에 의심의 여지없이 비난받아야 한다. 왜냐하면 그것은 자위행위의 상황과 유사하기 때문이다.

그래서 가톨릭의 윤리신학은 일관성을 가지고 자위행위와 질외사정을 반대한다. 가톨릭의 윤리신학은 죄와 행위에 대해 다른 개념을 갖고 있기 때문에, 그렇게 할 수 있다(다시 말해, 그것은 존재론적인 의미에서 그 자체로 선 또는 악인 행위를 식별하고, 그 행위를 일차적으로 인격적 배경에서 이해하지 않는다). 그러나 개신교적 사유는 자위행위 그 자체를 독립적으로 생각하지 않고, 그런 행위를 하게 된 행동의 맥락과 의도를 고려한다. 인공수정에 필요한 자위행위에서 오는 꺼림칙한 느낌은 신학적인 논쟁에 부담을 주지 않는다.

또한 "자연적인 것"과 "비자연적인 것"의 구분도 배우자 인공수정에 대한 반대를 설득할 수 없다. 그 구분은 "자연적인 것"과 "인공적인 것"의 의미로 이해한다면, 더욱더 그렇게 해서는 안 된다. 하나님의 형상으로서 인간은 자연을 초월하며, 창조 명령을 통해 자연을 사용하고 정복하는 권한과 임무를 부여받았기에, 인간은 지속적으로 자연에 개입해 자신의 삶을 완성해야 한다. 인간이 황무지를 경작해 정원을 만드는 것과, 의사가 자연적인 질병에 개입하고 치료제를 만드는 것은 마찬가지다. 자연에 개입하고 인공적인 것을 만드는 것이 그 자체로 문제가 되는 것은 아니다. 오히려 그것은 역설적으로 "자연"(본성, Natur), 곧 인간의 본질에 속한다.

문제는 다음 두 가지 물음과 관련이 있다. 첫째, 인간 밖에 있는 자연에 개입해서 자연을 다스리거나 제거하는 이런 권리가 **무제한적**으로 가능한가? 둘째, 어떤 **종류**의 자연이 이런 개입에 의해 지배를 받는가?

첫 번째 물음과 관련해서, 사람들은 최첨단의 현대기술을 사용해 밤과 낮, 더위와 추위의 구분을 제멋대로 제거해도 되는지, 우리가 녹음된 간접적인 지적 삶(라디오, 텔레비전, 사진이 있는 신문)을 수동적으로 수용하고 자연환경에서 개인과 직접 만나는 것을 피하는 행동이 자연에 더 심각하고 잔인한 개입은 아닌지, 나아가 간접적으로 인간의 본성(Natur)을 침해하는 것은 아닌지 등을 심각하게 생각해야만 한다.

두 번째 물음(자연의 종류)과 관련해서, 앞서 언급했듯이 소위 "자연적인" 암종양(Geschwulst)에 대한 개입과 "자연적으로" 싹튼 태아의 생명을 침해하는 것이 구분되어야 한다. 전자의 경우는 인간적인 의미에서 존재해서는 **안 되는** 것이지만, 후자의 경우는 마땅히 존재해야 하는 자연이다. 전자의 경우는 창조의 계획에 반하는 **종양**의 문제이며, 후자의 경우는 창조의 **결실**의 문제다.

두 가지 질문은 각각의 개입을 결정하는 윤리적인 특성에 영향을 주지 않을 수 없을 것이다. 창조 질서를 따르는 "마땅한 일"은 인간에게 단지 내버려두라고만 요구하는가? 그래서 그 일은 모든 인간적 개입의 규정화에 반대하는가? 어느 누구도 그렇게 극단적으로 주장할 수는 없을 것이다. 우리가 앞서 살펴본 것처럼 가톨릭교회조차도 그런 결과를 도출하지는 않는다. 가톨릭교회는 피임수단을 금지하지만, 그런데도 "비가임기"에 성관계를 갖는 것을 허용한다. 비록 비가임기에 성관계를 맺는 것은 인위적으로 피임하는 것은 아니지만, 자연에 대립하는 것이다. 여기서도 자연의 힘이 인간에 의해 통제되고 있다는 것, 결국 인간이 "개입"한다는 것이 부정될 수는 없다.

결국 이 논의의 고유한 핵심은 이런 개입의 **범위**와 **한계**와 관련이 있다. 인공수정이 부부의 출산을 도와주는 것이라면, 그것은 인간이 개입해야 하는 한계를 벗어나는 것일까? 우리는 배우자 인공수정이 몇 가지 조건을 명심한다면, 그런 한계를—어떻든 근본적으로는—넘어서지 않는다는 것을 제시하였다. 물론 원칙적으로 모든 경우에 그런 한계상황을 넘어서지 않는다는 것은 아니다. 중요한 것은 자연적인 것과 인공적인 것 사이의 대립이 신학적인 논쟁을 통해 완전히 해결될 수 없다는 점이다. 오히려 배우자 인공수정의 논의는 인간 개입의 한계와 인간이 개입할 수 있는 종류의 문제처럼 아주 세분화된 물음들과 관련이 있다.

3. 비배우자 인공수정

우리는 이 주제와 관련해서 밀접하게 관련된 법적 문제들을 다루지는 않을 것이다.[13] 다만 앞서 언급했던 덴마크의 한 보고서에서 드러난 심리학적인 문제들에 치중할 것이다. 우리는 이 문제들을 독립적으로 보지 않고, 인간의 근본적인 존재를 지배하는, 특히 신학적인 인간론에서 제기하는 무질서(inordinatio)의 증상으로 이해하고자 한다.

이 문제는 부부의 몸과 마음의 배타적인 연합 관계에 제삼자가 개입하는 것과 관련이 있다. 비록 제삼자의 정자가 제삼자를 "대리한다"고 할지라도 말이다. 따라서 우리는 정자가 "제삼자를 대리한다"라는 표현이 정확한지, 즉시 검토해야 한다.

우선 이런 주장은 적절하지 않다고 보인다. 사람들은 자연스럽게 이런 종류의 개입을 간음이라고 말하지 않기 때문이다. 간음은 어떤 한 배우자가 불륜을 저지른 것이고, 정절에 기초한 관계를 배신하고서 또 다른 관계를 맺는 것이다. 그래서 불륜은 부부 이외의 제삼자가 부부 중 한 사람과 육체적·정신적인 관계를 경험하면서 부부 사이의 육체적·정신적인 관계가 중단되는 것이다. 산상수훈이 "여자를 보고 음욕을 품는 자마다 마음에 이미 간음하였느니라"(마 5:28)라고 말했을 때, 그 말씀은 간음

---

13) Dölle, *Die künstliche Samenübertragung*, p. 242 이하.

과 관련해서 인격적 측면에 관심을 집중하고, 실제로 결정적인 요인을 보여주고 있다. 산상수훈은 간음이 일차적으로 남녀의 몸이나 남녀의 성기와 관련이 있는 것이 아니라, 마음과 관련이 있음을 말한다. 성경의 언어에서 마음은 항상 인격적인 중심이다. 그렇기 때문에 불륜은 육체적 관계로서 간음이 발생하기 이전에 이미 시작될 수 있다.[14]

이러한 불륜의 요소가 비배우자 인공수정에는 없는 것으로 보인다. 이런 주장과 관련해서 두 가지 논의가 있다.

첫째, 인공수정 시술을 하는 의사의 동기는 불임한 부부를 도우려는 것이고, 남녀의 육체관계로 이루어지는 생식과정을 "순전히" 정자와 난자의 생물학적 활동으로 바꾸어서 엄밀하게 제삼자가 개입하지 못하도록 도움을 주는 것이다.

둘째, 부인에게 시행되는 비배우자 인공수정은 남편도 그것을 함께 원할 때만 시행될 수 있다. 부부가 인공수정에 동의하는 것은 서로 간의 불신을 배제한다. 더욱이 육체적 관점에서 볼 때, 입양과는 달리 인공수정을 시술한 부부들 가운데 수정될 가능성이 50%의 성공률에도 못 미치는 인공수정으로 자녀를 얻으려는 태도는 틀림없이 부부생활을 잘 이끌고, 태어난 자녀와 육체적·정신적인 관계를 맺으려는 주관적인 열망에서 나온 것이다. 부부가 서로 사랑하는 만큼 우리는 다음과 같은 희망도 품을 수 있다. 이때 남편은 입양한 아이보다 사랑하는 부인을 통해 낳은 "아내의" 아이와 더 강한 유대감을 가질 수 있다. 특히 이러한 유대감은 어떤 경쟁자에 대한 불안감을 가질 필요가 없도록 해준다.

이렇게 출산과정을 순전히 생물학적인 것으로 환원하는 행동은ㅡ언

---

14) 이것은 고전 6:12 이하에 나오는 바울의 말과 일치한다. 바울은 창기와 합한 몸에 대해 말하고 있다. 음행은 인격의 중심을 파괴한다. 왜냐하면 몸은 살과 구별되어 육체적·영적인 나 자신과 같은 의미를 가진다.

뜻 보기에도—탈인격화로 나아가는 성향, 곧 육체적·영적 관계를 포기하고 생물학적인 유물론에 기초하는 성향으로 이해되지 않는다. 오히려 정반대의 동기가 실제로 드러난다. 다시 말해 인공수정의 생물학적인 과정의 의도는 결혼의 인격적인 성격을 보호하고, 제삼자와의 인격적인 관계를 철저히 배제하려는 것이다.

따라서 우리는 비배우자 인공수정에 대한 논의를 시작하는 단계부터 미리 앞서서 도덕적으로 불신하지 않는 것이 바람직하다. 우리는—분명히 그 가능성은 존재하지만—비배우자 인공수정 방법이 오용(남용)되지 않는 경우에만, 최선의 근거를 질문하고 논의할 수 있다. 우리는 처음부터 생물학적인 출산개입에 대해 의혹의 눈초리를 보내면서 감정적으로 반응해서는 안 되고—적어도 주관적인 목적에 따른—결혼의 인격적인 특성을 진지하게 숙고하면서, 그 특성에 기초하여 비배우자 인공수정의 가능성을 고려해야만 한다.

그렇다면, 이런 관점에서 우선 생물학적 과정 자체를 검토해야 한다.

출산을 생물학적 과정으로 환원시키는 것을 명확하게 만들고 제삼자의 인격적인 개입을 배제하려는 노력—이것은 어쨌든 둘 중 첫째에는 반드시 해당된다—은 두 가지로 설명된다. 그 배제의 요구는 인공수정 자체의 요구보다 훨씬 더 엄격해야 한다.

1. 정자 기증자에 대한 철저한 익명성이 극단적으로 요구된다. 사람들은 점차 친척, 형제의 정자가 알려지면서 기증되는 것을 기피한다. 물론 친척 사이에 있는 혈연관계를 중요하게 생각하는 것은 나름대로 이해할 수 있다. 왜냐하면 남편의 혈통이 자녀에게 전달되고, 구약의 형제 결혼, 부족 간의 결혼에서 현실적으로 드러나듯이, 혈연의 동기는 분명히 받아들여질 수 있기 때문이다. 그러나 인공수정에서 혈연관계의 거부는 제삼자의 개입에 대한 불안에 기인한다. 생물학적인 아버지가 남편의 형제라

고 해도, 인공수정을 하는 어머니는 생물학적인 아버지와 관계 맺는 것을 두려워한다. 따라서 "정절"의 인격적인 요소가 존중되어야 한다.

사람들이—남편의 정자를 포함해—여러 기증자의 정자를 혼합하는 것("정자 칵테일")을 원하는 이유도 익명성과 관련해서 이해될 수 있다. 이 것은 아이가 친부모로부터 (배우자 인공수정에서) 생겨날 수 있다는 가능성을 통해 부부를 보호할 뿐만 아니라, 또한 생물학적인 아버지를 구별하지 못하도록 하기 위해서다. 이때 생물학적인 아버지는 어떤 한 개인으로 밝혀질 수 없어서, 친아버지는 소외감의 부담에서 벗어날 수 있다.

그러나 놀라운 것은 인격성을 존중한 낙관적인 비배우자 인공수정이 우리가 생각한 것처럼 진행되지 않는다는 점이다. 여기서 긍정적으로 해석한 것이 인공수정을 시술하는 의사들의 견해와는 대부분 일치하지 않는 것처럼 보인다.

앞서 분명하게 제시한 근거들과 관련해서 생각해보면, 유감스럽지만 의사들은 생물학적으로 환원된 인공수정 과정 자체를 다시 한 번 생물학적으로 설명한다. 이것은 깊이 숙고되어야 한다. 그와 함께 우리는 두 번째 요인 곁에 선다.

2. 인공수정이 윤리적으로 가치 중립적임을 예시하기 위해, 인공수정 과정의 생물학적·기술적인 측면은 종종 수혈이나 각막이식과 같은 차원에서 다루어진다. 주관적으로 볼 때, 이런 두 차원의 동일시는 인공수정 과정의 비인격성이 (우리가 앞서 언급한 것처럼) 인격적 목적을 위한 수단이 아니라, 오히려 자기목적적으로 이해되고 있음을 의미한다.

객관적으로 볼 때, 이러한 동일시는 의심할 여지없이 잘못된 추론에 기인한다(단지 생물학적 차원만 생각해도 그러하다). 각막과 혈액이 원래의 생물학적인 "소유자"에게서 분리되었을 때, 그것들은 진정한 의미에서 비인격적인 사물을 의미한다. 그것들이 새로운 사람의 신체에 결합하고, 다른 사람의 혈액은 궁극적으로 자신의 혈액이 될 때도 마찬가지다. 그에 반해, 정자와 난자의 결합은 여성의 유기체를 통해 단순히 그녀의 일부를 만들어내는 것이 아니라, 아이라는 독립적인 제삼자를 생성한다. 여기서 "제삼자"는 간과될 수 없이 현존한다.

아이는 어머니에게 단순한 결과물이 아니며, 무엇보다 아버지에게—앞서 덴마크의 예에서 본 것처럼—엄청난 부담을 줄 수 있다. 꼭 그렇지는 않다고 할지라도, 아버지는 그 아이에게 적대적인 감정을 가지고 반응할 수 있으며, 그 아이는 아버지의 약점을 드러내는 경고자로서 간주될 가능성이 있다. 심리학적으로 해석될 수 있는 이러한 반응은 "실존적" 사실, 곧 부부관계의 육체적·정신적 전체성이라는 심층적인 사실로부터 나오는 징후일 수 있다.

우리가 예외적인 상황, 곧 남편은 사랑하는 부인이 어머니가 되길 원해서, 비배우자 인공수정을 준비하면서도 부부관계를 방해하는 것이 아니라 오히려 돈독하게 만드는 헌신적 행동을 할 가능성을 생각해볼 수도 있다. 그러나 남편은 새로운 현실에 대해 정신적·육체적으로 준비해야 한다. 그 준비는 그러한 행동의 출발 동기를 넘어서 자기 자신과 부부관계를 책임지고 "이끌어가는" 것이어야 한다. 이렇게 인격적인 관계의 전체성은 생물학적인 관계의 분리를 견뎌내기 힘들어서, 파괴적인 증상이 나타나지 않더라도 사람들은 책임 있게 비배우자 인공수정을 추천하지 못한다. 우리가 일차적으로 이러한 증상들을 두려워하기 때문이 아니라, 오히려 그런 가능한 증상들이 부부 공동체의 심오한 신비를 훼손할 수 있기 때문이다.

부부가 어머니의 자격을 충족하지만, 동시에 아버지의 자격을 충족하지 못했다는 사실에서 그런 훼손이 나타난다. 곧 부부의 인격적인 연대감이 깨질 수 있다. 이런 연대감은 운명 공동체로 표현되는 것 외에 달리 방법은 없다("만일 한 지체가 고통을 받으면 모든 지체도 함께 고통을 받고", 고전 12:26). 그리고 이 경우에 운명 공동체는 다른 길을 선택할 수도 있다. 곧 부인이 남편의 생물학적 운명을 함께 공유하고, 자녀를 갖길 소망하는 두 사람이 입양을 통해 자신들의 소원을 해결하는 방법도 있을 수 있다. 입양은 자녀에 대한 관계가 공동의 결속력을 가진 이웃사랑의 인격적 영역과 연결하고, 깨어진 육체적·정신적인 분리를 막을 수 있을 뿐만 아니라, 아이가 없어 불완전한 부부라는 상황도 막을 수 있다.

우리는 의도적으로 비배우자 인공수정이 부부관계를 파괴할 경우 초래될 심리적인 "증상들"만을 언급했다. 우리는 심리적인 반응들이 단지 이차적인 것에 그치며, 과대평가되어서는 안 되며, 발생하지 않을 수도 있다는 사실을 예시하려고 했다. 미국 의사들은 매우 긍정적인 보고서를 제출하고, 부정적인 증상들에 대해서는 아무것도 모르는 것처럼 행동한다. 비록 그들에게 일방적인 편견이 없는 것은 아니지만, 그들이 거짓말을 하는 것은 아니다. 미국 의사들의 진단이 해롭지 않다는 것을 바르게 평가하기 위해, 우리는 다음 물음을 그냥 지나쳐서는 안 된다.

우리는 인격적인 부부관계에 도달하기가 어렵게 된 한 쌍의 부부를 생각해 볼 수 있다. 그들에게 성관계란 전시용이거나 생물학적 수준일 것이며, 부부관계는 경제적 작업 공동체나 사업관계가 되었을 수도 있다. 아마도 그들은 "인격적 인간성"의 영역으로부터 제기되는 비배우자 인공수정의 문제들에 대해 크게 개의치 않을 것이다. 기술적인 문명 세계와 대중화, 탈개인화의 시대에서도 많은 부부가 그렇게 생각을 하고 있지 않을까? 이미 사람들은 성행위를 항상 물컵이론(Glas-Wasser-Theorie)으로 설명하거나, 간단한 육체적인 갈증 해소와 연결하고 있지 않은가? 이제 성교가 단순히 생물학적인 과정에 불과하다면 다른 생물학적인 과정, 다시 말해 비배우자 인공수정이 그 자리에 등장하는 것이 무슨 문제가 되는가? 이 새로운 세계에 사는 수많은 사람이 자연을 가까이하는 삶이 아니라 오히려―인공적인 빛, 열, 장소와 같은―인공적인 환경에서 산다면, 자연적인 수정을 인공적인 수정에 의해 해결하는 것이 더 나은 문제 해결 방법이 아닐까?

우리는 부정적인 증상이 없는 경우에도 설명할 수 있다. 다만 우리 입장이 미국 의사들과 다른 것은 부정적 증상이 없다는 것이 낙관주의로 이어지지는 않는다는 점이다. 오히려 우리는 부정적인 증상이 인간 존재의 무질서에 근거하는 반면에, 그러한 증상이 없는 경우는 사탄이 획책하는 무질서에 근거한다고 추론할 수 있다. 의사는 단지 고통을 벗어나는 심리적·육체적인 변화만 관찰한 뒤, 자리를 떠나 아무렇지도 않은 표정으로 냉정하게 완쾌되었다는 건강증명서를 내줄 수 있다. 그러나 그가 환자의 생명이 근본적으로 치유될 수 없다는 것을 알게 되고, 겉으로는 매끄럽고 건강해 보이는 표면 아래 깊숙히 근본적인 손상, 여기서는 부부 유기체에 근본적인 손상이 있다는 것을 알게 되면 깜짝 놀랄 것이다. 그로 인해 그는 피상적으로 내린 자신의 진단을 철회할 것이다.

우리는 인공수정이란 주제에 대해 제도적인 측면보다 그것에 관여하는 사람들을 주로 다루었다. 우리가 육체적·영적으로 이루어진 인격적인 관계를 우리의 모든 판단 기준으로 이해하고, 일반적인 개신교 윤리학을 따라서 질서들을 제도적인 구조가 아니라 그 기능으로부터 이해하려고 했을 때, 물론 그것은 우연적인 것이 아니다. 다시 말해, 우리는 나와 너, 곧 인격들을 결합시키는 과제로부터 인공수정을 이해하려고 했다.

루터가 질서들 곧 결혼, 법, 국가 안에서 이루어지는 행위는 이웃사랑의 동기에 의해 규정되어야 한다고 항상 말했던 것처럼, 질서의 특수함은 사실의 구조에 있는 것이 아니라 인격적인 기능에 근거해야 한다. 다시 말해, 정착된 또는 진행 중인 질서의 가능성은 인격적인 만남을 위한 기능으로 제시되어야 한다. 그러므로 우리가 인공수정의 문제를 그것에 참여하는 **사람**들의 관점, 그리고 그들 사이의 관계의 관점에서 제기하는 것은 신학적 의미를 가진다. 그 다음에 우리는 **인격적인 측면에서** 배우자 인공수정과 비배우자 인공수정이 하나의 가능한 제도, 곧 "질서"가 될 수 있는지의 질문을 제기한다.

그동안 우리는 동기와 운명, 특히 부부의 실존적 상황의 관점에서 부부 사이의 인격적 관계를 언급했다. 그렇다면 이제 다시 "제삼자", 곧 **정자 기증자**에게 관심을 기울여야 한다. 정자 기증자는 인격적인 측면에서 다른 사람만큼이나 중요하다. 그에게도 앞서 다룬 것과 동일한 문제가 발생한다. 곧 정자 기증자의 생물학적 행위는 그의 인격과 분리될 수 있을까? 그리고 그러한 분리의 시도가 정자 기증자에게서 육체적·정신적 전체성을 파괴하지는 않을까?

우리는 앞에서 정자 기증을 위한 자위행위를 논의하면서, 이런 물음들에 대해 간접적으로 대답했다. 정자 제공을 위해서 남편의 자위행위를 정당화해주는 부부 사이의 나와 너의 관계가 결혼 밖의 정자 기증자에게는 없다. 미국의 의사들이 제안하는 것처럼 젊은 의사와 의학도의 정자 기증을 고려한다고 할지라도, 이에 대한 이의제기는 없어지지 않는다. 그리고 새로운 유형으로 아르바이트 학생을 고려하는 것도 소름 끼치는 일이다.

그렇다면 누가 "정자 기증자"로서 고려되어야 하는가? 당연히 사람들은 건강한 유전 형질이 있고 성격에 문제가 없는 남자를 원할 것이다. 그러나 전문적으로나 임의로 정자를 기증하는 사람은 실존적 질병, 곧 성관계를 이루는 생리적인 측면과 인격적인 측면의 병리적인 분리를 전제하기 때문에, 사람들이 건강한 유전 형질이나 성격에 문제가 없는 남자를 원한다는 생각은 그 자체로 모순은 아닐까? 그리고 익명의 정자 기증자에게 요구되는 인간성의 황폐화, 그리고 그의 본능과 사고 안에서 아직 해명되지 않은 그의 거친 남성적 특성의 원시성의 문제는 어떻게 해결해야 하는가?

이 문제는 결코 수혈과 비교될 수 없다. 오히려 이 문제는 매춘과 비교할 만한 것이다(물론 정자 기증자와 관련해서만 비교할 수 있다). 왜냐하면 여기서도 성교 과정은 익명적이고 비인격적이기 때문이다. 매춘부는 임의로 자신의 상대를 바꾼다. 그녀는 어떤 인격적인 관계도 필요로 하지 않으며, 상대의 선택이 상호소통의 관점이 아니라 비용의 관점에서 이루어지기 때문이다. 성 문제의 해소와 사회적인 이유에서 매춘을 변호하는 사람들조차 매춘을 이상적인 것이 아니라 하나의 불가피한 대안으로 이해할 것이다.[15] 반면 비배우자 인공수정은 이곳 저곳에서―이상적인 것은 아니라고 할지라도―망설일 필요가 없는 무해한 일로 간주되며, 그래서 주변으로 더욱더 확대되고, 사회의 일반적인 용인 아래서 재앙을 일으키는 하강국면에 빠져들 수도 있다.

그러나 아버지가 되고 싶은 어떤 사람은, 만일 유일하게 적절한 상대자가 매춘부라면, 그 도움을 받으려고 하지 않을 것이다(이 경우에는 매춘의 비유가 맞지 않는다). 이런 경우가 좀처럼 발생하지 않는 것은 부부의 결합과 관계없이 다른 여러 방식으로도 아버지가 될 수 있기 때문이다. 반면 남편이 불임일 때, 어머니는 매춘과 같은 방식으로 어머니가 될 수 없다. 하지만 남자들이 매춘부에게 아이를 낳으려고 하지 않는 결정적인 이유는 사람들이 일반적으로 자신의 자녀에게 물려주고 싶은 성품을 매춘부에게서 찾을 수 없기 때문이다. 그 외에도 단순히 생리적인 이유로 매춘의 형태에서 아이를 비인격적으로, 익명으로 낳으려는 생각은 아버지 됨을 뿌리로부터 근본적으로 침해한다.

우리는 다음과 같은 결론에 도달한다. 우리가 앞서 강조했던 것처럼, 우

---

15) Adolf Schlatter, *Christliche Ethik*, (1929) p. 365 이하.

리는 결혼의 목적이 자녀를 출산하는 것이라고 말해서는 안 된다. 결혼의 목적이 자녀의 출산이라고 한다면, 결혼한 부부가 서로 간에 맺는 인격적 관계라는 고유한 가치가 평가절하될 수 있기 때문이다. 더욱이 그것은 자녀가 없는 혼인관계나 나이가 많은 사람의 결혼을 혼인이 아닌 것으로 만든다. 물론 자녀는 창조 질서를 따르는 부부의 성 공동체에 속한다.

그렇기 때문에, 아이를 의도적으로 갖지 않는 것이 아니거나 또는 부득이한 상황으로 잠시 아이를 갖지 못하는 상황은 부부 자신의 문제에서 발생한 것이 아닐 수도 있지만, 그러나 감수해야 할 고통은 따라온다. 물론 우리는 그 고통과 조심스럽게 투쟁해야 한다. 의사의 역할은 파괴된 창조 질서 안에서 창조의 기능을 살려내는 것이다. 하나님께서는 세계를 창조하신 계획 안에 이러한 고통이 있기를 원하지 않으셨기 때문이다. 하지만 우리가 고통과 싸울 때 사용하는 수단들은 삶에서 만나는 고통의 의미와 결코 모순되면 안 된다. 예를 들어, 고통 없이 죽으려는 안락사는 고통받는 사람의 삶의 의미와는 모순되는 것이다. 인간은 동물과 다르게 윤리적으로 고통을 겪을 수 있는 존재이기 때문이다. 그래서 개에게는 "안락사"(*coup de grace*)가 있을 수 있지만, 인간에게는 허락될 수 없다. 마찬가지로 우리가 앞서 설명한 것처럼, 비배우자 인공수정도 자녀가 없는 고통을 극복하기 위한 수단이다. 그런데 그 수단은 고통을 겪는 자의 삶의 의미와 대립되는 수단이다. 그것은 고통을 겪는 자의 실존에 상처를 준다.

여기에도 다른 특별한 상황이 있을 수 있다. 윤리적인 결정의 영역에서 우리는 결코 예외적인 범주 없이 살 수 없다. 이것은 우리가 규범의 범주 없이 법이 결정하는 영역에서 결코 살아갈 수 없는 것과 마찬가지다. 윤리적인 예외는 개인적인 모험과 책임의 영역에 관련된다. 윤리학은 다만 문제 자체가 무엇인지를 분명히 설명하고, 인간이 예외적인 상황에 직면했을 때 어떤 결정을 내릴 수 있는지를 보여줄 뿐이다.

우리는 논의 과정을 통해 인공수정의 "경우"를 훨씬 넘어 인간론의 지평에서 설명해야 할 문제들에 계속 봉착했다. 우리는 이제 마지막 문제를 결론으로 다룰 것이다.

기계화된 세계에서 기술은, 일찍이 사람들이 "모든 것을 조작할 수 있다"(Machbarkeit aller Dinge)라는 명제로 표현했던 교리를 이전보다 더 믿도록 최면을 걸었다. 궁극적으로 인간이 할 수 없는 것은 그 어떤 것도 없다. 인간의 가능성은 엄청난 부분까지 확대된다. 그렇다면 어떤 운명적인 소여성—말하자면 하나님의 "방문"과 같은—이 아직 남아있을까? 물론 그와 같은 것은 분명히 있다. 그리고 죽음이 인간들에게 여전히 남아 있다. 그러나 그런 것들은 계속해서 배제되고 있다. 환경 자체가 변화되고, 인간관계가 복잡한 수단에 의해 영향을 받고 있다.

모든 사물의 조작 가능성이라는 이러한 이론은 우리 시대에 프로메테우스적인 변주를 나타낸다. 그것은 잘못 이해된 인간적 자율성의 새로운 초과다. 인간이 아주 많은 일을 할 수 있다는 사실이 하나님을 떠난 것은 아니다. 인간은 하나님을 신뢰하면서 자신의 재능을 경건하게 사용할 때 많은 일을 할 수 있다. 하지만 이런 모든 일을 자신의 힘으로 할 수 있다는 믿음이 인간을 무절제와 오만(Hybris)에 빠지도록 만든다. 모든 것을 할 수 있는 인간이 할 수 없는 것이 한 가지가 있다. 그는 고통을 자발적으로 겪지 못한다. 그는 고통을 수용하지 못한다. 왜냐하면 그는 고통을 보내고 선사하시는 분을 더 이상 인식하지 못하기 때문이다.

이런 맥락에서 인공수정과 관련되고 배우자 수정 문제를 넘어서는 많은 성향이 보인다. 하나님을 더 이상 인식하지 못하는 사람은 인격도 지속적으로 상실한다. 인격을 상실한 사람은 육체적·정신적인 성관계가 파괴롭으로써 발생하는 위기를 이해하지 못한다. 그런 사람은 우리가 언급했던 (한 번 더 덴마크의 예를 언급하면) 위기의 증상들을 더 이상 두려워하지 않을 것이다. 두려움의 증상들은 인격을 잃어버리는 질병이 어떤 정점을 넘어설 경우 스스로 감소하기 때문이다. 그것은 마치 유기체가 어느 정도 열을 내다가 더 이상 열을 낼 수 없는 단계에 도달하는 것과 같다.

따라서 이제 논의는 인공수정의 단순한 "사례"를 넘어 그것의 신학적인 배경으로 넘어갈 수밖에 없다. 우리 시대의 불행이자 동시에 축복인 것은 인공수정의 물음이 항상 우리를 궁극적인 것에 직면하도록 한다는 것이다. 그것은 반역할 것인가, 아니면 순종할 것인가의 문제다. 이제 인간이 모든 것을 고안하고 조작할 수 있다는 이론과 그 이론을 흔쾌히 "받아들일 것인가" 하는 마음 사이의 결정이 문제된다. 이 결정의 배후에 놓여 있는 책임은 비배우자 인공수정을 거부하게 한다. 그 책임은 자기 자녀를 갖고 싶은 열망을 이웃을 향하도록 만들고, 그래서 가정을 찾고 있는 다른 부모의 자녀를 입양하도록 한다.

제3장
동성애 문제(형법상의 문제)

I. 개신교 신학의 문헌을 통해 본 동성애[1]

사람들은 독일어권의 개신교에서 나온 신학적 윤리학에서 동성애에 대한
어떤 분명하고 일치된 태도를 발견할 수 없다. 왜냐하면 지금까지 윤리학
자들은 동성애에 관한 진실을 거의 또는 전혀 인식하지 못했고, 따라서
그와 관련한―만장일치의 평가는 말할 것도 없고―개별적 의견의 형성도
거의 존재하지 않는다. 우리가 잘 아는 윤리학 작품들의 주제 색인에도
동성애에 대한 단어가 전혀 포함되어 있지 않다. 예를 들어, 동성애를 언
급하지 못한 윤리학자들은 최근에 작품을 출간한 독일 성경 신학자 아돌
프 슐라터(Adolf Schlatter, 1852-1938), 스위스 신학자 알프레드 드 쿼르벵
(Alfred de Quervain, 1896-1968), 취리히 대학교 조직신학 교수 에밀 브루
너(Emil Brunner, 1889-1966), 루터교 신학자 알프레드 뮐러(Alfred Müller,
1890-1972), 괴팅겐 대학교 조직신학 교수 볼프강 트릴하스(Wolfgang

---

[1] 관련된 작품들은 본문에서 제시될 것이다. 이에 더하여 상세한 문헌은 W. Becker의 책을 참
조하라. 『동성애와 청소년보호』(*Homosexualität und Jugendschutz*), 1961.

Trillhaas, 1903-1995)[2] 그리고 (독일어로 번역되어 많은 사람이 읽고 있는 덴마크
의 윤리학자를 언급할 수 있다면) 코펜하겐 대학교의 조직신학 교수인 닐스
한센 서(Niels Hansen Søe, 1895-1978) 등이 있다.

동성애가—언제나 거의 부차적인 것으로—다루어졌을 때, 그런 책 속
의 논의들은 의학적·심리학적 탐구에 일치하지 않는 분석적인 자료들로
가득하다. 주로 교리적으로 문제를 다루는 "질서 신학"(Ordnungstheologie)
은 당사자들과 목회상담의 관점에서 거의 만나지 않으며, 그들과 "함께
고통"(sympaschein, 고전 12:26)을 나누지도 못하고 있다. 이런 신학은 흔히
교리적인 공리나 실증주의적인 성경 인용을 통해 단지 부정적인 견해만
을 제시한다. 목회자인 저자들조차도 동성애자에게 어떤 건설적인 조언
을 해야 하는지에 대해 거의 언급하거나 제시하지를 않는다.

동성애를 종교적으로 금기시하는, 이 현상에 대한 무능력은 동성애 문
제가 의사의 권한에 속한다고 끊임없이 언급하는 사실에서도 분명히 드
러난다.[3] "선천적 동성애는 본래 아주 드문 것"이라는(그 외에 "유전적 동성
애자들은 곧 소멸할 것인데, 왜냐하면 그들은 후손을 남기지 않기 때문") 주장은 문
제의 소지가 크다. 그런 사람들은 대부분 동성애자에게 의학적인 치료를
통해 후천적으로 습득된 동성애를 해결할 수 있다고 말한다. 또한 그들은
"의료적인 측면에서 이미 성호르몬을 통해 동성애를 치료하려고 노력하
고 있으며, 좋은 결과를 얻고 있다"고 말한다.[4] 이와 유사하게 동성애자들
과 전혀 공감하지 못하거나 절반만 손을 내미는 정보들이 계속해서 주어
지고 있다.

---

2) Trillhaas는 이것을 그의 목회신학, 『인간에 대한 교회의 봉사』(Der Dienst der Kirche am
   Menschen), 2, Aufl, 173 이하에서 다루었다.
3) Otto Piper, 『양성』(Die Geschleichter, 1954), p. 274.
4) Becker, 『정보란』(Informationsblatt, 1954), 17, p. 268 이하.

동성애에 관한 **신학적** 문제를 왜곡하는 교리적 선입견들은 다음 사실에서도 드러난다. 곧 "동성애는 죄다"라는 가치판단은 동성애의 현상을 객관적으로 접근하지 않고, 비정상적인 것으로 미리 폄하하거나 앞서 판단한다. 또한 그런 선입견들은 지난 두 번에 걸친 세계대전에서 "성격이 허약하고 불안정한 동성애자들은 특별히 전쟁의 배신자들로 취급되었다."[5] 그와 유사하게 바젤 대학교의 윤리학자인 헨드릭 판 오이엔(Hendrik Van Oyen, 1898-1980)도 "내분비와 호르몬 구조와 깊은 관계가 있는" 선천적인 동성애는 단지 병리학적인 현상으로만 기술했다. 여기서 동성애는 대부분 "정신병, 분열증, 정신지체 및 발육부진의 유형"으로 분류되었다.[6] 프린스턴 신학교 교수인 알프레드 오토 피퍼(Alfred Otto Piper, 1891-1982)도 이와 유사한 주장을 했다.[7] 그는 동성애자들의 병리학적인 발육부진에 대해 말하고 있다. 그는 일반적으로 이 발육부진을 사춘기에 발달하는 발육단계로 여기거나,[8] 이성(異性)에 대한 결핍에서 발생하는 보상행위로 이해한다.[9] 그에 따르면 동성애는 신체기관에 단순한 자극이 오거나, "성적인 접촉"을 하지 못할 경우에 발생하는 왜곡된 형태다.[10]

이런 모든 진술들은 윤리적인 가치판단이 단순히 현상만 보고 정작

---

5) 위의 책, p. 269.

6) H. van Oyen, 『사랑과 결혼』(Liebe und Ehe), Basel, o. J. 132. van Oyen과 같이 영적 상담의 차원에서 설명하는 저자와 선입견을 배제하고 객관적으로 쓰인 울펜덴 보고서(Wolfenden report)는 뚜렷이 구별될 수 있다. "울펜덴은 다음과 같이 의사들의 주장을 제시한다. "이들 중에 많은 사람(동성애자들)이 가치 있고 덕을 끼치는 사회의 일원이다. 그런 점에서 "동성애자는 무조건 혹은 대개 방탕하며, 범죄를 저지르며, 또는 윤리적으로 타락한 사람"이라는 선입견을 가지고 이들을 대해서는 안 된다(독일어판, 9).

7) 『양성: 성경적 관점에서 양성의 의미와 비밀』(Die Geschlechter. Ihr Sinn und ihr Geheimnis in bibl. Sicht, 1954), p. 274.

8) 위의 책, p. 90.

9) 위의 책, p. 182.

10) 위의 책, p. 83.

평가되어야 할 문제의 핵심은 왜곡하고 있다는 사실을 보여준다. 더욱이 이 저자들은 자신의 처지와 고군분투하면서 윤리적으로 높은 수준의 성숙한 삶을 사는 동성애자들이 헤쳐나가야만 했던 비극을 제대로 경험하지 못하고 있다. 신학자로서 동성애 문제를 말하는 사람은—만일 그가 위의 문제점을 간과한다면, 그는 눈이 멀었거나 자신의 사명을 망각한 셈이 될 것이다—다른 입장이 되어 그 문제를 바라보아야 하며, 단순히 동성애를 부정하면서 동성애자들의 인간성을 깎아내리려서는 안 된다.

신학적인 혐오감이나 심리적인 혐오감으로 동성애 현상을 제대로 다루지 못하는 무능력은 놀랍게도 칼 바르트 같은 유명한 신학자에게도 개념의 혼란을 일으켰다. 칼 바르트는 "질병", "왜곡", "퇴폐", "타락"과 같은 이질적인 가치 표현을 동일한 논리적 지반 위에서 다루고 있다.[11] 그는 동성애에 대한 윤리적으로 가치 중립적인 표현 외에, 그것을 "질병" 또는 "병리학적 체질"로 보며, 또한 "하나님과 인간에 대한 오인", "이웃 인간이 없는 인간성" 등의 비하하는 윤리적·종교적 평가를 동성애에 직접 적용한다.[12] 이러한 이해와 관련해서—논리적인 모호성을 도외시 한다면—여기서 적어도 플라톤적인 **에로스**는 아마도 이웃 인간을 언급하는 것은 아닌지? 그리고 바르트가 말한 것처럼 "부패한 정신적 욕구, 그리고 최종적으로 육체적 욕구의 문제"가 정말로 동성애의 실제적인 문제의 전부인지, 그래서 동성애가 피퍼가 단순히 "육체적 흥분"이라고 이해한 것에 불과한지의 물음이 제기될 수 있다.

물론 동성애는 인간이 이웃 인간과 만나는 **기독교**적인 형태는 아니지만, 그래도 동성애는 다른 **인간**과의 전체성을 확실히 추구한다. 이와 다르게 주장하는 사람은 동성 간의 에로스로 채색된 우정이라는 인간관

---

11) 『교회교의학』(*Kirchliche Dogmatik*), III, 4, p. 184 이하.
12) 위의 책, III, 2, p. 274 이하를 참조하라.

계의 가능성을 아직 관찰하지 못하고 있다. 더욱이 성을 단순히 "육체적인 흥분"으로 환원하려는 근본적인 왜곡은 또한 이성 간의 성관계에서도 발견될 수 있다. 특별히 동성애와 관련해서 이런 비난을 가하는 것은 무지나 선입견을 보여주는 것이다. 신학자로서 바르트는 그가 동성애의 이상화(Idealisierung)나 신성화를 거부하고, 동성애에서 "거룩함의 향기"를 제거하기를 원했다는 점에서는, 옳다. 사실 동성애를 이상화하는 것은 그것을 폄하하는 것과 마찬가지로 현상에 대한 맹목성으로 이어지며, 그 폄하는 이상화의 일종의 부정적 변주라고 할 수 있다. 바르트는 이 위험을 비켜가지 못했기에, 그의 윤리적 **가르침**도 공허하게 끝나버린다. **사실**(*factum*)을 오해하는 사람은 당연히 **행해야 할 일**(*faciendum*)도 제대로 볼 수 없다.

바르트는 다음과 같은 윤리적인 가르침을 준다. "기독교 윤리학에서 결정적으로 중요한 진술은…비극으로 끝날 수 밖에 없는 동성애의 삶을 향한 모든 길로 들어서는 것에 대한 경고를 담고 있어야 한다."[13] 이와 관련해서 우리는 바르트에게 이러한 경고가 체질적으로 동성애자의 성향을 가진 사람에게 무엇을 뜻하는지를 질문할 수 있다. 그 사람은 이미 그 길 위에 존재하고 있기 때문이다. 어쨌든 동성애라는 그의 이상한 체질은 어떤 결정이 내려지기도 전에 그에게 있었다. 그러한 운명적인 처지에 놓인 사람은 신학적 측면에서 자신을 어떻게 이해해야 하는가? 바로 이것이 실제적인 문제다. 그 사람은 그러한 자기 이해에 기초해서 어떻게 행동해야만 하는가? 그는 자신의 "자연적인" 충동을 따라서 살아야 하는가? 그는 그런 충동을 억제해야 하는가? 아니면 그것들을 승화해야 하는가? **어떻게** 그는 자신의 갈등상황을 극복할 수 있을까? 지금 우리는 바르트가

---

13) 위의 책, III, 4, p. 185.

목회자로서 한 명의 동성애자의 인생을 동반해보았더라면 하고 상상해볼 수 있다. 만일 그가 그렇게 할 수 있었더라면, 그의 신학적 입장도 위에서 제시한 것과는 매우 달라졌을 것이다.

우리가 알고 있는 한, 독일 개신교에서 위의 입장과 **다른** 목소리를 내는 두 명의 외국인이 있다. 첫 번째 사람은 스위스의 정신과 의사인 테오도르 보베트(Theodor Bovet, 1900-1976)다. 그는 주목을 받는 수많은 책에서 목회상담, 심리치료, 의학, 그리고 기독교 윤리학의 경계 영역에 있는 문제들을 다루었다. 또한 자신의 책『의미 깊은 다른 존재: 동성애자 친구와 나눈 목회상담적 대화』(*Sinnerfülltes Anders-sein. Seelsorgerliche Gespräche mit Homophilen*)[14]에 매우 주의 깊은 전문적인 현상들을 포함시켰을 뿐만 아니라—관련된 신학적 문헌에 대해 해박한 지식을 가지고—동성애 현상에 투사된 도덕적 가치평가를 통쾌하게 해체했다. 그에 따르면 동성애는 "그 자체로 도덕이나 죄와 아무런 관계도 없다." 동성애자는 "정상인과 마찬가지로 도덕적 또는 비도덕적인 삶을 살 수 있다. 양자는 "아주 똑같은 수준에서 죄와 용서에 참여한다." 이처럼 동성애는 "두말할 필요도 없이 병이나 육체적 결함으로 여겨져서는 안 된다."[15]

보베트가 단지 발행인으로 되어 있는 이 책의 익명의 저자는 동성애적 성향이 성관계로 확대되는 것을 문제 삼고 있다. 이에 대해 목회상담자와 신경전문의는 치료책으로 무엇보다 동성애를 승화해야 한다고 제안한다. 이러한 해결책이 유일한 것으로 고려되어야 할 것인지의 문제는 중요하지 않다. 오히려 목회상담이 긍정적인 도움을 줄 수 있다는 사실이 중요하다. 그리고 그 책은 내적인 원인을 치료할 수 없을 때, 아무 효과 없는 "율법주의적인" 부정적 태도를 피하고, 오히려 동성애자에게 그

---

14) Tübingen (1959).
15) 위의 책, 9.

의 다름의 의미를 충족시키는 창조적인 과제를 부여한다. 이것은 왜 보베트가 동성애 사건을 다루는 판사의 권한에 이의를 제기하고, 스위스 형법이 "모범적"이라고 말하는지 이유를 알려준다. 스위스 형법은 "미성년자나 보호대상자와의 동성애 행위를 금고형으로 벌하는 반면에, 성인들이 자발적으로 동성애를 행한 것은 처벌하지 않기"[16] 때문이다.

또 다른 목소리의 주인공은 영국의 신학자 데릭 베일리(Derrick Sherwin Bailey, 1910-1984)다.[17] 그는 의학 문헌을 면밀히 분석하고, 잘 알려진 영국의 보고서와 깊이 숙고된 성경적·전통적인 진술들에 근거하여 다음과 같이 주장했다. 곧 의학적으로 고칠 수 없는 인격적 구조의 문제에 대한 가장 현실적 도움은 그 사람이 "자신의 결함을 긍정적인 정신을 가지고" 극복하도록 임무를 주는 것이다.[18] 여기서 목회상담을 위한 중요한 과제가 제시된다. 곧 공적인 관습과 질서를 침해하지 않고, 청소년과 보호대상자를 능욕하지 않는 경우에, 동성애의 형법적인 처벌에 대한 유보가 있어야 한다는 주장이다. 그의 이런 주장은 보베트의 주장과 아주 유사하다.

주목할 만한 것은 이 두 신학자 또는 평신도 신학자가 동성애 문제에 접근할 때, 규범적인 신학적 기준 중 아무 것도 위반하기를 원하지 않으면서도 전문적인 의학 도서를 이용한다는 것이다. 물론 그들은 신학적 기준이 어떤 교리적인 전제로서 주어졌다고 생각하기보다는, 오히려 찾아야 할 것으로 생각한다. 그리고 의사와 목회상담자의 독립적인 권한을 인정하며, 판사의 정죄 권한은 반대한다.

---

16) 위의 책, 10.

17) 사전, 『역사와 현대 속의 종교』(*Die Rel. in Geschichte und Gegenwart*)에 나온 "동성애"의 개념풀이, 3. Aufl., Bd. III, Sp. 441 이하를 참조하라.

18) Sp. 441.

적어도 독일의 전문기관에 잘 알려진 **스웨덴 주교들**의 입장은 위의 맥락과 관련이 있다. 그들은 1951년에 출판된 목회 서신에서 혼외정사, 임신중절, 불임시술, 인공수정, 동성애와 같은 성윤리의 문제를 집중적으로 다루었다.[19]

비록 이 입장은 동성애를 하나님의 계명에 반하는 행위로 여기지만(분명한 신학적 근거는 제시되지 않는다), 개정된 형법조항에서 이와 관련된 법 규정을 삭제하는 것에 동의하고 있다. 그런 법 규정을 삭제했다고 해서 동성애를 **윤리적으로** 정당화한 것은 아니다. 그러나 이 입장은 더 정확하게 "동성애자로 유죄 판결을 받은 사람을 구제하기 위해 금고형과는 다른 어떤 수단이 요구된다"고 주장한다. 이 문제를 둘러싸고 진지하게 싸우고 있는 자들은 "기독교적 사랑을 보여줄 수 있는 모든 이해와 격려를 아끼지 않아야 한다."

그러나 그 목회 서신은 동성애를 위한 목회상담에서 어떤 의도를 가지고 사랑을 실천해야 하는지는 제시하지 않는다(현상 자체가 신학적으로 해석되지 않았기 때문에, 이 방향으로의 목회상담적 "치료"도 성립될 수 없었다). 오히려 그 서신은 의료상의 도움과 전염 가능성을 막을 수 있는 사회적·예방적 조치를 호소하는 것에 그치고 있다. 그것은 무엇보다 동성애자들이 청소년들과 접촉하는 것을 염려하고 있다. 그 외에도 사회가 동성애적 매춘의 모든 형식에 맞서 투쟁해야만 한다고 주장한다. 우리의 주제와 관련해서 무엇보다 중요한 것은 성인들 간에 이루어진 동성애에 대해서는 형법을 적용해서는 안 된다는 지적이다. 왜냐하면 그것은 윤리적인 문제이지, 형법으로 다룰 문제가 아니기 때문이다.

영국 보고서들의 권고안도 이와 동일한 방향으로 움직이고 있다. 이

---

19) 동성애에 관한 주제발표는 「범죄학과 형법개정을 위한 월간지」(1955, 193)에 발표되었다.

것은 영국 성공회의 "중간보고서"[20]에 적용될 뿐만 아니라, 영국 내무부 장관이 소집한 위원회(존 울펜덴[John Wolfenden, 1906-1985] 경의 주도하에 이루어진 분과위원회)가 공동 작업으로 진행한 "울펜덴 보고서"(Wolfenden Refort)[21]에 적용된다. 가장 중요한 주장은 1조 355항에서 발견된다. "성인들 사이에서 자발적으로 이루어진 비공개적 동성애 행위는 더 이상 법적 처벌의 대상이 아니다." "승인"과 "비공개"에 대한 물음은 정상적인 성관계와 같은 기준들에 따라 결정된다(2조).

우리는 한편으로는 성서적 가르침에 의해, 다른 한편으로는 자연법적으로 규정된 **가톨릭** 윤리신학의 견해를 자세하게 논의하지 않을 것이다. 본 대학교 윤리학 교수인 베르너 쇨겐(Werner Schöllgen, 1989-1985)처럼 열린 자세로 한계상황을 고려한 저자들조차 동성애에 대해서는 한결같이 부정적이다.[22] 방금 언급한 진술과 유사한 진술로, 1956년에 출간된 추기경 버나드 그리핀(Bernard William Griffin, 1899-1956)의 이름으로 명명되는 영국 가톨릭의 보고서(로마가톨릭 자문위원회)는 주목할 만한 가치가 있다. 그것("그리핀 보고서")은 가톨릭의 윤리신학처럼 동성애 행위를 거부하면서도, 그 문제는 법정의 피고석보다는 성당의 고해성사의 자리에 속한 것이라고 주장한다. 결정적인 명제들이 주장 VII과 XII에서 발견 된다.

주장 VII에 따르면 "순전히 개인의 영역에 개입하는 것은 국가의 일이 아

---

20) 참조, D. S. Baily, 『성범죄자와 사회적 처벌』(*Sexual Offenders and Social Punishment*, London 1956, Church of England Moral Welfare Council), 40.

21) 독일어판과 A. D. Dieckhoff의 주해, Hamburg 1957.

22) 「윤리신학의 판단에서 비정상적 인간(동성애자)」(Der abnorme [homosexuelle] Mensch im Urteil der Moraltheologie), in 『구체적 윤리학』(*Konkrete Ethik*, 1961), p. 406 이하; 「가톨릭의 윤리신학적 관점에서 성과 범죄」(Sexualität u. Verbrechen i. d. Sicht d. kathol. Moraltheol), in 『성과 범죄』(*Sexualität u. Verbrechen*), ed. F. Bauer, H. Bürger-Prinz, H. Giese, H. Jäger, 1963, p. 70 이하.

니다. 국가는 오직 공익을 옹호하는 자의 역할만을 담당해야 한다. 윤리적으로 비난받는 일들이 공익에 영향을 주지 않는 한, 그것들은 국가의 입법자들과는 관련이 없다."

주장 XII에 따르면 "따라서 형법을 개정하고 동성애 행위에 적용되는 형법 규정을 다음과 같은 경우로 제한하는 권고안이 추천된다. 곧 (a) 청소년의 유혹, (b) 공적 윤리에 반한 행위들, (c) 성의 탐욕적인 착취 등을 막기 위한 경우에 법이 적용될 수 있다.

지금까지의 입장들을 요약한다면 다음과 같이 말할 수 있다.

첫째, 동성애를 연구하는 의학 분야가 발전했음에도 불구하고(무엇보다도 정신의학과 신경학)—기독교 신학이 그 결과를 알고 있는 곳에서도—동성애 행위를 죄 많은 불순종으로 인식하거나, 문제가 많다고 의심하는 태도가 지속하고 있다. 하지만 일부 기독교 윤리학자에 따르면, 의학적 발전은 동성애자의 성향과 동성애자가 될 **가능성**이란 비난의 대상이 아니라, 오히려 윤리학의 논의 대상으로 간주되어야 한다는 사실에 기여했다. 따라서 동성애의 증후가 뚜렷이 나타나는 사람을 판사가 아닌, 의사와 목회상담자에게 보이려는 경향이 강해지고 있다(물론 앞서 말한 것처럼, 청소년과 보호대상자에게 가해지는 성폭력과 같은 한계상황은 제외된다).

기독교 신학이 조금이라도 진지하게 동성애 문제에 관심을 기울여서, 그동안 동성애를 금기시하는 태도를 바꿀 준비가 되었는지는 우리 시대에 목회자가 섬김의 태도로 동성애에 보여주는 **개방성**(이것은 이론보다는 실천에서 더 잘 관찰된다)과 17세기 정통 루터파가 취한 입장의 차이에서 드러난다. 루터교회의 교회법과 형법을 가르쳤던 베네딕트 카르프조프(Johann Benedict Carpzov, 1639-1699)가 동성애에 대한 의료적 및 신학적 관점을 왜곡하면서 제시한 판단은 오늘날의 보수신학자에게도 통용될 수 없을 것이다. 카르프조프는 동성애라는 악의 후유증으로 "지진, 기근, 페스트, 사라센 사람들의 유입, 홍수, 그리고 무엇이든지 먹어치우는 거대한 들쥐들"이 발생했다고 열거한다.

둘째, 개신교의 문헌들에서(가톨릭의 문헌도 역시) 우리는 동성애 현상에 대한 신학적 전통으로부터 전해 받은, 부분적으로 철저한 반성을 거치지 않은 원칙적인 거부 본능뿐 아니라, 자연적인─자명한 것으로 여겨지는─거부 본능도 발견한다. 이러한 거부 본능은 객관적인 학문성의 명제라는 이름으로 뿐만 아니라, 목회상담적 디아코니아(교제)의 이름으로 통제되어야 한다(물론 그런 거부 본능이 확실하게 제거되지는 않겠지만 말이다). 그리고 인식론적인 의미에서도 그런 거부 본능은 부담을 주는 선입견으로 평가되어야 한다.

목회상담자로서 또는 의사로서 동성애를 다루는 사람들은 앞서 말한 본능적 방어의 판단을 넘어 위기와 불행에 직면한 이웃에게 도움을 주어야 한다. 그러나 먼저 그러한 본능 때문에 다소간에 뚜렷이 방해를 받는 사람들은 동성애자들과 관련한 목회상담이나 의료처방에서 편견을 버리기 힘들며, 따라서 객관적 태도를 갖기가 어렵다. 비슷한 문제가 법관에게도 해당되며, 이는 사건에 대한 형법적 논의를 어렵게 만든다.

이런 점에서 영국의 보고서들과 스위스 주교들의 목회 서신은 더욱 주목할 만하다. 독일 개신교 내부에서는 그와 비슷한 입장을 찾기 어렵다. 이러한 문서들이 만들어지는 과정에서 이루어진 공동의 작업은 전문가들의 의견이 반영되어 많은 성과를 올렸으며, 앞서 언급한 방어본능의 움직임을 극복하는 데 많은 기여를 하였다.

2. 동성애에 대한 신학적·윤리적인 측면[23]

우리가 개신교적 성경 원칙에 따라 신학적으로 동성애를 해석하기 위해서는 적합한 **성경** 구절들을 간과할 수 없다. 하지만 만일 우리가 인용된 구절을 케리그마적인 의미에 맞게 해석하지 않고 단순하게 인용만 한다면, 우리는 이 성경 원칙을 만족시키지 못할 것이다. 의미의 내용을 묻지 않고, 율법적으로 성경을 인용하는 것은—이 주제에만 해당한 것은 아니다!—서로 이질적인 요소들을 가장 무모하게 뒤섞어놓는 것이다. 이것은 여러 종파들이 반성 없이 무조건 단정적으로 성경을 인용해서 만들어낸 잡동사니 이론과 유사하다.

구약성경과 관련해서 볼 때, 전통적으로 권위 있게 받아들여진 "소돔"(창 19:5)과 관련된 구절들이 동성애를 조금이라도 실제적으로 언급하는 것인지는 불확실하다. 어쨌든 이사야 1:10, 예레미야 23:14, 에스겔 16:49은 소돔의 몰락과 관련된 죄들을 아주 다르게 기술한다.[24] 이런 경우를 제외하더라도 구약에서 동성애와 남색은 의심할 여지없이 사형에 처하는 죄로 이해되었다(레 18:22; 20:13).

이 구절에서 기독교인들에게 직접적인 금지명령이 파생되는지는 논란의 문제로 남아 있다. 왜냐하면 그러한 금지명령의 이면에는 제사와 관련된 불결함에 관한 생각이 놓여 있기 때문이다. 그와 관련해서 구약의 제사법이 복음 아래 있는 자에게도 구속력을 가지는지, 구속력이 있다면

---

23) H. J. Schopes의 금서, 특히 「동성애와 성경」(Homexexualität u. Bibel), in *ZEE* (1962), p. 369 이하를 참조하라(여기에는 민속학과 연관된 다수의 문헌이 나와 있다). A. Köberle, 「현대인과의 대화에서 동성애에 대한 해명과 평가」(Deutung u. Bewertung d. Homosex. I. Gespröch d. Gegenw.), 위의 책, p. 141 이하. 본문의 장(출판 이전의 나온 논문)에 대해 O. Dösterbehn(위의 책, p. 374 이하)과 W. Eichrodt ("Homosexualität," in *Reformatio*, 1963, p. 67 이하)가 벌인 논쟁을 참조하라.

24) Gerhard von Rad, *Das AT* dtsch., Bd. 3, p. 185를 참조하라.

어느 정도 있는지, 또한 복음 아래 있는 사람은 제사법과 관련해서 완전히 새로운 차원으로 옮겨질 수 있는지, 율법에서 벗어날 수 있는지의 물음이 제기된다. 여기서 신학적인 용어로는 "율법과 복음"이라는 제목으로 알려진 문제들이 첨예하게 드러난다. 신학자가 아닌 그리스도인들도 구약에서 점치는 행위, 피를 마시는 행위, 생리 중인 아내와 성관계를 맺는 것 등의 수많은 일이 동성애처럼 사형에 처하는 죄라는 것을 알고 있다. 그러나 그 누구도 제의적 정결 규정들을 배경으로 하고 있는 이 지침들을 그것의 구체적 상황으로부터 떼어내어 어떤 구속력을 가진 규범으로, 예를 들어 십계명에 상응하는 등급의 규범으로 만들어서는 안 된다.

신약성경에서 동성애는 우상숭배, 간음, 간통, 탐욕, 술 취함, 강도 등과 같은 여러 형태의 불순종으로 다시 열거된다(고전 6:9-10; 딤전 1:9-10). 따라서 바울은 동성애를 하나님께서 인간 존재에게 원하시는 질서의 왜곡이자 죄로 간주한다. 비록 바울이 동성애를 윤리학에서 말하는 것처럼 그렇게 **특별히** 경악할 만한 것으로 강조하지는 않지만 말이다.[25]

동성애를 간통이나 간음과 같은 다른 성범죄와 연결하는 것은 오히려 다음과 같은 문제를 넌지시 나타낸다. 곧 동성애를 완전히 거부하는 것과 함께, 리비도에 사로잡혀 "이웃 인간"을 고려하지 않는 일이 어떤 한도에서 동성애적 행위라는 특별한 방식(간음이나 일부다처제와 유사한 것)으로 언급된다고 할 수 있는가? 어쨌든 공관복음서에 따르면(여기에는 동성애의 주제가 나타나지 않는다), 예수님은 영적인 죄와 탐욕을 저지른 죄인들을 대하시는 것보다 육체적인 죄를 저지른 사람들을 훨씬 더 관대하게 대하신다. 이것은 주목할 만한 가치가 있다.

동성애와 관련한 바울의 진술에 대한 신학적인 평가를 위해서는 동성

---

25) W. Schoellgen은 "성경에 의해 표현되는 자연적인 인간의 상에서, 동성애는 가장 어두운 그늘, 즉 가장 두드러진 윤리적 암흑을 나타낸다"라고 말한다(*Konkrete Ethik*, 1961, 410).

애와 관련해 가장 잘 알려진 구절에서 그가 그 문제를 "어떻게" 취급하는 가에 주목하는 것이 특별히 중요하다. 그 구절은 로마서 1:26 이하다. 이 것과 관련해 몇 가지 해석학적인 언급이 필요하다.

이 구절은 하나님께서 자신을 창조 세계에 보여주셨음에도 불구하고, 왜 자연적 인간, 곧 "이교도"는 하나님을 알지 못하느냐는 질문을 다룬다. 이 질문에 주어진 답변은 인간 자신이 피조물임을 이해하지 못하고, 하나 님을 **인정**하지 않기 때문에, 하나님을 인식하지 못한다는 것이다. 자연적 인간은 진리 안에 "있지" 않기 때문에 진리를 "인식"할 수 없다.[26] 이런 인 간의 교만에 대한 하나님의 분노는 하나님이 인간을 그런 교만한 태도 그 대로 "내버려두시고"(παρέδοκεν), 그가 발을 들여놓은 실존의 상태에 그 대로 놓아두신 것에서 나타난다. 심판의 이러한 본래적 특성에 따라 이 제 **종교적** 혼동은 **윤리적** 카오스로 이어진다. 영원과 시간의 혼동으로 인 해 유한한 것이 하나님의 위대함을 대신하면서 "우상숭배"가 추진된다(롬 1:23). 아래와 위, 창조물과 창조자가 바뀌었기(왜곡되었기) 때문에, 그것의 결과로 열등한 욕구가 정신을 왜곡해서 지배한다. 이런 맥락에서 성의 왜 곡은 그러한 근본적인 왜곡의 징후로 언급된다(롬 1:26 이하).[27]

이런 바울의 설명에서 신학적 가치와 케리그마적으로 "구속력이" 있 는 것은 다음과 같은 진술이다. 곧 수직적 측면(하나님과 인간의 관계)의 무 질서는 인간 자신(영과 충동의 관계)의 내적 관계뿐 아니라 인간들 사이의 관계와 같은 수평적 차원에서 발생하는 왜곡과 일치한다. 성경을 요약할

---

26) 이런 해석에 대해서는 나의 책 *Theologie der Anfechtung* (1949), p. 21 이하를 참조하라.

27) Hans Giese는 자신의 논문 「동성애의 정신 병리학」(Zur Psychopathologie der Homeosexualität, in "Praxis," 1961, Nr. 48)에서 "비정상"과 "왜곡" 개념에 대한 명확한 구 별을 제안한다. 후자는 심리적으로 비정상적인 성적 행동방식들의 정신병리학적 현상일 뿐 이다. 우리는 "왜곡"의 개념을 보다 일반적으로 사용한다. "우리는 이 용어를 단지 어원적으 로 라틴어 "pervertere"에 따라 특별히 수직적 차원(창조주와 피조물의 지위 전도)과 수평적 차원(남녀 질서의 전도)에서 드러난 문제를 지적하기 위해 사용한다.

수 있는 기본적인 표현들 중 하나가 수직적 관계와 수평적 관계 사이의
유비다. 이런 유비는 성경에서 유지되고 있고, 신학적 토대를 갖는다. 이
두 가지 측면에 대한 관점을 잘 보여주는 것이 바벨탑 이야기다(창 11:1 이
하). 바벨탑 이야기에서 창조자에 대한 인간의 반역(수직적 움직임)은 인간
사회가 "분산"되고 파괴되고, 그와 함께 **언어**의 혼란을 포함한 인간관계
의 왜곡을 발생시킨다(수평적 사건).[28]

바울의 진술의 요점은 정확하게 이 두 차원 사이의 상응을 지시하는
데 있다. 성의 왜곡의 언급을 포함한 개별적인 언급들은 단순하게 이런 점
을 실례로 드는 특징을 갖는다. 그런 진술들은 그 당시에 바울을 둘러쌌
던 전통들로부터 유래한 것이다. 특히 스토아 철학이 열거하는 죄의 목록
들과 "솔로몬의 지혜서", 유대인 철학자 필론(Philon, 기원전 30-기원후 45),
유대인 역사학자 플라비우스 요세푸스, 그리고 제2성전기 문헌에 속하는
시빌의 신탁(Oracula Sibyllina) 등이 그 전통들이다.[29]

바울이 동성애를 거부했다는 것은 의심의 여지없이 분명하다. 그렇지
않았다면 그가 이 자리에서 동성애를 원죄의 징후로(고전보다 훨씬 더 심각
하게) 특징짓지 않았을 것이다. 그러나 다음과 같은 것이 신학적 중요성의
배분을 이해하는 데 중요하다. 동성애는 어떤 독립된 신학적 주제가 아
니라, 단지 어떤 근본적인 신학적인 진술과 관련된 맥락에서만 등장하고,
그 진술을 예시하기 위한 하나의 **실례**로서만 등장한다.

이 점이 신학적 해석과 무관할 수는 없다. 우리는 동성애에 대한 바울
의 "상상"이 당시 그리스 이교도와 논쟁했던 지적인 상황에 의해 영향을

---

28) 이것에 대한 해석은 『어떻게 세계가 시작되었나?』(*Wie die Welt begann*), 1960, p. 289 이
하를 참조하라.
29) H. Lietzmann, 『로마서 주석』(*Kommentar zum Römerbrief*), 4. Aufl., 1933, p. 33 이하를
참조하라.

받았다고 생각한다. 사상가들은, 특히 고대 후기 시대의 도덕 철학자들은(그 시대에 살던 기독교인만을 의미하는 것은 아니다) 남색을 부패하고 타락한 문화의 상징으로 간주했다. 이와 같이 원래 의미가 지닌 전혀 다른 맥락에서 예시되는 "동성애"의 의미가 바울과 무관하지 않다는 사실은 우리가 관찰할 수 있는 바울의 두 번째 예시에서 분명해진다. 바울은 고린도전서 11:2 이하에서 남녀평등의 문제를 다루면서 아내의 머리로서의 남편의 의미를 기독론적으로 제시한다. 그는 그 구절에서 남자는 "하나님의 형상"(고전 11:7)으로서 머리를 머리덮개로 덮지 않아도 되지만, 여자는 머리덮개를 써야 하며, 그렇지 않을 경우 머리카락을 잘라야 한다는 실례를 든다.

여기서도 본질적인 **의도**가 그것의 예시와 구별되어야 한다. 바울의 본질적인 의도는 남녀를 똑같이 여기려는 것을 반대하는 것이다. 모든 인간의 연대성, 그리고 하나님 앞에서 성적으로 서로 구별되는 인간들의 연대성으로부터 잘못된 양성동등화가 도출될 수 있기 때문이다. 그리고 그가 제시한 실례는 당시의 복장 규정에서 나온 것이다. 추측건대 바울의 "생각"은 확고하게 남녀 차이의 의식과 결부되어 있다. 그래서 바울은 자신이 주장한 것의 **의도**(앞에서 남녀 차이)와 **수단**(의복 구별에 사용된 상징)의 질적 차이점을 의식하지 못한다. 바울 시대의 상황과 관련이 없는 사람들(예를 들어 오늘의 우리)에게 바울의 주장들이 가진 케리그마적 구속력이 무엇인지를 질문했을 때, 바울의 주장의 의도와 수단 사이의 질적 차이점은 대단히 중요해진다. 요점은 남녀 사이의 차이가 그 당시에 중요했던 것만큼 우리 시대에도 동일하게 중요하다는 것이다. 하지만 우리가 남녀 사이의 차이에 대한 바울의 주장을 받아들일 때, 바울 시대에 상징력을 지녔던 의복 규정도 함께 받아들여야 한다고는 주장될 수 없다. 우리에게는 남녀 차이에 대해 우리 자신의 시대와 상황에서 유래하는 다른 상징들을 선택할 자유가 있다.

물론 의복 규정과 동성애에 관한 주장은 중요성에서 차이가 있다. 우리는 본문에서 그 사실을 즉시 알 수 있다. 하지만 동성애가 상징화하고 예시하는 진술들 안에서 등장한다는 사실, 그리고 동성애는 "진술의 수단"이지 "진술 의도"의 자기목적적 대상이 아니라는 사실은, 우리에게 동성애라는 주제를 다시 생각할 수 있는 자유를 준다.

이 자유는 만일 동성애가 바울과 다르게 어떤 진술의 독립된 주제라고 한다면, 동성애가 신학적으로 어떻게 이해되어야만 하는지를 숙고하는 데 사용되어야 한다. 문제의 어려움과 대부분 적용될 수 없는 전통에 직면하여, 우리는 우리의 질문에 적절하게 접근하기 위한 방법론을 찾아야 한다.

이런 적절한 탐구 영역에서 우선 다음이 말해져야 한다. 곧 성경적 사고와 그것을 따르는 기독교적인 사고에서 동성애를 단순히 가치중립적으로 자연의 "변덕"이나 "유희"로 이해할 수는 없다. 창조의 근본적인 질서와 양성의 규정은 동성애를 "왜곡"이라고 말하는 것이 정당한 것처럼 만든다. 만일 "왜곡"이라는 용어가 도덕적 타락의 의미를 함축하지 않고, 순수하게 신학적인 의미에서 동성애는 어떻든 창조 질서에는 상응하지 않는다고 말해진다면, 그 정당성은 더욱 돋보인다(일반적인 용법에서 "왜곡"은 독일의 의학자 한스 기제[Hans Giese, 1920-1970]가 사용한 "비정상"이라는 용어에 해당한다). 이러한 의미에서 동성애는 가장 먼저 비정상적인 인격구조(=정신병)와 질병, 슬픔, 고통의 영역을 마주한다. 이는 성경에서 창조 세계에 있는 하나님의 뜻에 반대되는 일반적인 것으로 이해된다.

그 결과 창조 질서를 왜곡하는 타락 사건과 "세계-존재" 전반의 병리학적 변경을 은밀하게 연결하는 물밑 작업이 시작된다. 이런 의미에서 예수님의 기적은 이제는 혼란해진 세계 이전, 하나님께서 원래 의도하셨던 세계에 대한 일종의 회상으로 이해할 수 있다. 동일한 의미에서, 고통, 비명, 그리고 죽음이 더 이상 존재하지 않는 다가올 세계에 대한 종말론적인 진술은 창조자의 원래 의도의 회복과 지속을 가리키는 것으로 이해할 수 있다.

하지만 파괴된 이 세상의 원래 상태는 현실과 뚜렷하게 구별된다. 마치 원죄(*peccatum originale*)가 구체적인 죄(*peccatum actuale*)와 구별되는 것처럼 말이다. 이를 동성애에 적용한다면, 이것은 우리가 타락한 세계의 운명에 참여하는 일종의 증상인 내인성 동성애(Anlage vorhandene Homosexualität)를 리비도의 무절제로 이루어진 구체적인 행동들과 신학적으로 같은 차원에 둘 수 없음을 의미한다. 물론 이런 구체적인 행동들이 앞서 언급한 인격적 성향에서 현실화된 것이든, 또는 산업적 그리고 상업적으로 남용된 병든 환경을 통해 전염된 것이든 관계없다. 성향 자체, 곧 동성애가 될 가능성은 타락한 이후로(*post lapsum*) 무질서한 창조세계에 있는 우리 **모두**가 공유하는 실존의 상태 이상으로 지나치게 평가절하되지 말아야 한다.

따라서 동성애자를 도덕적으로 또는 신학적으로 폄훼할 만한 최소한의 동기도 존재하지 않는다. 우리는 모두 똑같은 저주 아래 처해 있으며, 각자 그 저주에 "참여"하고 있다. 이렇게 이해할 때, 우리는 동성애에 대해 자신은 "정상인"이라고 자랑하는 바리새인의 자기 칭의와 무흠성을 정당화할 만한 지위에 있지 않다.

여기서 드러나는 창조의 무질서에 대해 창조에 내재한 제약된 **치유**의 가능성을 끌어내는 요청과 약속은 중요하다. 신학적으로 볼 때, 이러한 의미에서 의료행위는 창조 전반에 합당한 창조자의 보존 의지를 상징적으로 나타낸다(참조. 창 8:21 이하; 9:13-16). 그러므로 치유하는 사람은 이러한 상징의 수행자로 이해될 수 있고, 이웃을 위한 봉사자의 소명을 받은 사람으로 이해될 수도 있다.

　우리의 개별 주제에 적용한다면, 동성애는 단순히 정상적인 성의 창조 질서와 비교될 수 없고, 오히려 창조 질서의 습관적인 왜곡이나 실제적인 왜곡을 의미한다. 이에 따라 동성애자는 자신의 지위를 선험적으로 주장하거나 이상화할 수 없고(이 점에서 칼 바르트가 정확하다), 오히려─어떤 다른 병리적인 무질서가 선험적으로 긍정될 수 없는 것과 마찬가지로─자신의 조건을 문제가 있는 것으로 간주하고 이해해야 한다(이것은 동성애가 축복과 창조적 사명의 담지자가 될 수 있다는 가능성을 배제하지 않는다). 그래서 동성애자는 가능하면 자신이 치료되거나 낫길 원해야 한다. 달리 말해서, 그는 창조 질서로 되돌아가길 원해야 한다. 성적인 것은 인간성 전체와 밀접하게 관계되므로, 동성애자는 의사의 조언을 필요로 할 뿐 아니라, 목회상담도 받을 준비가 되어 있어야 한다.

　그러나 우리의 경험에 따르면 동성애 성향은 대부분 의학적인 치료나 심리 치료의 영역을 훨씬 벗어난다. 적어도 정상 상태로 돌아오는 근본적인 변화를 목표로 한다면 그렇다. 그래서 동성애는 신학적 그리고 윤리적인 문제가 된다. 왜냐하면 신학자들이 자주 받아들이는 어떤 대중적인 의견과 반대로, 많은 동성애 주제들이 의학적인 분류에 속해 있고 동성애자들의 숫자도 많아서, 교회는 지금 근본적인 반성과 실천적인 목회상담이라는 거대한 문제에 직면하고 있기 때문이다.

　이 문제와 관련해서 첫 번째로 동성애를 불치의 병으로 인식하는 우리의 태도가 **바뀌어야** 한다는 것이 말해져야 한다. 우리는 먼저 그 병을 "받아들여야"만 한다. 이것은 우리가 위에서 묘사했던 태도와 다르다. 위에서 질병은 창조 질서에 반대되고, 치료하려는 그리고 치료받으려는 의지를 거역한다고 말했다. 그렇다면 지금 "받아들이라"라는 말은 무엇을 의미하는가? 그것은 오직 이런 동성애 성향의 짐을 하나님의 선물로 긍정하라는 것을 의미할 것이다. 그리고 그 성향을 동성애자가 평생 싸워야 할 사명으로 이해하고―역설적으로 들리겠지만―계속해서 장사해야 하는 "달란트"로 생각하라는 것을 의미할 수 있다(눅 19:13 이하).

이런 받아들임은 동성애적 성향을 가진 사람이 자신의 성향에 따라 살아야 하고, 이런 운명적인 **성향**(*habitus*)이 실현되어야 한다는 것을 의미하는가? 이것은 매우 까다로운 질문이다. 우리는 신약성경조차도 이 질문과 관련해서 우리에게 분명한 규범을 주지 않는다는 사실을 통찰해야 한다. 그리고 그 질문은 이 통찰과 관련된 자유로운 틀에서만 논의될 수 있다.

우리가 방금 도달한 질문, 곧 동성애자가 자신의 내적 성향을 실현해야 하는가 라는 질문은 신약성경에는 낯선 문제다. 그것은 순전히 역사적인 이유 때문이다. 우리는 인간의 전체 인격의 구조가 분리될 수 없는 그물 망(충동, 개성, 기분, 미적 감각 등)을 이룬다는 의학연구에 직면하여, 동성애 문제를 필연적으로 새롭게 질문해야 한다. 그것은 예를 들어 민주주의 시대에 "권력"의 문제가 새롭게 재고되어야 하는 것과 비슷하다. 신약성경의 무시간적인 가르침(당시 신약시대의 국가관과 국가구조)은 오늘날의 "국가 권력"의 문제를 결정할 수 없기 때문이다.

동성애적 성향이 가진 윤리적 문제, 곧 동성애자가 자신의 활발한 성격으로 인해 금욕할 수 없는 경우, 다음이 질문된다. 그는 자신의 동성애적 성향의 구조에서 **윤리적으로 책임 있는** 방식으로 남자 대 남자의 결합 관계를 형성하기 원하는가? 이런 윤리적인 질문은 그가 의식적으로 발을 내딛은 토대 위에서가 아니라, 오히려(철학자 하이데거가 말했던 것처럼) 그가 동성애자로 이 세상에 "던져졌기에" 그가 그렇게 지속적으로 위치할 수 밖에 없는 토대 위에서 그와 만난다. 이런 상황에 대한 한 가지 유비가 노아 언약과 관련된 구약성경에서 나타난다(창 9:1 이하). 여기서 세상 안으로 돌입한 폭력원칙과 인간들의 반목질시는 사회구조적으로 작용하는 죄에 의한 창조 질서의 저해로 소급된다. 하지만 하나님께서는 무질서한 세계의 지반 위에 서신다. 이것이 그분이 타락한 세계를 "다루시는 방식"이다. 이후로는 힘과 힘이 싸울 것이며, 다시 말해 불의의 권력이 의의 질서와 투쟁할 것이다. 이런 원리에서 형법은 신학적인 자리를 발견한다.[30]

이런 개념을 따른다면 우리는 다음을 거의 수용하게 된다. 곧 동성애자는 자신이 뒤집을 수 없는 상황의 **토대 위에서** 윤리적으로 최적의 가능성들을 실현해야 한다. 여기서 우리는 정상적인 남녀관계에 적용되는 동일한 규범들이 동성애적 상황에도 적용되어야만 하는지를 진지하게 질문해야한다. 이것은 동성애 문제를 "공감하는" 목회자가 직면하는 질문이다. 그것은 어떻게 동성애자가 자신의 현실적인 상황에서 성적인 자기실현 중 윤리적으로 최적의 가능성을 찾는 질문이다. 동성애자가 윤리적으로 긍정될 수 있는 성관계를 실현할 수 없다고 말하는 것은 "일반적인" 사람에게도 요구하기 힘든 엄청나게 가혹한 척도를 강요하는 것이다. 동성애자가 독신으로 사는 것이 좋겠다고 말하는 것은 적절한 답변일 수 없다. 독신은 특별한 소명에 기초한 것이고, 더욱이 자발적이어야 하기 때문이다. 동성애자의 자기실현은 오직 유사한 동성애 성향을 가진 사람들 사이에서 이루어질 수 있고, 게다가 창조 질서의 경계 밖에 위치해 있어서 동성애는 (확산과 혐오를 피하려면) 대중적으로 공개적일 수 없다는 사실은 언급될 필요조차 없다.

기독교 신학자로서, 의문스럽기는 하지만 제거될 수는 없는 동성애의 토대 위에서 윤리적 실현이 가능하다고 생각하는 사람은 그러한 모험[31] (그런 문제는 항상 모험이다. 왜냐하면 한계상황 안에는 어떤 "특별한" 해결책이 없기

---

30) *ThE* II, 2, §1050 이하를 참조하라.
31) "한계상황"의 분석, *ThE* II, 1, §688 이하를 참조하라.

때문이다)을, 오직 그가 그런 실현의 목회적인 실천에 지속적으로 몰두할 때, 성공시킬 수 있을 것이다.

이것에 더하여 다음이 말해져야 한다. 사실 창조 질서에 근거한 "일반적인" 성관계도 창조 질서에 반하는 일반적이지 않은 성관계로 나아갈 수 있는 위험과 유혹이 가득하다(바울의 죄 목록을 참고하라!). 우리는 이를 통해 동성애자가 일반적인 사람들보다 더 많은 위험에 노출되어 있다는 사실을 쉽게 알 수 있다. 만일 동성애자들이 의사나 목회자의 도움을 받지 못하는 경우, 그들은 대부분 그 유혹에 굴복한다. 이런 위험을 초래하는 몇 가지 징후들은 다음과 같다.

1. 동성애자는 결혼 제도와 같이 전통적 관습에 의해 사람들을 보호해 주는 사회적 질서 안에 있지 않다. 동성애자가 전통이 이미 갖고 있는 판단의 틀을 받아들이기는 어려우며, 그 틀은 그가 자신의 길을 찾도록 도와주지 못한다. 그래서 그는 상상하기 어려울 정도로 고립되어 자기 자신에게만 내맡겨져 있다. 그는 일반적인 성향의 삶을 살다가 서서히 자신의 성향을 인식하게 되기 때문에, 매우 끔찍한 외로움과 앞이 도저히 보이지 않는 단계들과 불확실하고 불안정한 상황을 헤쳐나간다.

2. "일반적인" 영역에서와는 달리 동성애자들의 뿌리 깊지 않은 규범적인 태도는 과도함과 자신의 상대를 자주 바꾸는(난혼에 빠지는) 성향을 쉽게 초래한다. 그 결과 동성애자가 자신의 토대 위에서 성취할 수 있는 상대적 "질서"조차도 방해를 받게 될 수 있다.

3. 동성애자는 국가의 형법과 사회의 방어본능이 가져오는 배척으로 인해 엄청난 고통을 당한다. 그런 고통으로 매우 은밀한 그룹을 만들기도 한다. 그는 공개적인 친교의 모험을 할 수가 없다. "일반적인" 사람은 자기와 다른 성을 가진 사람에게 구애할 수 있고, 그때 그는 물론 거절될 가능성도 생각한다(그러나 그가 거절당했다고 해서 사회적으로나 도덕적으로 비난을

받지는 않는다). 하지만 동성애자가 "일반적인 사람"을 만나서 일어날 수 있는 여러 결과를 고려한다면, 그가 일반적인 사람에게 구애하는 것 자체가 매우 위험한 일이다. 사회의 은밀한 곳에서 동성애자 파트너를 찾는 것은 특별히 영적으로 무거운 부담을 의미한다. 더욱이 윤리적으로 책임 있는 삶을 실제로 살기 원하는 사람에게는 위험한 유혹을 가져올 수도 있다.

4. 그러한 부담과 유혹 때문에 동성애자는 가면을 쓰고 친구와 동료, 나아가 흔히 자신의 가족 앞에서까지 위선적으로 행동한다. 그렇게 위선적인 행동을 하면서도, 그는 자신이 동성애자라는 사실이 드러날까봐 끊임없이 두려워하고, 그 결과 품성을 의심할 만한 행동을 하게 된다. 따라서 그는 지속적인 갈등상황에 빠지게 된다.[32]

이런 점에서 볼 때, 동성애자는 특히 지적·영적인 지도나 최소한의 돌봄이 필요하다는 결론이 도출된다. 이런 돌봄은 동성애자의 표류하는 실존적 토대에 끊임없이 새로운 안정을 제공할 수 있다. 우리가 지금까지 살펴본 것처럼 동성애자들에게 닥쳐올 수 있는 시험들은 아주 많다. 만일 기독교 신학자들이 동성애를 윤리적 차원에서 보호하거나 동성애자가 접근할 수 있는 최소한의 기회를 주는 것조차 거부한다면, 동성애자들의 고충은 더욱더 커진다는 것을 이해해야 할 것이다. 그리고 우리 자신도 그 기회들이 다만 예외적인 것이라고 밖에 더 말할 수는 없다.[33]

그래서 기독교 목회상담은 일차적으로 동성애자가 자신의 동성애적 충동을 승화시킬 수 있도록 도움을 주는 일에 진력해야 한다. 하지만 이것은 동성애자의 성충동을 깎아내려서는 이루어질 수 없다. 반대로 우리

---

32) 풍부한 경험적 자료가 Hans Giese의 책에 수록되어 있다. H. Giese, 『세계 속의 동성애자』(*Der homosexuelle Mensch in der Welt*, Stuttgart, 1958).

33) 우리는 H. Giese가 동성애자 중에 안정적인 "일부일처"의 신뢰관계를 가지고 있다는 아주 놀라운 긍정적인 통계에도 불구하고 이것을 강하게 말하고자 한다. 위의 책, p. 133 이하를 참조하라.

가 동성애자의 "일반적이지 않은" 실존에 내재한 과제와 기회를 동성애자가 볼 수 있도록 하는 한에서, 그 도움은 가능해진다. 그 과제와 기회는 교육적인 에로스와 그들 대부분이 가지고 있는 섬세한 감정이입의 능력에서 곧잘 발휘된다. 승화의 목적은 본래의 위험지역 안에서 성취된다. 바로 그 지역에서 동성애자에게 맞는—가능성을 가진—"은사"(Charisma)에 따라 특정한 과제가 부여되기 때문이다. 그런 성향을 가진 사람들과 관계된 사람들의 책임은, 그 승화의 과정에 대해 확고한 태도로 준비가 된 동성애자들에게 그 기회들을 추천하고 개방시켜주는 것이다. 또한 그 사람들 역시 대부분의 경우 의사나 목회상담자와의 교제를 필요로 한다.

3. 동성애에 대한 신학적·법적 측면

지금까지 말했던 것처럼, 동성애는 일차적으로 **윤리적인** 문제로 이해되어야 한다는 우리의 확신은 분명하다. 물론 미성년자를 유혹하고, 보호대상자를 위협하고, 공적인 폐해나 분명한 전염의 문제가 전제되지 않는 한에서, 그러하다. **다시 말해 동성애는 형법과 전혀 관련이 없다**(다른 경우이긴 하지만, 당사자의 고발에 따라, 간통과 간음도 형법으로 기소될 수 있다).[34] 나아가 우리가 방금 정의한 한계상황 안에서 살아가는 "동성애적 성향"은 처음부터 윤리적으로 비난받을 수 있는 것이 아니다. 오히려 동성애적 성향이 가진 의문시되는 틀에서도 상대적인 윤리적 가치들이 실현될 수 있고, 상대적인 윤리적 질서도 수립될 수 있다. 비록 그런 상대적인 윤리적 질서가 원칙적으로 (신학적으로 이해된) 창조 질서에 반대된다고 해도 그러하다.

심지어 자기들의 목회 경험으로 동성애에 대한 우리의 신학적 해석이

---

34) 울펜덴 보고서, 14장을 참고하라(2015년 대한민국에서 간통죄는 폐지되었다-편집자 주).

옳지 않다고 주장하고, 나아가 좁고 제한된 경계 내에 사는 동성애자에 대해서는 윤리적 논의가 불가능하다고 여기는 사람들도 **형법적** 고려보다는 **윤리적** 고려를 중요시한다. 어쨌든 이 문제의 범위를 넓은 의미에서 윤리적·신학적 측면으로 파악해야 한다는 점에는 통일된 의견이 제시되고 있다. (로마가톨릭의 보고서를 포함해) 영국의 보고서, 스웨덴의 목회 서신, 그리고 특별히 진지하게 취급되어야 할 두 명의 저자들(보베트와 베일리) 등이 이에 대해 동의하고 있다. 이 문제를 형법으로 처리할 수 없다는 견해는 (앞서 언급한 동성애의 경계선이 지켜진다면) 형벌의 본질에서 제시된다.

일반적으로 인정되는 법적 형벌의 목적은 죄값을 치르는 것, 위협하여 범죄를 예방하는 것, 그리고 개선 등이다. 그러나 동성애의 경우에 첫째는 대단히 의문스럽고, 셋째는 전혀 관계가 없다. 오히려 윤리적으로 평가되어야 할 사실에 대한 형법의 적절치 않은 개입은 혼란을 만들어낼 수 있다. 그러한 개입은 윤리적인 부작용과 **동시에** 형법적인 다른 부작용을 초래할 수 있다. 그때 사람들은 단지 그에 따라 필요한 억제책만을 생각하며, 윤리적·법적으로 의문시되는 자기보호의 대책만을 생각한다. 그러나 동성애자도 마찬가지로 자기보호를 위해 앞서 말한 위험에서 벗어나려고 노력한다.

새로운 형법의 초안에서 216조항(현재 개정된 175조항)은 여성 사이의 동성애적 풍기문란이 "인간 사회의 공동의 삶에 대해 별다른 결과를 초래하지 않고 있으며", 그래서 "형법적 수단을 통한 투쟁이 필요 없다"고 제시한다(348쪽). 그러나 그러한 관습적인 사고는 원인과 결과를 혼동하지 않는가? 하는 의구심을 자아낸다. 다시 말해, 여성의 동성애가 정말로 사회적으로 해가 없기 때문에 처벌되지 않는 것인가? 아니면 거꾸로 그것이 처벌되지 않는 것이기 때문에 범죄 정책적인 의미에서 해가 없는 것이라고 말하고 있지는 않은가? 어떻든 윤리적인 문제 제기와 비난("풍기문란")은 있을 수 있지만, 그러나 윤리적인 것을 법적으로 다룰 수는 없다고 말하고 있지 않은가? 아마도 그러한 사고는 여성의 동성애가 문제시되는 수준과 대책에서 볼 때, 억제가 쉽고, 자기보호를 위한 반작용이 적다는 것과 관련된 것으로 보인다. 그것은 신학적·철학적·법적·심리학적 근거에서 볼 때 우리에게 설득력이 없어 보인다. 여기서 사람들은—설명의 방식은 제외하더라도—동성애의 두 형태를 가치평가하면서 구별하고 있다.

만약 그 결과가 모험적이고 심각한 문제를 초래하지 않는다면, 여성의 동성애에 대해서도 양성평등의 원칙에 따라 형벌을 가하거나, 형법적으로 다루는 실험을 제안해볼 수 있을 것이다.[35] 그렇게 되면, 사람들은 당장 심각하게 여성 사이의 성적 문란으로 인한 사회적 위험을 말할지도 모른다.

형법의 관점에서 문제가 없는 동성애는 오직 다음의 경우다. 우리가 앞서 이미 이야기한 것처럼, 그런 종류의 동성애는 동일한 성향을 가진 사람들에게 제한되어 있어서 미성년자와 보호대상자들에게 영향을 주지 않고, 전염시키지도 않고, 다시 말해 일반인들을 동성애자나 양성애자가 되는 것으로 유혹하지 않는다.

새로운 형법의 초안은 특히 동성애자나 양성애자로 유혹하는 것과 관련해서 합당한 예방책의 관점을 취했다. 사람들은 이런 이유에서 (동침의 형태로 나타나는) 모든 형태의 동성애에 대해서는 형법적인 처벌을 포기할 수 없다고 생각한다. 그런데 그들은 그 예방책이 어떤 다른 종류로 변질될 수 있다는 사실을 통찰하지 못하고 있다. 그런 예방책은 동성애에 대한 일반적이고 분명한 사회적 반감이 존재하고, 나아가 그 반감이 인간의

---

35) 오스트리아에서, 양자의 것이 형벌(형사법) 아래에 존속한다. 그렇지만 그것은 실질적으로 다르게 취급된다.

본성에 뿌리 깊게 박혀 있어서 성립되는 것이다. 예방책은 위협적인 감염에 대한 해독제를 의미한다.

형법은 "아주 우세한 국민의 견해"[36]에서 "공적인 모욕"이라는 개념을 끌어내야 한다. 그리고 그 개념 아래 지나치게 노골적이거나 구애하는 동성애적 행위의 개념들이 포함될 수 있어야 한다. 그러나 그와 함께 형법이 수행할 수 있는 가장 극단적인 일이 발생할 수도 있다. 다시 말해, 어떤 동성애적 삶의 형식들이 형법적으로 금지될 수 있다. 그러나 형법의 새 초안은 기존의 조항들이 폐지될 경우 그러한 동성애적 삶의 형식들이 통제될 수 없이 등장하게 될 것을 두려워한다.[37]

결론적으로 우리는 다음과 같은 문제도 고려해야 한다. 여기에 제시된 입장이 "고통스런 법 집행"을 피하려고 문제의 소지를 가진 자유주의를 표방하지는 않는가 하는 점이다. 이러한 위험은 사실상 존재한다. 동기(Täterstrafrecht)에 기초한 형법의 원칙이 실제 위반된 행위(Erfolgsstrafrecht)에 기초한 형법을 대체하거나 또는 최소한 함께 규정되는 곳에서는 언제나 동기, 즉 윤리적 특성의 물음이 제기된다. 간단히 말해서, 행위자의 내면이 질문된다. 이와 관련하여 두 가지 문제가 있다.

첫째, 윤리적으로 중요한 것들을 형법적으로 다루는 경향에 대해 점점 더 주저하는 태도가 나타난다. 형법의 새 초안에서 나타나듯이(우리의 신학적 견해에 따르면 이것은 옳다!) 두 가지 형법의 혼합적 형태에서 윤리적으로 중요한 것이 추가적으로 형법과 연관되는 것은 오직 다음의 경우, 곧 윤리적인 문제가 사회와 법질서에 위협을 가하는 경우뿐이다.[38]

---

36) 형법, 347.

37) 형법, 348, Sp. 1. 가운데 부분.

38) 내가 알고 있는 유일한 예외는 형법의 새 초안 218조(수간에 대해)에 들어 있다. 여기서는 인간의 존엄성에 대한 당사자의 침해를 다루고 있다(351, Sp. 2.). 우리는 동성애에 관한 형식들이 이러한 판정과 관계가 없음을 제시하려고 시도했다.

둘째, 행위자 처벌 형법의 관점에서 사람들이 날카롭게 논쟁적으로 표현하는 "전문가의 지배"가 나타날 수 있다. 우리의 주제와 관련해서 필요한 전문가는 심리학자, 정신과 의사, 그리고 신경학자들이다. 그러나 여기서 전문적으로 "모든 것을 이해하기 위한" 노력이 "모든 것을 용서하기 위한" 준비를 위한 것은 아닌지, 그 전문적 지식이 형벌 일반의 개념과 분명한 규범들을 완화하고, 법적 처벌을 사회보호소 또는 안전한 재활 및 보호단체로 대신하려는 것은 아닌지 하는 의문이 든다. 분명하고 획일적인 실천적 규범체계에 대한 관심은, 잉글랜드와 소련에서 나타나는 것처럼 순수한 결과에 대한 처벌을 추구하도록 만든다.[39] 처벌받는 자가 명백한 행위의 규범을 알수록, 그는 "더 약삭빠르게" 되며, 개선의 의지는 더 없어지는가? 반면 명백한 행위 규범이 없다고 해서, 모든 것이 논란에 빠지고, 사람들이 서로 다른 견해를 가지게 되는가? 여기에는 동성애의 문제만큼이나 복잡하고 근본적으로 풀기 어려운 물음이 제기될 수 있다.

그러나 우리는 소위 순수한 행위 규범의 명료함과 확실성이 법과 윤리의 본질에 대한 통찰에 근거한 것이 아니라, 다만 실용적인 종류라는 사실을 간과해서는 안 된다. 왜냐하면 행위 규범은 법을 쉽게 적용하기 위한 조문의 형식을 취하고 있기 때문이다. 이러한 실천적 적용이 사실상 **외적인** 공동생활(예를 들어 교통의 문제)과 관계되는 영역에서 허용될 수 있는지 또는 권할 만한 것인지의 문제도 남는다. 그러나 동성애의 문제처럼, 인격적 핵심이 직접 관련되는 곳에서 그러한 실용적 규제는 인간성에 대한 가공할 만한 억압으로 변질될 수 있다. 선천성 동성애자는 이미 그러한 억압으로 심한 고통을 받고 있다. 그러한 실용적 규제는 인격의 존엄성을 학대하는 가학적 행위다. 왜냐하면 그러한 규제는 법적 적용을

---

39) Schöllgen, 위의 책, p. 407 이하를 참조하라.

"손쉽게" 하기 위해서 인격의 상태를 더 이상 깊이 묻지 않기 때문이다.

우리는 지금까지의 논의 결과를 다음과 같이 요약할 수 있다. 우리는 앞에서 인용한 문서들("그리핀 보고서" 1956, "올펜덴 보고서" 1957, "스웨덴 주교들의 목회 서신" 1951)의 권고를 본질적으로 다음과 같은 의미로 받아들였다. 곧 동성애는 다음과 같은 경우에만 법적으로 처벌될 수 있다.

1. 미성년자와 보호대상자들을 공격하는 행위
2. 공적인 미풍양속에 반한 행위(폐단)
3. 동성애자에 대한 탐욕적인 성적 착취

우리의 논의는 앞서 예로 제시한 문서들과 여러 가지 면에서 다르며, 그 외에도 이 문서들에는 없는 많은 관점을 제시한다. 그러나 동성애에 대한 형법적 관점에 대해서는 우리의 논의도 동일한 결론에 도달한다.

| 참고문헌 |

제1부 서론 | 인간의 양성: 성에 관한 성경적 인간론

1. Anna Paulsen, 『성과 인격: 여성에 관한 성경구절』(*Geschlecht und Person. Das biblische Wort über die Frau*), 1960.

2. Charl. v. Kirschbaum, 『진정한 여성』(*Die wirkliche Frau*), 1949.

3. Erwin Metzke, 「성의 인간론」(Zur Anthropol. d. Geschlechter), in *Theologische Rundschau*, 1954, 211.

4. H. v. Oyen, 『사랑과 결혼』(*Liebe und Ehe*), 1957.

5. Karl Barth, 『교회교의학 II』(*Kirchl. Dogm* II, 4, 1951), 127 이하.

6. M. C. van Asch von Wijck, *Zweisam ist der Mensch*, 1952.

제2부 인간의 성관계에 대한 신학적 현상학

1. A. C. Kinsey, 「남성의 성: 킨제이 보고서의 설명과 비판」in P. H. Biederich und L. Dembinski, *Die Sexualität des Mannes*. Darstellung u. Kritik des "Kinsey-Reports", 1951.

2. A. C. Kinsey, W. B. Pomeroy, C. E. Martin, 『남성의 성적 행동』(*Sexual Behavior in the human Male*), 1949.

3. A. de Quervain, 『윤리학에서 부부와 가정』(*Ehe und Haus, in Eth*. II), 1953.

4. A. Gehlen, 『인간: 우주에서 인간의 본성과 위치』(*Der Mensch. Seine Natur u. seine Stellung in der Welt*), 4. Aufl., 1950.

5. A. Nygren, 『에로스와 아가페: 기독교적 사랑의 형태변화』(*Eros und Agape. Gestaltwandlungen der christl. Liebe*, I), 1930 u. II, 1937.

6. A. Schuschkin, 『공산주의 도덕의 기초』(*Die Grundlagen der kommunistischen Moral*), Berlin, 1958.

7. B. Russell, 『결혼과 윤리』(*Marriage and Morals*), London 1948.

8. Charlot Strasser, 「부부의 성생활에서 정신적 균형감각의 장애들」(Seelische Gleichgewichtsstörrungen im geschlechtl. Eheleben), in 『생동적인 부부』(*Die lebendige Ehe*), 1948, 203 이하.

9. D. S. Bailey, *Sexual Relationship: A Guide to Published Literature*, London, 2. Aufl. 1957.

10. Diotima(가명), 『사랑의 학교』(*Schule der Liebe*), 1930.

11. E. Michel, 『부부: 성적 결합의 인간론』(*Ehe. Eine Anthropol. der Geschlechtsgemeinschaft*), 1948.

12. E. Spranger, 『청소년기의 심리학』(*Psychologie des Jugendalter*), 24. Aufl., 1954.

13. Ellen Key, 『사랑과 부부』(*Über Liebe und Ehe*), 16. Aufl., 1914.

14. Geoffrey Fisher, 『1958년 람베스 회의』(*The Lambeth Conference*), London 1958.

15. H. Giese (ed.), 『인간의 성』(*Die Sexualität des Menschen*), 1955.

16. H. Gödan, 『영혼의 변화: 영적·정신적 문제에 대한 신학, 의학 그리고 교육학의 새로운 이해』(*Die Unzuständigkeit der Seele. Eine Neufassung des Seele-Geist-Problems für Theologie, Medizin u. Pädagogik*), 1961.

17. H. Hunger, 『청소년의 성적 지식』(*Das Sexualwissen der Jugend*), 2. Aufl., 1960.

18. H. Prinzhorn, 『몸-영적-통일』(*Leib-Seele-Einheit*), Zürich, 1927.

19. H. Schelsky, 「성적 관계의 사회적 형식들」(Die sozialen Formen der sexuellen Beziehungen), in H. Giese, 위의 책 241 이하.

20. H. Schelsky, 『가톨릭의 교의학』(*Soziologie der Sexualität*), 1955.

21. J. Guitton, 『인간의 사랑에 대한 수필』(*Essai sur l'amour humain*), Paris

1948.

22. K. Lorenz, 「본능개념의 형성」(Über die Bildung des Instinktbegriffs), in *Die Naturwissensch.*, XXV, 1937.

23. Kl. Thomas, 「스웨덴 학교에서 성에 관한 수업」(Sexualunterricht in schwed. Schluen), in 『사람의 길』(*Wege zum Menschen*), 1956.

24. L. Prohaska, 『성의 비밀과 교육』(*Geschlechtsgeheimnis u. Erziehung*), 1958.

25. M. Picard, 『흔들리지 않는 부부』(*Die unerschütterliche Ehe*), 1942.

26. M. Schmaus, *Kathol. Dogmatik*, II, 2, 1941.

27. Margaret Mead, 『남편과 아내』(*Mann und Weib*), 1955.

28. Margaret Mead, 『변화하는 세계에서 성별 간의 관계』(*Das Verhältnis der Geschlechter in einer sich wandelnden Welt*), 1958.

29. Max Scheler, 『우주에서 인간의 위치』(*Die Stellung des Menschen im Kosmos*), 1928.

30. O. Piper, 『성별의 관계. 성경적 관점에서 본 그것의 의미와 비밀』(*Die Geschlechter. Ihr Sinn u. ihr Geheimnis in bibl. Sicht*), 1954.

31. O. Schwarz, 『성의 병리학』(*Sexualpathologie*), Wien 1935.

32. O. Schwarz, 『성과 인간성』(*SexualpatSexualität u. Personlichkeit*), Wien 1934.

33. O. Weiniger, 『성과 성격』(*Geschlecht und Charakter*), 1922.

34. P. Christian, *Das Personverständnis im modernen mediz. Denken*, 1952.

35. P. Tillich, 『사랑, 권력, 정의』(*Liebe, Macht, Gerechtigkeit*), 1955.

36. P. Tournier, 『인성치료』(*Médicine de la personne*), 1940. 독일어 판 『질병과 사랑의 문제』(*Krankheit und Lebensprobleme*), 1946.

37. R. Siebeck, 『변화하는 의학』(*Medizin in Bewegung*), 1949.

38. Th. Bovet, 『부부관계: 그 위기와 쇄신』(*Die Ehe. Ihre Krise u. Neuwerdung*), 3. Aufl. 1948.

39. Th. Bovet, 『의학적으로 본 인격의 전체성』(*Die Ganzheit der Person in der ärzlichen Praxis*), 1939.

40. Th. van de Velde, 『부부 사이의 불화』(*Die Abneigung in der Ehe*), Zürich 1928.

41. V. v. Weizsäcker, 『의사와 환자』(*Arzt und Kranker*), 1941.

42. W. Fischer, 『청소년에 관한 새로운 일기: 자기 진술을 통해 본 사춘기 이전』(*Neue Tagebücher von Jugentlichen. Die Vorpubertät an Hand lit. Selbstzeugnisse*), 1955.

43. W. G. Sumner, 『사회과학』(*The Science of Society*), I, 1927.

제3부 결혼의 질서

제1장 결혼의 성경적 이해

1. Adelh Caspar, 『성경에서의 여자』(*Die Frau i. d. Bibel*), 1927.

2. Benzinger, 『히브리인들에게서 가족과 결혼』(*Familie und Ehe b.d. Hebräern*), RE (3. Aufl.), 5, 738.

3. Elfr. Gottlieb, 『초대교회에서의 여성』(*Die Frau i. d. frühchristl. Gemeinde*), 1927.

4. Fr. Büchsel, 「초대교회에서의 결혼」(Die Ehe i. Urchristent), in *ThBl* 1942, 5, 113 이하.

5. G. Delling, 『여성과 결혼에 대한 바울의 입장』(*Paulus' Stellg. z. Frau u. Ehe*), 1931.

6. H. Greeven, 「결혼에 관한 신약의 구절들」(Zu den Aussagen des Nt üb. d. Ehe) in *ZEE* 1957, 109 이하

7. H. Greeven, 「남자와 여자의 올바른 관계에 관한 성경의 제시들」(Die Weisungen d. Bibel üb. d. rechte Verhältn. v. Mann u. Frau), in *Kirche i. Volk*, Nr.12.

8. H. v. Campenhausen, 『초대교회에서의 금욕』(*Askese i. Urchristent.*), 1949.

9. K. Preisker, 『3세기의 기독교와 결혼』(*Christent. u. Ehe i. d. ersten 3 Jahrh.n*), 1927.

10. L. Köhler, 『히브리인』(*Der hebräische Mensch*), 1953.

11. W. G. Kümmel, 『바울에서 약혼과 결혼』(*Verlobung u. Heirat bei Paulus, Bultmann-Festschr.* 1954), 275.

12. Wellhausen, 「아랍의 결혼」(Die Ehe b. d. Arabern), in *Nachr. d. königl. Gesellsch. d. Wissenschaften z.* Göttingen, 1893.

제2장 결혼에 관한 성례적 이해와 "세속적" 이해

1. A. de Quervain, 『결혼과 가정』(*Ehe und Haus*) Eth. Bd. II, 1953.

2. A. v. Oettingen, 『도덕 통계 결과에 따른 의무적 결혼과 기능적 시민결혼』(*Oblig. u. fak. Civilehe nach d. Erg.n d. Moralstatistik*), 1881.

3. A. v. Scheurl, 『교회결혼법의 발전』(*Die Entw. d. kirchl. Eheschließ.rechts*), 1877.

4. A. W. Dieckhoff, 『시민결혼과 교회결혼』(*Civilehe u. kirchl. Trauung*), 1880.

5. Ad. Bergmann, 「기독교 국가에서 교회결혼과 세속결혼의 병립」(Das Nebeneinander kirchl. u. weltl. Eheschließg. i. christl. Ländern), in H. A. Dombois u. F. K.

6. Schumann (ed.), 『가족법 개혁』(*Familienrechtsreform. Dokumente u. Abhandl.*), 1955 (*FR*로 인용), 108.

7. B. Dennewitz u. D. Meissner (ed.), *Die Verfassungen mod. Staaten. Eine Dokumentarsamml.*, 1947 (üb. sowj. Fam.- u. Eherecht), I, 210.

8. B. Jordan, Zur Entwickl. d. ev. Trauliturg., in *Welt. u. kirkl. eheschließg.*, ed. Dombois u. Schumann, 1953, 72.

9. B. Lindsey u. W. Evans, *Die Kameradschaftsehe*, 1929.

10. Ch. Buchow-Homeyer, *Die Zeitehe*, 1928.

11. E. Michel, *Ehe*, 2. Aufl., 1950.

12. F. K. Schumann, 「결혼법의 물음에 관한 체계적 고찰」(Z. system. Erwägg. d. Fragen d. Eheschließ. rechts), in *FR*, 152.

13. F. Tanner, 『경건주의에서의 결혼』(*Die Ehe im Pietismus*), 1952.

14. Frz. Diekamp, *Kathol. Dogmatik*, III, 10. Aufl. 1942, 375.

15. G. Baumert, 「결혼. 사회학」(Art. Ehe, soziol.), in RGG (3. Aufl.), II, 322.

16. Gertr. Reidick, 「불신자와의 결혼」(Die Mischehe) in *Una Sancta* 1961, 16, p. 212.

17. Gertr. Reidick, 『부부의 계급적 구조』(*Die hierach. Strukt. d. Ehe*), 1953.

18. Gottschick, "Christl. Ehe", *RE* 5, 182.

19. Graf H. Keyserling, *Das Ehebuch*, 1925.

20. H. Böhmer, "Luthers Ehe", in *Lutherjahrb.* 1925, 40.

21. H. Cremer, 『교회결혼』(*Die kirchl. Trauung*), 1875.

22. H. Dombois, "Ehezerstörende Seesorge" (zum Mischehen-Probl.), in 22. *Materialdienst d. konf.-kundl. Insts.*, 1962, 1, 1.

23. H. Dombois, Das Probl. d. Institutionen u. d. Ehe, in *Familienrechtsreform*, ed. H. Dombois, 1955, 132.

24. H. Leenhardt, *Le mariage chrétien*, 1946.

25. H. R. Müller-Schwefe, 『아버지 없는 세계』(*Die Welt ohne Väter*), 1962.

26. J. M. Scheeben, 『가톨릭 교의학 사전』(*Handb. d. kathol. Dogmatik*, IV), 1903, p. 769.

27. K. D. Schmidt, 「시민결혼에 관한 교회적 논의」(Die kirchl. Disk. üb. d. oblig. Zibilehe I. Jahrz. ihrer Einführg), in *FR*, 89.

28. K. E. Løgstrup, 「윤리적 관점에서 본 결혼」(Ehe, ethisch), in RGG (3. Aufl.) II, 325.

29. Kl. Mörsdorf, 「기독교 신앙의 자기 이해에 따른 교회의 이혼형식들」(Die kirchl. Eheschließungsformen nach d. Selbstverständnis d. christl. Bekenntnisse), in München. *Theol. Zeitsch.*, 1958, 241.

30. O. A. Piper, 『양성: 성경적 관점에서 본 그 의미와 비밀』(*Die Geschlechter. Ihr Sinn und ihr Geheimnis in bibl. Sicht*), 1954.

31. P. Althaus, 「결혼에 대한 루터의 말」(Luthers Wort z. Ehe), in Th. Heckel, 『결혼과 가족법』(*Ehe u. Familienrecht*), 1959, 7.

32. R. Sohm, 『교회법』(*Kirchenrecht*, II), Neuaufl. 1923.

33. R. Sohm, 『독일 기준법의 역사에서 이혼법』(*Das Recht der Eheschließung, aus dem dtsch. u. kanon. Recht geschichtl. entwickel*), 1875. im Auszug auch wiedergeg. i. Dombois-Schumann, *Weltl. u. kirchl. Eheschießg.*, 1953, 11-26.

34. R. Sohm, 『의무적 시민결혼과 그것의 폐지』(*Die oblig. Civilehe u. ihre Aufhebg.*), 1880. 9.

35. Siegmund Schultze, 『새로운 성윤리에 대하여』(*Um ein neues Sexualethos*), 1927.

36. Th. Bovet, 『결혼, 그 위기와 쇄신』(*Die Ehe. Ihre Krise u. Neuwerdung*), 3. Aufl. 1948.

37. Th. Bovet, 『결혼학: 가장 오래된 삶의 질서에 관한 최근의 학문적 논의』

(*Ehekunde. Die jüngste Wissensch. v. d. ältesten Lebensordnung*), 1961.

38. Th. van de Velde, 『완전한 결혼』(*Die vollkommene Ehe*), 1926.

39. W. Elert, *Morphol. d. Luthertums*, II, 2. Aufl. 1953, 80.

40. W. Schubart, 『종교와 에로스』(*Religion und Eros*), 1944.

41. W. Trillhaas, 『윤리학』(*Ethik*), 1959, 257.

제3장 남녀관계 이해에 관한 인간학적 변천

1. A. Böhm, 「근대사회에서 여성」(Die Frau i. d. mod. Gesellsch.), in *Wort u. Wahrh.*, 1954, 9/10.

2. Alice Scherer, 「여성, 본질과 과제」(Die Frau, Wesen u. Aufg.), in *Wörterb. d. Politik* VI, 1951.

3. Anna Pausen, 『여성부목사: 교회의 성직자로서 여성의 봉사』(*Die Vikarin. Der Dienst d. Frau i. d. Ämter d. Kirche*), 1956.

4. Bo Giertz, 「성경, 여성과 목사직」(Die Hl. Schrift, die Frau u. d. Amt d. Pfarrers), in *Inf. Bl.* 1961, 13, 205 이하.

5. Charl. v. Kirschbaum, 『교회의 말씀선포를 위한 여성의 봉사』(*Der Dienst d. Frau i. d. Wortverkündigung d. Kirche*), 1951.

6. E. Stern, 「결혼하지 않은 사람들」(Die Unverheirateten), in *Geschlechtsleben u. Gesellsch.*, 7, 1957.

7. E. Wolf, 「교회직분 중에서 여성의 직분」(Das Fruenamt i. Amt d. Kirche), in *Die Theologin* 1955, 15, 1 이하.

8. Elis. Hahn, 「교회에서 여성」(Frauen i. d. Kirche), in *Studiendokumente d. Luter. Weltb.s* 1952, 175 이하.

9. Elis. Schwarzhaupt, 「교회에서 여성의 권리」(Die Rechte d. Frau i. d. Kirche), in RGG, 3. Aufl., II, Sp. 1076 이하.

10. Elisabeth Pfeil, 「주부의 직업」(Die Berufstätigkeit von Müttern), in Veröffentlichungen der Akadem. f. Gemeinwirtschaft Hamburg.

11. F. Blanke, 『신약과 구교회에서 여성의 위치』(*Die Stellung der Frau I. NT u. I. d. alten Kirche*), 1949.

12. F. J. Buytendijk, 『여성, 본성, 현상, 현존재』(*Die Frau. Natur, Erscheinung, Dasein*), 1953.

13. G. von Le Fort, 『영원한 여성』(Die ewige Frau), 1940.

14. H. Brunotte, 「여성신학자의 직분」(Das Amt der Theologin), in Dtsch. Pfr.-Bl. 1962, 193 이하.

15. H. Dölle, 『가족법에서 남녀의 평등』(Die Gleichberechtigung v. Mann u. Frau i. Familienrecht). Eine rechtspolit. Skizze auf rechtsvergl. Grundl. d. Vereinig. dtsch. Strafrechtslehrer, 1927, 3.

16. H. Greeven, 「여성이 강단에 설 수 있는가?」(Gehört die Frau auf die Kanzel?), in Sonntagsbl. 1957, Nr. 41-43.

17. H. Schelsky, 「이루어진 해방」(Die gelungene Emanzipation), in Merkur 86, 1955.

18. John Lawrence, 『남성 없는 여성』(Frauen ohne Männer), 1954.

19. K. H. Schwab, 「평등한 권리에 관한 법에서 본 결혼과 가족」(Ehe u. Familie i. Lichte d. Gleichberechtigungsgesetzes), in Th. Heckel, Ehe- u. Fam.-recht, 1959, 48.

20. Komm. v. H. Ph. Meyer.

21. M. Köller, 「동등한 조력자로서의 여성」(Die Frau als gleichberecht. Gehilfin), in Kirche i. d. Zeit, 1954, 4, 75.

22. P. Schaefer, 「구교회에서 여성의 봉사」(Der Dienst d. Frau i. d. alten Kirche), in Eine hl. Kirche, 21, 1939, 49 이하.

23. R. Fuehrer, 『교회에서 여성의 봉사에 대하여』(Vom Dienst d. Frau I. d. Gemeinde), 1950.

24. Regina Bohne, 『이백만의 운명, 우리 사회에서 홀로 사는 여성』(Das Geschick der zwei Millionen. Die alleinstehende Frau in uns. Gesellsch.), 1960.

25. Stellungnahme d. Theol. Ausschusses d. VLKD, in Luther. Monatshefte 1962, 8, 372 이하.

26. Simone de Beauvoir, 『제2의 성』(Das andere Geschlecht), 1951/52.

27. W. Trillhaas, 『윤리학』(Eth.), 1959, 277.

28. 「여성의 목사직 허용에 관한 스웨덴 논쟁의 문서들」(Dokumente zur schwedischen Diskussion über die Zulassung der Frauen zum Pfarramt), in ThLZ 1952, 3, Sp. 184 이하, 특히 Bo Reicke의 기여에 대해서는 같은 책, Sp. 186 이하.

29. 「교회에서 여성신학자의 직분에 대해」(Zum Amt d. Theologin i. d. Kirche), in *Das Hannoversche Pastorinnengesetz*.

제4장 이혼과 재혼

1. Anneliese Sprengler, 「재혼의 문제에 관한 성경의 언급, 재혼의 역사에 대하여」(Um eine schriftgemäße Behandlg. d. Probl.s d. Trauung Geschiedener. Zur Gesch. d. Wiedertrauungsfrage, in Zeitschr. f. ev. KR (ZKR), III, 1954, 156 이하, 268 이하.

2. F. K. Schumann, 「이혼」(Art. Ehescheidung), RGG (3. Aufl.), II, 336.

3. G. Bornkamm, 「이혼에 대한 신약의 입장」(Die Stellung des NT z. Ehescheidg. ein Gutachten, in *EvTh* 1948, 9/10, 283.

4. G. Gloege, 「이혼의 윤리」(Das Ethos der Ehescheidung), in *Gednkschr. f. W. Elert*, 1955, 335.

5. K. Staab, "Die Unauflöslichkeit d. Ehe u. d. sog. 'Ehebruchsklauseln' b. Mt 5:32, 19:9", in Festschr. Ed. Eichmann, 1940, 435.

6. L. Richter, 『개신교의 이혼법에 관한 역사에 대한 기고』(*Beiträge z. Geschichte d. Ehesch.-rechts I. d. ev. Kirche*), 1958.

7. Mar. Hagemeyer, 『동독에서 가족법의 발전』(*Der Entw. d. Familiengesetzbuches d. DDR*, 3. Aufl., 1955.

8. Marianne Weber, 『결혼의 이념과 이혼』(*Die Idee der Ehe u. d. Ehescheidung*, 1929.

9. P. H. Hanstein, 『결혼법의 기준』(*Kanon. Eherecht*, 3. Aufl.), 1953.

제4부 한계상황들

제1장 산아제한과 임신중절

1. A. Jores, 「218조항에 대해」(Um den §218), in *Hamb. Akadem. Rundsch.* 1947/48, 1/2, 48 이하.

2. Alb. Niedermeyer, 『목회의학』(*Pastoralmediz.*), III, 101 이하.

3. Alb. Niedermeyer, 『특별한 목회의학을 위한 소책자』(*Handb. d. spez. Pastoralmedizin*), 1950 이하, II, 68 이하.

4. C. F. v. Weizäcker, 「과학과 현대세계」(Die Wissensch. u. d. mod. Welt, in Univ. 1962, 10, 1041 이하, 특히, 1048.

5. E. Brunner, 『계명과 질서』(Das Gebot u. d. Ordnungen), 2.Aufl., 1933, 353 이하

6. E. Michel, Ehe. 『결혼: 성의 인간론』(Eine Anthropol. d. Geschlechtsgem.), 1948, 127, 189, 196.

7. Eberh. Welty, Herders Soz.-Katech., II, 1953, 95.

8. Frz. v. Streng, 『결혼의 비밀』(Das Geheimnis d. Ehe, 12. Aufl.), 1947.

9. H. Chr. Hase, 「윤리적 지침?」(Eth. Indikation?), in ZEE 1960, 110 이하.

10. H. Wagner, 『신학적 문제로서 출산조절』(Geburtenregelung als theol. Probl.), 1930.

11. H. Wirtz, 『에로스에서 결혼으로』(Vom Eros zur Ehe, neubearb. Ausg). 1953.

12. Hans Meyer, 『토마스 아퀴나스』(Thomas von Aquin), 1938, 315.

13. Innozenz XI., 『윤리에 관한 여러 오류들』(Errores varii de rebus moralisbus), Denz. 1151 이하.

14. J. H. Waszink, 「수태된 생명체에서 영혼의 내재화」(Art. Beseelung), in Reallex. f. Antike u. Christent., 1950 이하, II, 176.

15. J. Messner, 『자연법』(Das Naturrecht), 1950, 571 이하.

16. Joh. Stelzenberger, 『윤리신학』(Moraltheol.), 1953, 230.

17. Jos. Mayer, 『허가된 산아제한?』(Erlaubte Geburtenbeschränkung?), 1932.

18. K. Barth, 『교회교의학』(Kirchliche Dogmatik, III), 4, 473 이하.

19. K. Janssen, 「강제된 임신의 중절」(Die Unterbrechung d. aufgezwungenen Schwangerschaft), in ZEE 1960, 65 이하.

20. Karl Barth, 『교회교의학』(Kirchliche Dogmatik, III), 4, 301 이하.

21. Leo XII., De craniotomia in foetu vivo, 1889, Denz. 1889 이하.

22. Maston Bates, 『포화상태의 지구』(Die überfüllte Erde), 1959.

23. O. A. Piper, 『양성』(Die Geschlechter), 1954, 235 이하.

24. Pius XI., 『정결한 혼인』(Enzykl. Casti connubii), 1930. Denz. 2241 u. Herder-Ausgabe.

25. Pius XI., "Casti connubii", Denz. 2242 이하.

26. Pius XII., 「담화」(Anspr.) v. 28. 11. 1951, in Herder-Korr. VI, 171.

27. Pius XII., Ansppr. v. 28. Nov. 1951, in: Herder-Korr. VI, 172.

28. St. de Lestapis, 『출산조절-산아통제』(*Geburtenregelung-Geburtenkontrolle*), 1962.

29. Th. Bovet, 『결혼』(*Die Ehe*), 1948, 158 이하.

30. W. Becker, 「종교적·교육적 문제로서 임신중절」(Schwangerschaftsunterbr. als rel. u. erzieh. Probl.), in ZEE 1961, 4, 193 이하.

31. W. Schöllgen, 「산아제한에 대한 목회신학적 판단」(Zur patoraltheol. Beurteilung d. ʻabusus matrimonii, d. Geburtenbeschr.), in 『구체적인 윤리문제들』(*Konkrete Moralprobleme*), 1955, 300 이하.

32. W. Umbricht, 「과잉출산-출산조절」(Geburtenüberschuß-Geburtenregelung), in *Civitas* 1955, 7/8, 310.

33. 「출산통제에 관한 논란」(Umstrittene Geburtenkontrolle). Bericht üb. kirchl. Stellungnahmen, in Univ. 1960, 6, 685.

제2장 인공수정

1. A. Schellen, 「인공수정」(Artificial Insemination), in *The Human*, London/New York 1957.

2. F. Bloemhof, 「인간의 인공수정 문제」(Das Probl. d. künstl. Insemination beim Menschen), in ZEE 1958, 1, 15 이하.

3. G. Trapp, 「인공수정에 관한 몇 가지 윤리신학적 문제들」(Einige moraltheologische 4. Probleme der Insemination Artificial), in *Civitas* 1955, 7/8, 324.

4. H. Dölle, 「시험관 아기: 인공수정의 법적 측면」(Retortenkinder. Jurist. Aspekte der künstlichen Befruchtung), in *Die Gegenwart* 1953, 367 이하.

5. H. Dölle, 「인공수정: 법적 비교와 법 정치학적 개요」(Die künstliche Sameübertragung. 6. Eine rechtsvergleichende und rechtspolitische Skizze), in *Festschrift für E. Rabel* 1954, 187-250.

7. H. M. Schmidt, 「인공수정에 관한 독일의 법적 논의」(Die künstliche Samenübertragung bei Menschen in der juristischen Diskussion in Deutschland), in ZEE 1961, 4, 193 이하 (Lit.-Angaben!)

8. J. D. Ratcliff, 「인공수정이 가족행복을 위한 길인가?」(Ist künstliche Befruchtung

ein Weg zum Familienglück?), in *Woman's Home Companion*, abgedruckt in Reader's Digest 1955, 8, 111 이하.

9. P. Wirz, 「수정에 관한 의술적 문제」(Ärzliche Problematik der Insemination), in *Civitas* 1955, 7/8, 317 이하.

제3장 동성애 문제 (형법상의 문제)

1. A. Otto Piper, 『양성: 성경적 관점에서 양성의 의미와 비밀』(*Die Geschlechter. Ihr Sinn und ihr Geheimnis in bibl. Sicht*), 1954.

2. D. S. Bailey, 『역사와 현대 속의 종교』(*Die Rel. in Geschichte und Gegenwart*)에 나온 "동성애"의 개념풀이, 3. Aufl., Bd. III.

3. D. S. Baily, 『성범죄자와 사회적 처벌』(*Sexual Offenders and Social Punishment*), London: 1956.

4. H. van Oyen, 『사랑과 결혼』(*Liebe und Ehe*), Basel.

5. H. Giese, 『세계 속의 동성애자』(*Der homosexuelle Mensch in der Welt, Stuttgart*), 1958.

6. H. J. Schopes, 「동성애와 성경」(Homexexualität u. Bibel), in *ZEE*, (1962), pp. 369 이하.

7. H. Lietzmann, 『로마서 주석』(*Kommentar zum Römerbrief*), 4. Aufl., (1933).

8. K. Barth, 『교회교의학 III』(*Kirchliche Dogmatik*, III).

9. O. Piper, 『양성』(*Die Geschleichter*), 1954.

10. W. Becker, 『정보란』(*Informationsblatt*), 1954.

11. W. Becker, 『동성애와 청소년보호』(*Homosexualität und Jugendschutz*), 1961.

12. W. Schöllgen, 「가톨릭의 윤리신학적 관점에서 성과 범죄」(Sexualität u. Verbrechen i. d. Sicht d. kathol. Moraltheol), in 『성과 범죄』(*Sexualität u. Verbrechen*), ed. F. Bauer, H. Bürger-Prinz, H. Giese, H. Jäger, 1963.

13. W. Schöllgen, 「윤리신학의 판단에서 비정상적 인간(동성애자)」(Der abnorme [homosexuelle] Mensch im Urteil der Moraltheologie), in 『구체적 윤리학』(*Konkrete Ethik*), 1961.

14. W. Trillhaas, 『인간에 대한 교회의 봉사』(*Der Dienst der Kirche am Menschen*), 2, Aufl, 173 이하.

성 윤리학

신학적 현상학으로 본 기독교적 성 이해

Copyright ⓒ 새물결플러스 2015

1쇄발행_ 2015년 12월 4일

지은이_ 헬무트 틸리케
옮긴이_ 김재철
펴낸이_ 김요한
펴낸곳_ 새물결플러스
편   집_ 왕희광·정인철·최율리·박규준·노재현·최정호·최경환·한바울·유진·권지성·신준호
디자인_ 이혜린·서린나·송미현
마케팅_ 이승용
총   무_ 김명화·최혜영
영   상_ 최정호

홈페이지 www.hwpbooks.com
이메일 hwpbooks@hwpbooks.com
출판등록 2008년 8월 21일 제2008-24호
주소 (우) 07214 서울특별시 영등포구 양평로 11, 5층(당산동5가)
전화 02) 2652-3161
팩스 02) 2652-3191

ISBN 979-11-86409-28-2   93230

책값은 뒤표지에 있습니다.

이 도서의 국립중앙도서관 출판시도서목록(CIP)은 서지정보유통지원시스템 홈페이지(http://seoji.
nl.go.kr)와 국가자료공동목록시스템(http://www.nl.go.kr/kolisnet)에서 이용하실 수 있습니다
(CIP제어번호: CIP2015024941).